Spies
Grundlagen stochastischer Modelle

Ernst Henze
19.6.83

Prof. Dr. P. P. Spies
Universität Bonn
Institut für Angewandte Mathematik und Informatik
Abteilung Informatik II

CIP-Kurztitelaufnahme der Deutschen Bibliothek

Spies, Peter P.:
Grundlagen stochastischer Modelle : Einf. für Studierende d. Informatik / P. P. Spies. – München ; Wien : Hanser, 1982.
ISBN 3-446-13711-4

Druck und Bindung: Wiener Verlag, Himberg bei Wien
Printed in Austria

F ü r

K A R I N und K A T H R I N

Vorwort

Das Interesse an quantitativen Modellen für Systeme - seien es Rechensysteme oder strukturell ähnliche Systeme - ist in den vergangenen Jahren stark angewachsen. Für Informatiker ist die Analyse quantitativer Modelle neben dem Software-Engineering-Bereich eines der wichtigsten Arbeitsgebiete; es ist zugleich ein wichtiges Bindeglied zur Praxis des Einsatzes von Rechensystemen. Für die Zukunft ist zu erwarten, daß die Bedeutung der Analyse quantitativer Modelle mit der Komplexität der Rechensysteme weiter wachsen wird. Gerade die Erkenntnisse aus dem Software-Engineering-Bereich eröffnen zahlreiche neue Fragestellungen, die durch Analysen quantitativer Modelle zu beantworten sind; andererseits sind es auch diese Erkenntnisse, die es erleichtern, Ergebnisse quantitativer Analysen in Eigenschaften von Komponenten realisierter oder zu realisierender Systeme umzusetzen.

Für die quantitative Analyse von Systemen sind stochastische Modelle das Konzept mit der größten Tragfähigkeit. Die wahrscheinlichkeitstheoretischen Grundlagen für die Entwicklung und die Analyse solcher Modelle werden in diesem Buch abgehandelt.

Das vorliegende Buch ist aus Vorlesungen entstanden, die ich in den zurückliegenden Jahren für Studenten der Informatik gehalten habe. Es richtet sich an Informatiker und Angehörige anderer ingenieur- bzw. naturwissenschaftlicher Fachrichtungen, die sich auf eine Tätigkeit im Bereich der Systemanalyse auf der Grundlage stochastischer Modelle vorbereiten.

Die oben erwähnten Vorlesungen dienen als Vorbereitung auf Vorlesungen über stochastische Modelle von Rechensystemen bzw. über stochastische Simulation; entsprechend verfolgen sie das Ziel, Grundlagen zu vermitteln. Das gilt auch für dieses Buch. Bei der Auswahl des Stoffes ging es vorrangig darum, in die wahrscheinlichkeitstheoretische Denkweise einzuführen, die grundlegenden wahrscheinlichkeitstheoretischen Konzepte bereitzustellen und Zusammenhänge zur Analysis aufzuzeigen. Die Beschränkung auf diese Grundlagen bringt es mit sich, daß Modellanalysen und Verfahren der Mathematischen Statistik nur am Rande Erwähnung finden.

Für Modellanalysen, die hier anvisiert sind, werden natürlich Kenntnisse aus der Theorie stochastischer Prozesse benötigt. Sie werden in diesem Buch nicht vermittelt; der Zugang zu ihnen läßt sich jedoch mit den bereitgestellten Grundlagen mit relativ geringem Aufwand erarbeiten.

Die inhaltlichen Abhängigkeiten zwischen den einzelnen Kapiteln dieses Buches sind in einem Diagramm dargestellt, das dem Inhaltsverzeichnis vorangeht. Ergänzend ist anzumerken, daß sich für einen ersten Einblick in die wahrscheinlichkeitstheoretische Denkweise die W-Räume mit endlicher Grundmenge (Kapitel 1.2.) bewährt haben, wobei ein Boolescher Verband (anstelle einer σ-Algebra) als Ereignismenge zu benutzen ist.

Bei der Erarbeitung der Vorlesungen, auf welche dieses Buch zurückgreift, habe ich von meinem Mitarbeiter, Herrn Dr. H.-J. Kühn viele wertvolle Hinweise erhalten. Meine Mitarbeiter, Herr Dipl.-Inform. W.-J. Geilenkeuser und Herr Dipl.-Inform. R. Schulze haben mir bei der Korrektur der Druckvorlage sehr geholfen. Meine Sekretärin, Frau B. Achrafié, hat mit bewundernswerter Geduld und Sorgfalt die Druckvorlage erstellt. Ihnen allen danke ich herzlich für ihre Unterstützung.

Schließlich gilt mein Dank dem Carl Hanser Verlag für sein geduldiges Warten auf die Fertigstellung des Manuskripts und für seine Unterstützung bei der Herstellung der Druckvorlage.

Bonn, am 19.7.1982 P. P. Spies

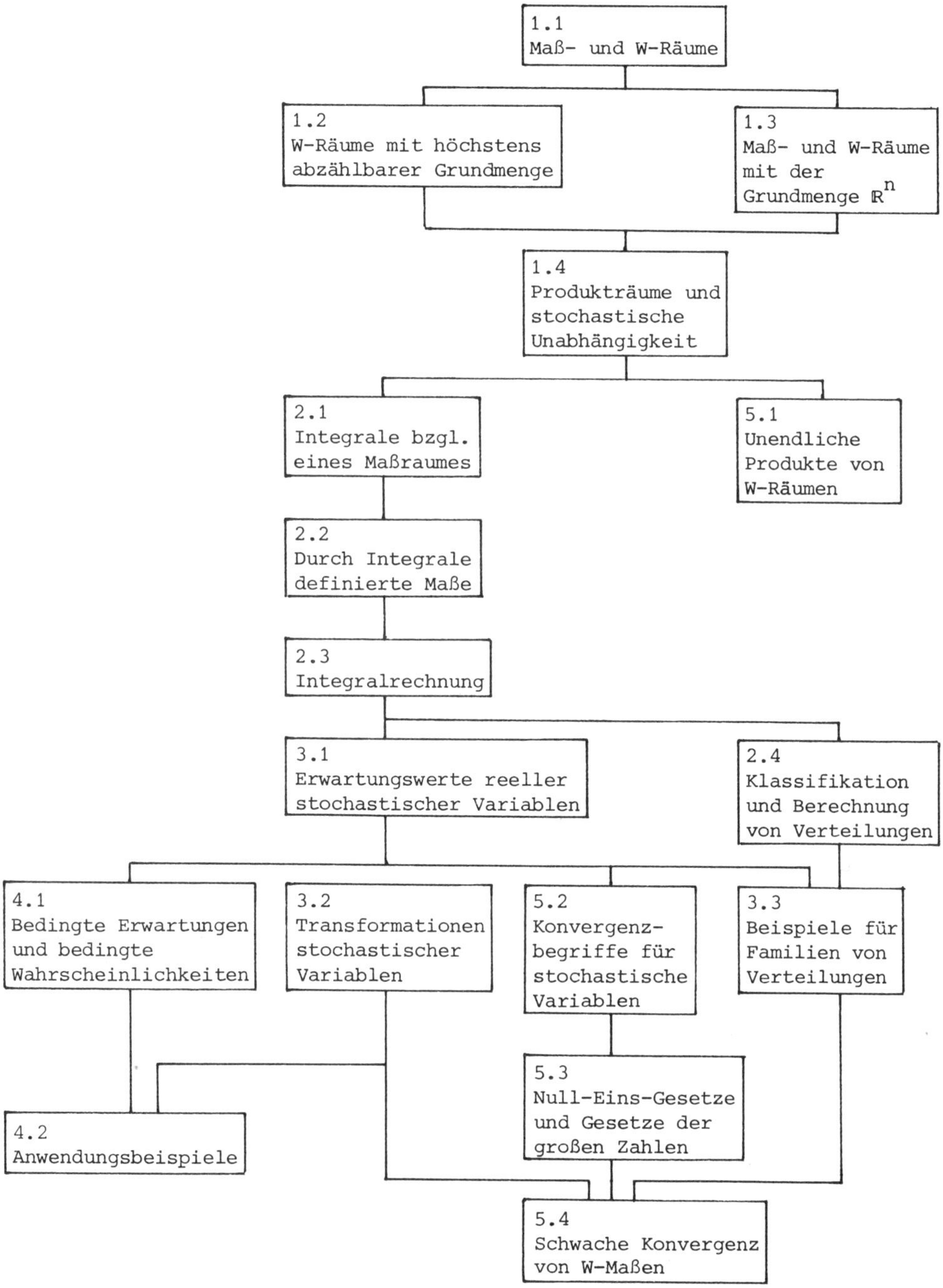

Inhaltliche Abhängigkeiten zwischen den einzelnen Kapiteln

Inhalt

Einleitung

Beim Entwurf oder beim Betrieb eines technischen Systems steht man häufig vor der Aufgabe, eine Leistungsvorhersage angeben oder Steuerparameter so festlegen zu müssen, daß eine optimale Leistung des Systems erreicht wird.
Ein einfaches und typisches Problem dieser Art, das sich für Rechensysteme stellt, ist das folgende:
Zur Zeit $t_0 = 0$ seien $n \in \mathbb{N}$ Programme von einem Rechnerkern auszuführen; die Ausführungszeiten der Programme seien $b_1, \ldots, b_n$.
Gesucht ist eine Reihenfolge für die Ausführung dieser n Programme, nach der die mittlere Wartezeit oder die mittlere Verweilzeit eines Programmes möglichst klein ist.
Sei nun S eine Vorschrift, durch welche die Reihenfolge der Ausführung der n Programme festgelegt wird. Mit S und mit $b_1, \ldots b_n$ sind die Zeitpunkte $c_1(S), \ldots, c_n(S)$ festgelegt, zu denen die Ausführung der n Programme abgeschlossen ist. Damit ergeben sich für die mittlere Verweilzeit $\overline{V}(S)$ bzw. für die mittlere Wartezeit $\overline{W}(S)$ eines Programms bei Ausführung gemäß S

$$\overline{V}(S) = \frac{1}{n} \sum_{i=1}^{n} c_i(S) \qquad \text{und}$$

$$\overline{W}(S) = \frac{1}{n} \sum_{i=1}^{n} (c_i(S) - b_i) = \overline{V}(S) - \frac{1}{n} \sum_{i=1}^{n} b_i .$$

Wegen dieses Zusammenhangs zwischen $\overline{V}$ und $\overline{W}$ können wir uns im weiteren darauf beschränken, eine Vorschrift S zu suchen, mit der $\overline{V}(S)$ minimal wird.
Man überlegt sich in der angegebenen Situation sofort, daß man sich bei der Suche nach einem geeigneten S auf solche Vorschriften beschränken kann, nach denen die Programme ohne Unterbrechungen ausgeführt werden; man kann also die Suche auf Permutationen von $\{1, \ldots, n\}$ beschränken.
Sei nun Π eine Permutation von $\{1, \ldots, n\}$; für $i \in \{1, \ldots, n\}$ sei (i) das i-te Element gemäß Π. Dann ergeben sich für $i \in \{1, \ldots, n\}$

$$c_{(i)}(\Pi) = b_{(1)} + b_{(2)} + \cdots + b_{(i)}$$

und daraus folgt

$$\overline{V}(\Pi) = \frac{1}{n} \sum_{i=1}^{n} (n + 1 - i) b_{(i)} .$$

$\overline{V}(\Pi)$ ist also i.w. das Skalarprodukt zweier Vektoren, von denen die Komponenten des ersten monoton fallend und die des zweiten die vorgegebenen Ausführungszeiten sind. Nun ist bekannt, daß ein solches Skalarprodukt dann minimal wird, wenn die Komponenten des zweiten Vektors monoton wachsen.
Damit ist die gestellte Aufgabe gelöst: Man wähle Π so, daß $b_{(1)} \leq b_{(2)} \leq \cdots \leq b_{(n)}$ gilt; dann ist $\overline{V}(\Pi)$ und damit $\overline{W}(\Pi)$ minimal.

Die gefundene Lösung kann man leicht auf folgende Situation verallgemeinern: Es seien weiter $n \in \mathbb{N}$ Programme auszuführen; die Ausführungszeiten der Programme seien wieder $b_1, \ldots, b_n$; der Zeitpunkt, zu dem das i-te Programm ausführbereit ist, sei $t_i \geq 0$ für $i \in \{1, \ldots, n\}$. Sei nun $\{\tau_i : i \in \{1, \ldots, m\}\} \triangleq \{t_i : i \in \{1, \ldots, n\}\}$ mit $m \leq n$ und $\tau_1 < \tau_2 < \cdots < \tau_m$. Dann verfährt man in den Zeitintervallen $[\tau_i, \tau_{i+1})$ für $i \in \{1, \ldots, m-1\}$ so wie oben angegeben, wählt jedoch die Permutation in diesem Intervall so, daß die Restausführungszeiten der Programme monoton wachsen.
In der Praxis sind die angegebenen Lösungen nur von beschränktem Wert, da sie voraussetzen, daß die Ausführungszeiten der Programme, also die $b_1, \ldots, b_n$ a priori bekannt sind. Nun sind die Ausführungszeiten von Programmen typische Beispiele für solche Größen, deren exakte Werte a priori nicht oder nur mit unverhältnismäßig hohem Aufwand bestimmt werden können; dagegen ist es relativ einfach, die Ausführungszeiten von Programmen bei ihrer Ausführung zu messen und die Werte nach einer großen Anzahl von Messungen z.B. wie folgt zu charakterisieren:

20 %	der Ausführungszeiten		sind	≤	1 sec
40 %	"	"	"	≤	2 sec
60 %	"	"	"	≤	5 sec
80 %	"	"	"	≤	20 sec
99 %	"	"	"	≤	1 min
100 %	"	"	"	≤	1 h

Das Ausführen eines Programms und die Messung seiner Ausführungszeit können wir als die Durchführung eines Experiments ansehen. Eine Größe, deren Wert man nicht kennt, bevor man ein entsprechendes Experiment durchgeführt hat, deren Werte man jedoch durch Gesetzmäßigkeiten beschreiben kann, welche das Ergebnis einer großen Zahl von Experimenten zusammenfaßt, wollen wir Zufallsgröße oder stochastische Variable, die Gesetzmäßigkeit der Werte in dem angegebenen Sinn Verteilung der stochastischen Variablen nennen.

Unter Verwendung von stochastischen Variablen und deren Verteilungen kann man nun die eingangs besprochene Aufgabenstellung wie folgt formulieren: Gegeben seien die beiden stochastischen Variablen D und B mit ihren Verteilungen. Wir betrachten ein System, das aus einem Bediener (Rechnerkern) und einem Warteraum für Aufträge (auszuführende Programme) besteht. Die Aufträge kommen in einer Folge $A_1, A_2, \ldots$ im System an. Die Zwischenankunftszeiten der Aufträge, d.h. die Zeit, die zwischen den Ankünften von zwei aufeinanderfolgenden Aufträgen vergeht, seien stochastische Variablen mit der Verteilung von D. Die Ausführungszeiten der Aufträge seien stochastische Variablen mit der Verteilung von B.

Die Aufgabe, eine Vorschrift S für die Reihenfolge der Ausführung der Aufträge zu suchen, nach der die mittlere Verweilzeit eines Auftrags minimiert wird, stellt sich nun für das beschriebene Modell eines realen Systems erneut. Das Modell erfaßt die Einflüsse, welche durch die angegebenen stochastischen Variablen und deren Verteilungen charakterisiert sind. Die Systemanalyse geht von einem stochastischen Modell für das reale System aus.

Für zahlreiche Probleme der Systemanalyse empfiehlt sich die Verwendung stochastischer Modelle. Für die Analyse stochastischer Modelle gibt es zwei Klassen von Verfahren, die in vielen Fällen zum Erfolg führen. In der ersten Klasse werden analytische Verfahren angewandt. Sie gehen davon aus, daß das inkrementelle Verhalten eines Systems durch Gleichungssysteme beschrieben wird; die Lösungen dieser Gleichungssysteme sind dann die Grundlage für die Analyse des Verhaltens des realen Systems. In der zweiten Klasse werden die Modelle durch Programme simuliert. Sie gehen davon aus, daß das inkrementelle Verhalten eines Systems durch Zustandsänderungen, die programmiert nachgebildet und damit ausgeführt werden, beschrieben wird; das Verhalten des Simulationsmodells ist dann die Grundlage für die Analyse des Verhaltens des realen Systems. Für beide Klassen von Verfahren zur Analyse stochastischer Modelle sind die Wahrscheinlichkeitstheorie und die Mathematische Statistik die Grundlagen. Die wahrscheinlichkeitstheoretischen Grundlagen, welche für die Modellbildung und -analyse vorrangig benötigt werden, sind in den folgenden Kapiteln abgehandelt.

1 Das Grundmodell

Das Grundmodell der Wahrscheinlichkeitstheorie ist der Wahrscheinlichkeitsraum (W-Raum), definiert durch eine nichtleere Menge Ω, ein Mengensystem $\mathfrak{A} \subset \mathrm{POT}(\Omega)$ mit der Struktur einer σ-Algebra und ein normiertes Maß auf $\mathfrak{A}$. In diesem Kapitel werden die grundlegenden Definitionen und Eigenschaften von Maß- und W-Räumen, sowie Verfahren zur Konstruktion solcher Räume besprochen. Im Anschluß daran werden zwei spezielle, für die Anwendungen wichtige Klassen von W-Räumen, nämlich solche mit höchstens abzählbarem Ω und solche mit $\Omega = \mathbb{R}^n$, $n \in \mathbb{N}$, behandelt. Schließlich werden wir Produkträume und den Begriff der stochastischen Unabhängigkeit kennenlernen.

1.1 Maß- und W-Räume

Ω sei eine nichtleere Menge. Für $A,B \in \mathrm{POT}(\Omega)$ sind die Vereinigung von A und B, $A \cup B$, der Durchschnitt von A und B, $A \cap B$, das Komplement von A bzgl. Ω, $\overline{A}$, und die Differenz A minus B, $A - B \hat{=} A \cap \overline{B}$, jeweils als Element von $\mathrm{POT}(\Omega)$ wohldefiniert. Wir interessieren uns für Mengensysteme $\mathfrak{A} \subset \mathrm{POT}(\Omega)$ mit Abschlußeigenschaften bzgl. dieser Verknüpfungen, insbesondere für σ-Algebren. Häufig konstruiert man eine σ-Algebra, indem man auf Mengensysteme zurückgreift, für die ein Teil der eine σ-Algebra charakterisierenden Eigenschaften schon erfüllt ist; es ist daher zweckmäßig, auch solche Mengensysteme zu betrachten.

1. Definition: Ω sei eine nichtleere Menge und $\mathfrak{A} \subset \mathrm{POT}(\Omega)$.

1.1. $\mathfrak{A}$ heißt vereinigungsstabil - $\dot{\cup}$-stabil - $\overset{\wedge}{\Leftrightarrow}$ für alle $A,B \in \mathfrak{A}$ ist $A \cup B \in \mathfrak{A}$.

1.2. $\mathfrak{A}$ heißt durchschnittsstabil - $\cap$-stabil - $\overset{\wedge}{\Leftrightarrow}$ für alle $A,B \in \mathfrak{A}$ ist $A \cap B \in \mathfrak{A}$.

1.3. $\mathfrak{A}$ heißt Ring über Ω $\overset{\wedge}{\Leftrightarrow}$ es gelten:
   1. $\emptyset \in \mathfrak{A}$
   2. $\mathfrak{A}$ ist $\cup$-stabil
   3. für alle $A,B \in \mathfrak{A}$ ist $A-B \in \mathfrak{A}$.

1.4. $\mathfrak{A}$ heißt Algebra über Ω $\overset{\wedge}{\Leftrightarrow}$ es gelten:
   1. $\Omega \in \mathfrak{A}$
   2. $\mathfrak{A}$ ist $\cup$-stabil
   3. für alle $A \in \mathfrak{A}$ ist $\overline{A} \in \mathfrak{A}$.

1.5. $\mathfrak{A}$ heißt <u>Dynkin-System</u> über Ω $:\Leftrightarrow$ es gelten:

1. $\Omega \in \mathfrak{A}$
2. für alle $A,B \in \mathfrak{A}$ mit $A \subset B$ ist $B-A \in \mathfrak{A}$
3. für jede Folge $(A_n : n \in \mathbb{N})$ paarweise fremder Elemente aus $\mathfrak{A}$ ist $\bigcup_{n\in\mathbb{N}} A_n \in \mathfrak{A}$.

1.6. $\mathfrak{A}$ heißt <u>σ-Algebra</u> über Ω $:\Leftrightarrow$ es gelten:

1. $\Omega \in \mathfrak{A}$
2. für alle $A \in \mathfrak{A}$ ist $\overline{A} \in \mathfrak{A}$
3. für jede Folge $(A_n : n \in \mathbb{N})$ von Elementen aus $\mathfrak{A}$ ist $\bigcup_{n\in\mathbb{N}} A_n \in \mathfrak{A}$.

┘

2. <u>Beispiele:</u>

2.1. $\mathfrak{A} = \{\emptyset\}$ ist der kleinste Ring über Ω für jedes Ω.

2.2. $\mathfrak{A} = \{\emptyset,\Omega\}$ ist die kleinste σ-Algebra über Ω für jedes Ω.

2.3. $\mathfrak{A} = \mathrm{POT}(\Omega)$ ist die größte σ-Algebra über Ω für jedes Ω.

2.4. Jede σ-Algebra über Ω ist Algebra über Ω.

2.5. Jede σ-Algebra über Ω ist Dynkin-System über Ω.

2.6. Ist $\mathfrak{A}$ ein Ring über Ω, so ist $\mathfrak{A}$ $\cap$-stabil. Für $A,B \in \mathfrak{A}$ gelten nämlich: da $\mathfrak{A}$ Ring ist, ist $A-B \in \mathfrak{A}$; mit A und $A-B$ ist auch $A - (A-B) \in \mathfrak{A}$; nun gilt $A - (A-B) = A \cap \overline{(A-B)} = A \cap \overline{(A \cap \overline{B})} = A \cap (\overline{A} \cup B) = A \cap B$, also $A \cap B \in \mathfrak{A}$.

2.7. Ein Ring $\mathfrak{A}$ über Ω ist genau dann eine Algebra über Ω wenn $\Omega \in \mathfrak{A}$.

2.8. Seien Ω eine nichtleere Menge und $\mathfrak{A} \triangleq \{A \in \mathrm{POT}(\Omega) : |A|<\infty\}$. Dann ist $\mathfrak{A}$ ein Ring über Ω; für $|\Omega|<\infty$ ist $\mathfrak{A}$ Algebra.

2.9. Seien Ω eine nichtleere Menge und
$\mathfrak{A} \triangleq \{A \in \mathrm{POT}(\Omega) : A$ ist abzählbar oder $\overline{A}$ ist abzählbar$\}$.
Dann ist $\mathfrak{A}$ eine σ-Algebra über Ω.
Die Eigenschaften 1. und 2. der Definition 1.6. sind evident. Daß auch Eigenschaft 3. für $\mathfrak{A}$ gilt, sieht man wie folgt: Sei $(A_n : n\in\mathbb{N})$ eine Folge von Elementen aus $\mathfrak{A}$; sind alle A_n abzählbar, so ist auch $\bigcup_{n\in\mathbb{N}} A_n$ abzählbar und damit $\bigcup_{n\in\mathbb{N}} A_n \in \mathfrak{A}$; ist für $m\in\mathbb{N}$ A_m nicht abzählbar, so ist $\overline{A}_m$ definitionsgemäß abzählbar; wegen $\overline{\bigcup_{n\in\mathbb{N}} A_n} = \bigcap_{n\in\mathbb{N}} \overline{A}_n \subset \overline{A}_m$ ist $\bigcup_{n\in\mathbb{N}} A_n \in \mathfrak{A}$.

┘

Ist $\mathfrak{A}$ ein Ring oder eine Algebra über Ω, so folgt aus Definition 1.3. bzw. 1.4., daß $\mathfrak{A}$ mit je endlich vielen Elementen auch deren Vereinigung enthält. Mit Beispiel 2.6. folgt, daß der Ring $\mathfrak{A}$ mit endlich vielen Elementen auch deren Durchschnitt enthält; entsprechendes gilt für die Algebra $\mathfrak{A}$. Der folgende Satz zeigt, daß für eine σ-Algebra die Eigenschaft 3. der Definition ersetzt werden kann durch die Abgeschlossenheit bzgl. der Durchschnittsbildung für abzählbar viele Elemente.

3. <u>Satz:</u> Ω sei eine nichtleere Menge und $\mathfrak{A} \subset POT(\Omega)$. $\mathfrak{A}$ ist σ-Algebra über Ω $\Longleftrightarrow$ es gelten:
   1. $\Omega \in \mathfrak{A}$
   2. für alle $A \in \mathfrak{A}$ ist $\bar{A} \in \mathfrak{A}$
   3. für jede Folge $(A_n : n \in \mathbb{N})$ von Elementen aus $\mathfrak{A}$ ist $\bigcap_{n \in \mathbb{N}} A_n \in \mathfrak{A}$.

   <u>Beweis:</u>
   1. $\mathfrak{A}$ sei σ-Algebra; wir zeigen, daß $\mathfrak{A}$ die Eigenschaft 3. des Satzes hat.
      Sei (A_n) eine Folge von Elementen aus $\mathfrak{A}$. Nach Definition 1.6. ist dann auch $(\bar{A}_n)$ eine Folge von Elementen aus $\mathfrak{A}$ und es ist $\bigcup_{n \in \mathbb{N}} \bar{A}_n \in \mathfrak{A}$; zudem ist $\overline{\bigcup_{n \in \mathbb{N}} \bar{A}_n} \in \mathfrak{A}$.
      Nun gilt $\overline{\bigcup_{n \in \mathbb{N}} \bar{A}_n} = \bigcap_{n \in \mathbb{N}} \bar{\bar{A}}_n = \bigcap_{n \in \mathbb{N}} A_n$
      und damit $\bigcap_{n \in \mathbb{N}} A_n \in \mathfrak{A}$.
   2. Hat $\mathfrak{A}$ die Eigenschaft 3. des Satzes, so folgt entsprechend, daß für $\mathfrak{A}$ die Eigenschaft 3. der Definition 1.6. gilt. ┘

Ist $\mathfrak{A}$ eine σ-Algebra über Ω und Ω' eine nichtleere Teilmenge von Ω, so kann man sich mit $\mathfrak{A}$ einfach eine σ-Algebra über Ω' konstruieren.

4. <u>Satz:</u> $\mathfrak{A}$ sei eine σ-Algebra über Ω und Ω' mit $\Omega' \subset \Omega$ sei nichtleer. Dann ist $\mathfrak{A}' \triangleq \{\Omega' \cap A : A \in \mathfrak{A}\}$ eine σ-Algebra über Ω'.

   Beweis:
   1. Wegen $\Omega' \subset \Omega$ ist $\Omega' \cap \Omega = \Omega'$; da $\Omega \in \mathfrak{A}$ ist $\Omega' \in \mathfrak{A}'$.
   2. Sei $A' \in \mathfrak{A}'$. Nach Definition von $\mathfrak{A}'$ gibt es ein $A \in \mathfrak{A}$ mit $A' = \Omega' \cap A$. Da $\mathfrak{A}$ σ-Algebra ist, ist $\bar{A}$ (das Komplement

von A bzgl. Ω) Element von $\mathfrak{A}$.
Dann ist $\tilde{A} \triangleq \Omega' \cap \bar{A} \in \mathfrak{A}'$; $\tilde{A}$ ist aber das Komplement von A' bzgl. Ω'.

3. Sei $(A_n' : n \in \mathbb{N})$ eine Folge von Elementen aus $\mathfrak{A}'$. Dann gibt es nach Definition von $\mathfrak{A}'$ eine Folge (A_n) von Elementen aus $\mathfrak{A}$, so daß für alle $n \in \mathbb{N}$ $A_n' = \Omega' \cap A_n$ gilt. Da $\mathfrak{A}$ σ-Algebra ist, ist $\bigcup_{n \in \mathbb{N}} A_n \in \mathfrak{A}$ und somit folgt nach Definition von $\mathfrak{A}'$: $\Omega' \cap \bigcup_{n \in \mathbb{N}} A_n \in \mathfrak{A}'$. Wegen $\Omega' \cap \bigcup_{n \in \mathbb{N}} A_n = \bigcup_{n \in \mathbb{N}} (\Omega' \cap A_n) = \bigcup_{n \in \mathbb{N}} A_n'$ gilt also $\bigcup_{n \in \mathbb{N}} A_n' \in \mathfrak{A}'$. ┘

Mit den Bezeichnungen und unter den Voraussetzungen von Satz 4. nennt man $\mathfrak{A}'$ die Spur von $\mathfrak{A}$ in Ω'.

Der folgende Satz charakterisiert den Zusammenhang zwischen Dynkin-Systemen und σ-Algebren.

5. Satz: $\mathfrak{A}$ sei ein Dynkin-System über Ω. $\mathfrak{A}$ ist σ-Algebra $\iff$ $\mathfrak{A}$ ist $\cap$-stabil.

Beweis: Der Satz ist bewiesen, wenn wir gezeigt haben, daß ein $\cap$-stabiles Dynkin-System eine σ-Algebra ist. Sei also $\mathfrak{A}$ $\cap$-stabil.

1. Für jedes $A \in \mathfrak{A}$ ist $\bar{A} \in \mathfrak{A}$, weil $\Omega \in \mathfrak{A}$, $\Omega - A \in \mathfrak{A}$ und $\bar{A} = \Omega - A$ gelten.
2. Wir zeigen: Für alle $A, B \in \mathfrak{A}$ ist $A \cup B \in \mathfrak{A}$.
   Seien $A, B \in \mathfrak{A}$. Dann ist nach Voraussetzung $A \cap B \in \mathfrak{A}$. Da $\mathfrak{A}$ Dynkin-System ist und $A \cap B \subseteq B$, gilt nach Eigenschaft 2. von Definition 1.5. : $B - A \cap B \in \mathfrak{A}$. Wegen $A \cap (B - A \cap B) = \emptyset$ gilt nach Eigenschaft 3. von Definition 1.5.: $A \cup (B - A \cap B) \in \mathfrak{A}$.
   Daraus folgt die Behauptung wegen $A \cup B = A \cup (B - A \cap B)$.
   Aus dem Gezeigten ergibt sich durch Induktion: Für alle $n \in \mathbb{N}$ und $A_1, \cdots, A_n \in \mathfrak{A}$ ist $\bigcup_{m \in \mathbb{N}} A_m \in \mathfrak{A}$.
3. Wir zeigen jetzt, daß $\mathfrak{A}$ die Eigenschaft 3. der Definition 1.6. hat.
   Sei $(A_n : n \in \mathbb{N})$ eine Folge von Elementen aus $\mathfrak{A}$.
   Sei $B_0 \triangleq \emptyset$ und $B_n \triangleq \bigcup_{m=1}^{n} A_m$ für $n \in \mathbb{N}$; nach 2. sind die B_n

Elemente von $\mathfrak{A}$. Seien $C_n \triangleq B_n - B_{n-1}$ für $n \in \mathbb{N}$; nach Definition der B_n sind die C_n Elemente von $\mathfrak{A}$; da für $m,n \in \mathbb{N}$ mit $m \neq n$ $C_m \cap C_n = \emptyset$, folgt aus Eigenschaft 3. von Definition 1.5. : $\bigcup_{n \in \mathbb{N}} C_n \in \mathfrak{A}$.

Nun ist aber $\bigcup_{n \in \mathbb{N}} C_n = \bigcup_{n \in \mathbb{N}} A_n$ und damit $\bigcup_{n \in \mathbb{N}} A_n \in \mathfrak{A}$. ┘

Häufig liegt die Situation vor, daß für eine Menge Ω ein Mengensystem $\mathfrak{B} \subset POT(\Omega)$ gegeben und ein Dynkin-System bzw. eine σ-Algebra über Ω gesucht wird, welche $\mathfrak{B}$ enthält. Der folgende Satz ist die Grundlage für die entsprechenden Konstruktionen.

6. <u>Satz:</u> I sei eine nichtleere Indexmenge und $(\mathfrak{A}_i : i \in I)$ sei eine Familie von Dynkin-Systemen bzw. σ-Algebren über Ω. Dann ist $\mathfrak{A} \triangleq \bigcap_{i \in I} \mathfrak{A}_i$ Dynkin-System bzw. σ-Algebra über Ω.

Der Beweis dieses Satzes ergibt sich leicht durch Nachrechnen der Eigenschaften von Definition 1.5. bzw. 1.6. ┘

Führt man für ein $\mathfrak{B} \subset POT(\Omega)$ die Konstruktion eines Dynkin-Systems, welches $\mathfrak{B}$ enthält, auf der Grundlage dieses Satzes durch, so erhält man das kleinste $\mathfrak{B}$ umfassende Dynkin-System über Ω; entsprechendes gilt für σ-Algebren.

7. <u>Definition:</u> Seien Ω eine nichtleere Menge und $\mathfrak{B} \subset POT(\Omega)$.

7.1. Der Durchschnitt aller Dynkin-Systeme über Ω, die $\mathfrak{B}$ enthalten, heißt das <u>von $\mathfrak{B}$ erzeugte Dynkin-System $\delta(\mathfrak{B})$</u> über Ω;

$\delta(\mathfrak{B}) \triangleq \{B \in POT(\Omega)$: für alle Dynkin-Systeme $\mathfrak{A}$ mit $\mathfrak{B} \subset \mathfrak{A}$ ist $B \in \mathfrak{A}\}$.

7.2. Der Durchschnitt aller σ-Algebren über Ω, die $\mathfrak{B}$ enthalten, heißt die <u>von $\mathfrak{B}$ erzeugte σ-Algebra $\sigma(\mathfrak{B})$</u> über Ω;

$\sigma(\mathfrak{B}) \triangleq \{B \in POT(\Omega)$: für alle σ-Algebren $\mathfrak{A}$ mit $\mathfrak{B} \subset \mathfrak{A}$ ist $B \in \mathfrak{A}\}$. ┘

8. Beispiele:

8.1. Für eine nichtleere Menge Ω sei $B \subset \Omega$ und $\mathfrak{B} = \{B\}$.
Dann gilt $\delta(\mathfrak{B}) = \sigma(\mathfrak{B}) = \{\emptyset, B, \bar{B}, \Omega\}$.

8.2. Ω sei eine nichtleere Menge und $\mathfrak{B} \subset \mathrm{POT}(\Omega)$. Seien $B \in \delta(\mathfrak{B})$ und $\mathfrak{C}_B \triangleq \{C \subset \Omega : B \cap C \in \delta(\mathfrak{B})\}$. Dann ist $\mathfrak{C}_B$ ein Dynkin-System über Ω. Dies sieht man wie folgt:

1. Wegen $B \cap \Omega = B \in \delta(\mathfrak{B})$ ist $\Omega \in \mathfrak{C}_B$.
2. Seien $D, E \in \mathfrak{C}_B$ mit $D \subset E$. Dann ist $B \cap E - B \cap D \in \delta(\mathfrak{B})$, weil $B \cap D \subset B \cap E$ und $\delta(\mathfrak{B})$ Dynkin-System ist. Nun ist aber $B \cap E - B \cap D = B \cap (E - D)$ und damit ist $E - D \in \mathfrak{C}_B$.
3. Sei $(D_n : n \in \mathbb{N})$ eine Folge von paarweise fremden Elementen aus $\mathfrak{C}_B$. Weil $\delta(\mathfrak{B})$ Dynkin-System ist, folgt $\bigcup_{n \in \mathbb{N}} (B \cap D_n) \in \delta(\mathfrak{B})$; mit $\bigcup_{n \in \mathbb{N}} (B \cap D_n) = B \cap \bigcup_{n \in \mathbb{N}} D_n$ folgt $\bigcup_{n \in \mathbb{N}} D_n \in \mathfrak{C}_B$ aus der Definition von $\mathfrak{C}_B$. ┘

Der folgende Satz ist grundlegend für die Bedeutung, welche Dynkin-Systemen bei der Konstruktion von σ-Algebren zukommt.

9. Satz: Ω sei eine nichtleere Menge und $\mathfrak{B} \subset \mathrm{POT}(\Omega)$. Ist $\mathfrak{B}$ $\cap$-stabil, so gilt $\delta(\mathfrak{B}) = \sigma(\mathfrak{B})$.

Beweis: Da jede σ-Algebra ein Dynkin-System ist, gilt $\delta(\mathfrak{B}) \subset \sigma(\mathfrak{B})$.
Wir zeigen nun, daß $\delta(\mathfrak{B})$ $\cap$-stabil ist.
Seien $A \in \delta(\mathfrak{B})$ und $\mathfrak{C}_A \triangleq \{C \subset \Omega : A \cap C \in \delta(\mathfrak{B})\}$.
In Beispiel 8.2. haben wir gesehen, daß $\mathfrak{C}_A$ Dynkin-System ist.
Da $\mathfrak{B}$ nach Voraussetzung $\cap$-stabil ist, folgt aus der Definition von $\delta(\mathfrak{B})$: $\delta(\mathfrak{B}) \subset \mathfrak{C}_B$ für jedes $B \in \mathfrak{B}$.
Sei nun $A \in \delta(\mathfrak{B})$; dann ist $A \in \mathfrak{C}_B$ für jedes $B \in \mathfrak{B}$. Nach Definition von $\mathfrak{C}_B$ folgt $A \cap B \in \delta(\mathfrak{B})$ und nach Definition von $\mathfrak{C}_A$ folgt $B \in \mathfrak{C}_A$. Damit gilt also $\mathfrak{B} \subset \mathfrak{C}_A$ für jedes $A \in \delta(\mathfrak{B})$.
Damit ist aber nach Definition von $\delta(\mathfrak{B})$: $\delta(\mathfrak{B}) \subset \mathfrak{C}_A$ für jedes $A \in \delta(\mathfrak{B})$; das ist aber gleichbedeutend damit, daß $\delta(\mathfrak{B})$ $\cap$-stabil ist.
Da nun $\delta(\mathfrak{B})$ als $\cap$-stabil nachgewiesen ist, folgt aus Satz 5., daß $\delta(\mathfrak{B})$ σ-Algebra ist; für $\sigma(\mathfrak{B})$ gilt also nach Definition: $\sigma(\mathfrak{B}) \subset \delta(\mathfrak{B})$. Diese Relation zusammen mit der im ersten Satz dieses Beweises liefert $\delta(\mathfrak{B}) = \sigma(\mathfrak{B})$. ┘

Wir führen jetzt Grenzwertbegriffe für Mengensysteme ein; zunächst erinnern wir an entsprechende Begriffe für reelle Zahlen.

Neben der mit $\mathbb{R}$ bezeichneten Menge der reellen Zahlen benutzen wir die uneigentlichen reellen Zahlen $+\infty$ und $-\infty$. Sei $\bar{\mathbb{R}} \triangleq \mathbb{R} \cup \{+\infty, -\infty\}$. Für das Rechnen mit $\pm\infty$ sollen die üblichen Rechenregeln gelten; jedoch seien

$$0 \cdot (+\infty) = (+\infty) \cdot 0 = 0 \cdot (-\infty) = (-\infty) \cdot 0 = 0 \; ;$$

$(+\infty) - (+\infty)$, $(+\infty) + (-\infty)$, $(-\infty) + (+\infty)$ und $(-\infty) - (-\infty)$ sind undefiniert.

Sei $(a_n : n \in \mathbb{N})$ eine Folge von Zahlen aus $\mathbb{R}$; dann sind $\inf\limits_{n \in \mathbb{N}} a_n$ und $\sup\limits_{n \in \mathbb{N}} a_n$ als Elemente von $\bar{\mathbb{R}}$ wohldefiniert. Zudem sind

$$\liminf_{n \to \infty} a_n \triangleq \sup_{n \in \mathbb{N}} \inf_{m \geq n} a_m$$

und

$$\limsup_{n \to \infty} a_n \triangleq \inf_{n \in \mathbb{N}} \sup_{m \geq n} a_m .$$

Die Folge (a_n) konvergiert in $\mathbb{R}$ bzw. in $\bar{\mathbb{R}}$ gegen a, $\lim\limits_{n \to \infty} a_n = a$, genau dann, wenn

$$\liminf_{n \to \infty} a_n = a = \limsup_{n \to \infty} a_n$$

mit $a \in \mathbb{R}$ bzw. $a \in \bar{\mathbb{R}}$.

Für Mengensysteme werden entsprechende Begriffe benutzt. Sei Ω eine nichtleere Menge und $(A_n : n \in \mathbb{N})$ eine Folge von Teilmengen von Ω. Dann sind $\inf\limits_{n \in \mathbb{N}} A_n$ und $\sup\limits_{n \in \mathbb{N}} A_n$ durch

$$\inf_{n \in \mathbb{N}} A_n \triangleq \bigcap_{n \in \mathbb{N}} A_n \text{ bzw. } \sup_{n \in \mathbb{N}} A_n \triangleq \bigcup_{n \in \mathbb{N}} A_n$$

als Elemente von $\mathrm{POT}(\Omega)$ definiert. Entsprechend sind

$$\liminf_{n \to \infty} A_n \triangleq \bigcup_{n \in \mathbb{N}} \bigcap_{m \geq n} A_m$$

und

$$\limsup_{n \to \infty} A_n \triangleq \bigcap_{n \in \mathbb{N}} \bigcup_{m \geq n} A_m .$$

Die Folge (A_n) <u>konvergiert gegen A</u> $\in \mathrm{POT}(\Omega)$, $\lim\limits_{n \to \infty} A_n = A$, genau dann, wenn

$$\liminf_{n \to \infty} A_n = A = \limsup_{n \to \infty} A_n .$$

Für jede Folge (A_n) ist $\liminf_{n\to\infty} A_n \subset \limsup_{n\to\infty} A_n$.

Die Folge (A_n) heißt monoton wachsend, wenn $A_1 \subset A_2 \subset A_3 \subset \dots$, monoton fallend, wenn $A_1 \supset A_2 \supset A_3 \supset \dots$; sie heißt monoton, wenn sie monoton fallend oder monoton wachsend ist.

Die oben bei der Definition von lim inf und lim sup benutzen Folgen

$$(B_n) \text{ mit } B_n \triangleq \bigcap_{m\geq n} A_m \text{ für } n\in\mathbb{N} \text{ bzw.}$$

$$(C_n) \text{ mit } C_n \triangleq \bigcup_{m\geq n} A_m \text{ für } n\in\mathbb{N}$$

sind Beispiele für eine monoton wachsende, bzw. monoton fallende Folge.

Ist die Folge (A_n) monoton, so gilt offenbar

$\liminf_{n\to\infty} A_n = \limsup_{n\to\infty} A_n$; damit ergeben sich

$\lim_{n\to\infty} A_n = \bigcup_{n\in\mathbb{N}} A_n$ für monoton wachsende (A_n)

und

$\lim_{n\to\infty} A_n = \bigcap_{n\in\mathbb{N}} A_n$ für monoton fallende (A_n).

Konvergiert eine monoton wachsende Folge (A_n) gegen $A, \lim_{n\to\infty} A_n = A$, so benutzen wir zur Charakterisierung dieses Sachverhalts die Symbolik $A_n \uparrow A$; entsprechend bedeutet $A_n \downarrow A$ Konvergenz der monoton fallenden Folge (A_n) gegen A. Für Zahlenfolgen benutzen wir diese Symbole ebenfalls.

Nach dieser Einführung geben wir einen Satz an, der σ-Algebren durch Eigenschaften bzgl. ihrer monotonen Folgen charakterisiert.

10. Satz: $\mathfrak{A}$ sei eine Algebra über Ω. $\mathfrak{A}$ ist σ-Algebra über Ω $\Longleftrightarrow$ ist $(A_n : n\in\mathbb{N})$ eine monotone Folge von Elementen aus $\mathfrak{A}$ mit dem Grenzwert A, so ist $A \in \mathfrak{A}$.

Beweis: Nur "$\Leftarrow$" ist zu zeigen.
Sei (A_n) eine beliebige Folge von Elementen aus $\mathfrak{A}$. Für $n\in\mathbb{N}$ sei $B_n \triangleq \bigcup_{m=1}^{n} A_m$. Dann ist (B_n) eine monoton wachsende Folge, deren Grenzwert $\lim_{n\to\infty} B_n$ nach Voraussetzung Element von $\mathfrak{A}$ ist. Wegen $\lim_{n\to\infty} B_n = \bigcup_{n\in\mathbb{N}} A_n$ folgt die Behauptung. ┘

Seien jetzt Ω,Ω' nichtleere Mengen und $f : \Omega \to \Omega'$ eine (linkstotale) Abbildung. Wir benutzen folgende Bezeichnungen:

für $A \subset \Omega$ ist $f(A) \triangleq \{f(\omega) : \omega \in A\} \subset \Omega'$
das Bild von A bzgl. f;

für $\mathfrak{A} \subset POT(\Omega)$ ist $f(\mathfrak{A}) \triangleq \{f(A) : A \in \mathfrak{A}\} \subset POT(\Omega')$
das Bild von $\mathfrak{A}$ bzgl. f;

für $A' \subset \Omega'$ ist $f^{-1}(A') = \{\omega : f(\omega) \in A'\} \subset \Omega$
das Urbild von A' bzgl. f;

für $\mathfrak{A}' \subset POT(\Omega')$ ist $f^{-1}(\mathfrak{A}') = \{f^{-1}(A') : A' \in \mathfrak{A}'\} \subset POT(\Omega)$
das Urbild von $\mathfrak{A}'$ bzgl. f.

Wenn man eine Abbildung $f : \Omega \to \Omega'$ annimmt, und eine σ-Algebra $\mathfrak{A}$ über Ω gegeben ist, so kann man offenbar nicht erwarten, daß $f(\mathfrak{A})$ ohne zusätzliche Voraussetzungen eine σ-Algebra über Ω' ist. Der folgende Satz gibt Antwort auf die Frage nach der Struktur von $f^{-1}(\mathfrak{A}')$ für eine σ-Algebra $\mathfrak{A}'$ über Ω'.

11. Satz: Seien Ω,Ω' nichtleere Mengen, $f : \Omega \to \Omega'$ und $\mathfrak{A}'$ eine σ-Algebra über Ω'. Dann ist $f^{-1}(\mathfrak{A}')$ σ-Algebra über Ω.

Beweis: Sei $\mathfrak{A} \triangleq f^{-1}(\mathfrak{A}')$.

1. Da $\mathfrak{A}'$ σ-Algebra ist, gilt $\Omega' \in \mathfrak{A}'$. Mit $f^{-1}(\Omega') = \Omega$ folgt $\Omega \in \mathfrak{A}$.
2. Sei $A \in \mathfrak{A}$. Dann existiert $A' \in \mathfrak{A}'$ mit $A = f^{-1}(A')$. Da $\mathfrak{A}'$ σ-Algebra ist, gilt $\overline{A}' \in \mathfrak{A}'$ für das Komplement $\overline{A}'$ von A' bzgl. Ω'. Damit ist $f^{-1}(\overline{A}') \in \mathfrak{A}$; $f^{-1}(\overline{A}')$ ist aber das Komplement von A bzgl. Ω.
3. Sei $(A_n : n \in \mathbb{N})$ eine Folge von Elementen aus $\mathfrak{A}$. Für jedes $n \in \mathbb{N}$ existiert $A_n' \in \mathfrak{A}'$ mit $A_n = f^{-1}(A_n')$. Da $\mathfrak{A}'$ σ-Algebra ist, gilt $\bigcup_{n \in \mathbb{N}} A_n' \in \mathfrak{A}'$. Damit folgt $f^{-1}(\bigcup_{n \in \mathbb{N}} A_n') \in \mathfrak{A}$. Wegen $f^{-1}(\bigcup_{n \in \mathbb{N}} A_n') = \bigcup_{n \in \mathbb{N}} f^{-1}(A_n')$ ist $\bigcup_{n \in \mathbb{N}} A_n \in \mathfrak{A}$.

┘

Mit den Bezeichnungen und unter den Voraussetzungen von Satz 11 nennt man $f^{-1}(\mathfrak{A}')$ die von f und $\mathfrak{A}'$ erzeugte σ-Algebra über Ω.

Sei wieder $f : \Omega \to \Omega'$ und $\mathfrak{A}' \subset POT(\Omega')$. Wir betrachten nun den Zusammenhang zwischen der vom Urbild von $\mathfrak{A}'$ bzgl. f erzeugten σ-Algebra und dem Urbild der von $\mathfrak{A}'$ erzeugten σ-Algebra.

12. <u>Satz:</u> Seien Ω, Ω' nichtleere Mengen, $f : \Omega \to \Omega'$ und $\mathfrak{A}' \subset POT(\Omega')$. Dann gilt

$$\sigma(f^{-1}(\mathfrak{A}')) = f^{-1}(\sigma(\mathfrak{A}'))$$

<u>Beweis:</u> $\sigma(\mathfrak{A}')$ ist σ-Algebra über Ω'; nach Satz 11 ist $f^{-1}(\sigma(\mathfrak{A}'))$ σ-Algebra über Ω.
Aus $\mathfrak{A}' \subset \sigma(\mathfrak{A}')$ folgt $f^{-1}(\mathfrak{A}') \subset f^{-1}(\sigma(\mathfrak{A}'))$; nach 7.2. ist $\sigma(f^{-1}(\mathfrak{A}'))$ die kleinste σ-Algebra über Ω, die $f^{-1}(\mathfrak{A}')$ enthält; damit ergibt sich

$$(*) \qquad \sigma(f^{-1}(\mathfrak{A}')) \subset f^{-1}(\sigma(\mathfrak{A}'))$$

Sei nun $\mathfrak{B}'$ die σ-Algebra über Ω', deren Urbild $\sigma(f^{-1}(\mathfrak{A}'))$ ist; dann gilt wegen $\mathfrak{A}' \subset \mathfrak{B}'$ nach 7.2. $\sigma(\mathfrak{A}') \subset \mathfrak{B}'$. Daraus folgt mit der Definition von $\mathfrak{B}'$:

$$f^{-1}(\sigma(\mathfrak{A}')) \subset f^{-1}(\mathfrak{B}') = \sigma(f^{-1}(\mathfrak{A}'));$$

hieraus und aus * folgt die Behauptung. ┘

Nach dieser Einführung in die uns interessierenden Mengensysteme besprechen wir als nächstes den Begriff des Wahrscheinlichkeitsmaßes. So wie es bei den bisherigen Ausführungen zweckmäßig war, außer den primär interessierenden σ-Algebren Mengensysteme mit verwandten Strukturen zu betrachten, ist es auch im folgenden nützlich, neben Wahrscheinlichkeitsmaßen Abbildungen mit verwandten Eigenschaften mitzuberücksichtigen.

13. <u>Definition:</u> $\mathfrak{A}$ sei ein Ring über Ω und $\mu : \mathfrak{A} \to \overline{\mathbb{R}}$.

13.1. μ heißt <u>positiv</u> $:\Leftrightarrow$ $\mu(\emptyset) = 0$ und für alle $A \in \mathfrak{A}$ ist $\mu(A) \geq 0$.

13.2. μ heißt <u>additiv</u> $:\Leftrightarrow$ für alle $A, B \in \mathfrak{A}$ mit $A \cap B = \emptyset$ ist $\mu(A \cup B) = \mu(A) + \mu(B)$.

13.3. μ heißt <u>σ-additiv</u> $:\Leftrightarrow$ für jede Folge $(A_n : n \in \mathbb{N})$ von Elementen aus $\mathfrak{A}$ mit $\bigcup_{n \in \mathbb{N}} A_n \in \mathfrak{A}$ und $A_m \cap A_n = \emptyset$ für alle $m, n \in \mathbb{N}$ mit $m \neq n$ gilt

$$\mu(\bigcup_{n \in \mathbb{N}} A_n) = \sum_{n \in \mathbb{N}} \mu(A_n).$$

13.4. μ heißt <u>Inhalt</u> $:\Leftrightarrow$ μ ist positiv und additiv.

13.5. μ heißt <u>Prämaß</u> $:\Leftrightarrow$ μ ist positiv und σ-additiv.

13.6. μ heißt <u>Maß</u> $:\Leftrightarrow$ μ ist Prämaß und $\mathfrak{A}$ ist σ-Algebra.

13.7. μ heißt <u>Wahrscheinlichkeitsmaß</u> (W-Maß) $:\Leftrightarrow$ μ ist Maß und $\mu(\Omega) = 1$. ┘

Für die bei der Definition der σ-Additivität benutzte Folge von paarweise disjunkten Elementen wollen wir die abkürzende Bezeichnung p.d. Folge benutzen; entsprechend benutzen wir auch p.d. Menge.

14. <u>Beispiele:</u>

14.1. Sei $\mathfrak{A}$ ein Ring über Ω und $\omega \in \Omega$. Die Abbildung $\mu : \mathfrak{A} \to \overline{\mathbb{R}}$ sei definiert durch

$$\mu(A) \triangleq \begin{cases} 0 & \text{falls } \omega \notin A \\ 1 & \text{falls } \omega \in A . \end{cases}$$

Dann ist μ offenbar ein Prämaß. Ist $\mathfrak{A}$ σ-Algebra, so ist μ W-Maß; dann nennt man μ <u>Dirac-Maß in ω.</u>

14.2. Jedes Prämaß ist ein Inhalt.

14.3. Ω sei eine nichtleere Menge und $\mu : \text{POT}(\Omega) \to \overline{\mathbb{R}}$ sei definiert durch

$$\mu(A) \triangleq \begin{cases} |A| & \text{falls A endlich} \\ +\infty & \text{falls A nicht endlich} \end{cases}$$

für alle $A \subset \Omega$. Dann ist μ ein Maß.

Nichttrivial ist nur die σ-Additivität von μ; man sieht sie wie folgt:

$(A_n : n \in \mathbb{N})$ sei eine p.d. Folge von Teilmengen von Ω. Sind alle A_n endlich, so ist $\bigcup_{n\in\mathbb{N}} A_n$ endlich oder abzählbar unendlich; in beiden Fällen ist $\mu(\bigcup_{n\in\mathbb{N}} A_n) = \sum_{n\in\mathbb{N}} \mu(A_n)$.

Ist für ein $m \in \mathbb{N}$ A_m nicht endlich, so ist $\bigcup_{n\in\mathbb{N}} A_n$ nicht endlich, und es ist

$$\mu(\bigcup_{n\in\mathbb{N}} A_n) = +\infty = \sum_{n\in\mathbb{N}} \mu(A_n).$$

14.4. Sei $(\mu_n : n \in \mathbb{N})$ eine Folge von W-Maßen, die alle auf einer σ-Algebra $\mathfrak{A}$ über Ω definiert seien. Sei $(\alpha_n : n \in \mathbb{N})$ eine Folge von nichtnegativen reellen Zahlen mit $\sum_{n\in\mathbb{N}} \alpha_n = 1$.

Sei $\mu : \mathfrak{A} \to \overline{\mathbb{R}}$ definiert durch

$$\mu(A) \triangleq \sum_{n\in\mathbb{N}} \alpha_n \, \mu_n(A)$$

für alle $A \in \mathfrak{A}$. Dann ist μ W-Maß.

Wir zeigen wieder nur die σ-Additivität von μ. Sei $(A_n : n\in\mathbb{N})$ eine p.d. Folge von Elementen aus $\mathfrak{A}$. Dann gelten:

$$\mu(\bigcup_{n\in\mathbb{N}} A_n) = \sum_{m\in\mathbb{N}} \alpha_m \mu_m(\bigcup_{n\in\mathbb{N}} A_n) \text{ nach Definition von } \mu$$

$$= \sum_{m\in\mathbb{N}} \alpha_m \sum_{n\in\mathbb{N}} \mu_m(A_n) \text{ wegen der } \sigma\text{-Additivität von } \mu_m$$

$$= \sum_{n\in\mathbb{N}} \sum_{m\in\mathbb{N}} \alpha_m \mu_m(A_n) \text{ nach dem Cauchyschen Doppelreihensatz}$$

$$= \sum_{n\in\mathbb{N}} \mu(A_n) \text{ nach Definition von } \mu.$$ ┘

Die folgenden Aussagen geben häufig benutzte Eigenschaften von Inhalten bzw. Prämaßen an.

15. <u>Satz:</u> $\mathfrak{A}$ sei ein Ring über Ω und $\mu : \mathfrak{A} \to \tilde{\mathbb{R}}$ sei ein Inhalt.

15.1. Für alle $A,B \in \mathfrak{A}$ mit $A \subset B$ gilt $\mu(A) \le \mu(B)$.

15.2. Für alle $A,B \in \mathfrak{A}$ gilt $\mu(A\cup B) + \mu(A\cap B) = \mu(A) + \mu(B)$.

15.3. Für alle $A,B \in \mathfrak{A}$ mit $A \subset B$ und $\mu(A)<\infty$ gilt $\mu(B-A) = \mu(B) - \mu(A)$.

15.4. für alle $A_1,\ldots,A_n$ mit $n\in\mathbb{N}$ gilt

$$\mu(\bigcup_{m=1}^{n} A_m) \le \sum_{m=1}^{n} \mu(A_m) .$$

15.5. Für jede p.d. Folge $(A_n : n\in\mathbb{N})$ von Elementen aus $\mathfrak{A}$ mit $\bigcup_{n\in\mathbb{N}} A_n \in \mathfrak{A}$ gilt

$$\sum_{n\in\mathbb{N}} \mu(A_n) \le \mu(\bigcup_{n\in\mathbb{N}} A_n) .$$

15.6. Ist μ Prämaß, so gilt für jede Folge $(A_n : n\in\mathbb{N})$ mit $\bigcup_{n\in\mathbb{N}} A_n \in \mathfrak{A}$

$$\mu(\bigcup_{n\in\mathbb{N}} A_n) \le \sum_{n\in\mathbb{N}} \mu(A_n) .$$

<u>Beweis:</u>

1. Seien $A,B \in \mathfrak{A}$ mit $A \subset B$.
   Aus $B = A \cup (B-A)$ und $A \cap (B-A) = \emptyset$ folgt nach 13.2. :

$\mu(A) + \mu(B-A) = \mu(B)$. Da μ nach 13.4. positiv ist, folgt 15.1. Ist $\mu(A)<\infty$, so ist die rechte Seite von $\mu(B-A) = \mu(B) - \mu(A)$ definiert, so daß 15.3. folgt.

2. Seien $A,B \in \mathfrak{A}$.
   Wegen $A\cup B = A \cup (B-A)$ mit $A \cap (B-A) = \emptyset$ und $A\cap B \cup (B-A) = B$ mit $(A\cap B) \cap (B-A) = \emptyset$ folgen aus Definition 13.2.

   (1) $\mu(A\cup B) = \mu(A) + \mu(B-A)$ und

   (2) $\mu(A\cap B) + \mu(B-A) = \mu(B)$

   Addiert man (1) und (2), so erhält man
   $\mu(A\cup B) + \mu(A\cap B) + \mu(B-A) = \mu(A) + \mu(B) + \mu(B-A)$

   Ist nun $\mu(B-A)$ endlich, so folgt hieraus 15.2.
   Ist $\mu(B-A) = +\infty$, so folgen $\mu(A\cup B) = +\infty$ aus (1) und $\mu(B) = +\infty$ aus (2), so daß auch in diesem Fall 15.2. folgt.

3. Aus 15.2. folgt $\mu(A\cup B) \leq \mu(A) + \mu(B)$ für $A,B \in \mathfrak{A}$, weil μ positiv ist; nun folgt 15.4. durch Induktion.

4. Sei $(A_n : n\in\mathbb{N})$ eine p.d. Folge von Elementen aus $\mathfrak{A}$ mit $\bigcup_{n\in\mathbb{N}} A_n \in \mathfrak{A}$.
   Für jedes $n\in\mathbb{N}$ folgt aus 13.2. $\mu(\bigcup_{m=1}^{n} A_m) = \sum_{m=1}^{n} \mu(A_m)$.

   Nach 15.1. folgt $\mu(\bigcup_{m=1}^{n} A_m) \leq \mu(\bigcup_{m\in\mathbb{N}} A_m)$ und damit folgt 15.5.

5. Seien μ ein Prämaß und $(A_n : n\in\mathbb{N})$ eine Folge von Elementen aus $\mathfrak{A}$ mit $\bigcup_{n\in\mathbb{N}} A_n \in \mathfrak{A}$.
   Seien $B_1 \triangleq A_1$ und für $n\in\mathbb{N}$ mit $n \geq 2$ $B_n \triangleq A_n - \bigcup_{m=1}^{n-1} A_m$.

   (B_n) ist eine p.d. Folge; für alle $n\in\mathbb{N}$ gilt $B_n \subset A_n$; zudem ist $\bigcup_{n\in\mathbb{N}} B_n = \bigcup_{n\in\mathbb{N}} A_n$.
   Wegen der σ-Additivität von μ folgt
   $\mu(\bigcup_{n\in\mathbb{N}} A_n) = \mu(\bigcup_{n\in\mathbb{N}} B_n) = \sum_{n\in\mathbb{N}} \mu(B_n)$;
   wegen $B_n \subset A_n$ für alle $n\in\mathbb{N}$ folgt mit 15.1.
   $\mu(\bigcup_{n\in\mathbb{N}} A_n) = \sum_{n\in\mathbb{N}} \mu(B_n) \leq \sum_{n\in\mathbb{N}} \mu(A_n)$
   und damit ist auch 15.6. bewiesen. ┘

Der folgende Satz charakterisiert Prämaße durch Stetigkeitseigenschaften für monotone Folgen.

16. <u>Satz:</u> $\mathfrak{A}$ sei ein Ring über Ω und $\mu : \mathfrak{A} \to \tilde{\mathbb{R}}$ sei ein Inhalt.

16.1. μ ist Prämaß $\Longleftrightarrow$ für jede Folge $(A_n : n \in \mathbb{N})$ von Elementen aus $\mathfrak{A}$ mit $A_n \uparrow A$ und $A \in \mathfrak{A}$ ist $\lim_{n\to\infty} \mu(A_n) = \mu(A)$.

16.2. Ist μ endlich, also $\mu : \mathfrak{A} \to \mathbb{R}$, so gilt: μ ist Prämaß $\Longleftrightarrow$ für jede Folge $(A_n : n \in \mathbb{N})$ von Elementen aus $\mathfrak{A}$ mit $A_n \downarrow A$ und $A \in \mathfrak{A}$ ist

$$\lim_{n\to\infty} \mu(A_n) = \mu(A).$$

<u>Beweis:</u>

1. Wir beweisen "$\Longrightarrow$" von 16.1.

μ sei Prämaß und (A_n) sei eine Folge von Elementen aus $\mathfrak{A}$ mit $A_n \uparrow A$ und $A \in \mathfrak{A}$.

Seien $B_1 \triangleq A_1$ und $B_n \triangleq A_n - A_{n-1}$ für $n \in \mathbb{N}$ mit $n \geq 2$.

(B_n) ist eine p.d. Folge; für alle $n \in \mathbb{N}$ ist $A_n = \bigcup_{m=1}^{n} B_m$; zudem ist $\bigcup_{n\in\mathbb{N}} A_n = \bigcup_{n\in\mathbb{N}} B_n$.

Aus $\mu(A) = \mu(\bigcup_{n\in\mathbb{N}} A_n) = \mu(\bigcup_{n\in\mathbb{N}} B_n)$ folgt mit 13.3., da μ Prämaß ist : $\mu(A) = \sum_{n\in\mathbb{N}} \mu(B_n)$.

Mit $\sum_{n\in\mathbb{N}} \mu(B_n) = \lim_{n\to\infty} \sum_{m=1}^{n} \mu(B_m) = \lim_{n\to\infty} \mu(\bigcup_{m=1}^{n} B_m) = \lim_{n\to\infty} \mu(A_n)$

ist $\lim_{n\to\infty} \mu(A_n) = \mu(A)$ unter der Voraussetzung, daß μ Prämaß ist, gezeigt.

2. Wir beweisen "$\Longleftarrow$" in 16.1.

Sei (A_n) eine p.d. Folge von Elementen aus $\mathfrak{A}$ mit $A \triangleq \bigcup_{n\in\mathbb{N}} A_n$ und $A \in \mathfrak{A}$. Für $n \in \mathbb{N}$ sei $B_n \triangleq \bigcup_{m=1}^{n} A_m$.

(B_n) ist eine monoton wachsende Folge, für die nach Definition $\bigcup_{n\in\mathbb{N}} B_n = A$ gilt. Nach Voraussetzung ist $\lim_{n\to\infty} \mu(B_n) = \mu(A)$. Wegen $B_n = \bigcup_{m=1}^{n} A_m$ und der Additivität von μ ist $\mu(B_n) = \sum_{m=1}^{n} \mu(A_m)$. Nun folgt

$\mu(A) = \lim_{n\to\infty} \mu(B_n) = \lim_{n\to\infty} \sum_{m=1}^{n} \mu(A_m) = \sum_{m\in\mathbb{N}} \mu(A_m)$, also die σ-Additivität von μ.

Damit ist 16.1. vollständig bewiesen.

3. Wir beweisen "$\Longrightarrow$" von 16.2.

μ sei ein Prämaß und (A_n) sei eine Folge von Elementen aus $\mathfrak{A}$ mit $A_n \downarrow A$ und $A \in \mathfrak{A}$.

Für $n \in \mathbb{N}$ sei $B_n \triangleq A_1 - A_n$. (B_n) ist eine monoton wachsende Folge von Elementen aus $\mathfrak{A}$ mit $B_n \uparrow A_1 - A$ und $A_1 - A \in \mathfrak{A}$.

Da μ nach Voraussetzung Prämaß ist, gilt nach 16.1. $\lim\limits_{n\to\infty} \mu(B_n) = \mu(A_1-A)$.

Wegen der Endlichkeit von μ und wegen $A \subset A_1$ folgt nach 15.3. $\mu(A_1-A) = \mu(A_1) - \mu(A)$; ebenso folgt wegen $A_n \subset A_1$ für alle $n\in\mathbb{N}$: $\mu(A_1-A_n) = \mu(A_1) - \mu(A_n)$.

Damit ergibt sich

$\mu(A_1) - \mu(A) = \mu(A_1-A) = \lim\limits_{n\to\infty} \mu(B_n) = \lim\limits_{n\to\infty} \mu(A_1-A_n) =$

$\mu(A_1) - \lim\limits_{n\to\infty} \mu(A_n)$ und damit $\mu(A) = \lim\limits_{n\to\infty} \mu(A_n)$.

4. Wir beweisen "$\Longleftarrow$" von 16.2.

Sei (A_n) p.d. Folge von Elementen aus $\mathfrak{A}$ mit $A \triangleq \bigcup\limits_{n\in\mathbb{N}} A_n$ und $A \in \mathfrak{A}$.

Für $n\in\mathbb{N}$ sei $B_n \triangleq A - \bigcup\limits_{m=1}^{n} A_m$. (B_n) ist eine monoton fallende Folge mit $B_n \downarrow \emptyset$. Nach Voraussetzung ist

$\lim\limits_{n\to\infty} \mu(B_n) = \mu(\emptyset) = 0$. Damit haben wir $0 = \lim\limits_{n\to\infty} \mu(A - \bigcup\limits_{m=1}^{n} A_m)$.

Wegen $\bigcup\limits_{m=1}^{n} A_m \subset A$ für alle $n\in\mathbb{N}$ und wegen der Endlichkeit von μ ist nach 15.3. $\mu(A - \bigcup\limits_{m=1}^{n} A_m) = \mu(A) - \mu(\bigcup\limits_{m=1}^{n} A_m)$ für alle $n\in\mathbb{N}$.

Mit der Additivität von μ folgt nun :

$0 = \lim\limits_{n\to\infty} \mu(A - \bigcup\limits_{m=1}^{n} A_m) = \mu(A) - \lim\limits_{n\to\infty} \sum\limits_{m=1}^{n} \mu(A_m) = \mu(A) - \sum\limits_{m\in\mathbb{N}} \mu(A_m)$

und daraus ergibt sich $\mu(A) = \sum\limits_{m\in\mathbb{N}} \mu(A_m)$.

Damit ist 16.2. vollständig bewiesen. ⌟

Mit den Bezeichnungen von Satz 16. nennt man einen Inhalt μ <u>stetig von unten</u>, wenn für jede monoton wachsende Folge (A_n) mit $A_n \uparrow A$ und $A \in \mathfrak{A}$ $\lim\limits_{n\to\infty} \mu(A_n) = \mu(A)$ gilt. Hat μ die entsprechende Eigenschaft für monoton fallende Folgen, so nennt man μ <u>stetig von oben</u>. Gilt schließlich für jede konvergente Folge (A_n) mit $\lim\limits_{n\to\infty} A_n = A$ und $A \in \mathfrak{A}$ $\lim\limits_{n\to\infty} \mu(A_n) = \mu(A)$, so heißt μ <u>stetig</u>.

17. <u>Definition:</u>

17.1. Ein Paar $(\Omega, \mathfrak{A})$ heißt <u>Meßraum</u> $\overset{\triangle}{\Longleftrightarrow}$ Ω ist eine nichtleere Menge und $\mathfrak{A}$ ist eine σ-Algebra über Ω.

17.2. Ein Tripel $(\Omega, \mathfrak{A}, \mu)$ heißt <u>Maßraum</u> $\overset{\triangle}{\Longleftrightarrow}$ $(\Omega, \mathfrak{A})$ ist ein Meßraum und $\mu : \mathfrak{A} \to \bar{\mathbb{R}}$ ist ein Maß. ⌟

Wenn ein Maßraum $(\Omega, \mathfrak{A}, \mu)$ gegeben ist, so hat man häufig den Wunsch, das Maß μ in einen anderen Raum zu übertragen. Ist $(\Omega', \mathfrak{A}')$ ein Meßraum, so liegt es nahe, die Übertragung von μ in den Meßraum $(\Omega', \mathfrak{A}')$ mittels einer Abbildung $f : \Omega \to \Omega'$ zu konstruieren. Da der Definitionsbereich von μ die σ-Algebra $\mathfrak{A}$ ist und entsprechend der Definitionsbereich des zu konstruierenden Maßes die σ-Algebra $\mathfrak{A}'$ sein soll, sind an eine Abbildung f, welche für die gewünschte Konstruktion benutzt werden soll, Verträglichkeitsforderungen bzgl. $\mathfrak{A}$ und $\mathfrak{A}'$ zu stellen. Der folgende Satz ist die Grundlage für die Durchführung entsprechender Konstruktionen.

18. Satz: $(\Omega, \mathfrak{A}, \mu)$ sei ein Maßraum und $(\Omega', \mathfrak{A}')$ ein Meßraum. Sei f eine Abbildung $f : \Omega \to \Omega'$ mit : $f^{-1}(A') \in \mathfrak{A}$ für alle $A' \in \mathfrak{A}'$. Die Abbildung $\mu' : \mathfrak{A}' \to \overline{\mathbb{R}}$ sei definiert durch

$$\mu'(A') \triangleq \mu(f^{-1}(A'))$$

für alle $A' \in \mathfrak{A}'$. Dann ist μ' ein Maß.

Beweis: Unmittelbar aus der Definition folgt, daß μ' positiv ist; wir zeigen, daß μ' σ-additiv ist. Sei (A'_n) eine p.d. Folge von Elementen aus $\mathfrak{A}'$. Dann ist $(f^{-1}(A'_n))$ eine p.d. Folge von Elementen aus $\mathfrak{A}$ mit $f^{-1}(\bigcup_{n\in\mathbb{N}} A'_n) = \bigcup_{n\in\mathbb{N}} f^{-1}(A'_n)$.

Dann folgen

$$\begin{aligned}\mu'(\bigcup_{n\in\mathbb{N}} A'_n) &= \mu(f^{-1}(\bigcup_{n\in\mathbb{N}} A'_n)) \quad \text{nach der Definition von } \mu' \\ &= \mu(\bigcup_{n\in\mathbb{N}} f^{-1}(A'_n)) \\ &= \sum_{n\in\mathbb{N}} \mu(f^{-1}(A'_n)) \quad \text{wegen der } \sigma\text{-Additivität von } \mu \\ &= \sum_{n\in\mathbb{N}} \mu'(A'_n) \quad \text{nach der Definition von } \mu'.\end{aligned}$$

┘

Mit Satz 18. kommen wir zu folgender

19. <u>Definition:</u> Seien $(\Omega,\mathfrak{A},\mu)$ ein Maßraum, $(\Omega',\mathfrak{A}')$ ein Meßraum und f eine Abbildung $f : \Omega \to \Omega'$.

19.1. f heißt <u>$(\mathfrak{A},\mathfrak{A}')$-meßbar</u>

$\stackrel{\Delta}{\Longleftrightarrow}$ für alle $A' \in \mathfrak{A}'$ ist $f^{-1}(A') \in \mathfrak{A}$.

19.2. f sei $(\mathfrak{A},\mathfrak{A}')$-meßbar und $\mu' : \mathfrak{A}' \to \overline{\mathbb{R}}$ sei durch $\mu'(A') \stackrel{\Delta}{=} \mu(f^{-1}(A'))$ für alle $A' \in \mathfrak{A}'$ definiert. Dann heißt μ' <u>das Bild von μ bzgl. f</u>, in Zeichen : $\mu' = f(\mu)$. ┘

2o. <u>Beispiele:</u>

2o.1. Jede konstante Abbildung $f : \Omega \to \Omega'$ ist $(\mathfrak{A},\mathfrak{A}')$-meßbar für alle Meßräume $(\Omega,\mathfrak{A})$ und $(\Omega',\mathfrak{A}')$.

2o.2. $(\Omega,\mathfrak{A})$ und $(\Omega',\mathfrak{A}')$ seien Meßräume. Ω' habe die Elemente 0 und 1. Für $A \in \mathfrak{A}$ ist die <u>Indikatorfunktion von A</u>, $1_A : \Omega \to \Omega'$, definiert durch

$$1_A(\omega) \stackrel{\Delta}{=} \begin{cases} 1 & \text{falls } \omega \in A \\ 0 & \text{falls } \omega \notin A \end{cases}$$

1_A ist $(\mathfrak{A},\mathfrak{A}')$-meßbar, da $\{\emptyset, A, \bar{A}, \Omega\} \subset \mathfrak{A}$ aus $A \in \mathfrak{A}$ folgt.

Die beiden folgenden Sätze geben Kriterien für den Nachweis der Meßbarkeit von Abbildungen.

21. <u>Satz:</u> Für $i \in \{1,2,3\}$ seien $(\Omega_i,\mathfrak{A}_i)$ Meßräume; die Abbildung $f : \Omega_1 \to \Omega_2$ sei $(\mathfrak{A}_1,\mathfrak{A}_2)$-meßbar; die Abbildung $g : \Omega_2 \to \Omega_3$ sei $(\mathfrak{A}_2,\mathfrak{A}_3)$-meßbar. Dann ist die Abbildung $g \circ f : \Omega_1 \to \Omega_3$ $(\mathfrak{A}_1,\mathfrak{A}_3)$-meßbar.

<u>Beweis:</u> Die $(\mathfrak{A}_1,\mathfrak{A}_3)$-Meßbarkeit von $g \circ f$ folgt aus $(g \circ f)^{-1}(A) = f^{-1}(g^{-1}(A))$ für alle $A \in \mathfrak{A}_3$. ┘

22. <u>Satz:</u> $(\Omega,\mathfrak{A})$ und $(\Omega',\mathfrak{A}')$ seien Meßräume. $\mathfrak{E}'$ sei eine Teilmenge von $\mathrm{POT}(\Omega')$ mit $\mathfrak{A}' = \sigma(\mathfrak{E}')$. Die Abbildung $f : \Omega \to \Omega'$ ist $(\mathfrak{A},\mathfrak{A}')$-meßbar genau dann, wenn $f^{-1}(A') \in \mathfrak{A}$ für alle $A' \in \mathfrak{E}'$.

<u>Beweis:</u> Sei $\mathfrak{B}' \stackrel{\Delta}{=} \{B' \subset \Omega' : f^{-1}(B') \in \mathfrak{A}\}$. Dann ist $\mathfrak{B}'$ σ-Algebra über Ω'.

$\mathfrak{A}' \subset \mathfrak{B}'$ genau dann, wenn $\mathfrak{E}' \subset \mathfrak{B}'$; ebenso ist $\mathfrak{A}' \subset \mathfrak{B}'$ genau dann, wenn f $(\mathfrak{A},\mathfrak{A}')$-meßbar ist. Damit ist f genau dann $(\mathfrak{A},\mathfrak{A}')$-meßbar, wenn $\mathfrak{E}' \subset \mathfrak{B}'$, also für alle $A' \in \mathfrak{E}'$ $f^{-1}(A') \in \mathfrak{A}$ ist. ┘

Damit schließen wir vorerst die Besprechung allgemeiner Maßräume ab; wir kommen zur Definition von W-Räumen.

23. Definition: $(\Omega,\mathfrak{A},P)$ sei ein Maßraum, $(\Omega',\mathfrak{A}')$ sei ein Meßraum und X sei eine Abbildung $X : \Omega \to \Omega'$.

23.1. $(\Omega,\mathfrak{A},P)$ heißt W-Raum $\Leftrightarrow$ P ist ein W-Maß.

23.2. Ist $(\Omega,\mathfrak{A},P)$ W-Raum und ist X $(\mathfrak{A},\mathfrak{A}')$-meßbar, so heißt X $(\mathfrak{A},\mathfrak{A}')$-meßbare stochastische Variable.

23.3. Ist $(\Omega,\mathfrak{A},P)$ W-Raum und X $(\mathfrak{A},\mathfrak{A}')$-meßbare stochastische Variable, so heißt das Bild von P bzgl. X die Verteilung der stochastischen Variablen X. ┘

Mit Definition 23. gelten alle Aussagen, die wir bisher für Maßräume mit endlichem Maß gewonnen haben, auch für W-Räume.

Ein W-Raum $(\Omega,\mathfrak{A},P)$ ist wie folgt zu interpretieren: Ω ist die Grundmenge. Die Elemente von $\mathfrak{A}$ sind die zufälligen Ausgänge eines Experiments; jedes $A \in \mathfrak{A}$ wird als Ereignis des Experiments bezeichnet. Für jedes Ereignis A ist durch P eine Zahl P(A) definiert, die Wahrscheinlichkeit des Ereignisses A. Die Elemente von Ω werden häufig als Elementarereignisse bezeichnet; das ist gerechtfertigt, wenn $\{\omega\} \in \mathfrak{A}$ für alle $\omega \in \Omega$; dies wird jedoch in der Definition eines W-Raumes keineswegs gefordert. Sei nun ein W-Raum $(\Omega,\mathfrak{A},P)$ als Modell für ein Experiment mit zufälligem Ausgang gegeben. Häufig ist es zweckmäßig, die Ausgänge von Experimenten unter verschiedenen Gesichtspunkten zu sehen. Ein Beispiel hierfür ist die folgende Situation: Eine Experimentiervorrichtung liefere als Ausgang eines Experiments eine reelle Zahl. In gewissen Fällen mag es zweckmäßig sein, statt der jeweiligen Zahlenwerte nur die beiden Ausgänge "erfolgreich" und "nicht erfolgreich" zu unterscheiden. Unter einem anderen Gesichtspunkt mag es zweckmäßig sein, die Menge der reellen Zahlen in hundert Intervalle zu zerlegen, und statt des primär gelieferten Zahlenwertes die Nummern der Treffer-Intervalle als Experiment-Ausgänge zu erfassen. In dieser Situation ist die oben besprochene Übertragung des W-Maßes in einen Meßraum ein geeignetes Hilfsmittel, einen den verfolgten Zielen entsprechenden W-Raum als Experiment-Modell zu konstruieren. Ist $(\Omega,\mathfrak{A},P)$ als Modell vorhanden, so wählt man den Meßraum $(\Omega', \mathfrak{A}')$ geeignet und eine Abbildung $X : \Omega \to \Omega'$ als $(\mathfrak{A}, \mathfrak{A}')$-meßbare stochastische Variable. Das Bild von P bzgl. X, X(P) ist nach Satz 18. ein Maß; offenbar ist X(P) auch normiert. In dem W-Raum $(\Omega', \mathfrak{A}', X(P))$ erhält man also ein Experiment-Modell, das auf das verfolgte Ziel zugeschnitten ist.

Ist $(\Omega, \mathfrak{A}, P)$ W-Raum und wählt man als Abbildung $X : \Omega \to \Omega$ die Identität, so ist das Bild von P bzgl. X offenbar wieder P; entsprechend können wir jedes W-Maß P als Verteilung einer stochastischen Variablen auffassen.

Ist $(\Omega, \mathfrak{A}, P)$ ein W-Raum, $(\Omega', \mathfrak{A}')$ ein Meßraum und $X : \Omega \to \Omega'$ $(\mathfrak{A}, \mathfrak{A}')$-meßbar, so benutzen wir für die Verteilung X(P) äquivalent auch die Bezeichnung P_X. Ist $A' \in \mathfrak{A}'$, so benutzen wir für die Wahrscheinlichkeit von A' äquivalent die Zeichen

$$X(P)(A') \text{ oder } P_X(A') \text{ oder}$$
$$P\{X \in A'\} \triangleq P(X^{-1}(A')).$$

Die Aussagen des folgenden Satzes ergeben sich aus den Sätzen 15.1., 15.3. und 16.

24. <u>Satz:</u> $(\Omega, \mathfrak{A}, P)$ sei ein W-Raum.
24.1. Für alle $A \in \mathfrak{A}$ ist $0 \leq P(A) \leq 1$.
24.2. Für alle $A \in \mathfrak{A}$ ist $P(\bar{A}) = 1 - P(A)$.
24.3. P ist stetig. ⌋

In den beiden folgenden Kapiteln werden wir uns auf der Grundlage der bisherigen Ergebnisse mit zwei speziellen Klassen von W-Räumen $(\Omega, \mathfrak{A}, P)$ beschäftigen. Die Klassifikation erfolgt bzgl. der Grundmenge Ω.

1.2 W-Räume mit höchstens abzählbarer Grundmenge

Wir beschränken uns im folgenden zunächst auf W-Räume $(\Omega,\mathfrak{A},P)$ mit endlicher Grundmenge Ω.

Für endliche Ω reduziert sich die algebraische Struktur σ-Algebra über Ω auf die der Algebra und diese ist äquivalent mit der eines Booleschen Verbandes. Entsprechend können wir als Meßraum immer $(\Omega, \text{POT}(\Omega))$ mit geeignet gewähltem Ω benutzen.

Den Ausführungen im vorangehenden Kapitel entsprechend können wir W-Räume $(\Omega,\mathfrak{A},P)$ mit endlichem Ω direkt konstruieren. Alternativ hierzu können wir wie folgt vorgehen: Wir nehmen an, daß ein W-Raum $(\Omega,\mathfrak{A},P)$ mit beliebigem Ω gegeben ist; wir wählen einen Meßraum $(\Omega',\mathfrak{A}')$ mit endlichem Ω'; dann übertragen wir P auf $\mathfrak{A}'$ mittels einer $(\mathfrak{A},\mathfrak{A}')$-meßbaren stochastischen Variablen $X : \Omega \rightarrow \Omega'$; so erhalten wir $(\Omega',\mathfrak{A}',X(P))$.

Wenn wir im folgenden W-Maße als Verteilungen von stochastischen Variablen definieren, so setzen wir entsprechend einen W-Raum $(\Omega,\mathfrak{A},P)$ voraus; wir geben das jeweils gewählte Ω' an und benutzen $\text{POT}(\Omega')$ als σ-Algebra über Ω'; die benutzte stochastische Variable wird dann immer als $(\mathfrak{A},\mathfrak{A}')$-meßbare Abbildung von Ω in Ω' angenommen.

Als endliche Grundmenge benutzen wir ohne Beschränkung der Allgemeinheit meist eine Zahlenmenge; sie ist als Bildmenge einer bijektiven Abbildung zu verstehen.

In den folgenden Verteilungs-Definitionen treten meist Parameter auf. Dann geben wir den Wertebereich der Parameter an. Für jeden Parameterwert wird dann eine Verteilung definiert; unter Berücksichtigung der Variabilität der Parameter in ihrem Wertebereich wird eine Verteilungs-Familie definiert.

Wir beginnen mit einer häufig benutzten Verteilung für stochastische Variablen, die zwei Werte annehmen.

25. Definition: Seien $\Omega' = \{0,1\}$ und p eine reelle Zahl mit $0 \leq p \leq 1$. Die stochastische Variable X heißt Bernoulli-verteilt mit dem Parameter p
$\hat{\Leftrightarrow}$ $P\{X=1\} = p$ und $P\{X=0\} = 1 - p$. ┘

Ein W-Raum mit einer Bernoulli-Verteilung ist ein geeignetes Modell für die Beschreibung von Experimenten wie z.B."Werfen einer Münze" oder "Ziehen einer Kugel aus einer Urne, die zwei Sorten Kugeln enthält". Ist $(\Omega',\mathrm{POT}(\Omega'),P')$ ein W-Raum und P' eine Bernoulli-Verteilung mit p, so ist P' durch 25. für alle Elemente von $\mathrm{POT}(\Omega')$ eindeutig definiert, nämlich: $P'(\emptyset) = 0$ gemäß Definition 13.1., $P'(\{0\}) = 1 - p$ und $P'(\{1\}) = p$ gemäß Definition 25. und $P'(\Omega') = P'(\{0,1\}) = P'(\{0\}) + P'(\{1\}) = 1$ gemäß Definition 13.2. und 25.

Entsprechend läßt sich ein W-Raum $(\Omega,\mathrm{POT}(\Omega),P)$ mit beliebigem, endlichem Ω definieren: Für alle $\omega \in \Omega$ sei $p(\omega)$ eine nicht-negative reelle Zahl und es gelte $\sum_{\omega\in\Omega} p(\omega) = 1$. Dann ist das W-Maß P definiert, wenn $P(\{\omega\}) \triangleq p(\omega)$ für alle $\omega \in \Omega$ definiert wird. $\{\{\omega\} : \omega\in\Omega\}$ ist nämlich die Menge der Atome von $\mathrm{POT}(\Omega)$ und damit ergibt sich $P(A) = \sum_{\omega\in A} p(\omega)$ für alle $A \in \mathrm{POT}(\Omega)$ mit $A \neq \emptyset$ aus 13.2.; $P(\emptyset)$ ist bereits durch 13.1. definiert.

Ein spezieller Fall für die Definition der $p(\omega)$ liegt vor in

26. <u>Definition:</u> $(\Omega,\mathfrak{A},P)$ heißt <u>Laplacescher W-Raum</u>
    $:\stackrel{\triangle}{\Leftrightarrow}$ es gelten
    1. $|\Omega| = n$ mit $n\in\mathbb{N}$
    2. $\mathfrak{A} = \mathrm{POT}(\Omega)$
    3. für alle $\omega \in \Omega$ ist $P(\{\omega\}) = \frac{1}{n}$. ┘

Dem Laplaceschen W-Raum liegt also die Annahme zugrunde, daß alle Elementarereignisse gleichwahrscheinlich sind. Diese Annahme ist die Grundlage für die Lösung zahlreicher Probleme der Wahrscheinlichkeitsrechnung mit Mitteln der Kombinatorik. Für $A \subset \Omega$ erhält man P(A) durch Abzählen der Elemente von A und $P(A) = \frac{|A|}{|\Omega|}$.

27. <u>Beispiel:</u>
    Wir nehmen an, daß sich in einer Urne $a \in \mathbb{N}$ Kugeln befinden; s der Kugeln seien schwarz und $w \triangleq a-s$ seien weiß. Wir entnehmen der Urne (mit einem Griff) b mit $1 \le b \le a$ Kugeln. Gesucht ist die Wahrscheinlichkeit dafür, daß da-

bei c weiße Kugeln entnommen werden unter der Annahme, daß ein Laplacescher W-Raum das Experiment beschreibt.

Wir denken uns die Kugeln mit 1,...,a durchnumeriert. Die Elementarereignisse, also die Elemente von Ω, sind die b-tupel $(k_1,...,k_b)$ mit $k_i \in\{1,...,a\}$ und $k_i \neq k_j$ für $i,j \in\{1,...,b\}$ und $i \neq j$. Es gibt genau $\binom{a}{b}$ verschiedene Möglichkeiten, b von a Kugeln auszuwählen, so daß wir also $|\Omega| = \binom{a}{b}$ erhalten.

Das uns interessierende Ereignis A tritt genau dann ein, wenn c weiße und b-c schwarze Kugeln entnommen werden. Für die Auswahl von c aus den w vorhandenen weißen Kugeln gibt es $\binom{w}{c}$ Möglichkeiten; für die Auswahl von b-c aus den s schwarzen Kugeln gibt es $\binom{s}{b-c}$ Möglichkeiten. Jedes Paar der möglichen Auswahlen von c weißen und b-c schwarzen Kugeln ist ein Element von A; es ergibt sich also $|A| = \binom{w}{c} \cdot \binom{s}{b-c}$.
Als Ergebnis erhalten wir damit

$$P(A) = \frac{\binom{w}{c}\binom{s}{b-c}}{\binom{a}{b}}$$

┘

Die in diesem Beispiel berechnete Verteilung nennt man die hypergeometrische.

28. <u>Definition:</u> Seien $k,m\in\mathbb{N}$ und $l\in\mathbb{N}_0$ mit $1 \leq m \leq k+l$.
Sei $\Omega' = \{0,1,...,\min\{k,m\}\}$.
Die stochastische Variable X heißt <u>hypergeometrisch verteilt mit den Parametern k,l und m</u>
$:\Leftrightarrow$ für $n\in \{0,...,\min\{k,m\}\}$ gilt

$$P\{X = n\} = \frac{\binom{k}{n}\binom{l}{m-n}}{\binom{k+l}{m}}$$

┘

Daß das durch 28. definierte Maß normiert ist, folgt aus

$$\sum_{n=0}^{m} \binom{k}{n}\binom{l}{m-n} = \binom{k+l}{m} .$$

Wir besprechen jetzt die Konstruktion einer σ-Algebra über einer endlichen Grundmenge in einer Situation, die in vielen Anwendungen auftritt.

Ω sei eine beliebige Menge. $A_0, A_1, \ldots, A_{n-1}$ mit $n \in \mathbb{N}$ seien nichtleere Teilmengen von Ω mit $\bigcup_{m=o}^{n-1} A_m = \Omega$. Die $A_0, \ldots, A_{n-1}$ seien als Ausgänge eines Experiments von Interesse. Zu konstruieren ist die kleinste σ-Algebra über Ω, die $A_0, A_1, \ldots, A_{n-1}$ enthält.

Ist $\{A_0, \ldots, A_{n-1}\}$ eine Zerlegung von Ω, sind also die A_i paarweise disjunkt, so ist die gesuchte σ-Algebra der Boolesche Verband mit den Atomen $A_0, \ldots, A_{n-1}$. Diesen Fall wollen wir für das Folgende ausschließen.

Für $i \in \{0, \ldots, n-1\}$ seien $\delta_i \in \{0, 1\}$ und

$$A_i^{\delta_i} \triangleq \begin{cases} A_i & \text{falls } \delta_i = 1 \\ \overline{A_i} & \text{falls } \delta_i = 0 \end{cases}$$

Die n-tupel $(\delta_{n-1}, \ldots, \delta_0)$ interpretieren wir als Dualdarstellungen der Zahlen $k \in \{0, \ldots, 2^n-1\}$.

Sei jetzt $k \in \{0, \ldots, 2^n-1\}$ und $(\delta_{n-1}, \ldots, \delta_0)$ die Dualdarstellung von k. Dann sei

$$A(k) \triangleq A_{n-1}^{\delta_{n-1}} \cap A_{n-2}^{\delta_{n-2}} \cap \ldots \cap A_o^{\delta_o} .$$

Die $A(k)$ sind Teilmengen von Ω, für die $A(k) = \emptyset$ möglich ist.

Sei $K \triangleq \{k \in \{0, \ldots, 2^n-1\} : A(k) \neq \emptyset\}$.

Dann ist für $i, j \in K$ mit $i \neq j$ $A(i) \cap A(j) = \emptyset$ und wegen $\bigcup_{m=o}^{n} A_m = \Omega$ ist $\bigcup_{k \in K} A(k) = \Omega$. Die gesuchte σ-Algebra ist also der Boolesche Verband mit den Atomen $A(k)$ mit $k \in K$.

Das folgende Beispiel motiviert ein weiteres Konstruktionsverfahren für W-Räume und eine weitere Verteilungsfamilie.

29. Beispiel:

Das Ergebnis der Ausführung eines Experiments sei eine reelle Zahl als Meßwert. Für $\alpha \in \mathbb{R}$ sei bekannt, daß ein Meßwert $\beta \leq \alpha$ mit der Wahrscheinlichkeit p, $0 < p < 1$, beobachtet wird.

Das Experiment werde n-mal ausgeführt. Für jede Ausführung gelte das oben Gesagte, d.h. unabhängig davon, ob das Experiment erstmals ausgeführt oder wiederholt wird gilt für den Ausgang: ein Meßwert β mit $\beta \leq \alpha$ wird mit der Wahrscheinlichkeit p beobachtet.

Das Ergebnis der n-maligen Ausführung des Experiments ist ein n-tupel von Meßwerten $(\beta_1, \ldots, \beta_n)$. Mit $m \in \{0, \ldots, n\}$ interessieren wir uns für die Wahrscheinlichkeit des Ereignisses A(m), das genau dann eintritt, wenn für m der Meßwerte $\leq \alpha$ und für n - m der Meßwerte $> \alpha$ gilt. ┘

Bevor wir Beispiel 29. fortsetzen, wollen wir ein Verfahren für die Konstruktion eines geeigneten W-Raumes für die im Beispiel auftretende Situation besprechen.

Für $n \in \mathbb{N}$ und $i \in \{1, \ldots, n\}$ sei $(\Omega_i, \mathfrak{A}_i, P_i)$ W-Raum; die Ω_i seien endlich und $\mathfrak{A}_i = \text{POT}(\Omega_i)$.
Sei Ω das kartesische Produkt der Ω_i, also $\Omega \triangleq \mathop{\times}\limits_{i=1}^{n} \Omega_i$.

Wir wollen von den gegebenen W-Räumen ausgehend einen W-Raum mit der Grundmenge Ω konstruieren.

Als σ-Algebra über Ω wählen wir $\mathfrak{A} \triangleq \text{POT}(\Omega)$. $\mathfrak{A}$ enthält insbesondere alle $A_1 \times \ldots \times A_n$ mit $A_i \in \mathfrak{A}_i$ für $i \in \{1, \ldots, n\}$.
Es ist anzumerken, daß $\{A_1 \times \ldots \times A_n : A_1 \in \mathfrak{A}_1, \ldots, A_n \in \mathfrak{A}_n\}$ im allgemeinen keine σ-Algebra über Ω ist.

Sei nun $\{\omega\}$ mit $\omega = (\omega_1, \ldots, \omega_n)$ ein Atom von $\mathfrak{A}$; für die Menge der Atome von $\mathfrak{A}$ sei die Abbildung P durch

$$P(\{\omega\}) \triangleq \prod_{i=1}^{n} P_i(\{\omega_i\})$$

definiert. Mit $P(\emptyset) \triangleq 0$ läßt sich nun P zu der Abbildung $P : \mathfrak{A} \to \mathbb{R}$ additiv fortsetzen; P ist ein W-Maß.

Für $(\Omega, \mathfrak{A}, P)$ ist $P(A) = \sum_{\omega \in A} P(\{\omega\})$ für $A \in \mathfrak{A}$; insbesondere für $A = A_1 \times \ldots \times A_n$ mit $A_1 \in \mathfrak{A}_1, \ldots, A_n \in \mathfrak{A}_n$ ist $P(A) = \prod_{i=1}^{n} P_i(A_i)$.

Für $i \in \{1,\dots,n\}$ sei $\pi_i : \Omega \to \Omega_i$ die Projektion auf die i-te Komponente, also $\pi_i(\omega) = \omega_i$ für $\omega = (\omega_1,\dots,\omega_n)$. Für $A_i \in \mathfrak{A}_i$ ist $\pi_i^{-1}(A_i) = \Omega_1 \times \dots \times \Omega_{i-1} \times A_i \times \Omega_{i+1} \times \dots \times \Omega_n \in \mathfrak{A}$; π_i ist $(\mathfrak{A}, \mathfrak{A}_i)$-meßbar. Das Bild von P bzgl. π_i, das nach Satz 18. ein Maß ist, ist wegen

$$\pi_i(P)(A_i) = P(\pi_i^{-1}(A_i)) = \prod_{\substack{j=1\\ j\neq i}}^{n} P_j(\Omega_j)\, P_i(A_i) = P_i(A_i)$$

das W-Maß P_i.

In Kapitel 1.4. werden wir die hier für W-Räume mit endlicher Grundmenge durchgeführte Konstruktion für beliebige W-Räume besprechen. Den Raum $(\Omega, \mathfrak{A}, P)$ bezeichnen wir als Produkt der Räume $((\Omega_i, \mathfrak{A}_i, P_i) : i \in \{1,\dots,n\})$. Produkträume stehen in engem Zusammenhang mit dem Begriff der stochastischen Unabhängigkeit. n Ereignisse $B_1,\dots,B_n \in \mathfrak{A}$ heißen unabhängig, wenn $P(\bigcap_{i=1}^{n} B_i) = \prod_{i=1}^{n} P(B_i)$ gilt. Produkträume sind geeignete Modelle für die Beschreibung mehrfacher, unabhängiger Ausführungen von Experimenten. Ist nämlich $(\Omega_i, \mathfrak{A}_i, P_i)$ für $i \in \{1,\dots,n\}$ das Modell für die i-te Ausführung des Experiments und benutzen wir den Produktraum $(\Omega, \mathfrak{A}, P)$ als Modell für das Gesamtexperiment, so sind die Ereignisse

$$B_i = \Omega_1 \times \dots \times \Omega_{i-1} \times A_i \times \Omega_{i+1} \times \dots \times \Omega_n$$

des Produktraums gerade diejenigen, für die gilt: der Ausgang der i-ten Ausführung des Experiments ist $A_i \in \mathfrak{A}_i$. Für $B_1,\dots,B_n$ gilt aber nach der Konstruktion von P :

$$P(\bigcap_{i=1}^{n} B_i) = P(A_1 \times \dots \times A_n) = \prod_{i=1}^{n} P_i(A_i)$$

$$= \prod_{i=1}^{n} P(\pi_i^{-1}(A_i)) = \prod_{i=1}^{n} P(B_i).$$

29. Beispiel (Fortsetzung):

Wenn eines der von uns betrachteten Experimente als Ausgang den Meßwert β hat, so ordnen wir diesem 1 (bzw. 0) zu, wenn $\beta \le \alpha$ (bzw. $\beta > \alpha$) ist.

Die i-te Ausführung des Experiments wird dann beschrieben durch den W-Raum $(\Omega_i, \mathfrak{A}_i, P_i)$ mit $\Omega_i = \{0,1\}$, $\mathfrak{A}_i = POT(\Omega_i)$ und einer Bernoulli-Verteilung P_i mit dem Parameterwert p.

Modell für das Gesamtexperiment ist der Produktraum $(\Omega, \mathfrak{A}, P)$ der $((\Omega_i, \mathfrak{A}_i, P_i) : i \in \{1,\ldots,n\})$. Die Elementarereignisse in $\mathfrak{A}$ sind n-tupel $e = (e_1,\ldots,e_n)$ mit Komponenten aus $\{0,1\}$. Haben genau k, $0 \leq k \leq n$, der Komponenten von e den Wert 1, so ist

$$P(\{e\}) = p^k(1-p)^{n-k}$$

Das Ereignis $A(m)$ tritt ein, wenn als Ausgang des Gesamtexperiments ein n-tupel e beobachtet wird, in dem genau m Komponenten den Wert 1 haben. Es gibt $\binom{n}{m}$ verschiedene n-tupel dieser Art. Damit ergibt sich

$$P(A(m)) = \binom{n}{m} p^m (1-p)^{n-m}.$$ ┘

3o. <u>Definition:</u> Seien $n \in \mathbb{N}$, p eine reelle Zahl mit $0 \leq p \leq 1$ und $\Omega' = \{0,\ldots n\}$. Die stochastische Variable X heißt <u>binomial-verteilt mit den Parametern p und n</u> $:\Leftrightarrow$ für $m \in \{0,\ldots,n\}$ ist

$$P\{X=m\} = \binom{n}{m} p^m (1-p)^{n-m}$$ ┘

Die Normiertheit des in 3o. definierten Maßes folgt aus $\sum_{m=0}^{n} \binom{n}{m} p^m (1-p)^{n-m} = (p+1-p)^n = 1$ Die Familie der Binomialverteilungen enthält offenbar die Familie der Bernoulli-Verteilungen. Der Sachverhalt, den wir in Beispiel 29. kennengelernt haben, läßt sich nun wie folgt beschreiben:
Für den W-Raum $(\Omega_1, \mathfrak{A}_1, P_1)$ seien $\Omega_1 = \{0,1\}$, $\mathfrak{A}_1 = POT(\Omega_1)$ und P_1 eine Bernoulli-Verteilung mit p. Der W-Raum $(\Omega, \mathfrak{A}, P)$ sei das n-fache Produkt von $(\Omega_1, \mathfrak{A}_1, P_1)$ gemäß der oben besprochenen Konstruktion.
Sei $\Omega_2 = \{0,1,\ldots,n\}$. Die Abbildung $Z : \Omega \to \Omega_2$ sei definiert durch

$$Z(\omega) = k :\Leftrightarrow k \text{ der Komponenten von } \omega \text{ sind } 1$$

für alle $\omega \in \Omega$.
Für $\mathfrak{A}_2 = POT(\Omega_2)$ ist Z $(\mathfrak{A}, \mathfrak{A}_2)$-meßbar; P_2 sei das Bild von P bzgl. Z. Dann ist P_2 eine Binomialverteilung mit den Parametern p und n.

Wir kommen jetzt zu W-Räumen mit abzählbar unendlicher Grundmenge.

Analog zum endlichen Fall benutzen wir ohne Beschränkung der Allgemeinheit $\mathbb{N}$ (oder $\mathbb{N}_0$) als Grundmenge und den Meßraum $(\mathbb{N}, \mathrm{POT}(\mathbb{N}))$.

Sei $(p_n : n \in \mathbb{N})$ eine Folge nichtnegativer reeller Zahlen mit $\sum_{n\in\mathbb{N}} p_n = 1$. Dann ist durch

$$P(A) \triangleq \sum_{n\in A} p_n \quad \text{für } A \subset \mathbb{N}$$

ein W-Maß über dem angegebenen Meßraum definiert. Wir geben die Definition von zwei häufig benutzten Verteilungsfamilien an; dabei werden $(\mathfrak{A}, \mathrm{POT}(\mathbb{N}_0))$-meßbare stochastische Variablen vorausgesetzt.

31. Definition: Sei $\Omega' = \mathbb{N}_0$.

31.1. p sei eine reelle Zahl mit $0 \leq p < 1$.
Die stochastische Variable X heißt geometrisch verteilt mit dem Parameter p $\overset{\triangle}{\Longleftrightarrow}$ für $n \in \mathbb{N}_0$ ist

$$P\{X = n\} = (1-p)p^n.$$

31.2. μ sei eine reelle Zahl mit $\mu > 0$. Die stochastische Variable X heißt Poisson-verteilt mit dem Parameter μ $\overset{\triangle}{\Longleftrightarrow}$ für $n \in \mathbb{N}_0$ ist

$$P\{X = n\} = e^{-\mu} \frac{\mu^n}{n!} .$$ ┘

Die Normiertheit der in 31. definierten Maße folgt aus $\sum_{n\in\mathbb{N}_0} p^n = \frac{1}{1-p}$ für die geometrische Verteilung bzw. aus $\sum_{n\in\mathbb{N}_0} \frac{\mu^n}{n!} = e^{\mu}$ für die Poisson-Verteilung.

Zwischen der Binomialverteilung und der Poisson-Verteilung besteht ein interessanter Zusammenhang, den wir nun betrachten wollen.

Für $n \in \mathbb{N}$ sei die stochastische Variable X_n binomial-verteilt mit den Parametern p_n und n; nach Definition 3o. gilt also

$$P\{X_n=k\} = \binom{n}{k} p_n{}^k (1-p_n)^{n-k} \quad \text{für } k \in \{0,\dots,n\} .$$

Sei $\mu \in \mathbb{R}$ mit $\mu > 0$; für alle $n \in \mathbb{N}$ gelte $n \cdot p_n = \mu$. Dann ergibt sich für $n \in \mathbb{N}$:

$$\binom{n}{k} p_n^k (1-p_n)^{n-k} = \binom{n}{k} \left(\frac{\mu}{n}\right)^k \left(1-\frac{\mu}{n}\right)^{n-k}$$

$$= \frac{\mu^k}{k!} \frac{n(n-1)\ldots(n-k+1)}{n^k} \left(1-\frac{\mu}{n}\right)^n \left(1-\frac{\mu}{n}\right)^{-k}$$

$$= \frac{\mu^k}{k!} 1\left(1-\frac{1}{n}\right)\ldots\left(1-\frac{k-1}{n}\right) \left(1-\frac{\mu}{n}\right)^n \left(1-\frac{\mu}{n}\right)^{-k}$$

Für den letzten Ausdruck führen wir $n \to \infty$ durch; die Terme $1-\frac{1}{n},\ldots,1-\frac{k-1}{n}$ konvergieren gegen 1; $1-\frac{\mu}{n}$ konvergiert gegen 1 und $(1-\frac{\mu}{n})^n$ konvergiert gegen $e^{-\mu}$. Damit erhalten wir folgendes Ergebnis: Ist X_n binomial-verteilt mit den Parametern p_n und n und ist $np_n = \mu$ für alle $n \in \mathbb{N}$ mit $\mu > 0$, so gilt für große n

$$P\{X_n=k\} \sim e^{-\mu} \frac{\mu^k}{k!} .$$

Später werden wir diesen Sachverhalt wie folgt präzisieren: Unter den angegebenen Voraussetzungen konvergiert die Folge der Binomialverteilungen (schwach) gegen die Poisson-Verteilung.

Wir führen jetzt den Begriff der bedingten Wahrscheinlichkeit ein. $(\Omega,\mathfrak{A},P)$ sei ein W-Raum; wir interessieren uns für die Wahrscheinlichkeit des Ereignisses $B \in \mathfrak{A}$ unter der Annahme, daß das Ereignis $A \in \mathfrak{A}$ eingetreten ist.

32. Definition: Für den W-Raum $(\Omega,\mathfrak{A},P)$ sei $A \in \mathfrak{A}$ mit $P(A) > 0$. Dann heißt

$$P(B|A) \triangleq \frac{P(A\cap B)}{P(A)} \quad \text{für } B \in \mathfrak{A}$$

bedingte Wahrscheinlichkeit von B unter der Bedingung A oder unter der Hypothese A. ┘

Bei vorgegebenem $A \in \mathfrak{A}$ bezeichnen wir die in 32. definierte Abbildung mit $P(\cdot|A)$; wir zeigen, daß $P(\cdot|A) : \mathfrak{A} \to \mathbb{R}$ ein W-Maß ist.

33. Satz: Für den W-Raum $(\Omega,\mathfrak{A},P)$ sei $\Omega' \in \mathfrak{A}$ mit $P(\Omega') > 0$. Dann ist $P(\cdot|\Omega') : \mathfrak{A} \to \mathbb{R}$ mit

$$P(A|\Omega') = \frac{P(\Omega'\cap A)}{P(\Omega')} \quad \text{für } A \in \mathfrak{A}$$

ein W-Maß.

<u>Beweis:</u> $P(\cdot|\Omega')$ ist offenbar positiv und wegen

$P(\Omega|\Omega') = \frac{P(\Omega'\cap\Omega)}{P(\Omega')} = \frac{P(\Omega')}{P(\Omega')}$ normiert.

Sei $(A_n : n\in\mathbb{N})$ eine p.d.Folge von Elementen aus $\mathfrak{A}$.

Dann gilt nach Definition von $P(\cdot|\Omega')$

$$P(\bigcup_{n\in\mathbb{N}} A_n|\Omega') = \frac{P(\Omega'\cap\bigcup_{n\in\mathbb{N}} A_n)}{P(\Omega')} = \frac{P(\bigcup_{n\in\mathbb{N}}(\Omega'\cap A_n))}{P(\Omega')}$$

Da aus $A_m\cap A_n = \emptyset$ $(\Omega'\cap A_m) \cap (\Omega'\cap A_n) = \emptyset$ folgt, ergibt sich aus der σ-Additivität von P

$$P(\bigcup_{n\in\mathbb{N}}(\Omega'\cap A_n)) = \sum_{n\in\mathbb{N}} P(\Omega'\cap A_n)$$

und damit

$$P(\bigcup_{n\in\mathbb{N}} A_n|\Omega') = \sum_{n\in\mathbb{N}} \frac{P(\Omega'\cap A_n)}{P(\Omega')} = \sum_{n\in\mathbb{N}} P(A_n|\Omega).$$ ┘

Satz 33. lehrt, wie man von einem W-Raum $(\Omega,\mathfrak{A},P)$ mit $\Omega'\in\mathfrak{A}$ und $P(\Omega') > 0$ ausgehend den W-Raum $(\Omega,\mathfrak{A},P(\cdot|\Omega'))$ zu konstruieren hat. Für alle $A\in\mathfrak{A}$ mit $A\cap\Omega' = \emptyset$ ergibt sich insbesondere $P(A|\Omega') = 0$. Nach Satz 4. ist $\mathfrak{A}' \triangleq \{\Omega'\cap A : A\in\mathfrak{A}\}$ σ-Algebra. Die Einschränkung $P'(\cdot|\Omega')$ von $P(\cdot|\Omega)$ auf $\mathfrak{A}'$ ist ein W-Maß auf dem Meßraum $(\Omega',\mathfrak{A}')$. Sind andererseits der Meßraum $(\Omega,\mathfrak{A})$ und der W-Raum $(\Omega',\mathfrak{A}',P'(\cdot|\Omega'))$ mit $\Omega'\in\mathfrak{A}$ gegeben, so läßt sich $P'(\cdot|\Omega')$ zu $P(\cdot|\Omega) : \mathfrak{A}\to\mathbb{R}$ erweitern durch

$$P(A|\Omega') \triangleq P'(\Omega'\cap A|\Omega')$$

für alle $A\in\mathfrak{A}$.

Will man das Maß $P : \mathfrak{A}\to\mathbb{R}$ aus $P(\cdot|\Omega')$ zurückgewinnen, so gilt zunächst nach Definition 32.

$$P(A\cap\Omega') = P(A|\Omega')\cdot P(\Omega')$$

für alle $A\in\mathfrak{A}$. Ist nun $P(\Omega')$ gegeben, so folgt für alle $A\in\mathfrak{A}'$ wegen $A = \Omega'\cap A$

$$P(A) = P(A|\Omega')\cdot P(\Omega')$$

und damit ist P für diese $A\in\mathfrak{A}$ festgelegt; dies gilt auch für $P(\Omega') = 0$. Für die $A\in\mathfrak{A}$ mit $A\notin\mathfrak{A}'$ ist P unter Berücksichtigung der bereits getroffenen Festlegungen noch wählbar.

Das nächste Beispiel veranschaulicht das Besprochene.

34. <u>Beispiel:</u>

Der W-Raum $(\Omega,\mathfrak{A},P)$ sei gegeben mit $\Omega = \{a,b,c\}$, $\mathfrak{A} = POT(\Omega)$ und $P(\{a\}) = \frac{1}{2}$, $P(\{b\}) = P(\{c\}) = \frac{1}{4}$. Sei $\Omega' = \{a,b\}$. $P(\cdot|\Omega')$ ist definiert durch $P(\{a\}|\Omega') = \frac{2}{3}$ und $P(\{b\}|\Omega') = \frac{1}{3}$.

Für die übrigen Elemente von $\mathfrak{A}$ ergeben sich $P(\emptyset|\Omega') = P(\{c\}|\Omega') = 0$, $P(\{b,c\}|\Omega') = \frac{1}{3}$, $P(\{a,c\}|\Omega') = \frac{2}{3}$ und $P(\{a,b\}|\Omega') = P(\Omega|\Omega') = 1$. ┘

Die folgenden Sätze sind für die Durchführung von Berechnungen oft nützlich.

35. <u>Satz:</u> Für den W-Raum $(\Omega, \mathfrak{A}, P)$ sei $H_1, \ldots, H_n$ eine Zerlegung von Ω mit $H_m \in \mathfrak{A}$ und $P(H_m) > 0$ für alle $m \in \{1, \ldots, n\}$.

35.1. Für alle $A \in \mathfrak{A}$ gilt

$$P(A) = \sum_{m=1}^{n} P(H_m) \cdot P(A|H_m)$$

(Satz von der totalen Wahrscheinlichkeit).

35.2. Für alle $A \in \mathfrak{A}$ mit $P(A) > 0$ und $m \in \{1, \ldots, n\}$ gilt

$$P(H_m|A) = \frac{P(H_m) \cdot P(A|H_m)}{\sum_{k=1}^{n} P(H_k) \cdot P(A|H_k)}$$

(Formel von Bayes).

<u>Beweis:</u>

1. Wir beweisen 35.1.
   Für $A \in \mathfrak{A}$ gilt $A = A \cap \Omega = A \cap \bigcup_{m=1}^{n} H_m$ nach Voraussetzung.
   Wegen der Additivität von P folgt $P(A) = \sum_{m=1}^{n} P(A \cap H_m)$.
   Mit Definition 32. ist $P(A \cap H_m) = P(H_m) \cdot P(A|H_m)$ und damit $P(A) = \sum_{m=1}^{n} P(H_m) P(A|H_m)$.
2. Wir beweisen 35.2.
   Für $A \in \mathfrak{A}$ und $m \in \{1, \cdots, m\}$ gilt $P(A \cap H_m) = P(H_m) \cdot P(A|H_m) = P(A) \cdot P(H_m|A)$ nach Definition 32.
   Für $P(A) > 0$ folgt daraus $P(H_m|A) = \frac{1}{P(A)} P(H_m) \cdot P(A|H_m)$.
   Daraus folgt die Aussage von 35.2., wenn man P(A) gemäß 35.1. ersetzt.

┘

Es sei darauf hingewiesen, daß in Definition 32. und in den Sätzen 33. und 35. keine Voraussetzungen über die speziellen W-Räume dieses Kapitels gemacht werden, so daß diese Begriffe und Aussagen für beliebige W-Räume zur Verfügung stehen.

Zum Abschluß dieses Kapitels besprechen wir noch ein Beispiel für die Anwendung von Satz 35.2.

36. Beispiel:

Gegeben seien drei Kästchen, von denen jedes zwei Schubfächer hat. In jedem Schubfach des 1. Kästchens befinde sich eine Goldmünze, in jedem Schubfach des 3. Kästchens befinde sich eine Silbermünze; in einem Schubfach des 2. Kästchens befinde sich eine Goldmünze und in dem anderen eine Silbermünze. Alle Kästchen seien äußerlich gleich. Man öffnet ein Schubfach und findet eine Goldmünze. Gesucht ist die Wahrscheinlichkeit dafür, daß ein Schubfach des 2. Kästchens geöffnet wurde.

Als Modell benutzen wir den W-Raum $(\Omega, \mathfrak{A}, P)$ mit $\Omega = \{K_1, (K_2,G), (K_2,S), K_3\}$, $\mathfrak{A} = \mathrm{POT}(\Omega)$ und $P(\{K_1\}) = P(\{K_3\}) = \frac{1}{3}$, $P(\{(K_2,G)\}) = P(\{(K_2,S)\}) = \frac{1}{6}$.

Die Elemente von Ω haben folgende Bedeutung:

K_i mit $i \in \{1,3\}$: man öffnet ein Schubfach von Kästchen i;

(K_2,G): man öffnet ein Schubfach von Kästchen 2 und findet eine Goldmünze;

(K_2,S): man öffnet ein Schubfach von Kästchen 2 und findet eine Silbermünze.

Seien $G \triangleq \{K_1, (K_2,G)\}$ und $K_2 \triangleq \{(K_2,G), (K_2,S)\}$.

$\{\{K_1\}, K_2, \{K_3\}\}$ ist eine Zerlegung von Ω; wir haben $P(K_2|G)$ zu berechnen.

Nach Satz 35.2. ist

$$P(K_2|G) = \frac{P(K_2)P(G|K_2)}{\sum\limits_{i\in\{1,3\}} P(\{K_i\})\cdot P(G|\{K_i\}) + P(K_2)\cdot P(G|K_2)}$$

Mit $P(G|\{K_1\}) = 1$, $P(G|\{K_3\}) = 0$ und $P(G|K_2) = \frac{1}{2}$ folgt

$$P(K_2|G) = \frac{1}{6}\left(\frac{1}{3} + \frac{1}{6}\right)^{-1} = \frac{1}{3}.$$ ⌟

1.3 Maß- und W-Räume mit der Grundmenge $\mathbb{R}^n$

Maßräume mit der Grundmenge $\mathbb{R}$ sind zunächst Beispiele für Räume mit überabzählbarer Grundmenge. Zum anderen sind sie die Voraussetzung dafür, daß man Ereignissen, wie in vielen Anwendungsfällen nötig, numerische Werte zuordnet, mit denen dann auch gerechnet werden kann.
Einfach zu beschreibende Teilmengen von $\mathbb{R}$ sind die Intervalle. Seien $\alpha, \beta \in \mathbb{R}$ mit $\alpha \leq \beta$. Dann sind

$$[\alpha,\beta] \triangleq \{x \in \mathbb{R} : \alpha \leq x \leq \beta\}$$

beidseitig abgeschlossene Intervalle,

$$(\alpha,\beta) \triangleq \{x \in \mathbb{R} : \alpha < x < \beta\}$$

beidseitig offene Intervalle und

$$(\alpha,\beta] \triangleq \{x \in \mathbb{R} : \alpha < x \leq \beta\}$$
$$[\alpha,\beta) \triangleq \{x \in \mathbb{R} : \alpha \leq x < \beta\}$$

offen-abgeschlossene Intervalle. Zur Charakterisierung weiterer Teilmengen von $\mathbb{R}$ liegt es nahe, auf topologische Eigenschaften von $\mathbb{R}$ (wie oben schon geschehen) zurückzugreifen. Wir denken dabei an die für $\mathbb{R}$ definierte Euklidische Metrik und die durch diese Metrik induzierte Topologie über $\mathbb{R}$. Wir erinnern an einige Begriffe, die in diesem topologischen Raum definiert sind. Seien $\alpha \in \mathbb{R}$ und $A \subset \mathbb{R}$. α heißt innerer Punkt von A, wenn es eine Umgebung von α gibt, die ganz zu A gehört. α heißt äußerer Punkt von A, wenn es eine Umgebung von α gibt, die ganz zum Komplement $\overline{A}$ von A gehört. α heißt Randpunkt von A, wenn zu jeder Umgebung von α Punkte aus A und Punkte aus $\overline{A}$ gehören. α heißt Berührungspunkt von A, wenn zu jeder Umgebung von α Punkte aus A gehören. A heißt offene Teilmenge von $\mathbb{R}$, wenn A nur aus inneren Punkten besteht. A heißt abgeschlossene Teilmenge von $\mathbb{R}$, wenn alle Berührungspunkte von A zu A gehören. A heißt kompakte Teilmenge von A, wenn jede offene Überdeckung von A eine endliche Überdeckung von A enthält. Die offenen Teilmengen von $\mathbb{R}$ sind durch Intervalle darstellbar: Jede offene Teilmenge von $\mathbb{R}$ ist darstellbar als Vereinigung von abzählbar vielen offenen Intervallen. Die kompakten Teilmengen von $\mathbb{R}$ sind die, welche abgeschlossen und bzgl. der die Topologie induzierenden Metrik beschränkt sind.

Für die Definition einer σ-Algebra über $\mathbb{R}$ gehen wir von einer abzählbaren Menge von Intervallen aus und betrachten die von dieser erzeugte σ-Algebra.

37. Satz: Seien $I \triangleq \{(-\infty,\rho] : \rho \in \mathbb{Q}\}$ und $\sigma(I)$ die von I erzeugte σ-Algebra.

37.1. Für alle $\alpha \in \mathbb{R}$ ist $(-\infty,\alpha] \in \sigma(I)$.

37.2. Für alle $\alpha \in \mathbb{R}$ ist $(-\infty,\alpha) \in \sigma(I)$.

37.3. Ist O eine offene Teilmenge von $\mathbb{R}$, so ist $O \in \sigma(I)$.

Beweis:

1. Sei $\alpha \in \mathbb{R}$ und $(\rho_n : n \in \mathbb{N})$ eine Folge von rationalen Zahlen mit $\rho_n \downarrow \alpha$.
   Für alle $n \in \mathbb{N}$ ist $(-\infty,\rho_n] \in I$ und nach Satz 3. ist $\bigcap_{n\in\mathbb{N}}(-\infty,\rho_n] \in \sigma(I)$. Wegen $\bigcap_{n\in\mathbb{N}}(-\infty,\rho_n] = (-\infty,\alpha]$ gilt 37.1.

2. Sei $\alpha \in \mathbb{R}$ und für $n \in \mathbb{N}$ sei $\alpha_n \triangleq \alpha - \frac{1}{n}$. Für alle n ist $(-\infty,\alpha_n] \in \sigma(I)$ nach 37.1.; nach Definition 1.6. ist $\bigcup_{n\in\mathbb{N}}(-\infty,\alpha_n] \in \sigma(I)$. Wegen $\bigcup_{n\in\mathbb{N}}(-\infty,\alpha_n] = (-\infty,\alpha)$ gilt 37.2.

3. Sei $\alpha \in \mathbb{R}$.
   Nach 37.1. ist $(-\infty,\alpha] \in \sigma(I)$; nach 1.6. ist das Komplement von $(-\infty,\alpha]$, also $(\alpha,+\infty)$ Element von $\sigma(I)$. Entsprechend folgt mit 37.2., daß $[\alpha,+\infty) \in \sigma(I)$. Daraus folgt, daß für alle $\alpha,\beta \in \mathbb{R}$ mit $\alpha \leq \beta$ $[\alpha,\beta]$, $[\alpha,\beta)$, $(\alpha,\beta]$ und (α,β) Elemente von $\sigma(I)$ sind.
   Nun läßt sich jede offene Teilmenge O von $\mathbb{R}$ als abzählbare Vereinigung von offenen Intervallen darstellen. Ist $O = \bigcup_{n\in\mathbb{N}} I_n$ eine solche Darstellung, so sind alle I_n Elemente von $\sigma(I)$ und damit nach 1.6. $\bigcup_{n\in\mathbb{N}} I_n \in \sigma(I)$. Damit ist 37.3. bewiesen. ┘

Eine abgeschlossene Teilmenge von $\mathbb{R}$ ist Komplement einer offenen Teilmenge von $\mathbb{R}$; $\sigma(I)$ enthält also auch alle abgeschlossenen Teilmengen von $\mathbb{R}$. Eine kompakte Teilmenge von $\mathbb{R}$ ist insbesondere abgeschlossen; $\sigma(I)$ enthält also auch alle kompakten Teilmengen von $\mathbb{R}$.

Die σ-Algebra $\sigma(I)$ werden wir im folgenden immer als σ-Algebra über $\mathbb{R}$ benutzen. Wenn wir statt $\mathbb{R}$ die Grundmenge $\bar{\mathbb{R}} = \mathbb{R} \cup \{-\infty,+\infty\}$ benutzen, so erhalten wir eine entsprechende σ-Algebra über $\bar{\mathbb{R}}$, indem wir die Teilmengen von $\{-\infty,+\infty\}$ zu $\sigma(I)$ hinzunehmen.

38. <u>Definition:</u>

38.1. Seien $I \triangleq \{(-\infty,\rho] : \rho \in \mathbb{Q}\}$, $\mathfrak{B} \triangleq \sigma(I)$ und $\tilde{\mathfrak{B}} \triangleq \{B' \cup B'' : B' \in \mathfrak{B}$ und $B'' \in POT(\{-\infty,+\infty\})\}$. $\mathfrak{B}(\tilde{\mathfrak{B}})$ heißt <u>σ-Algebra der Borel-Mengen</u> über $\mathbb{R}(\bar{\mathbb{R}})$.

38.2. Seien $(\Omega,\mathfrak{A})$ ein Meßraum und $X : \Omega \to \mathbb{R}(\bar{\mathbb{R}})$ $(\mathfrak{A},\mathfrak{B})$-bzw. $(\mathfrak{A},\tilde{\mathfrak{B}})$-meßbar. Dann heißt X <u>$\mathfrak{A}$-meßbare numerische Funktion.</u>

Nach Satz 37.1. enthält $\mathfrak{B}$ die Menge der Intervalle $(-\infty,\alpha]$ mit $\alpha \in \mathbb{R}$; $\mathfrak{B}$ wird also auch von der Menge dieser Intervalle erzeugt. Im Beweis von 37.2. ist gezeigt, daß vermöge $(-\infty,\alpha) = \bigcup_{n \in \mathbb{N}} (-\infty,\alpha_n]$ mit $\alpha_n \triangleq \alpha - \frac{1}{n}$ für $n \in \mathbb{N}$ und $\alpha \in \mathbb{R}$ $\mathfrak{B}$ mit der Menge der Intervalle $(-\infty,\alpha]$ für alle $\alpha \in \mathbb{R}$ auch die Menge der Intervalle $(-\infty,\alpha)$ enthält. Andererseits folgt vermöge $(-\infty,\alpha] = \bigcap_{n \in \mathbb{N}} (-\infty,\alpha_n)$ mit $\alpha_n \triangleq \alpha + \frac{1}{n}$ für $n \in \mathbb{N}$ und $\alpha \in \mathbb{R}$, daß $\mathfrak{B}$ mit der Menge der Intervalle $(-\infty,\alpha)$ für alle $\alpha \in \mathbb{R}$ auch die Menge der Intervalle $(-\infty,\alpha]$ enthält. Entsprechendes gilt für die Intervallmengen $\{[\alpha,+\infty) : \alpha \in \mathbb{R}\}$ bzw. $\{(\alpha,+\infty) : \alpha \in \mathbb{R}\}$. Jede dieser Intervallmengen ist also ein Erzeugendensystem von $\mathfrak{B}$. Dies werden wir im folgenden für den Nachweis der Meßbarkeit numerischer Funktionen ausnutzen. Sind $(\Omega,\mathfrak{A})$ ein Meßraum und $X : \Omega \to \mathbb{R}$, so ist nach Satz 22. die $\mathfrak{A}$-Meßbarkeit von X nachgewiesen, wenn wir gezeigt haben: für alle $\alpha \in \mathbb{R}$ ist $\{X \leq \alpha\} \in \mathfrak{A}$.

Entsprechendes gilt für die Funktionen $X : \Omega \to \bar{\mathbb{R}}$. Geht man von $\tilde{I} \triangleq \{[-\infty,\rho] : \rho \in \mathbb{Q}\}$ aus und betrachtet die von $\tilde{I}$ erzeugte σ-Algebra $\sigma(\tilde{I})$, so zeigt man analog zum Beweis von 37.1., daß $\sigma(\tilde{I})$ alle Intervalle $[-\infty,\alpha]$ mit $\alpha \in \mathbb{R}$ enthält. Zudem läßt sich leicht zeigen, daß $\sigma(\tilde{I})$ die Mengen $\{-\infty\}$ und $\{+\infty\}$ und eines der Erzeugendensysteme von $\mathfrak{B}$ enthält. Daraus folgt $\sigma(\tilde{I}) = \tilde{\mathfrak{B}}$. Der obigen Bemerkung entsprechend sind auch $\{[-\infty,\alpha] : \alpha \in \mathbb{R}\}$ bzw. $\{[-\infty,\alpha) : \alpha \in \mathbb{R}\}$ Erzeugendensysteme von $\tilde{\mathfrak{B}}$. Bei gegebenem Meßraum $(\Omega,\mathfrak{A})$ ist also die $\mathfrak{A}$-Meßbarkeit von $X : \Omega \to \bar{\mathbb{R}}$ gezeigt, wenn nachgewiesen ist, daß für alle $\alpha \in \mathbb{R}$ $\{X \leq \alpha\} = \{\omega \in \Omega : X(\omega) \in [-\infty,\alpha]\}$ Element von $\mathfrak{A}$ ist.

Die folgenden Sätze geben Meßbarkeitsaussagen für numerische Funktionen.

39. <u>Satz:</u> $(\Omega, \mathfrak{A})$ sei ein Meßraum und $X, Y : \Omega \to \bar{\mathbb{R}}$ seien $\mathfrak{A}$-meßbare numerische Funktionen. Dann gelten:

39.1. $\{X < Y\} \in \mathfrak{A}$

39.2. $\{X \leq Y\} \in \mathfrak{A}$

39.3. $\{X = Y\} \in \mathfrak{A}$

39.4. $\{X \neq Y\} \in \mathfrak{A}$

<u>Beweis:</u> Die Aussagen folgen mit den Bemerkungen oben aus

$$\{X < Y\} = \bigcup_{\rho \in \mathbb{Q}} \{X < \rho\} \cap \{\rho < Y\}$$

$$\{X \leq Y\} = \overline{\{Y < X\}}$$

$$\{X = Y\} = \{X \leq Y\} \cap \{Y \leq X\}$$

$$\{X \neq Y\} = \overline{\{X = Y\}}.$$

┘

40. <u>Satz:</u> $(\Omega, \mathfrak{A})$ sei ein Meßraum und $X, Y : \Omega \to \mathbb{R}$ seien $\mathfrak{A}$-meßbare numerische Funktionen. Dann sind die folgenden Funktionen $\mathfrak{A}$-meßbar:

40.1. $aX + b$ mit $a, b \in \mathbb{R}$

40.2. $X \pm Y$

40.3. X^2

40.4. $X \cdot Y$

40.5. $\frac{1}{X}$, falls $\{X = 0\} = \emptyset$.

<u>Beweis:</u>

1. Zum Beweis von 40.1. ist zunächst festzustellen, daß jede konstante Funktion $\mathfrak{A}$-meßbar ist. Seien also $a, b \in \mathbb{R}$ mit $a \neq 0$. Dann gilt für $\alpha \in \mathbb{R}$

$$\{aX + b \leq \alpha\} = \{X \leq \tfrac{\alpha - b}{a}\}, \text{ falls } a > 0, \text{ und}$$

$$\{aX + b \leq \alpha\} = \{\tfrac{\alpha - b}{a} \leq X\}, \text{ falls } a < 0 .$$

$\{X \leq \frac{\alpha - b}{a}\}$ und $\{\frac{\alpha - b}{a} \leq X\}$ sind Elemente von $\mathfrak{A}$ nach 39.2.

2. Für $\alpha \in \mathbb{R}$ ist $\{X \pm Y \leq \alpha\} = \{X \leq \alpha \mp Y\}$. Mit Y ist $\alpha \mp Y$ $\mathfrak{A}$-meßbar nach 40.1. Damit ist $\{X \leq \alpha \mp Y\} \in \mathfrak{A}$ nach 39.2.
3. Sei $\alpha \in \mathbb{R}$.
Ist $\alpha < 0$, so ist $\{X^2 \leq \alpha\} = \emptyset$ und $\emptyset \in \mathfrak{A}$. Ist $\alpha \geq 0$, so ist $\{X^2 \leq \alpha\} = \{-\sqrt{\alpha} \leq X\} \cap \{X \leq \sqrt{\alpha}\}$
Beide Mengen rechts sind Elemente von $\mathfrak{A}$ nach 39.2. und damit ist auch ihr Durchschnitt $\{X^2 \leq \alpha\} \in \mathfrak{A}$.

4. Zunächst ist $X \cdot Y = \frac{1}{4}(X+Y)^2 - \frac{1}{4}(X-Y)^2$. $X + Y$ und $X - Y$ sind $\mathfrak{A}$-meßbar nach 4o.2. $(X+Y)^2$ und $(X-Y)^2$ sind $\mathfrak{A}$-meßbar nach 4o.3. $\frac{1}{4}(X+Y)^2$ und $\frac{1}{4}(X-Y)^2$ sind $\mathfrak{A}$-meßbar nach 4o.1. Schließlich ist $\frac{1}{4}(X+Y)^2 - \frac{1}{4}(X-Y)^2$ $\mathfrak{A}$-meßbar nach 4o.2.

5. Sei $\{X=0\} = \emptyset$.
Zunächst ist $\{\frac{1}{X}<0\} = \{X<0\} \in \mathfrak{A}$. Sei nun $\alpha \in \mathbb{R}$ mit $\alpha \neq 0$.
Für $\alpha > 0$ ist $\{\frac{1}{X}\leq\alpha\} = \{X<0\} \cup \{\frac{1}{\alpha}\leq X\}$; die beiden Mengen rechts sind Elemente von $\mathfrak{A}$ nach 39.1. bzw. 39.2. und damit ist auch ihre Vereinigung $\{\frac{1}{X}\leq\alpha\} \in \mathfrak{A}$.
Für $\alpha < 0$ ist $\{\frac{1}{X}\leq\alpha\} = \{\frac{1}{\alpha}\leq X\} \cap \{X<0\}$; die beiden Mengen rechts sind Elemente von $\mathfrak{A}$ nach 39.2. bzw. 39.1. und damit ist auch ihr Durchschnitt $\{\frac{1}{X}\leq\alpha\} \in \mathfrak{A}$. ┘

Die Aussagen von Satz 4o. gelten entsprechend für $\mathfrak{A}$-meßbare numerische Funktionen $X,Y : \Omega \to \tilde{\mathbb{R}}$ bei gegebenem Meßraum $(\Omega, \mathfrak{A})$, wenn die zusammengesetzten Funktionen wohldefiniert sind. Wir wollen dies exemplarisch für $X + Y$ zeigen. Seien $\Omega_1 \triangleq \{X + Y \in \mathbb{R}\}$, $\Omega_2 \triangleq \{X + Y = -\infty\}$ und $\Omega_3 \triangleq \{X + Y = +\infty\}$. Diese drei Mengen sind paarweise disjunkt und es gilt $\Omega = \Omega_1 \cup \Omega_2 \cup \Omega_3$, wenn $X + Y$ für alle $\omega \in \Omega$ definiert ist. Die Restriktion $Z_1 : \Omega_1 \to \tilde{\mathbb{R}}$ von $X + Y$ auf Ω_1 ist dann nach 4o.2. zunächst $(\mathfrak{A}_1, \mathfrak{B})$-meßbar mit $\mathfrak{A}_1 \triangleq \Omega_1 \cap \mathfrak{A}$; daraus und aus der Definition von Z_1 folgt die $(\mathfrak{A}_1, \tilde{\mathfrak{B}})$-Meßbarkeit unmittelbar. Die Restriktion $Z_2 : \Omega_2 \to \tilde{\mathbb{R}}$ von $X + Y$ auf Ω_2 bzw. $Z_3 : \Omega_3 \to \tilde{\mathbb{R}}$ von $X + Y$ auf Ω_3 ist als konstante Abbildung (2o.1.) $(\mathfrak{A}_2, \mathfrak{B})$-meßbar mit $\mathfrak{A}_2 \triangleq \Omega_2 \cap \mathfrak{A}$ bzw. $(\mathfrak{A}_3, \tilde{\mathfrak{B}})$-meßbar mit $\mathfrak{A}_3 \triangleq \Omega_3 \cap \mathfrak{A}$. Aus diesen Meßbarkeitsaussagen für Z_1, Z_2, Z_3 und aus $\mathfrak{A}_1, \mathfrak{A}_2, \mathfrak{A}_3 \subset \mathfrak{A}$ folgt die $\mathfrak{A}$-Meßbarkeit von $X + Y$.

41. <u>Satz:</u> $(\Omega, \mathfrak{A})$ sei ein Meßraum und $(X_n : n \in \mathbb{N})$ sei eine Folge von $\mathfrak{A}$-meßbaren numerischen Funktionen $X_n : \Omega \to \tilde{\mathbb{R}}$. Dann gelten:

41.1. $\sup_{n \in \mathbb{N}} X_n$ ist $\mathfrak{A}$-meßbar.

41.2. $\inf_{n \in \mathbb{N}} X_n$ ist $\mathfrak{A}$-meßbar.

<u>Beweis:</u> Sei $\alpha \in \mathbb{R}$.
$\{\sup X_n \leq \alpha\} = \{\omega \in \Omega : \text{für alle } n \in \mathbb{N} \text{ ist } X_n(\omega) \leq \alpha\} = \bigcap_{n \in \mathbb{N}} \{X_n \leq \alpha\}$

Für $n \in \mathbb{N}$ ist $\{X_n \leq \alpha\} \in \mathfrak{A}$ nach Voraussetzung; dann ist $\bigcap_{n \in \mathbb{N}} \{X_n \leq \alpha\} \in \mathfrak{A}$ nach Satz 3. Damit ist 41.1. bewiesen.

Mit X_n ist $-X_n$ $\mathfrak{A}$-meßbar nach 40.1. Wegen
$\inf_{n\in\mathbb{N}} X_n = -\sup_{n\in\mathbb{N}} (-X_n)$ folgt 41.2. aus 41.1. ┘

Aus Satz 41. folgt unmittelbar, daß unter den angegebenen Voraussetzungen auch $\liminf_{n\to\infty} X_n$, $\limsup_{n\to\infty} X_n$ und, falls definiert, auch $\lim_{n\to\infty} X_n$ $\mathfrak{A}$-meßbare numerische Funktionen sind. Die Aussagen von Satz 41. gelten auch für $\mathfrak{A}$-meßbare numerische Funktionen $X_n : \Omega \to \overline{\mathbb{R}}$, falls $\inf_{n\in\mathbb{N}} X_n$ und $\sup_{n\in\mathbb{N}} X_n$ als Abbildungen von Ω in $\overline{\mathbb{R}}$ definiert sind.
Schließlich sei noch angemerkt, daß mit X auch $|X|$ wegen $|X| = \sup(X,-X)$ $\mathfrak{A}$-meßbar ist. Die Aussagen der vorangehenden Sätze gelten natürlich auch, wenn der vorgegebene Meßraum $(\mathbb{R},\mathfrak{B})$ ist. Für stetige Funktionen $X : \mathbb{R}\to\mathbb{R}$ gilt zudem

42. <u>Satz:</u> $X : \mathbb{R}\to\mathbb{R}$ sei stetig. Dann ist X $(\mathfrak{B},\mathfrak{B})$-meßbar.

<u>Beweis:</u> Nach Satz 37.3. enthält $\mathfrak{B}$ alle offenen Teilmengen von $\mathbb{R}$. $\mathfrak{B}$ wird also auch von den offenen Teilmengen von $\mathbb{R}$ erzeugt. Nach Satz 22. ist die $(\mathfrak{B},\mathfrak{B})$-Meßbarkeit von X gezeigt, wenn für jede offene Teilmenge O von $\mathbb{R}$ $\{X \in O\}\in \mathfrak{B}$ gilt. Nach Definition der Stetigkeit ist aber die Urbildmenge bzgl. einer stetigen Abbildung jeder offenen Menge wieder eine offene Menge. ┘

Bevor wir zur Konstruktion von W-Maßen auf dem Meßraum $(\mathbb{R},\mathfrak{B})$ kommen, wollen wir kurz auf das Problem der Inhaltsberechnung für Teilmengen von $\mathbb{R}$ eingehen. Wir skizzieren dabei die Konstruktion eines Maßes auf $(\mathbb{R},\mathfrak{B})$, von dem wir in allen nachfolgenden Kapiteln wesentlichen Gebrauch machen werden.

Sei $\tilde{I} \triangleq \{(\alpha,\beta]:\alpha,\beta \in \mathbb{R} \text{ und } \alpha \le \beta\}$. Die Intervalle aus $\tilde{I}$ kann man elementar messen, indem man ihnen als ihren Inhalt ihre Länge zuordnet; sei $\lambda_{\tilde{I}} : \tilde{I}\to\mathbb{R}$ definiert durch

$$\lambda_{\tilde{I}}((\alpha,\beta]) \triangleq \beta - \alpha .$$

Mit $I,I'\in \tilde{I}$ ist auch $I \cap I'\in \tilde{I}$; dagegen ist $\tilde{I}$ offenbar nicht abgeschlossen bzgl. der Vereinigung. Sei nun
$\tilde{R} \triangleq \{R$: es existieren $n \in \mathbb{N}$ und $I_1,\dots,I_n\in \tilde{I}$ mit $R = \bigcup_{m=1}^{n} I_m\}$.

Jedes Element von $\tilde{R}$ ist Vereinigung endlich vieler Intervalle aus $\tilde{I}$. Zudem ist für alle $Q, R \in \tilde{R}$ auch $Q - R \in \tilde{R}$: nach Definition 1.3. ist $\tilde{R}$ also ein Ring über $\mathbb{R}$.
Ist $R \in \tilde{R}$, so läßt sich R als endliche Vereinigung von paarweise disjunkten Intervallen darstellen; diese Darstellung ist nicht eindeutig.
Die Abbildung $\lambda_{\tilde{I}}$ läßt sich zu einer Abbildung $\lambda_{\tilde{R}} : \tilde{R} \to \mathbb{R}$ wie folgt fortsetzen: für $R \in \tilde{R}$ sei $R = \bigcup_{m=1}^{n} I_m$ mit p.d. Intervallen $I_1, \ldots, I_n$; dann sei

$$\lambda_{\tilde{R}}(R) \triangleq \sum_{m=1}^{n} \lambda_{\tilde{I}}(I_m).$$

Man zeigt leicht, daß die so definierte Zahl $\lambda_{\tilde{R}}(R)$ für jedes $R \in \tilde{R}$ unabhängig von der Darstellung von R durch p.d. Intervalle ist; $\lambda_{\tilde{R}}$ ist also wohldefiniert. Für jedes $R \in \tilde{I}$ ist $\lambda_{\tilde{R}}(R) = \lambda_{\tilde{I}}(R)$.
Nach Definition 13.4. ist $\lambda_{\tilde{R}}$ ein Inhalt. Nun läßt sich zeigen, daß $\lambda_{\tilde{R}}$ σ-additiv ist; $\lambda_{\tilde{R}}$ ist also ein Prämaß über dem Ring $\tilde{R}$.
Um jetzt von dem Prämaß $\lambda_{\tilde{R}}$ zu einem Maß zu kommen, liegt es nahe, die von $\tilde{R}$ erzeugte σ-Algebra zu benutzen und $\lambda_{\tilde{R}}$ auf diese σ-Algebra fortzusetzen. Die von $\tilde{R}$ erzeugte σ-Algebra ist die der Borelmengen, $\sigma(\tilde{R}) = \mathfrak{B}$, und die Fortsetzung von $\lambda_{\tilde{R}}$ auf $\mathfrak{B}$ ist eindeutig. Die skizzierte Konstruktion führt zu folgender

43. <u>Definition:</u> Seien $\tilde{R}$ der oben definierte Ring über $\mathbb{R}$ und $\lambda_{\tilde{R}}$ das oben definierte Prämaß über $\tilde{R}$. Dann heißt die eindeutige Fortsetzung λ von $\lambda_{\tilde{R}}$ auf $\mathfrak{B}$ das <u>Lebesgue-Borelsche Maß</u> auf $\mathfrak{B}$.

Die Schritte, die wir für die Konstruktion des Lebesgue-Borelschen Maßes angegeben haben, sind charakteristisch für die Konstruktion von Maßen. Die Fortsetzung eines auf einem Ring definierten Prämaßes zu einem Maß auf der von dem Ring erzeugten σ-Algebra ist unter schwachen Voraussetzungen eindeutig.

44. <u>Definition:</u> $\mathfrak{A}$ sei ein Ring über Ω und μ ein auf $\mathfrak{A}$ definierter Inhalt. μ heißt <u>σ-endlich</u> $\overset{\triangle}{\Longleftrightarrow}$ es existiert eine Folge $(A_n : n \in \mathbb{N})$ von Elementen von $\mathfrak{A}$ mit $A_n \uparrow \Omega$ und $\mu(A_n) < +\infty$ für alle $n \in \mathbb{N}$.

Daß das oben angegebene Prämaß $\lambda_{\tilde{R}}$ σ-endlich ist, sieht man unmittelbar, indem man für $n \in \mathbb{N}$ $A_n = (-n, n]$ benutzt.

Für die Fortsetzung σ-endlicher Prämaße gilt ein Eindeutigkeitssatz, den wir zitieren:

45. <u>Satz:</u> Jedes σ-endliche, auf einem Ring $\mathfrak{A}$ definierte Prämaß läßt sich eindeutig zu einem Maß auf der σ-Algebra $\sigma(\mathfrak{A})$ fortsetzen. ┘

Es sei noch darauf hingewiesen, daß die σ-Algebra $\mathfrak{B}$ der Borel-Mengen über $\mathbb{R}$ eine echte Teilmenge von POT($\mathbb{R}$) ist. Eine Fortsetzung des Lebesgue-Borelschen Maßes λ von $\mathfrak{B}$ auf POT($\mathbb{R}$) existiert nicht.

Wir kommen jetzt zur Konstruktion von W-Maßen für den Meßraum $(\mathbb{R},\mathfrak{B})$ unter Verwendung einer speziellen Klasse reeller Funktionen.

46. <u>Definition:</u> $(\Omega,\mathfrak{A},P)$ sei ein W-Raum und $X : \Omega \to \mathbb{R}$ sei eine $\mathfrak{A}$-meßbare numerische Funktion. Die Abbildung $F : \mathbb{R} \to \mathbb{R}$ mit

$$F(\alpha) \triangleq P\{X \le \alpha\} \quad \text{für alle } \alpha \in \mathbb{R}$$

heißt <u>Verteilungsfunktion</u> des W-Maßes $X(P)$ oder Verteilungsfunktion der stochastischen Variablen X. ┘

Die Eigenschaften von Verteilungsfunktionen und ihre Bedeutung für die Konstruktion von W-Maßen klärt der folgende

47. <u>Satz:</u> Eine Abbildung $F : \mathbb{R} \to \mathbb{R}$ ist genau dann Verteilungsfunktion eines W-Maßes P auf $\mathfrak{B}$, wenn F die folgenden Eigenschaften hat:
    1. F ist monoton wachsend,
    2. F ist stetig von rechts,
    3. es gelten $\lim_{\alpha\to-\infty} F(\alpha) = 0$ und $\lim_{\alpha\to+\infty} F(\alpha) = 1$.

    Das W-Maß P ist durch die Verteilungsfunktion F eindeutig bestimmt.

    <u>Beweis:</u>
    1. Wir gehen aus von einem W-Raum $(\mathbb{R},\mathfrak{B},P)$. Sei $F : \mathbb{R} \to \mathbb{R}$ definiert durch $F(\alpha) \triangleq P((-\infty,\alpha])$ für alle $\alpha \in \mathbb{R}$.
    F ist monoton wachsend nach Satz 15.1.; F ist stetig von rechts nach Satz 16.2.; wegen $\lim_{\alpha\to-\infty} P((-\infty,\alpha]) = P(\emptyset) = 0$

ist $\lim_{\alpha \to -\infty} F(\alpha) = 0$ und wegen $\lim_{\alpha \to +\infty} P((-\infty, \alpha]) = P(\mathbb{R}) = 1$ ist

$\lim_{\alpha \to +\infty} F(\alpha) = 1$.

2. Sei nun $F : \mathbb{R} \to \mathbb{R}$ eine Abbildung mit den Eigenschaften 1. bis 3. dieses Satzes.

Sei $\tilde{I} \triangleq \{(\alpha,\beta] : \alpha,\beta \in \mathbb{R}$ und $\alpha \leq \beta\}$. Die Abbildung $P_{\tilde{I}} : \tilde{I} \to \mathbb{R}$ sei definiert durch $P_{\tilde{I}}((\alpha,\beta]) \triangleq F(\beta) - F(\alpha)$ für $(\alpha,\beta] \in \tilde{I}$. Wegen der Monotonie von F ist $P_{\tilde{I}}$ positiv.

Sei $\tilde{R} \triangleq \{R$: es existieren $n \in \mathbb{N}$ und $I_1, \ldots, I_n \in \tilde{I}$ mit $R = \bigcup_{m=1}^{n} I_m\}$.

Jedes $R \in \tilde{R}$ ist darstellbar als Vereinigung endlich vieler p.d. Intervalle aus $\tilde{I}$. Wir definieren nun eine Abbildung $P_{\tilde{R}} : \tilde{R} \to \mathbb{R}$ wie folgt : für $R \in \tilde{R}$ sei $R = \bigcup_{m=1}^{n} I_m$ eine Darstellung durch p.d. Intervalle aus $\tilde{I}$; dann sei

$$P_{\tilde{R}}(R) \triangleq \sum_{m=1}^{n} P_{\tilde{I}}(I_m)$$

Die Zahl $P_{\tilde{R}}(R)$ für $R \in \tilde{R}$ ist unabhängig von der Darstellung von R durch p.d. Intervalle. $\tilde{R}$ ist ein Ring über $\mathbb{R}$; $P_{\tilde{R}}$ ist die Fortsetzung von $P_{\tilde{I}}$ zu einem Inhalt auf $\tilde{R}$.

Wir zeigen jetzt, daß $P_{\tilde{R}}$ ein Prämaß ist; dazu benutzen wir Satz 16.2.

Sei $(R_n : n \in \mathbb{N})$ eine monoton fallende Folge von Elementen aus $\tilde{R}$ mit $R_n \downarrow R$ und $R \in \tilde{R}$. Da jedes Element von $\tilde{R}$ Vereinigung endlich vieler Intervalle aus $\tilde{I}$ und $P_{\tilde{R}}$ additiv ist, können wir o.B.d.A. annehmen, daß (R_n) eine Folge von Intervallen aus $\tilde{I}$ ist. Sei also für $n \in \mathbb{N}$ $R_n = (\alpha_n, \beta_n]$ mit $\alpha_n, \beta_n \in \mathbb{R}$ und $\alpha_n \leq \beta_n$. Wegen der Monotonie von (R_n) sind $\alpha_n \uparrow \alpha$ und $\beta_n \downarrow \beta$ mit $\alpha,\beta \in \mathbb{R}$. Gilt für die Folge (α_n), daß $\alpha_n < \alpha$ ist für alle $n \in \mathbb{N}$, so ist $\lim_{n\to\infty} R_n = [\alpha,\beta]$. Da $\lim_{n\to\infty} R_n$ nach Voraussetzung Element von $\tilde{R}$ ist, gibt es ein $n_0 \in \mathbb{N}$, so daß $\alpha_n = \alpha$ für alle $n \geq n_0$; dann ist $\lim_{n\to\infty} R_n = \bigcap_{n \in \mathbb{N}} (\alpha_n, \beta_n] = (\alpha,\beta]$. Nach Definition von $P_{\tilde{R}}$ gilt für $n \in \mathbb{N}$ $P_{\tilde{R}}(R_n) = F(\beta_n) - F(\alpha_n)$.

Da F nach Voraussetzung stetig von rechts ist, gilt $\lim_{n\to\infty} F(\beta_n) = F(\beta)$; da für $n \geq n_0$ $\alpha_n = \alpha$ ist, gilt $\lim_{n\to\infty} F(\alpha_n) = F(\alpha)$. Daraus folgt $\lim_{n\to\infty} P_{\tilde{R}}(R_n) = F(\beta) - F(\alpha)$.

Andererseits ist $\lim_{n\to\infty} R_n = (\alpha,\beta]$ und nach Definition von $P_{\tilde{R}}$ ist $P_{\tilde{R}}((\alpha,\beta]) = F(\beta) - F(\alpha)$. Damit ist $P_{\tilde{R}}$ nach Satz 16.2. Prämaß. $P_{\tilde{R}}$ ist endlich und damit σ-endlich. Nach Satz 45. kann $P_{\tilde{R}}$ eindeutig zu einem Maß P auf $\sigma(\tilde{R}) = \mathfrak{B}$ fortgesetzt werden. Wegen $(-n,n]\uparrow \mathbb{R}$ mit $n \in \mathbb{N}$ und wegen Eigenschaft 3. von F folgt $P(\mathbb{R}) = 1$; P ist also ein W-Maß. Damit ist der Satz vollständig bewiesen. ┘

Sei $f : \mathbb{R} \to \mathbb{R}$ und $(\beta_n : n \in \mathbb{N})$ eine Folge reeller Zahlen mit $\beta_n > 0$ für alle $n \in \mathbb{N}$ und $\beta_n \downarrow 0$. Dann seien $f(\alpha+0) \triangleq \lim_{n\to\infty} f(\alpha+\beta_n)$ und $f(\alpha-0) \triangleq \lim_{n\to\infty} f(\alpha-\beta_n)$ für $\alpha \in \mathbb{R}$.

Seien $(\Omega, \mathfrak{A}, P)$ ein W-Raum, $X : \Omega \to \mathbb{R}$ eine $\mathfrak{A}$-meßbare numerische Funktion, F die Verteilungsfunktion von X und $\alpha, \beta \in \mathbb{R}$ mit $\alpha \le \beta$. Dann ergeben sich aus der Definition von Verteilungsfunktionen für die offen-abgeschlossenen, die offenen und die abgeschlossenen Intervalle in $\mathfrak{B}$:

$$P\{X \in (\alpha,\beta]\} = F(\beta) - F(\alpha),$$
$$P\{X \in [\alpha,\beta)\} = F(\beta-0) - F(\alpha-0),$$
$$P\{X \in (\alpha,\beta)\} = F(\beta-0) - F(\alpha),$$
$$P\{X \in [\alpha,\beta]\} = F(\beta) - F(\alpha-0) .$$

Diese häufig im Zusammenhang mit Verteilungsfunktionen benutzten Aussagen folgen unmittelbar aus Definition 46., wenn die Rechtsstetigkeit von Verteilungsfunktionen beachtet wird. Als Spezialfall der letzten oben angegebenen Formeln ist

$$P\{X=\alpha\} = P\{X \in [\alpha,\alpha]\} = F(\alpha) - F(\alpha-0)$$

erfaßt.

48. <u>Beispiel:</u> $(\Omega, \mathfrak{A}, P)$ sei ein W-Raum. $X : \Omega \to \mathbb{R}$ sei eine $\mathfrak{A}$-meßbare numerische Funktion und das Bild von Ω bzgl. X sei die höchstens abzählbare Menge $A \subset \mathbb{R}$. Dann ergibt sich für die Verteilungsfunktion F von X :

$$F(\alpha) = P\{X \le \alpha\} = \sum_{a \in A \text{ mit } a \le \alpha} P\{X=a\} \quad \text{für } \alpha \in \mathbb{R} .$$

Ist X binomial-verteilt mit den Parametern $\frac{1}{2}$ und 3, so ergibt sich für die Verteilungsfunktion von X die folgende Treppenfunktion:

$$F(x) \triangleq \begin{cases} 0 & \text{für } x < 0 \\ \frac{1}{8} & \text{für } 0 \leq x < 1 \\ \frac{4}{8} & \text{für } 1 \leq x < 2 \\ \frac{7}{8} & \text{für } 2 \leq x < 3 \\ 1 & \text{für } 3 \leq x \end{cases}$$ ┘

Wir geben nun einige häufig benutzte Verteilungsfamilien über der Grundmenge $\mathbb{R}$ an.

49. <u>Definition:</u> $(\Omega, \mathfrak{A}, P)$ sei ein W-Raum und X sei eine über Ω definierte $\mathfrak{A}$-meßbare numerische Funktion.

49.1. Seien $a, b \in \mathbb{R}$ mit $a < b$. X heißt <u>gleichverteilt über dem Intervall [a,b]</u> $:\stackrel{\Delta}{\Longleftrightarrow}$ die Verteilungsfunktion von X ist

$$F(x;a,b) = \begin{cases} 0 & \text{für } x < a \\ \frac{x-a}{b-a} & \text{für } a \leq x < b \\ 1 & \text{für } b \leq x \end{cases}$$

49.2. Sei $\mu \in \mathbb{R}$ mit $0 < \mu$. X heißt <u>exponentiell verteilt mit dem Parameter μ</u> $:\stackrel{\Delta}{\Longleftrightarrow}$ die Verteilungsfunktion von X ist

$$F(x;\ \mu) = \begin{cases} 0 & \text{für } x < 0 \\ 1-e^{-\mu x} & \text{für } 0 \leq x \end{cases}$$ ┘

Die beiden in Definition 49. benutzten Funktionen sind stetig und haben offenbar die in Satz 47. geforderten Eigenschaften.

Die im folgenden benutzten Integrale sind als Riemann-Integrale zu verstehen.
Sei $\mu \in \mathbb{R}$ mit $0 < \mu$. Dann gilt

$$\int_0^x \mu e^{-\mu t}\, dt = -\, e^{-\mu t}\Big|_{t=0}^{x} = 1 - e^{-\mu x}$$

für alle $x \in \mathbb{R}$ mit $0 \leq x$; zudem ist $\int_0^\infty \mu e^{-\mu t}\, dt = 1$. Hiermit können wir die Verteilungsfunktion einer Exponentialverteilung mit dem Parameter μ auch definieren durch

$$F(x;\mu) \triangleq \begin{cases} 0 & \text{für } x < 0 \\ \int_0^x \mu e^{-\mu t}\, dt & \text{für } 0 \leq x\ . \end{cases}$$

Eine derartige Definition einer Verteilungsfunktion und damit eines W-Maßes durch ein Integral werden wir im folgenden häufig benutzen. Die allgemeine Begründung für diese Vorgehensweise werden wir in Kapitel 2. kennenlernen.

Sei $a \in \mathbb{R}$ mit $0 < a$. Die Funktion e^{-ax^2} ist für alle $x \in \mathbb{R}$ positiv und es gilt

$$\int_0^\infty e^{-ax^2}\,dx = \frac{1}{2}\sqrt{\frac{\pi}{a}}\,.$$

Seien $\mu,\sigma \in \mathbb{R}$ mit $0 < \sigma$ und

$F(x;\mu,\sigma) \triangleq k \int_{-\infty}^{x} \exp\{-\frac{1}{2}(\frac{t-\mu}{\sigma})^2\}dt$ für $x \in \mathbb{R}$. $F(x;\mu,\sigma)$ besitzt die in Satz 47. für Verteilungsfunktionen geforderten Eigenschaften, wenn k als positive, reelle Konstante so gewählt wird, daß $\lim_{x\to+\infty} F(x;\mu,\sigma) = 1$ gilt. Unter Heranziehung des oben angegebenen uneigentlichen Integrals erhalten wir

$$k\int_{-\infty}^{+\infty} \exp\{-\frac{1}{2}(\frac{t-\mu}{\sigma})^2\}dt = k\,\sigma\,\sqrt{2\pi},$$

so daß wir $k = (\sigma\sqrt{2\pi})^{-1}$ zu wählen haben. Nach diesen Vorbereitungen kommen wir zu

5o. Definition: Seien $\mu,\sigma \in \mathbb{R}$ mit $0 < \sigma$. Ein W-Maß P über $(\mathbb{R},\mathfrak{B})$ heißt Normalverteilung (oder Gauß-Verteilung) mit den Parametern μ und σ $:\Leftrightarrow$ die P definierende Verteilungsfunktion ist

$$F(x;\mu,\sigma) = \frac{1}{\sigma\sqrt{2\pi}}\int_{-\infty}^{x} \exp\{-\frac{1}{2}(\frac{t-\mu}{\sigma})^2\}dt$$

für $x \in \mathbb{R}$. ┘

Zur Vorbereitung der nächsten Definition einer Verteilungsfamilie erinnern wir zunächst an die Integraldarstellung

$$\Gamma(p) = \int_0^\infty x^{p-1}\,e^{-x}\,dx \text{ für } p\in\mathbb{R} \text{ mit } 0<p$$

der Eulerschen Gammafunktion.

Für $\Gamma(p+1)$ ergibt sich durch partielle Integration

$$\Gamma(p+1) = \int_0^\infty x^p\,e^{-x}\,dx = x^p(-e^{-x})\Big|_{x=0}^{\infty} + p\int_0^\infty x^{p-1}\,e^{-x}\,dx$$

$$= p\,\Gamma(p)$$

Wegen $\Gamma(1) = \int_0^\infty e^{-x}\,dx = 1$ folgt aus dieser Funktionalgleichung insbesondere für $n \in \mathbb{N}_0$: $\Gamma(n+1) = n\,!$

Seien nun $b,p \in \mathbb{R}$ mit $0 < b,p$ und $F(x;b,p) \triangleq k \int_0^x t^{p-1}\, e^{-bt}\, dt$ mit $0 \leq x$. $F(x;b,p)$ besitzt die in Satz 47. für Verteilungsfunktionen geforderten Eigenschaften, wenn wir $F(x;b,p) \triangleq 0$ für $x < 0$ definieren und k als positive, reelle Konstante so wählen, daß $\lim_{x\to+\infty} F(x;b,p) = 1$ gilt. Nun ergibt sich mit der Transformation $y \triangleq bt$: $k \int_0^\infty t^{p-1}\, e^{-bt}\, dt = k \int_0^\infty (\frac{y}{b})^{p-1}\, e^{-y}\, \frac{1}{b}\, dy$ $= \frac{k}{b^p} \int_0^\infty y^{p-1}\, e^{-y}\, dy = k\frac{\Gamma(p)}{b^p}$, so daß $k = \frac{b^p}{\Gamma(p)}$ zu wählen ist.

51. <u>Definition:</u> Seien $b,p \in \mathbb{R}$ mit $0 < b,p$. Ein W-Maß P über $(\mathbb{R},\mathfrak{B})$ heißt <u>Gammaverteilung mit den Parametern b und p</u> $:\overset{\triangle}{\Longleftrightarrow}$ die P definierende Verteilungsfunktion ist

$$F(x;b,p) = \begin{cases} 0 & \text{für } x < 0 \\ \frac{b^p}{\Gamma(p)} \int_0^x t^{p-1}\, e^{-bt}\, dt & \text{für } 0 \leq x \end{cases}$$
┘

Beschränkt man sich in der Familie der Gammaverteilungen bzgl. des Parameters p auf $\mathbb{N}$, so erhält man mit $n \in \mathbb{N}$ in

$$F(x;b,n) = \begin{cases} 0 & \text{für } x < 0 \\ \frac{b^n}{(n-1)!} \int_0^x t^{n-1}\, e^{-bt}\, dt & \text{für } 0 \leq x \end{cases}$$

die Verteilungsfunktion einer <u>Erlang-Verteilung mit den Parametern b und n.</u> Speziell für $n = 1$ ergibt sich die Verteilungsfunktion einer Exponentialverteilung mit dem Parameter b, die wir in Definition 49.2. eingeführt haben.

Analog zu $F(x;b,1) = 1 - e^{-bx}$ kann man auch die Verteilungsfunktion einer Erlang-Verteilung mit Parametern b und n für $0 \leq x$ in expliziter Form angeben, nämlich

$$F(x;b,n) = 1 - e^{-bx} \sum_{k=0}^{n-1} \frac{(bx)^k}{k!} .$$

Den Beweis dieser Aussage führen wir durch vollständige Induktion. Für $n = 1$ haben wir den Beweis oben schon angegeben. Wir nehmen an, daß die Aussage für n wahr ist. Dann folgt aus

$$F(x;b,n+1) = \frac{b^{n+1}}{n!} \int_0^x t^n\, e^{-bt}\, dt$$

durch partielle Integration

$$F(x;b,n+1) = \frac{b^{n+1}}{n!} \{t^n(-\frac{1}{b} e^{-bt}) |_{t=0}^{x} + \int_0^x nt^{n-1} \frac{1}{b} e^{-bt} dt\}$$

$$= -\frac{(bt)^n}{n!} e^{-bx} + \frac{b^n}{(n-1)!} \int_0^x t^{n-1} e^{-bt} dt$$

Ersetzt man den 2. Term rechts gemäß der Induktionsvoraussetzung, so erhält man

$$F(x;b,n+1) = 1 - e^{-bx} \sum_{k=0}^{n} \frac{(bx)^k}{k!} .$$

Die bisher besprochenen Verteilungsfunktionen sind Treppenfunktionen oder stetige Funktionen. Der folgende Satz charakterisiert Verteilungsfunktionen bzgl. dieser Eigenschaften.

52. Satz: $(\Omega,\mathfrak{A},P)$ sei ein W-Raum, X sei eine über Ω definierte $\mathfrak{A}$-meßbare numerische Funktion und F sei die Verteilungsfunktion von X. Dann gelten:

52.1. F ist stetig in $x \in \mathbb{R}$ genau dann, wenn $P\{X=x\} = 0$.

52.2. Die Menge der Unstetigkeitsstellen von F ist höchstens abzählbar.

Beweis: Die Aussage 52.1. folgt unmittelbar aus der Definition von Verteilungsfunktionen und der Stetigkeit reeller Funktionen.

Zum Beweis von 52.2. sei U_n für $n \in \mathbb{N}$ die Menge aller $x \in \mathbb{R}$, in denen F eine Sprungstelle mit einer Sprunghöhe $\geq \frac{1}{n}$ hat. Da F beschränkt ist, ist $|U_n|$ endlich für alle $n \in \mathbb{N}$. Die Menge der Unstetigkeitsstellen von F ist $\bigcup_{n\in\mathbb{N}} U_n$ und damit höchstens abzählbar. ┘

Die Konstruktion von W-Maßen auf $\mathfrak{B}$ mittels Verteilungsfunktionen gemäß Satz 47. kann man dahingehend verallgemeinern, daß man von einer Funktion $F : \mathbb{R} \to \mathbb{R}$, welche die Eigenschaften 1. und 2. des Satzes 47. besitzt, ausgehend ein Lebesgue-Stieltjes-Maß auf $\mathfrak{B}$ konstruieren kann.

53. <u>Definition:</u> Seien μ ein Maß auf $\mathfrak{B}$ und F eine Abbildung $F : \mathbb{R} \to \mathbb{R}$.

53.1. μ heißt <u>Lebesgue-Stieltjes-Maß</u> $:\Leftrightarrow$ für alle beschränkten Intervalle $I \subset \mathbb{R}$ ist $\mu(I) < \infty$.

53.2. F heißt <u>maßdefinierende Funktion</u> $:\Leftrightarrow$ für F gelten:

1. F ist monoton wachsend und
2. F ist stetig von rechts. ┘

Ist μ ein Lebesgue-Stieltjes-Maß auf $\mathfrak{B}$ und definiert man $F : \mathbb{R} \to \mathbb{R}$ durch $F(\beta) - F(\alpha) :\Leftrightarrow \mu((\alpha,\beta])$ für $\alpha,\beta \in \mathbb{R}$ mit $\alpha < \beta$ (F ist damit bis auf eine additive Konstante definiert; Eindeutigkeit erreicht man durch Festlegung eines Wertes, z.B. $F(0)$), so ist F offenbar monoton wachsend und mit Satz 16.2. folgt, daß F auch stetig von rechts ist. F ist also eine maßdefinierende Funktion.

Nun seien andererseits F eine maßdefinierende Funktion und $\tilde{I} :\Leftrightarrow \{(\alpha,\beta] : \alpha,\beta \in \mathbb{R} \text{ und } \alpha \le \beta\}$. Definiert man die Abbildung $\mu_{\tilde{I}} : \tilde{I} \to \mathbb{R}$ durch $\mu_{\tilde{I}}((\alpha,\beta]) :\Leftrightarrow F(\beta) - F(\alpha)$ für $(\alpha,\beta] \in \tilde{I}$, so kann man $\mu_{\tilde{I}}$ analog zu Teil 2. des Beweises von Satz 47. zu einem Prämaß $\mu_{\tilde{R}}$ auf dem Ring $\tilde{R}$ der Teilmengen von $\mathbb{R}$, die eine Darstellung als endliche Vereinigung von p.d. Elementen von $\tilde{I}$ besitzen, erweitern. Dieses Prämaß ist nun erweiterbar zu einem Maß μ auf $\mathfrak{B}$ und μ ist wegen der σ-Endlichkeit von $\mu_{\tilde{R}}$ eindeutig. Wir zitieren

54. <u>Satz:</u> $F : \mathbb{R} \to \mathbb{R}$ sei eine maßdefinierende Funktion. Sei $\tilde{I} = \{(\alpha,\beta] : \alpha,\beta \in \mathbb{R} \text{ und } \alpha \le \beta\}$ und $\mu_{\tilde{I}} : \tilde{I} \to \mathbb{R}$ sei definiert durch $\mu((\alpha,\beta]) :\Leftrightarrow F(\beta) - F(\alpha)$ für $(\alpha,\beta] \in \tilde{I}$. Dann existiert eine eindeutige Erweiterung von $\mu_{\tilde{I}}$ zu einem Lebesgue-Stieltjes-Maß μ auf $\mathfrak{B}$. ┘

Die Konstruktion der σ-Algebra der Borel-Mengen über dem r-dimensionalen Raum $\mathbb{R}^r$ mit $r \in \mathbb{N}$ und die Konstruktion des Lebesgue-Borelschen Maßes über dieser σ-Algebra läßt sich analog zum eindimensionalen Fall durchführen. Wir skizzieren sie im folgenden.

Seien $\alpha,\beta \in \mathbb{R}^r$ mit $\alpha = (\alpha_1,\ldots,\alpha_r)$ und $\beta = (\beta_1,\ldots,\beta_r)$. Dann ist $\alpha \le \beta$ bzw. $\alpha < \beta$ genau dann, wenn für alle $i \in \{1,\ldots,r\}$ $\alpha_i \le \beta_i$ bzw. $\alpha_i < \beta_i$. Intervalle sind als Teilmengen des $\mathbb{R}^r$

analog zum eindimensionalen Fall definiert, also

$$[\alpha,\beta] \triangleq \{x \in \mathbb{R}^r : \alpha \le x \le \beta\},$$
$$(\alpha,\beta] \triangleq \{x \in \mathbb{R}^r : \alpha < x \le \beta\},$$
$$[\alpha,\beta) \triangleq \{x \in \mathbb{R}^r : \alpha \le x < \beta\},$$
$$(\alpha,\beta) \triangleq \{x \in \mathbb{R}^r : \alpha < x < \beta\}.$$

für $\alpha,\beta \in \mathbb{R}^r$ mit $\alpha \le \beta$.

Sei $I \triangleq \{(-\infty,\rho] : \rho \in \mathbb{Q}^r\}$. Die von I erzeugte σ-Algebra enthält alle offenen, alle abgeschlossenen und alle kompakten Teilmengen von $\mathbb{R}^r$. Analog zu Definition 38.1. heißt $\sigma(I)$ die <u>σ-Algebra der Borel-Mengen</u> über $\mathbb{R}^r$; wir bezeichnen sie mit $\mathfrak{B}^r$.

Ist $(\Omega,\mathfrak{A})$ ein Meßraum und $X : \Omega \to \mathbb{R}^r$ $(\mathfrak{A},\mathfrak{B}^r)$-meßbar, so heißt X analog zu Definition 38.2. <u>$\mathfrak{A}$-meßbare numerische Funktion.</u>

Für die Konstruktion des Lebesgue-Borelschen Maßes über $\mathfrak{B}^r$ geht man aus von der Menge der Intervalle

$$\tilde{I} \triangleq \{(\alpha,\beta] : \alpha,\beta \in \mathbb{R}^r \text{ und } \alpha \le \beta\}.$$

Die Abbildung $\lambda^r_{\tilde{I}} : \tilde{I} \to \mathbb{R}$ sei definiert durch

$$\lambda^r_{\tilde{I}}((\alpha,\beta]) \triangleq \prod_{i=1}^{r} (\beta_i - \alpha_i)$$

für $(\alpha,\beta] \in \tilde{I}$ mit $\alpha = (\alpha_1,\ldots,\alpha_r)$ und $\beta = (\beta_1,\ldots,\beta_r)$.

Die Menge $\tilde{R} \triangleq \{R :$ es existieren $n \in \mathbb{N}$ und $I_1,\ldots,I_n \in \tilde{I}$ mit $R = \bigcup_{m=1}^{n} I_m\}$

ist ein Ring über $\mathbb{R}^r$ und jedes Element von $\tilde{R}$ läßt sich als endliche Vereinigung von p.d. Elementen von $\tilde{I}$ darstellen. Die Abbildung $\lambda^r_{\tilde{I}}$ läßt sich nun zu einer Abbildung $\lambda^r_{\tilde{I}} : \tilde{R} \to \mathbb{R}$ fortsetzen durch

$$\lambda^r_{\tilde{I}}(R) \triangleq \sum_{m=1}^{n} \lambda^r_{\tilde{I}}(I_m),$$

wobei $R \in \tilde{R}$ und $R = \bigcup_{m=1}^{n} I_m$ eine Darstellung durch p.d. Intervalle aus $\tilde{I}$ ist. $\lambda^r_{\tilde{I}}(R)$ ist unabhängig von der speziellen Darstellung von R und man kann beweisen, daß $\lambda^r_{\tilde{I}}$ ein Prämaß über dem Ring $\tilde{R}$ ist.
Das Prämaß $\lambda^r_{\tilde{R}}$ ist σ-endlich. Nach Satz 45. kann $\lambda^r_{\tilde{R}}$ eindeutig zu einem Maß auf der von $\tilde{R}$ erzeugten σ-Algebra $\mathfrak{B}^r$ fortgesetzt werden. Die eindeutige Fortsetzung λ^r von $\lambda^r_{\tilde{R}}$ auf $\mathfrak{B}^r$ heißt analog zu Definition 43. das <u>Lebesgue-Borelsche Maß</u> auf $\mathfrak{B}^r$.

Im eindimensionalen Fall haben wir die Konstruktion von W-Maßen für den Meßraum $(\mathbb{R},\mathfrak{B})$ unter Verwendung von Verteilungsfunktionen eingehend besprochen. Entsprechende Konstruktionen sind auch für den Meßraum $(\mathbb{R}^r,\mathfrak{B}^r)$ zweckmäßig.

46.a. Definition: $(\Omega,\mathfrak{A},P)$ sei ein W-Raum und $X : \Omega \to \mathbb{R}^r$ sei eine $\mathfrak{A}$-meßbare numerische Funktion. Die Abbildung $F : \mathbb{R}^r \to \mathbb{R}$ mit

$$F(\alpha) \triangleq P\{X \leq \alpha\} \text{ für alle } \alpha \in \mathbb{R}^r$$

heißt Verteilungsfunktion des W-Maßes $X(P)$ oder Verteilungsfunktion der stochastischen Variablen X. ⌟

Seien nun $(\Omega,\mathfrak{A},P)$ ein W-Raum, $X : \Omega \to \mathbb{R}^2$ $\mathfrak{A}$-meßbar, F die Verteilungsfunktion von X und $\alpha,\beta \in \mathbb{R}^2$ mit $\alpha \leq \beta$, $\alpha = (\alpha_1,\alpha_2)$ und $\beta = (\beta_1,\beta_2)$. Dann ergibt sich aus Definition 46.a.:

$$P\{\alpha < X \leq \beta\} = F(\beta_1,\beta_2) - F(\alpha_1,\beta_2) - F(\beta_1,\alpha_2) + F(\alpha_1,\alpha_2) .$$

Der dem Ausdruck rechts entsprechende für $\mathbb{R}^r$ mit $r \geq 3$ ist recht unübersichtlich; wir führen folgende Bezeichnung ein: $(\alpha,\beta]$ sei ein Intervall aus $\mathbb{R}^r$ mit $\alpha = (\alpha_1,\dots,\alpha_r)$ und $\beta = (\beta_1,\dots,\beta_r)$. Für $i \in \{1,\dots,r\}$ und $\delta_i \in \{0,1\}$ sei

$$\gamma_i^{\delta_i} \triangleq \begin{cases} \beta_i , & \text{falls } \delta_i = 0 \\ \alpha_i , & \text{falls } \delta_i = 1 . \end{cases}$$

Dann ist der Differenz-Operator Δ für $F : \mathbb{R}^r \to \mathbb{R}$ definiert durch

$$\Delta(F,(\alpha,\beta]) \triangleq \sum_{\delta\in\{0,1\}^r} (-1)^{\sum_{i=1}^{r} \delta_i} F(\gamma_1^{\delta_1},\dots,\gamma_r^{\delta_r}),$$

wobei über alle $\delta = (\delta_1,\dots,\delta_r) \in \{0,1\}^r$ zu summieren ist.

Für Verteilungsfunktionen $F : \mathbb{R}^r \to \mathbb{R}$ und für die Konstruktion von W-Maßen mit ihrer Hilfe gilt ein zu 47. analoger Satz, den wir zitieren.

47.a. Satz: Eine Abbildung $F : \mathbb{R}^r \to \mathbb{R}$ ist genau dann Verteilungsfunktion eines W-Maßes P auf $\mathfrak{B}^r$, wenn F die folgenden Eigenschaften hat:

1. F ist monoton wachsend in jeder Variablen,
2. F ist stetig von rechts bzgl. jeder Variablen,

3. $\lim_{\alpha_1\to+\infty,\dots,\alpha_r\to+\infty} F(\alpha_1,\dots,\alpha_r) = 1$,

4. für $(\alpha_1,\dots,\alpha_r)\in \mathbb{R}^r$ und jedes $i \in\{1,\dots,r\}$ gilt

   $\lim_{\alpha_i\to-\infty} F(\alpha_1,\dots,\alpha_r) = 0$,

5. für jedes Intervall $(\alpha,\beta]$ aus $\mathbb{R}^r$ ist $\Delta(F,(\alpha,\beta]) \geq 0$.

Das W-Maß P ist durch die Verteilungsfunktion F eindeutig bestimmt. ┘

Man überzeugt sich an Beispielen leicht davon, daß die mit 1. in Satz 47.a. geforderte Monotonie von F die mit 5. geforderte Eigenschaft nicht impliziert.
Wir geben nun ein Beispiel an für die Verteilungsfunktion eines W-Maßes auf $\mathfrak{B}^2$.

55. Beispiel: Für $(x,y)\in \mathbb{R}^2$ sei

$$F(x,y) \triangleq \frac{1}{2\pi}\int_{-\infty}^{x}\int_{-\infty}^{y} \exp\{-\tfrac{1}{2}(u^2-2uv+2v^2)\}\,du\,dv.$$

Für den Nachweis, daß F Verteilungsfunktion ist, haben wir nur die Eigenschaft 3. von Satz 53. zu zeigen. Sie ergibt sich wie folgt:

$$\frac{1}{2\pi}\int_{-\infty}^{+\infty}\int_{-\infty}^{+\infty} \exp\{-\tfrac{1}{2}(u^2-2uv+2v^2)\}\,du\,dv =$$

$$\frac{1}{2\pi}\int_{-\infty}^{+\infty}\int_{-\infty}^{+\infty} \exp\{-\tfrac{1}{2}(u^2-2uv+v^2)\}\,du\,\exp\{-\tfrac{1}{2}v^2\}\,dv =$$

$$\frac{1}{\sqrt{2\pi}}\int_{-\infty}^{+\infty} \exp\{-\tfrac{1}{2}v^2\}\,dv = 1$$

┘

Analog zum eindimensionalen Fall kann man nun für $\mathbb{R}^r$ Lebesgue-Stieltjes-Maße und maßdefinierende Funktionen definieren.

53.a. Definition: Seien μ ein Maß auf $\mathfrak{B}^r$ und F eine Abbildung $F : \mathbb{R}^r \to \mathbb{R}$.

53.1.a. μ heißt Lebesgue-Stieltjes-Maß $\overset{\Delta}{\Longleftrightarrow}$ für alle beschränkten Intervalle $I \subset \mathbb{R}^r$ ist $\mu(I) < \infty$.

53.2.a. F heißt maßdefinierende Funktion $\overset{\Delta}{\Longleftrightarrow}$ für F gelten:

1. für jedes Intervall $(\alpha,\beta]\subset \mathbb{R}^r$ ist $\Delta(F,(\alpha,\beta]) \geq 0$ und
2. F ist stetig von rechts. ┘

In Definition 53.2.a. ist Δ der oben definierte Differenz-Operator und die Stetigkeit von F von rechts ist definiert durch: für jede Folge $(\alpha_n : n \in \mathbb{N})$ mit $\alpha_n \in \mathbb{R}^r$ und $\alpha_n \downarrow \alpha$ mit $\alpha \in \mathbb{R}^r$ gilt $\lim_{n\to\infty} F(\alpha_n) = F(\alpha)$. Ausgehend von einer maßdefinierenden Funktion läßt sich wieder ein Maß auf $\mathfrak{B}^r$ konstruieren. Analog zu Satz 54. gilt

54.a. <u>Satz:</u> $F : \mathbb{R}^r \to \mathbb{R}$ sei eine maßdefinierende Funktion. Sei $\tilde{I} = \{(\alpha,\beta] : \alpha,\beta \in \mathbb{R}^r$ und $\alpha \leq \beta\}$ und $\mu_{\tilde{I}} : \tilde{I} \to \mathbb{R}$ sei definiert durch $\mu((\alpha,\beta]) \triangleq \Delta(F,(\alpha,\beta])$ für $(\alpha,\beta] \in \tilde{I}$. Dann existiert eine eindeutige Erweiterung von $\mu_{\tilde{I}}$ zu einem Lebesgue-Stieltjes-Maß μ auf $\mathfrak{B}^r$. ┘

1.4 Produkträume und stochastische Unabhängigkeit

In Kapitel 1.2. haben wir für endlich viele W-Räume mit endlichen Grundmengen die Konstruktion eines W-Raumes besprochen, dessen Grundmenge das kartesische Produkt der gegebenen Grundmengen und dessen W-Maß das Produkt der gegebenen W-Maße ist. Wir besprechen jetzt die entsprechende Konstruktion für beliebige Maßräume.

Sei $n \in \mathbb{N}$. Für $m \in \{1,\cdots,n\}$ sei $(\Omega_m, \mathfrak{A}_m)$ Meßraum. Ω sei das kartesische Produkt $\Omega \triangleq \mathop{\times}\limits_{m=1}^{n} \Omega_m$; weiter sei $\pi_m : \Omega \to \Omega_m$ die Projektion auf die m-te Komponente, also $\pi_m(\omega) = \omega_m$ für $\omega \in \Omega$ mit $\omega = (\omega_1,\cdots,\omega_n)$.

Nach Satz 11. ist $\pi_m^{-1}(\mathfrak{A}_m)$ eine σ-Algebra über Ω. Für jede σ-Algebra $\mathfrak{A}$ über Ω ist π_m genau dann $(\mathfrak{A}, \mathfrak{A}_m)$-meßbar, wenn $\pi_m^{-1}(\mathfrak{A}_m) \subset \mathfrak{A}$.

Die von den $\pi_1,\cdots,\pi_n$ und den $\mathfrak{A}_1,\cdots,\mathfrak{A}_n$ erzeugte σ-Algebra $\mathfrak{A}$ über Ω ist die kleinste σ-Algebra, für die alle π_m, $m \in \{1,\cdots,n\}$, $(\mathfrak{A}, \mathfrak{A}_m)$-meßbar sind. Wir nennen diese σ-Algebra das Produkt der σ-Algebren $\mathfrak{A}_1,\cdots,\mathfrak{A}_n$ und bezeichnen sie mit $\bigotimes_{m=1}^{n} \mathfrak{A}_m$, also

$$\bigotimes_{m=1}^{n} \mathfrak{A}_m = \sigma\left(\bigcup_{m=1}^{n} \pi_m^{-1}(\mathfrak{A}_m)\right)$$

Die σ-Algebra $\bigotimes_{m=1}^{n} \mathfrak{A}_m$ enthält insbesondere alle $A_1 \times\cdots\times A_n$ mit $A_1 \in \mathfrak{A}_1,\cdots,A_n \in \mathfrak{A}_n$, da

$$\pi_m^{-1}(A_m) = \Omega_1 \times\cdots\times \Omega_{m-1} \times A_m \times \Omega_{m+1} \times\cdots\times \Omega_n$$

und $\bigcap_{m=1}^{n} \pi_m^{-1}(A_m) = A_1 \times\cdots\times A_n$.

Den Zusammenhang zwischen Erzeugern der gegebenen σ-Algebren und einem Erzeuger der entsprechenden Produkt-σ-Algebra klärt der folgende

56. Satz: Seien $n \in \mathbb{N}$ und $m \in \{1,\cdots,n\}$; die $(\Omega_m, \mathfrak{A}_m)$ seien Meßräume. Für jedes m sei $\mathfrak{E}_m \subset \mathrm{POT}(\Omega_m)$ mit $\sigma(\mathfrak{E}_m) = \mathfrak{A}_m$ und es gebe eine Folge $(E_{mk} : k \in \mathbb{N})$ mit Elementen aus $\mathfrak{E}_m$ und $E_{mk} \uparrow \Omega_m$. Dann wird $\bigotimes_{m=1}^{n} \mathfrak{A}_m$ erzeugt von $\mathfrak{E}_1 \times\cdots\times \mathfrak{E}_n$.

Beweis: Sei $\mathfrak{A}$ eine beliebige σ-Algebra über $\mathop{\times}\limits_{m=1}^{n} \Omega_m$. Wir haben zu zeigen, daß alle Projektionen π_m, $m \in \{1,\cdots,n\}$, genau dann $(\mathfrak{A}, \mathfrak{A}_m)$-meßbar sind, wenn für alle $E_1 \times\cdots\times E_n \in \mathfrak{E}_1 \times\cdots\times \mathfrak{E}_n$,

$E_1 \times \cdots \times E_n \in \mathfrak{A}$ gilt. Wir benutzen Satz 22., nach dem π_m genau dann $(\mathfrak{A}, \mathfrak{A}_m)$-meßbar ist, wenn $\mathfrak{A}$ die $\pi_m^{-1}(E_m)$ für alle $E_m \in \mathfrak{E}_m$ enthält.

Wir zeigen zunächst: Sind für die σ-Algebra $\mathfrak{A}$ alle π_m, $m \in \{1, \cdots, n\}$, $(\mathfrak{A}, \mathfrak{A}_m)$-meßbar, so enthält $\mathfrak{A}$ alle $E_1 \times \cdots \times E_n$ mit $E_1 \in \mathfrak{E}_1, \cdots, E_n \in \mathfrak{E}_n$.

Dies sieht man wie folgt: Seien $E_1 \in \mathfrak{E}_1, \cdots, E_n \in \mathfrak{E}_n$; aus der $(\mathfrak{A}, \mathfrak{A}_m)$-Meßbarkeit von π_m folgt $\pi_m^{-1}(E_m) \in \mathfrak{A}$. Damit ist

$$E_1 \times \cdots \times E_n = \bigcap_{m=1}^{n} \pi_m^{-1}(E_m) \in \mathfrak{A}.$$

Wir zeigen nun: Enthält die σ-Algebra $\mathfrak{A}$ alle $E_1 \times \cdots \times E_n$ mit $E_1 \in \mathfrak{E}_1, \cdots, E_n \in \mathfrak{E}_n$, so sind alle π_m, $m \in \{1, \cdots, n\}$, $(\mathfrak{A}, \mathfrak{A}_m)$-meßbar.

Dies sieht man wie folgt: Seien $E_m \in \mathfrak{E}_m$ und $(E_{lk} : k \in \mathbb{N})$ Folgen von Elementen aus $\mathfrak{E}_l$ für $l \in \{1, \cdots, n\} - \{m\}$ mit $E_{lk} \uparrow \Omega_l$. Dann enthält $\mathfrak{A}$ nach Voraussetzung die Folge (F_k) mit

$$F_k = E_{1,k} \times \cdots \times E_{m-1,k} \times E_m \times E_{m+1,k} \times \cdots \times E_{n,k}.$$

Nach Satz 1o. ist dann $\lim_{k \to \infty} F_k \in \mathfrak{A}$. Nun ist $\lim_{k \to \infty} F_k =$ $\Omega_1 \times \cdots \times \Omega_{m-1} \times E_m \times \Omega_{m+1} \times \cdots \times \Omega_n$ und damit $\pi_m^{-1}(E_m) =$ $\lim_{k \to \infty} F_k \in \mathfrak{A}$; π_m ist also $(\mathfrak{A}, \mathfrak{A}_m)$-meßbar. ┘

Aus Satz 56. folgt insbesondere, daß $\bigotimes_{m=1}^{n} \mathfrak{A}_m$ erzeugt wird von der Menge der $A_1 \times \cdots \times A_n$ mit $A_m \in \mathfrak{A}_m$ für $m \in \{1, \cdots, n\}$.

Mit Satz 56. können wir jetzt die im vorangehenden Kapitel skizzierte Konstruktion der σ-Algebra der Borel-Mengen über $\mathbb{R}^r$ wie folgt sehen: Sei $\tilde{I}$ die Menge der Intervalle $(-\infty, \rho]$ mit $\rho \in \mathbb{Q}$. $\tilde{I}$ erzeugt die σ-Algebra $\mathfrak{B}$ der Borel-Mengen über $\mathbb{R}$ und erfüllt die Voraussetzungen von Satz 56. Dann erzeugt das r-fache kartesische Produkt von $\tilde{I}$ das r-fache Produkt von $\mathfrak{B}$, also die σ-Algebra $\mathfrak{B}^r$ der Borel-Mengen über $\mathbb{R}^r$.

Seien nun $(\Omega_m, \mathfrak{A}_m, \mu_m)$ für $m \in \{1, \cdots, n\}$ Maßräume und $\mathfrak{A} \triangleq \{A_1 \times \cdots \times A_n : A_m \in \mathfrak{A}_m \text{ für } m \in \{1, \cdots, n\}\}$. Die Abbildung $\mu_{\mathfrak{A}} : \mathfrak{A} \to \bar{\mathbb{R}}$ sei definiert durch

$$\mu_{\mathfrak{A}}(A_1 \times \cdots \times A_n) \triangleq \prod_{m=1}^{n} \mu_m(A_m) \text{ für alle } A_1 \times \cdots \times A_n \in \mathfrak{A}.$$

Man kann nun zeigen, daß $\mu_{\mathfrak{A}}$ eindeutig fortgesetzt werden kann zu einem Maß μ auf der σ-Algebra $\bigotimes_{m=1}^{n} \mathfrak{A}_m$, wenn die Maße μ_m als σ-endlich vorausgesetzt werden.

Wir fassen das Besprochene zusammen.

57. Definition: Für $n \in \mathbb{N}$ und $m \in \{1,\cdots,n\}$ seien $(\Omega_m, \mathfrak{A}_m, \mu_m)$ Maßräume mit σ-endlichen μ_m.

57.1. Die von den Projektionen $\pi_m : \bigtimes_{i=1}^{n} \Omega_i \longrightarrow \Omega_m$ und den $\mathfrak{A}_m$ erzeugte σ-Algebra $\bigotimes_{i=1}^{n} \mathfrak{A}_i$ über $\bigtimes_{i=1}^{n} \Omega_i$ heißt Produkt der σ-Algebren $\mathfrak{A}_1, \cdots, \mathfrak{A}_n$.

57.2. Seien $\mathfrak{A} \triangleq \{A_1 \times \cdots \times A_n : A_m \in \mathfrak{A}_m$ für $m \in \{1,\cdots,n\}\}$ und $\mu_{\mathfrak{A}} : \mathfrak{A} \to \bar{\mathbb{R}}$ definiert durch $\mu_{\mathfrak{A}}(A_1 \times \cdots \times A_n) \triangleq \prod_{m=1}^{n} \mu_m(A_m)$ für alle $A_1 \times \cdots \times A_n \in \mathfrak{A}$. Die eindeutige Fortsetzung von $\mu_{\mathfrak{A}}$ zu einem Maß $\bigotimes_{m=1}^{n} \mu_m$ auf der σ-Algebra $\bigotimes_{m=1}^{n} \mathfrak{A}_m$ heißt Produkt der Maße $\mu_1, \cdots, \mu_n$.

57.3. Der Maßraum $\left(\bigtimes_{m=1}^{n} \Omega_m, \bigotimes_{m=1}^{n} \mathfrak{A}_m, \bigotimes_{m=1}^{n} \mu_m \right)$ heißt Produkt der Maßräume $(\Omega_1, \mathfrak{A}_1, \mu_1), \cdots, (\Omega_n, \mathfrak{A}_n, \mu_n)$. ┘

In engem Zusammenhang mit dem Begriff des Produktraumes von Wahrscheinlichkeitsräumen steht der Begriff der stochastischen Unabhängigkeit, den wir im folgenden besprechen wollen.

58. Definition: $(\Omega, \mathfrak{A}, P)$ sei ein W-Raum und I sei eine nichtleere Indexmenge. Die Familie der Ereignisse $(A_i : i \in I$ und $A_i \in \mathfrak{A})$ heißt stochastisch unabhängig bzgl. $P \overset{\triangle}{\Longleftrightarrow}$ für jede nichtleere, endliche Teilmenge $J \subset I$ gilt

$$P\left(\bigcap_{j \in J} A_j\right) = \prod_{j \in J} P(A_j)$$ ┘

Es sei darauf hingewiesen, daß es nicht hinreicht, die definierende Eigenschaft für alle Ereignispaare zu fordern; dies macht man sich an Beispielen leicht klar. Zu beachten ist weiter, daß Definition 58. die Unabhängigkeit nichtendlicher Ereignisfamilien auf die ihrer endlichen Teilfamilien zurückführt.

59. <u>Satz:</u> $(\Omega, \mathfrak{A}, P)$ sei ein W-Raum.

59.1. Für jedes $A \in \mathfrak{A}$ sind $(\emptyset, A)$ und (A, Ω) unabhängig.

59.2. Seien $A, B \in \mathfrak{A}$ und (A,B) unabhängig. Dann sind $(A,\overline{B})$, $(\overline{A},B)$ und $(\overline{A},\overline{B})$ unabhängig.

59.3. $(A_n : n \in \mathbb{N})$ sei eine unabhängige Folge von Elementen aus $\mathfrak{A}$. Dann gilt

$$P(\bigcap_{n\in\mathbb{N}} A_n) = \prod_{n\in\mathbb{N}} P(A_n)$$

<u>Beweis:</u>

1. Die Aussagen 59.1. sind trivial.
2. Zum Beweis von 59.2. gehen wir von $A = A \cap \Omega = A \cap B \cup A \cap \overline{B}$ aus. Wegen $(A \cap B) \cap (A \cap \overline{B}) = \emptyset$ folgt aus 13.2. $P(A) = P(A \cap B) + P(A \cap \overline{B})$. Da A und B als unabhängig vorausgesetzt sind, folgt hieraus $P(A \cap \overline{B}) = P(A) - P(A)P(B) = P(A)(1-P(B))$. Mit 24.2. folgt die Unabhängigkeit von A und $\overline{B}$.

   Die übrigen Aussagen von 59.2. ergeben sich entsprechend.
3. Sei $(A_n : n \in \mathbb{N})$ eine unabhängige Folge von Elementen aus $\mathfrak{A}$. Dann gilt nach Definition 58. für jedes $n \in \mathbb{N}$

$$P(\bigcap_{m=1}^{n} A_m) = \prod_{m=1}^{n} P(A_m).$$

   Die Folge $(\bigcap_{m=1}^{n} A_m : n \in \mathbb{N})$ ist monoton: $\bigcap_{m=1}^{n} A_m \downarrow \bigcap_{m\in\mathbb{N}} A_m$; wegen der Stetigkeit von P - Satz 24.3. - folgt $\lim_{n\to\infty} P(\bigcap_{m=1}^{n} A_m) = P(\bigcap_{m\in\mathbb{N}} A_m)$. Nun gilt $P(\bigcap_{m\in\mathbb{N}} A_m) = \lim_{n\to\infty} P(\bigcap_{m=1}^{n} A_m) = \lim_{n\to\infty} \prod_{m=1}^{n} P(A_m) = \prod_{m\in\mathbb{N}} P(A_m)$ und damit ist 59.3. bewiesen. ┘

Zur Vorbereitung auf die nächsten Definitionen wollen wir die Aussagen von 59.1. und 59.2. als Unabhängigkeitsaussagen für Mengensysteme bzw. Abbildungen interpretieren. Seien $(\Omega, \mathfrak{A}, P)$ ein W-Raum und $A, B \in \mathfrak{A}$. Dann ist die Unabhängigkeit von (A,B) nach 59.1. und 59.2. äquivalent mit der Unabhängigkeit der beiden σ-Algebren $\mathfrak{A}' \triangleq \{\emptyset.A,\overline{A},\Omega\}$ und $\mathfrak{A}'' \triangleq \{\emptyset,B,\overline{B},\Omega\}$, wenn die Unabhängigkeit von $\mathfrak{A}'$ und $\mathfrak{A}''$ definiert wird durch die Unabhängigkeit aller Ereignispaare (A',B') mit $A' \in \mathfrak{A}'$ und $B' \in \mathfrak{A}''$. Sind weiter 1_A und 1_B die Indikatorfunktionen von A bzw. B, so ist $\mathfrak{A}'$ die von 1_A bzw. $\mathfrak{A}''$ die von 1_B erzeugte σ-Algebra. Man definiert nun die Unabhängigkeit von stochastischen Variablen (hier 1_A und 1_B) durch die Unabhängigkeit der von ihnen erzeugten σ-Algebren. In unserem Fall ist also die Unabhängigkeit der beiden Ereignisse A und B äquivalent mit der Unabhängigkeit der beiden stochastischen Variablen 1_A und 1_B.

6o. Definition: $(\Omega, \mathfrak{A}, P)$ sei ein W-Raum und I sei eine nichtleere Indexmenge.

6o.1. Die Familie der Mengensysteme $(\mathfrak{D}_i : i \in I$ und $\mathfrak{D}_i \subset \mathfrak{A})$ heißt stochastisch unabhängig bzgl. P $\overset{\Delta}{\iff}$ für jede nichtleere, endliche Teilmenge $J \subset I$ gilt

$$P(\bigcap_{j \in J} D_j) = \prod_{j \in J} P(D_j) \text{ für alle } D_j \in \mathfrak{D}_j \text{ und } j \in J.$$

6o.2. $(X_i : i \in I)$ sei eine Familie von stochastischen Variablen, die über $(\Omega, \mathfrak{A})$ definiert sind. Die Familie der stochastischen Variablen (X_i) heißt stochastisch unabhängig bzgl. P $\overset{\Delta}{\iff}$ die Familie der von (X_i) erzeugten σ-Algebren ist unabhängig. ┘

Ist $(\mathfrak{D}_i : i \in I)$ eine Familie von Mengensystemen und ist $\mathfrak{D}'_i$ Teilmenge von $\mathfrak{D}_i$ für $i \in I$, so folgt aus der Unabhängigkeit von $(\mathfrak{D}_i)$ nach Definition 6o.1. die Unabhängigkeit von $(\mathfrak{D}'_i)$. Der folgende Satz lehrt, daß man unter gewissen Voraussetzungen bei einer Erweiterung der Mengensysteme $\mathfrak{D}_i$ zu σ-Algebren $\sigma(\mathfrak{D}_i)$ von der Unabhängigkeit von $(\mathfrak{D}_i)$ auf die Unabhängigkeit von $(\sigma(\mathfrak{D}_i))$ schließen kann.

61. Satz: $(\Omega, \mathfrak{A}, P)$ sei ein W-Raum, I sei eine nichtleere Indexmenge und $(\mathfrak{D}_i : i \in I$ und $\mathfrak{D}_i \subset \mathfrak{A})$ sei eine unabhängige Familie von Mengensystemen. Sind die $\mathfrak{D}_i$ für alle $i \in I$ $\cap$-stabil, so ist die Familie $(\sigma(\mathfrak{D}_i))$ unabhängig.

Beweis: J sei eine wenigstens 2-elementige, endliche Teilmenge von I; seien $j \in J$ und $\tilde{J} \overset{\Delta}{=} J - \{j\}$.

$$\text{Sei } \mathfrak{C}_j \overset{\Delta}{=} \{C \in \mathfrak{A} : P(C \cap \bigcap_{i \in \tilde{J}} D_i) = P(C) \prod_{i \in \tilde{J}} P(D_i)$$
$$\text{für alle } D_i \in \mathfrak{D}_i \text{ und } i \in \tilde{J}\} .$$

Wir zeigen, daß $\mathfrak{C}_j$ ein Dynkin-System ist.

Bis zum Ende des Beweises dieser Aussage durchlaufe i stets die Indexmenge $\tilde{J}$.

Die $D_i \in \mathfrak{D}_i$ seien beliebig, aber fest gewählt.

Wegen der vorausgesetzten Unabhängigkeit der Familie $(\mathfrak{D}_k : k \in I)$ gilt $P(\bigcap D_i) = \prod P(D_i)$. Wegen $P(\Omega \cap \bigcap D_i) = P(\bigcap D_i) = P(\Omega) P(\bigcap D_i)$ ist $\Omega \in \mathfrak{C}_j$. Seien $D, E \in \mathfrak{C}_j$ mit $D \subset E$; nach Definition von $\mathfrak{C}_j$ sind also $P(D \cap \bigcap D_i) = P(D) \prod P(D_i)$ und $P(E \cap \bigcap D_i) = P(E) \prod P(D_i)$. Mit Satz 15.3. folgt $P((E - D) \cap \bigcap D_i) = P(E \cap \bigcap D_i - D \cap \bigcap D_i) = P(E \cap \bigcap D_i) - P(D \cap \bigcap D_i) = P(E) \prod P(D_i) - P(D) \prod P(D_i) = (P(E) - P(D)) \prod P(D_i) = P(E - D) \prod P(D_i)$; damit ist $E - D \in \mathfrak{C}_j$.

Sei $(E_n : n \in \mathbb{N})$ eine p.d.Folge von Elementen von $\mathfrak{C}_j$. Unter Ausnutzung der σ-Additivität von P folgt $P((\bigcup_{n \in \mathbb{N}} E_n) \cap \bigcap D_i) = P(\bigcup_{n \in \mathbb{N}} (E_n \cap \bigcap D_i)) = \sum_{n \in \mathbb{N}} P(E_n \cap \bigcap D_i) = \sum_{n \in \mathbb{N}} P(E_n) \prod P(D_i) = P(\bigcup_{n \in \mathbb{N}} E_n) \prod P(D_i)$; damit ist $\bigcup_{n \in \mathbb{N}} E_n \in \mathfrak{C}_j$.

Da die D_i beliebig gewählt sind, ist damit $\mathfrak{C}_j$ als Dynkin-System nachgewiesen.

Aus der Unabhängigkeit von $(\mathfrak{D}_k : k \in I)$ und der Definition von $\mathfrak{C}_j$ folgt $\mathfrak{D}_j \subset \mathfrak{C}_j$; daraus folgt $\delta(\mathfrak{D}_j) \subset \mathfrak{C}_j$. Aus der vorausgesetzten $\cap$-Stabilität von $\mathfrak{D}_j$ folgt nach Satz 9. $\delta(\mathfrak{D}_j) = \sigma(\mathfrak{D}_j)$ und damit $\sigma(\mathfrak{D}_j) \subset \mathfrak{C}_j$. Daraus und aus der Definition von $\mathfrak{C}_j$ folgt nun, daß die Familie, die sich aus $(\mathfrak{D}_i : i \in J)$ dadurch ergibt, daß $\mathfrak{D}_j$ durch $\sigma(\mathfrak{D}_j)$ ersetzt wird, unabhängig ist.

Wendet man auf die so erhaltene Familie die für j durchgeführte Schlußweise für $k \in \tilde{J}$ an und setzt dies fort, so erhält man nach endlich vielen Schritten die Unabhängigkeit der Familie $(\sigma(\mathfrak{D}_i) : i \in J)$.

Da J beliebig gewählt ist, ist damit der Satz bewiesen. ⌟

Nach dieser Präzisierung des Begriffs der stochastischen Unabhängigkeit kommen wir jetzt zu dem oben bereits erwähnten Zusammenhang zwischen Unabhängigkeit und Produkträumen.

Sei $(\Omega, \mathfrak{A}, P)$ ein W-Raum. Für $i \in \{1, \cdots, n\}$ sei $(\Omega_i, \mathfrak{A}_i)$ Meßraum und $X_i : \Omega \rightarrow \Omega_i$ sei eine $(\mathfrak{A}, \mathfrak{A}_i)$-meßbare stochastische Variable. Jedes X_i definiert ein W-Maß P_{X_i} über $(\Omega_i, \mathfrak{A}_i)$.

Die Abbildung $Y : \Omega \to \mathop{X}\limits_{i=1}^{n} \Omega_i$ sei definiert durch

$Y(\omega) \triangleq (X_1(\omega), \cdots, X_n(\omega))$ für alle $\omega \in \Omega$; wir bezeichnen sie mit

$\bigotimes\limits_{i=1}^{n} X_i$. Für alle $A_1 \times \cdots \times A_n$ mit $A_i \in \mathfrak{A}_i$ für $i \in \{1, \cdots, n\}$ ist

$Y^{-1}(A_1 \times \cdots \times A_n) = \bigcap\limits_{i=1}^{n} X_i^{-1}(A_i) \in \mathfrak{A}$; Y ist also $(\mathfrak{A}, \bigotimes\limits_{i=1}^{n} \mathfrak{A}_i)$-meßbar.

Damit ist das W-Maß $P_Y = P_{\bigotimes\limits_{i=1}^{n} X_i}$ über $(\mathop{X}\limits_{i=1}^{n} \Omega_i, \bigotimes\limits_{i=1}^{n} \mathfrak{A}_i)$ definiert; wir nennen $P_{\bigotimes\limits_{i=1}^{n} X_i}$ die <u>gemeinsame Verteilung</u> der $X_1, \cdots, X_n$. Nun gilt

62. <u>Satz:</u> $(\Omega, \mathfrak{A}, P)$ sei ein W-Raum und I sei eine nichtleere, endliche Indexmenge. Für $i \in I$ sei $(\Omega_i, \mathfrak{A}_i)$ Meßraum und $X_i : \Omega \to \Omega_i$ $(\mathfrak{A}, \mathfrak{A}_i)$-meßbare stochastische Variable. $(X_i : i \in I)$ ist genau dann unabhängig, wenn die gemeinsame Verteilung der X_i das Produkt der Verteilungen P_{X_i} ist, also

$$P_{\bigotimes\limits_{i \in I} X_i} = \bigotimes_{i \in I} P_{X_i}$$

<u>Beweis:</u> Sei $Y \triangleq \bigotimes\limits_{i \in I} X_i$.

1. Es gelte $P_Y = \bigotimes\limits_{i \in I} P_{X_i}$.

   Nach Definition 57.2. gilt dann für alle $A_i \in \mathfrak{A}_i$ mit $i \in I$:

   $P_Y(\mathop{X}\limits_{i \in I} A_i) = P(Y^{-1}(\mathop{X}\limits_{i \in I} A_i)) = P(\bigcap\limits_{i \in I} X_i^{-1}(A_i)) = \prod\limits_{i \in I} P_{X_i}(A_i) = \prod\limits_{i \in I} P(X_i^{-1}(A_i))$.

   Nun ist $\{X_i^{-1}(A_i) : A_i \in \mathfrak{A}_i\}$ nach Satz 11. die von X_i erzeugte σ-Algebra über Ω und damit ist nach Definition 6o.2. die Gültigkeit von $P(\bigcap\limits_{i \in I} X_i^{-1}(A_i)) = \prod\limits_{i \in I} P(X_i^{-1}(A_i))$ gleichbedeutend mit der Unabhängigkeit von $(X_i : i \in I)$.

2. Sei nun $(X_i : i \in I)$ unabhängig.

   Dann gilt nach Definition 6o.2. für alle $A_i \in \mathfrak{A}_i$ mit $i \in I$

   $$P(\bigcap_{i \in I} X_i^{-1}(A_i)) = \prod_{i \in I} P(X_i^{-1}(A_i)).$$

   Mit $P(\bigcap\limits_{i \in I} X_i^{-1}(A_i)) = P(Y^{-1}(\mathop{X}\limits_{i \in I} A_i)) = P_Y(\mathop{X}\limits_{i \in I} A_i)$

   und $\prod\limits_{i \in I} P(X_i^{-1}(A_i)) = \prod\limits_{i \in I} P_{X_i}(A_i)$ folgt

   $P_Y(\mathop{X}\limits_{i \in I} A_i) = \prod\limits_{i \in I} P_{X_i}(A_i)$ für alle $A_i \in \mathfrak{A}_i$ und $i \in I$.

   Dies ist aber nach Definition 57.3. gleichbedeutend damit, daß P_Y das Produkt der P_{X_i} für $i \in I$ ist. ┘

Sind die $(X_i : i \in \{1,\cdots,n\})$ über einem W-Raum $(\Omega,\mathfrak{A},P)$ definierte, $\mathfrak{A}$-meßbare numerische Funktionen und ist $F(x_1,\cdots,x_n)$ mit $(x_1,\cdots,x_n)\in \mathbb{R}^n$ die Verteilungsfunktion der gemeinsamen Verteilung der $X_1,\cdots,X_n$, so besagt Satz 62.: Sind $F_1,\cdots,F_n$ die Verteilungsfunktionen der $X_1,\cdots,X_n$ so sind die (X_i) genau dann unabhängig, wenn

$$F(x_1,\cdots,x_n) = F_1(x_1)\cdots F_n(x_n).$$

6o.2. definiert insbesondere die Unabhängigkeit einer Folge $(X_n : n\in\mathbb{N})$ von stochastischen Variablen. Eine dem Satz 62. entsprechende Aussage gilt auch für unendliche Folgen; diese werden wir jedoch erst in Kapitel 5. behandeln.

Für den Umgang mit unabhängigen stochastischen Variablen ist der folgende Satz oft nützlich.

63. Satz: Seien $(\Omega,\mathfrak{A},P)$ ein W-Raum und I eine nichtleere Indexmenge. Für $i \in I$ seien $(\Omega_i,\mathfrak{A}_i)$ und $(\Omega_i',\mathfrak{A}_i')$ Meßräume; $X_i : \Omega\to\Omega_i$ sei $(\mathfrak{A},\mathfrak{A}_i)$-meßbar und $Y_i : \Omega_i\to\Omega_i'$ sei $(\mathfrak{A}_i,\mathfrak{A}_i')$-meßbar. Dann folgt aus der Unabhängigkeit von $(X_i : i\in I)$ die Unabhängigkeit von $(Y_i\circ X_i : i\in I)$.

Beweis: Für $i \in I$ sei $A_i'\in \mathfrak{A}_i'$. Dann gilt $(Y_i\circ X_i)^{-1}(A_i') = X_i^{-1}(Y_i^{-1}(A_i'))$.
Für alle $i \in I$ ist also die von $Y_i\circ X_i$ und $\mathfrak{A}_i'$ erzeugte σ-Algebra in der von X_i und $\mathfrak{A}_i$ erzeugten σ-Algebra enthalten. Ist (X_i) unabhängig, so folgt daraus die Unabhängigkeit von $(Y_i\circ X_i)$ mit Definition 6o.2. ⌟

Wir besprechen jetzt den Begriff der Randverteilung.
$(\Omega,\mathfrak{A},P)$ sei ein W-Raum und I sei eine nichtleere, endliche Indexmenge. Für $i \in I$ sei $(\Omega_i,\mathfrak{A}_i)$ Meßraum und $X_i : \Omega\to\Omega_i$ $(\mathfrak{A},\mathfrak{A}_i)$-meßbar.
Sei J eine nichtleere Teilmenge von I. Die Abbildung $Y_J : \Omega\to\times_{j\in J}\Omega_j$ sei das Produkt der X_j mit $j \in J$. Y_J ist $(\mathfrak{A},\bigotimes_{j\in J}\mathfrak{A}_j)$-meßbar. Damit ist das W-Maß $Y_J(P)$ auf $\bigotimes_{j\in J}\mathfrak{A}_j$ definiert;wir bezeichnen es mit P_J.
P_J ist die gemeinsame Verteilung der X_j mit $j \in J$.

Seien J,K nichtleere Teilmengen von I mit $J \subset K$.

$\pi_J^K : \underset{k\in K}{X} \Omega_k \to \underset{j\in J}{X} \Omega_j$ sei die Projektion auf die Komponenten von J.

π_J^K ist $(\underset{k\in K}{\otimes} \mathfrak{A}_k, \underset{j\in J}{\otimes} \mathfrak{A}_j)$-meßbar.

Für die Abbildungen Y_J und Y_K gilt $Y_J = \pi_J^K \circ Y_K$. Daraus folgt für die gemeinsame Verteilung P_K der X_k mit $k \in K$ und die gemeinsame Verteilung P_J der X_j mit $j \in J$:

$$P_J = Y_J(P) = \pi_J^K \circ Y_K(P) = \pi_J^K(P_K).$$

Geht man von dem W-Raum $(\underset{i\in I}{X} \Omega_i, \underset{i\in I}{\otimes} \mathfrak{A}_i, P_I)$ aus, so erhält man für jedes nichtleere $J \subset I$ die gemeinsame Verteilung P_J der X_j mit $j \in J$ als

(64.) $\quad P_J = \pi_J^I(P_I)$.

Wir nennen P_J die <u>Rand-</u> oder <u>Marginalverteilung</u> der X_j mit $j \in J$ von P_I.

Für $i \in I$ erhält man insbesondere die Verteilung P_{X_i} von X_i als $P_{X_i} = \pi_{\{i\}}^I(P_I)$.

Sind für $I = \{1,\cdots,n\}$ die X_i mit $i \in I$ numerische stochastische Variablen und ist P_I durch die Verteilungsfunktion $F(x_1,\cdots,x_n)$ mit $(x_1,\cdots,x_n) \in \mathbb{R}^n$ gegeben, so erhält man für die Randverteilung P_J mit $J = \{1,\cdots,m\} \subset I$ die Verteilungsfunktion

$$G(x_1,\cdots,x_m) = F(x_1,\cdots,x_m,+\infty,\cdots,+\infty).$$

Zum Abschluß dieses Kapitels berechnen wir zwei Randverteilungen.

65. <u>Beispiel:</u>

Wir greifen zurück auf die Verteilungsfunktion

$$F(x,y) = \frac{1}{2\pi} \int_{-\infty}^{x} \int_{-\infty}^{y} \exp -\{\tfrac{1}{2}(u^2-2uv + 2v^2)\}dudv$$

der stochastischen Variablen (X,Y) des Beispiels 55.

Für die Verteilungsfunktion G(x) von X ergibt sich

$$G(x) = \frac{1}{2\pi} \int_{-\infty}^{x} \int_{-\infty}^{+\infty} \exp\{- \tfrac{1}{2}(u^2- 2uv + 2v^2)\}dudv =$$

$$\frac{1}{2\pi} \int_{-\infty}^{x} \exp\{-\tfrac{1}{2} \tfrac{u^2}{2}\} \int_{-\infty}^{+\infty} \exp\{- \tfrac{1}{2}(\tfrac{u^2}{2} - 2uv + 2v^2)\}dvdu =$$

$$\frac{1}{2\pi} \int_{-\infty}^{x} \exp\{-\tfrac{1}{2} \tfrac{u^2}{2}\} \int_{-\infty}^{+\infty} \exp\{- \tfrac{1}{2}(\sqrt{2}v - \tfrac{u}{\sqrt{2}})^2\}dvdu .$$

In dem Integral rechts substituieren wir $z \triangleq \sqrt{2}\, v - \frac{u}{\sqrt{2}}$ und erhalten $\frac{1}{2\pi} \cdot \frac{1}{\sqrt{2}} \int_{-\infty}^{x} \exp\{-\frac{1}{2}\frac{u^2}{2}\}\, du \int_{-\infty}^{+\infty} \exp\{-\frac{1}{2} z^2\} dz$.

Mit $\int_{-\infty}^{+\infty} \exp\{-\frac{1}{2} z^2\} dz = \sqrt{2\pi}$ folgt

$$G(x) = \frac{1}{\sqrt{2}\sqrt{2\pi}} \int_{-\infty}^{x} \exp\{-\frac{1}{2}\frac{u^2}{2}\} du.$$

Nach Definition 5o. ist X normal verteilt mit den Parametern O und $\sqrt{2}$.

Für die Verteilungsfunktion $H(y)$ von Y ergibt sich

$$H(y) = \frac{1}{2\pi} \int_{-\infty}^{+\infty} \int_{-\infty}^{y} \exp\{-\frac{1}{2}(u^2 - 2uv + 2v^2)\} du dv =$$

$$\frac{1}{2\pi} \int_{-\infty}^{+\infty} \int_{-\infty}^{y} \exp\{-\frac{1}{2}(u^2 - 2uv + v^2)\} \exp\{-\frac{1}{2} v^2\} du dv =$$

$$\frac{1}{2\pi} \int_{-\infty}^{y} \int_{-\infty}^{+\infty} \exp\{-\frac{1}{2}(u - v)^2\} du \exp\{-\frac{1}{2} v^2\} dv .$$

Mit $\int_{-\infty}^{+\infty} \exp\{-\frac{1}{2}(u - v)^2\} du = \sqrt{2\pi}$ folgt

$$H(y) = \frac{1}{\sqrt{2\pi}} \int_{-\infty}^{y} \exp\{-\frac{1}{2} v^2\} dv .$$

Nach Definition 5o. ist Y normal verteilt mit den Parametern O und 1.

Ein Vergleich von $G(x) \cdot H(y)$ mit $F(x,y)$ zeigt, daß X und Y nicht unabhängig sind. ┘

2 Maße und Integrale

Seien $(\Omega, \mathfrak{A}, P)$ ein W-Raum, $(\Omega', \mathfrak{A}')$ ein Meßraum und $X : \Omega \to \Omega'$ $(\mathfrak{A}, \mathfrak{A}')$-meßbar. In Kapitel 1. haben wir ausgeführt, wie in dieser Situation das Maß P auf den Meßraum übertragen werden kann. Man erhält die Verteilung $X(P)$ und diese beschreibt das Verhalten der stochastischen Variablen X vollständig. In vielen Fällen muß man sich mit wesentlich weniger Information über eine stochastische Variable begnügen. Ist X eine numerische stochastische Variable, so kann man versuchen, X durch einen oder einige Zahlenwerte zu charakterisieren. Eine solche Charakteristik ist das gewichtete Mittel der Werte, die X annimmt. Ist $\Omega' = \{1,\cdots,n\}$, so ist das gewichtete Mittel von X $\sum_{i=1}^{n} iP\{X=i\}$. Für beliebige numerische stochastische Variablen stellt sich die Aufgabe, das gewichtete Mittel geeignet zu definieren; sie führt zum Begriff des P-Integrals $\int_\Omega X \, d P$ von X.

In diesem Kapitel werden wir zunächst von einem Maßraum $(\Omega, \mathfrak{A}, \mu)$ ausgehend das μ-Integral für eine Klasse von $\mathfrak{A}$-meßbaren numerischen Funktionen besprechen. Anschließend behandeln wir Maße, die durch ein Integral definiert werden, und wichtige Aussagen der Integrationstheorie. Schließlich wenden wir die gewonnenen Ergebnisse dazu an, unsere Kenntnisse über W-Räume zu erweitern.

2.1 Integrale bzgl. eines Maßraumes

Der Maßraum $(\Omega, \mathfrak{A}, \mu)$ sei für dieses Kapitel gegeben. Mit $\mathbb{R}_+$ bezeichnen wir die Menge der Zahlen $\alpha \in \mathbb{R}$ mit $0 \leq \alpha$; $\tilde{\mathbb{R}}_+$ sei $\mathbb{R}_+ \cup \{+\infty\}$.

Wir beginnen mit der Definition einer Klasse von einfachen, $\mathfrak{A}$-meßbaren numerischen Funktionen und der Definition des μ-Integrals für diese.

1. <u>Definition:</u> Die Abbildung $X : \Omega \to \tilde{\mathbb{R}}_+$ heißt <u>$\mathfrak{A}$-Elementarfunktion</u> $:\Leftrightarrow$ X ist $\mathfrak{A}$-meßbar und $X(\Omega) \subset \mathbb{R}_+$ und $|X(\Omega)| < \infty$.

Eine $\mathfrak{A}$-Elementarfunktion nimmt also endlich viele, nichtnegative, reelle Werte an. Die Menge der $\mathfrak{A}$-Elementarfunktionen bezeichnen wir mit $\mathfrak{E}(\mathfrak{A})$.

Sei X eine $\mathfrak{A}$-Elementarfunktion und $\{\alpha_1,\cdots,\alpha_n\}$ sei die Menge der Werte, die X annimmt. Für $i \in \{1,\cdots,n\}$ sei $A_i \triangleq \{X = \alpha_i\}$. Wegen der $\mathfrak{A}$-Meßbarkeit von X sind die A_i nach den Definitionen 1.19.1. und 1.38.2. Elemente von $\mathfrak{A}$. Zudem ist $\{A_1,\cdots,A_n\}$ eine Zerlegung von Ω. Mit den Indikatorfunktionen 1_{A_i} der Elemente dieser Zerlegung läßt sich X in der Form

$$X = \sum_{i=1}^{n} \alpha_i \, 1_{A_i}$$

darstellen. Sind $\{B_1,\cdots,B_m\}$ eine Zerlegung von Ω mit Elementen von $\mathfrak{A}$, $\beta_1,\cdots,\beta_m$ nichtnegative reelle Zahlen und gilt $X = \sum_{i=1}^{m} \beta_i 1_{B_i}$, so nennen wir eine solche Darstellung Normaldarstellung der $\mathfrak{A}$-Elementarfunktion X.

Seien nun $\sum_{i=1}^{m} \alpha_i \, 1_{A_i}$ und $\sum_{i=1}^{n} \beta_i \, 1_{B_i}$ Normaldarstellungen einer $\mathfrak{A}$-Elementarfunktion X. Da $\{A_1,\cdots,A_m\}$ und $\{B_1,\cdots,B_n\}$ Zerlegungen von Ω sind, gilt für jedes $i \in \{1,\cdots,m\}$ $1_{A_i} = \sum_{k=1}^{n} 1_{A_i \cap B_k}$; entsprechend gilt für jedes $k \in \{1,\cdots,n\}$ $1_{B_k} = \sum_{i=1}^{m} 1_{A_i \cap B_k}$. Damit ergibt sich

$$\sum_{i=1}^{m}\alpha_i 1_{A_i} = \sum_{i=1}^{m} \sum_{k=1}^{n}\alpha_i 1_{A_i \cap B_k} = X = \sum_{k=1}^{n}\beta_k 1_{B_k} = \sum_{k=1}^{n} \sum_{i=1}^{m}\beta_k 1_{A_i \cap B_k}.$$

Daraus folgt:

(2.) für alle $i \in \{1,\cdots,m\}$ und alle $k \in \{1,\cdots,n\}$ mit $A_i \cap B_k \neq \emptyset$ gilt $\alpha_i = \beta_k$.

Seien $X,Y \in \mathfrak{E}(\mathfrak{A})$. Für X und Y seien die Normaldarstellungen

$$X = \sum_{i=1}^{m} \alpha_i \, 1_{A_i} \text{ und } Y = \sum_{k=1}^{n} \beta_i \, 1_{B_i}$$

gegeben. Da $\{A_1,\cdots,A_m\}$ und $\{B_1,\cdots,B_n\}$ Zerlegungen von Ω sind, erhält man analog zu oben Darstellungen

$$X = \sum_{i=1}^{m} \alpha_i \sum_{k=1}^{n} 1_{A_i \cap B_k} \text{ und } Y = \sum_{k=1}^{n} \beta_k \sum_{i=1}^{m} 1_{A_i \cap B_k}.$$

Diese Überlegung zeigt, daß man für zwei $\mathfrak{A}$-Elementarfunktionen X und Y stets eine Zerlegung $\{C_1,\cdots,C_l\}$ von Ω so finden kann, daß X und Y Normaldarstellungen

$$X = \sum_{i=1}^{l} \gamma_i \, 1_{C_i} \text{ und } Y = \sum_{i=1}^{l} \delta_i \, 1_{C_i}$$

haben.

3. Definition: Sei $X \in \mathfrak{E}(\mathfrak{A})$ mit einer Normaldarstellung $X = \sum_{i=1}^{n} \alpha_i 1_{A_i}$. Dann heißt

$$\int_\Omega X\, d\mu \triangleq \sum_{i=1}^{n} \alpha_i \mu(A_i)$$

μ-Integral von X über Ω. ┘

Das μ-Integral einer $\mathfrak{A}$-Elementarfunktion X ist wohldefiniert, wenn $\int_\Omega X d\mu$ gemäß Definition 3. unabhängig von der gewählten Normaldarstellung ist. Daß dies der Fall ist, sieht man wie folgt:

Seien $\sum_{i=1}^{m} \alpha_i 1_{A_i}$ und $\sum_{k=1}^{n} \beta_i 1_{B_k}$ Normaldarstellungen von X. Da $\{A_1,\dots,A_m\}$ und $\{B_1,\dots,B_n\}$ Zerlegungen von Ω sind, ergeben sich

$$\sum_{i=1}^{m} \alpha_i \mu(A_i) = \sum_{i=1}^{m} \alpha_i \mu(A_i \cap \bigcup_{k=1}^{n} B_k) \quad \text{und}$$
$$\sum_{k=1}^{n} \beta_k \mu(B_k) = \sum_{k=1}^{n} \beta_k \mu(B_k \cap \bigcup_{i=1}^{m} A_i) .$$

Wegen der Additivität von μ folgen daraus

$$\sum_{i=1}^{m} \alpha_i \mu(A_i) = \sum_{i=1}^{m} \alpha_i \sum_{k=1}^{n} \mu(A_i \cap B_k) \quad \text{und}$$
$$\sum_{k=1}^{n} \beta_k \mu(B_k) = \sum_{k=1}^{n} \beta_k \sum_{i=1}^{m} \mu(A_i \cap B_k) .$$

Wegen (2.) folgt daraus $\sum_{i=1}^{m} \alpha_i \mu(A_i) = \sum_{k=1}^{n} \beta_k \mu(B_k)$.

Im folgenden ist der Integrationsbereich immer Ω; wir schreiben ihn nicht mehr an die Integralsymbole.

4. Satz: Seien $X,Y \in \mathfrak{E}(\mathfrak{A})$. Dann gelten:

4.1. $\int 1_A\, d\mu = \mu(A)$ für alle $A \in \mathfrak{A}$.

4.2. $\int \alpha X\, d\mu = \alpha \int X\, d\mu$ für alle $\alpha \in \mathbb{R}_+$.

4.3. $\int (X+Y) d\mu = \int X\, d\mu + \int Y\, d\mu$.

4.4. Aus $X \leq Y$ folgt $\int X\, d\mu \leq \int Y\, d\mu$.

Beweis: Die Aussagen 4.1. und 4.2. folgen unmittelbar aus Definition 3.

Zum Beweis von 4.3. und 4.4. seien

$$X = \sum_{i=1}^{n} \alpha_i 1_{A_i} \text{ und } Y = \sum_{i=1}^{n} \beta_i 1_{A_i}$$

entsprechend gewählte Normaldarstellungen.

Dann ist

$$\int (X+Y)\,d\mu = \sum_{i=1}^{n} (\alpha_i+\beta_i)\,\mu(A_i) =$$

$$\sum_{i=1}^{n} \alpha_i\,\mu(A_i) + \sum_{i=1}^{n} \beta_i\,\mu(A_i) = \int X\,d\mu + \int Y\,d\mu$$

und damit ist 4.3. bewiesen.

Sei nun $X \leq Y$. Dann folgt $\alpha_i \leq \beta_i$ für alle $i \in \{1,\cdots,n\}$; daraus folgt nun 4.4. ⌟

Unser nächstes Ziel besteht darin, das μ-Integral für die Menge der nichtnegativen, $\mathfrak{A}$-meßbaren numerischen Funktionen zu definieren. Zur Vorbereitung dient

5. Satz: $(X_n : n\in\mathbb{N})$ und $(Y_n : n\in\mathbb{N})$ seien monoton wachsende Folgen von $\mathfrak{A}$-Elementarfunktionen.

5.1. Sei $Z \in \mathfrak{E}(\mathfrak{A})$. Aus $Z \leq \sup_{n\in\mathbb{N}} X_n$ folgt $\int Z\,d\mu \leq \sup_{n\in\mathbb{N}} \int X_n\,d\mu$.

5.2. Aus $\sup_{n\in\mathbb{N}} X_n = \sup_{n\in\mathbb{N}} Y_n$ folgt $\sup_{n\in\mathbb{N}} \int X_n\,d\mu = \sup_{n\in\mathbb{N}} \int Y_n\,d\mu$.

Beweis:

1. Zum Beweis von 5.1. bemerken wir zunächst, daß die Aussage trivial ist für $Z = 0$.

Seien $Z \neq 0$, $Z = \sum_{i=1}^{m} \alpha_i 1_{A_i}$ und $\beta \in \mathbb{R}_+$ mit $0 < \beta < 1$.

Für $n \in \mathbb{N}$ sei $B_n \triangleq \{\beta Z \leq X_n\}$.

Nach 1.40.1. und 1.39.2. sind die B_n Elemente von $\mathfrak{A}$ und es gilt $\beta Z 1_{B_n} \leq X_n$.

Daraus folgt mit 4.2. und 4.4.

(*) $\beta \int Z\,1_{B_n}\,d\mu \leq \int X_n\,d\mu$ für alle $n \in \mathbb{N}$.

Wegen der Monotonie von (X_n) ist (B_n) monoton wachsend; wegen $Z \leq \sup_{n\in\mathbb{N}} X_n$ folgt $B_n \uparrow \Omega$. Daraus folgt $(A_i \cap B_n) \uparrow A_i$ für $n\to\infty$ und alle $i \in \{1,\cdots,m\}$. Nach Satz 1.16.1. folgt daraus $\mu(A_i) = \lim_{n\to\infty} \mu(A_i \cap B_n)$ und damit ergibt sich

$$\int Z\,d\mu = \sum_{i=1}^{m} \alpha_i\,\mu(A_i) = \lim_{n\to\infty} \sum_{i=1}^{m} \alpha_i\,\mu(A_i\cap B_n) =$$

$$\lim_{n\to\infty} \int Z\,1_{B_n}\,d\mu.$$

Damit und mit (*) folgt

$$\beta \int Z\,d\mu = \lim_{n\to\infty} \beta \int Z\,1_{B_n}\,d\mu \leq \sup_{n\in\mathbb{N}} \int X_n\,d\mu .$$

$\beta \int Z d\mu \le \sup_{n\in\mathbb{N}} \int X_n d\mu$ gilt damit für beliebige $\beta < 1$. Mit $\beta \uparrow 1$ folgt 5.1.

2. Sei $\sup_{n\in\mathbb{N}} X_n = \sup_{n\in\mathbb{N}} Y_n$.

Dann gelten für alle $m \in \mathbb{N}$ $X_m \le \sup_{n\in\mathbb{N}} Y_n$ und $Y_m \le \sup_{n\in\mathbb{N}} X_n$.

Daraus folgen mit 5.1.

$$\int X_m d\mu \le \sup_{n\in\mathbb{N}} \int Y_n d\mu \text{ und } \int X_m d\mu \le \sup_{n\in\mathbb{N}} \int Y_n d\mu$$

für alle $m \in \mathbb{N}$.

Bildet man für beide Ausdrücke das Supremum über alle m, so erhält man 5.2. ┘

Sei $\mathfrak{E}^*(\mathfrak{A})$ die Menge aller $\mathfrak{A}$-meßbaren numerischen Funktionen $X : \Omega \to \bar{\mathbb{R}}_+$, für die es eine monoton wachsende Folge $(X_n : n\in\mathbb{N})$ von $\mathfrak{A}$-Elementarfunktionen mit $X = \sup_{n\in\mathbb{N}} X_n$ gibt.

6. <u>Definition:</u> Sei $X \in \mathfrak{E}^*(\mathfrak{A})$ und für die monoton wachsende Folge $(X_n : n\in\mathbb{N})$ von $\mathfrak{A}$-Elementarfunktionen gelte $X = \sup_{n\in\mathbb{N}} X_n$. Dann heißt

$$\int X d\mu \triangleq \sup_{n\in\mathbb{N}} \int X_n d\mu$$

das <u>μ-Integral</u> von X über Ω. ┘

Das μ-Integral ist für Funktionen aus $\mathfrak{E}^*(\mathfrak{A})$ durch 6. wegen Satz 5.2. wohldefiniert. Ist X eine $\mathfrak{A}$-Elementarfunktion und betrachtet man die Folge $(X_n : n\in\mathbb{N})$ mit $X_n \triangleq X$ für alle n, so sieht man, daß $\mathfrak{E}(\mathfrak{A}) \subset \mathfrak{E}^*(\mathfrak{A})$ ist und daß durch 6. das durch 3. für Funktionen aus $\mathfrak{E}(\mathfrak{A})$ definierte μ-Integral auf $\mathfrak{E}^*(\mathfrak{A})$ fortgesetzt wird.

Die zu Satz 4. analogen Aussagen für Funktionen aus $\mathfrak{E}^*(\mathfrak{A})$ liefert

7. <u>Satz:</u> Seien $X, Y \in \mathfrak{E}^*(\mathfrak{A})$. Dann gelten:

7.1. $\int \alpha X d\mu = \alpha \int X d\mu$ für alle $\alpha \in \mathbb{R}_+$.

7.2. $\int (X+Y) d\mu = \int X d\mu + \int Y d\mu$.

7.3. Aus $X \le Y$ folgt $\int X d\mu \le \int Y d\mu$.

<u>Beweis:</u> Seien $(X_n : n\in\mathbb{N})$ und $(Y_n : n\in\mathbb{N})$ monoton wachsende Folgen von Funktionen aus $\mathfrak{E}(\mathfrak{A})$ mit $X = \sup_{n\in\mathbb{N}} X_n$ und $Y = \sup_{n\in\mathbb{N}} Y_n$.

1. Sei $\alpha \in \mathbb{R}_+$.

$\int \alpha X d\mu = \sup_{n\in\mathbb{N}} \int \alpha X_n d\mu$ nach Definition 6.

$= \alpha \sup_{n\in\mathbb{N}} \int X_n d\mu$ nach Satz 4.2.

$= \alpha \int X d\mu$ nach Definition 6.

Damit ist 7.1. bewiesen.

2. $\int (X+Y) d\mu = \sup_{n\in\mathbb{N}} \int (X_n+Y_n) d\mu$ nach 6.

$= \lim_{n\to\infty} \int (X_n+Y_n) d\mu$ wegen der Monotonie von (X_n) und (Y_n)

$= \lim_{n\to\infty} \int X_n d\mu + \lim_{n\to\infty} \int Y_n d\mu$ nach 4.3.

$= \sup_{n\in\mathbb{N}} \int X_n d\mu + \sup_{n\in\mathbb{N}} \int Y_n d\mu$ wegen 4.4.

$= \int X d\mu + \int Y d\mu$ nach 6.

Damit ist 7.2. bewiesen.

3. Sei $X \leq Y$. Daraus folgt $X_m \leq \sup_{n\in\mathbb{N}} Y_n$ für alle $m \in \mathbb{N}$. Daraus ergibt sich mit Satz 5.1. $\int X_m d\mu \leq \sup_{n\in\mathbb{N}} \int Y_n d\mu$ für alle $m \in \mathbb{N}$. Mit Definition 6. folgt daraus $\int X_m d\mu \leq \int Y d\mu$ für alle $m \in \mathbb{N}$ und damit $\sup_{m\in\mathbb{N}} \int X_m d\mu \leq \int Y d\mu$. Das ist aber nach 6. gleichbedeutend mit der Aussage 7.3. ┘

Bevor wir uns weiter mit Eigenschaften des durch 6. definierten Integrals beschäftigen, wenden wir uns der Frage zu, welche weiteren Funktionenklassen für die Integraldefinition zu beachten sind. Bei Beschränkung auf nichtnegative Funktionen - Funktionen, die auch negative Werte annehmen, betrachten wir später - ist es wünschenswert, für alle $\mathfrak{A}$-meßbaren Funktionen das μ-Integral zu definieren. Der folgende Satz lehrt, daß dieses Ziel mit Definition 6. schon erreicht ist.

8. <u>Satz:</u> Sei $X : \Omega \to \tilde{\mathbb{R}}_+$. X ist $\mathfrak{A}$-meßbar genau dann, wenn $X \in \mathfrak{E}^*(\mathfrak{A})$.

<u>Beweis:</u> Da jede $\mathfrak{A}$-Elementarfunktion $\mathfrak{A}$-meßbar ist, folgt die $\mathfrak{A}$-Meßbarkeit aller $X \in \mathfrak{E}^*(\mathfrak{A})$ aus Satz 1.41.1.

Für $n \in \mathbb{N}$ und $i \in \{0,\cdots,n2^n\}$ seien

$$A_{i,n} \triangleq \begin{cases} \{X \geq \frac{i}{2^n}\} \cap \{X < \frac{i+1}{2^n}\} & \text{für } i \leq n2^n-1 \\ \{X \geq n\} & \text{für } i = n2^n \end{cases}$$

und

$$X_n \triangleq \sum_{i=0}^{n2^n} \frac{i}{2^n} 1_{A_{i,n}} .$$

Für $n \in \mathbb{N}$ und $i \in \{0,\cdots,n2^n\}$ sind die $A_{i,n}$ Elemente von $\mathfrak{A}$; $\{A_{0,n},\cdots,A_{n2^n,n}\}$ ist Zerlegung von Ω; X_n ist $\mathfrak{A}$-Elementarfunktion.

Für $n \in \mathbb{N}$ und $i \in \{0,\cdots,n2^n-1\}$ hat X_n auf $A_{i,n}$ den Wert $\frac{i}{2^n}$; beim Übergang von n zu $n+1$ zerfällt das Intervall $[\frac{i}{2^n}, \frac{i+1}{2^n})$, dessen Urbildmenge bzgl. X $A_{i,n}$ ist, in die beiden Intervalle $[\frac{2i}{2^{n+1}}, \frac{2i+1}{2^{n+1}})$ und $[\frac{2i+1}{2^{n+1}}, \frac{2i+2}{2^{n+1}})$; auf $A_{i,n}$ nimmt also X_{n+1} die Werte $\frac{2i}{2^{n+1}} = \frac{i}{2^n}$ und $\frac{2i+1}{2^{n+1}} > \frac{i}{2^n}$ an. Für $n \in \mathbb{N}$ und $i = n2^n$ nimmt X_n den Wert n auf $A_{i,n}$ an; X_{n+1} nimmt auf $A_{i,n}$ Werte $\geq n$ an. Folglich ist (X_n) monoton wachsend.

Für $\omega \in \Omega$ mit $X(\omega) = +\infty$ gilt $X_n(\omega)\uparrow X(\omega)$, da für alle $n \in \mathbb{N}$ $X_n(\omega) = n$ ist. Für $\omega \in \Omega$ mit $X(\omega) < +\infty$ gilt $X_n(\omega) \leq X(\omega) < X_n(\omega) + \frac{1}{2^n}$ für alle $n \in \mathbb{N}$ mit $n > X(\omega)$. Folglich ist $\sup_{n\in\mathbb{N}} X_n = X$ und damit ist der Satz bewiesen. ┘

Wir setzen nun die Besprechung der Eigenschaften des durch 6. definierten Integrals fort; wir beginnen mit dem Satz über die monotone Konvergenz.

9. <u>Satz:</u> Sei $(X_n : n\in\mathbb{N})$ eine monoton wachsende Folge von Funktionen aus $\mathfrak{E}^*(\mathfrak{A})$. Dann ist $\sup_{n\in\mathbb{N}} X_n$ aus $\mathfrak{E}^*(\mathfrak{A})$ und es gilt

$$\int \sup_{n\in\mathbb{N}} X_n d\mu = \sup_{n\in\mathbb{N}} \int X_n d\mu$$

<u>Beweis:</u> Sei $X \triangleq \sup_{n\in\mathbb{N}} X_n$. Die Aussage $X \in \mathfrak{E}^*(\mathfrak{A})$ folgt aus den Sätzen 1.41.1. und 8.

1. Zur Vorbereitung für den Beweis der zweiten Aussage zeigen wir, daß es eine monoton wachsende Folge $(X_n' : n \in \mathbb{N})$ von $\mathfrak{A}$-Elementarfunktionen mit

   (9.1) $\quad X_n' \leq X_n$ für alle $n \in \mathbb{N}$ und $\sup_{n\in\mathbb{N}} X_n' = X$

   gibt.

Da die Elemente von (X_n) aus $\mathfrak{E}^*(\mathfrak{A})$ sind, gibt es für jedes $n \in \mathbb{N}$ eine monoton wachsende Folge $(X_{n,m} : m \in \mathbb{N})$ von $\mathfrak{A}$-Elementarfunktionen mit $\sup_{m \in \mathbb{N}} X_{n,m} = X_n$.

Für $m \in \mathbb{N}$ sei $X'_m \triangleq \sup (X_{1,m}, \cdots, X_{m,m})$. Mit den $X_{1,m}, \cdots, X_{m,m}$ ist X'_m $\mathfrak{A}$-Elementarfunktion. Aus der Monotonie der Folgen $(X_{n,m} : m \in \mathbb{N})$ folgt, daß (X'_m) monoton wachsend ist. Zudem folgt aus der Monotonie von (X_m) und der Definition von X'_m, daß $X'_m \leq X_m$ für alle $m \in \mathbb{N}$ gilt. Daraus folgt

$$\sup_{m \in \mathbb{N}} X'_m \leq \sup_{m \in \mathbb{N}} X_m = X$$

Andererseits folgt aus der Definition von X'_m, daß $X_{n,m} \leq X'_m$ gilt für alle $m \geq n$. Damit ergibt sich

$$X_n = \sup_{m \in \mathbb{N}} X_{n,m} \leq \sup_{m \in \mathbb{N}} X'_m \ .$$

Beide Aussagen zusammen liefern $\sup_{m \in \mathbb{N}} X'_m = X$.
Damit haben wir gezeigt, daß es zu (X_n) eine Folge (X'_n) mit den Eigenschaften 9.1. gibt. (Gleichzeitig haben wir erneut $X \in \mathfrak{E}^*(\mathfrak{A})$ gezeigt).

2. Sei nun (X'_n) eine gemäß 1. konstruierte Folge von $\mathfrak{A}$-Elementarfunktionen mit den Eigenschaften 9.1. Dann gilt nach Definition 6.

$$\int X d\mu = \sup_{n \in \mathbb{N}} \int X'_n d\mu$$

Wegen $X'_n \leq X_n$ für alle $n \in \mathbb{N}$ folgt $\int X'_n d\mu \leq \int X_n d\mu$ für alle n aus Satz 7.3.; damit ergibt sich

$$\int X d\mu = \sup_{n \in \mathbb{N}} \int X'_n d\mu \leq \sup_{n \in \mathbb{N}} \int X_n d\mu \ .$$

Andererseits folgt aus der Definition von X, daß $X_n \leq X$ und damit nach Satz 7.3. $\int X_n d\mu \leq \int X d\mu$ für alle $n \in \mathbb{N}$ gilt. Damit erhalten wir

$$\sup_{n \in \mathbb{N}} \int X_n d\mu \leq \int X d\mu$$

Beide Aussagen zusammen liefern $\int X d\mu = \sup_{n \in \mathbb{N}} \int X_n d\mu$ und damit ist der Satz bewiesen. ┘

Der nächste Satz liefert eine nützliche Folgerung aus dem Satz über die monotone Konvergenz.

1o. Satz: $(X_n : n \in \mathbb{N})$ sei eine Folge von Funktionen aus $\mathfrak{E}^*(\mathfrak{A})$. Dann ist $\sum_{n \in \mathbb{N}} X_n$ aus $\mathfrak{E}^*(\mathfrak{A})$ und es gilt

$$\int (\sum_{n \in \mathbb{N}} X_n) d\mu = \sum_{n \in \mathbb{N}} \int X_n d\mu$$

Beweis: Für $n \in \mathbb{N}$ sei $Y_n \triangleq \sum_{i=1}^{n} X_i$. Dann erfüllt die Folge (Y_n) die Voraussetzungen von Satz 9. und wir erhalten die Aussagen. ┘

Der folgende Satz ist als Lemma von Fatou bekannt.

11. Satz: $(X_n : n \in \mathbb{N})$ sei eine Folge von Funktionen aus $\mathfrak{E}^*(\mathfrak{A})$. Dann gilt

$$\int \liminf_{n \to \infty} X_n d\mu \leq \liminf_{n \to \infty} \int X_n d\mu$$

Beweis: Definitionsgemäß ist $\liminf_{n \to \infty} X_n = \sup_{n \in \mathbb{N}} \inf_{m \geq n} X_m$.

Sei $Y_n \triangleq \inf_{m \geq n} X_m$ für $n \in \mathbb{N}$.

Nach Satz 1.41.1. sind $\liminf_{n \to \infty} X_n$ und die Elemente von (Y_n) $\mathfrak{A}$-meßbar; nach Satz 8. sind sie Elemente von $\mathfrak{E}^*(\mathfrak{A})$.

Die Folge (Y_n) ist monoton wachsend; daraus folgt mit Satz 9.

$$\int \liminf_{n \to \infty} X_n d\mu = \int \sup_{n \in \mathbb{N}} Y_n d\mu = \sup_{n \in \mathbb{N}} \int Y_n d\mu$$

Für alle $m \geq n$ gilt $Y_n \leq X_m$; daraus folgt mit Satz 7.3.

$\int Y_n d\mu \leq \int X_m d\mu$ für alle $m \geq n$.

Daraus folgen $\int Y_n d\mu \leq \inf_{m \geq n} \int X_m d\mu$ und

$\sup_{n \in \mathbb{N}} \int Y_n d\mu \leq \sup_{n \in \mathbb{N}} \inf_{m \geq n} \int X_m d\mu$.

Damit erhalten wir

$$\int \liminf_{n \to \infty} X_n d\mu \leq \sup_{n \in \mathbb{N}} \inf_{m \geq n} \int X_m d\mu = \liminf_{n \to \infty} \int X_n d\mu .$$ ┘

Wir kommen jetzt zur Definition des μ-Integrals für beliebige $\mathfrak{A}$-meßbare numerische Funktionen. Sei $X : \Omega \to \bar{\mathbb{R}}$ $\mathfrak{A}$-meßbar. Dann seien

$$X^+ \triangleq \sup (X,0) \text{ und}$$
$$X^- \triangleq - \inf (X,0) .$$

Wir nennen X^+ den Positivteil und X^- den Negativteil von X.

Offenbar sind $X = X^+-X^-$ und $|X| = X^++X^-$. X ist $\mathfrak{A}$-meßbar genau dann wenn X^+ und X^- $\mathfrak{A}$-meßbar, also nach Satz 8. aus $\mathfrak{E}^*(\mathfrak{A})$ sind.

12. Definition: Sei $X : \Omega \to \bar{\mathbb{R}}$ $\mathfrak{A}$-meßbar mit dem Positivteil X^+ und dem Negativteil X^-. X heißt μ-integrierbar über Ω genau dann, wenn $\int X^+d\mu$ und $\int X^-d\mu$ endlich sind. Ist X μ-integrierbar, so heißt

$$\int Xd\mu \triangleq \int X^+d\mu - \int X^-d\mu$$

das μ-Integral von X über Ω. ┘

Von jeder μ-integrierbaren Funktion wird nach Definition 12. verlangt, daß ihr μ-Integral endlich ist. Dies hat insbesondere zur Folge, daß nicht alle Funktionen aus $\mathfrak{E}^*(\mathfrak{A})$ μ-integrierbar sind.

Ist $X : \Omega \to \bar{\mathbb{R}}$ $\mathfrak{A}$-meßbar mit dem Positivteil X^+ und dem Negativteil X^-, so ist der Ausdruck $\int X^+d\mu - \int X^-d\mu$ nach unseren Festlegungen für das Rechnen mit $\pm\infty$ auch dann noch sinnvoll, wenn einer der beiden Terme $+\infty$ ist. Funktionen, für welche die Integrierbarkeit durch eine entsprechende Verallgemeinerung von 12. definiert ist, nennt man quasi-integrierbar; diesen Integrierbarkeitsbegriff werden wir jedoch nicht weiterverfolgen.

Die Schritte, die wir in den Definitionen 3., 6. und 12. bis zur Definition der μ-Integrierbarkeit gegangen sind, legen ein Verfahren fest, nach dem Eigenschaften von Integralen $\mathfrak{A}$-meßbarer numerischer Funktionen bewiesen werden können, und das wir häufig anwenden. Wenn wir nachweisen wollen, daß $\int Xd\mu$ für alle μ-integrierbaren Funktionen eine Eigenschaft E hat, so besteht das Verfahren aus folgenden Schritten: Die Eigenschaft E ist nachzuweisen für alle $\int Xd\mu$ mit:

$X = 1_A$ mit $A \in \mathfrak{A}$;

$X \in \mathfrak{E}(\mathfrak{A})$;

$X \in \mathfrak{E}^*(\mathfrak{A})$;

$X = X^+-X^-$ mit $X^+, X^- \in \mathfrak{E}^*(\mathfrak{A})$ und $\int X^+d\mu < +\infty$ und $\int X^-d\mu < +\infty$.

Der folgende Satz charakterisiert den durch 12. definierten Integralbegriff.

13. Satz: $X : \Omega \to \bar{\mathbb{R}}$ sei $\mathfrak{A}$-meßbar. Dann sind folgende Aussagen äquivalent:
1. X ist μ-integrierbar.
2. X^+ und X^- sind μ-integrierbar.
3. Es gibt eine μ-integrierbare Funktion Y mit $|X| \leq Y$.
4. $|X|$ ist μ-integrierbar.

Beweis: Die Aussagen 1. und 2. sind äquivalent nach Definition 12.
Seien nun X^+ und X^- μ-integrierbar. Für $Y \triangleq X^+ + X^-$ gelten : mit X^+ und X^- ist Y aus $\mathfrak{E}^*(\mathfrak{A})$; nach 7.2. ist $\int Y d\mu = \int X^+ d\mu + \int X^- d\mu$ und wegen der μ-Integrierbarkeit von X^+ und X^- ist Y μ-integrierbar. Wegen $|X| \leq Y$ folgt also 3. aus 2.

Es existiere nun eine μ-integrierbare Funktion Y mit $|X| \leq Y$. $|X|$ und Y sind aus $\mathfrak{E}^*(\mathfrak{A})$. Nach 7.3. ist $\int |X| d\mu \leq \int Y d\mu$. Wegen $\int Y d\mu < +\infty$ folgt also 4. aus 3.
Sei nun $|X|$ μ-integrierbar. Dann gelten $X^+ \leq |X|$ und $X^- \leq |X|$. X^+, X^- und $|X|$ sind aus $\mathfrak{E}^*(\mathfrak{A})$. Nach 7.3. sind $\int X^+ d\mu \leq \int |X| d\mu$ und $\int X^- d\mu \leq \int |X| d\mu$. Wegen $\int |X| d\mu < +\infty$ folgt also 2. aus 4.

Damit ist der Satz bewiesen. ┘

14. Satz: X und Y seien μ-integrierbare Funktionen.

14.1. Für alle $\alpha \in \mathbb{R}$ ist αX μ-integrierbar mit $\int \alpha X d\mu = \alpha \int X d\mu$.

14.2. Falls X + Y total definiert ist, ist X + Y μ-integrierbar mit $\int (X+Y) d\mu = \int X d\mu + \int Y d\mu$.

14.3. sup (X,Y) und inf (X,Y) sind μ-integrierbar.

14.4. Aus $X \leq Y$ folgt $\int X d\mu \leq \int Y d\mu$.

14.5. $|\int X d\mu| \leq \int |X| d\mu$.

Beweis:
1. Sei $\alpha \in \mathbb{R}$.
Für $\alpha \geq 0$ sind $(\alpha X)^+ = \alpha X^+$ und $(\alpha X)^- = \alpha X^-$.
Für $\alpha \leq 0$ sind $(\alpha X)^+ = |\alpha| X^-$ und $(\alpha X)^- = |\alpha| X^+$.
Alle diese Funktionen sind aus $\mathfrak{E}^*(\mathfrak{A})$. Die μ-Integrierbarkeit von X ist nach 13. äquivalent mit der μ-Integrierbarkeit von X^+ und X^-; daraus folgt die μ-Integrierbar-

keit von $(\alpha X)^+$ und $(\alpha X)^-$. Damit ist αX μ-integrierbar nach 13. und $\int \alpha X d\mu = \alpha \int X d\mu$ folgt aus 7.1.

2. Mit X und Y sind X^+, X^-, Y^+ und Y^- μ-integrierbar nach 13. Daraus folgt die μ-Integrierbarkeit von $X^+ + Y^+$ und $X^- + Y^-$. Wegen $X+Y = X^+ + Y^+ - (X^- + Y^-)$ ist dies nach 13. äquivalent mit der μ-Integrierbarkeit von $X+Y$ und $\int (X+Y) d\mu = \int X d\mu + \int Y d\mu$ folgt aus 7.2.
3. Mit X und Y sind $|X|$ und $|Y|$ μ-integrierbar nach 13. Daraus folgt, daß $|X|+|Y|$ μ-integrierbar ist. Mit $|\sup(X,Y)| \le |X|+|Y|$ und $|\inf(X,Y)| \le |X|+|Y|$ folgt die μ-Integrierbarkeit von $\sup(X,Y)$ und $\inf(X,Y)$ aus 13.
4. Aus $X \le Y$ folgen $X^+ \le Y^+$ und $Y^- \le X^-$. Daraus und aus 7.3. folgen

$$\int X^+ d\mu \le \int Y^+ d\mu \text{ und } \int Y^- d\mu \le \int X^- d\mu .$$

Damit ergibt sich

$$\int X d\mu = \int X^+ d\mu - \int X^- d\mu \le \int Y^+ d\mu - \int Y^- d\mu = \int Y d\mu$$

und 14.4. ist bewiesen.

5. $|\int X d\mu| = |\int X^+ d\mu - \int X^- d\mu|$ nach 12.
$\le |\int X^+ d\mu| + |\int X^- d\mu|$
$= \int X^+ d\mu + \int X^- d\mu$ weil $X^+, X^- \in \mathfrak{E}^*(\mathfrak{A})$
$= \int (X^+ + X^-) d\mu$ nach 14.2.
$= \int |X| d\mu$ und damit ist 14.5. bewiesen. ┘

Für das Folgende benötigen wir die Begriffe "μ-Nullmenge" und "eine Eigenschaft besteht auf Ω μ-fast-überall".

15. Definition: P sei ein auf Ω definiertes Prädikat.
15.1. $A \subset \Omega$ heißt μ-Nullmenge $:\Leftrightarrow$ es gelten $A \in \mathfrak{A}$ und $\mu(A) = 0$.
15.2. Das Prädikat P ist μ-fast-überall auf Ω wahr $:\Leftrightarrow$ es gibt eine μ-Nullmenge $A \subset \Omega$ so daß P für alle $\omega \in \overline{A}$ wahr ist. ┘

Aus Definition 15.1. und Satz 1.15.6. folgt, daß die Vereinigung jeder Folge von μ-Nullmengen wieder eine μ-Nullmenge ist; außerdem folgt aus Satz 1.15.1., daß jede Teilmenge $B \subset A$ einer μ-Nullmenge A wieder μ-Nullmenge ist, wenn $B \in \mathfrak{A}$ gilt.
Bzgl. Definition 15.2. ist darauf hinzuweisen, daß nicht ver-

langt wird, daß die Menge F aller $\omega \in \Omega$, für die P falsch ist, eine μ-Nullmenge ist; 15.2. läßt zu, daß $F \notin \mathfrak{A}$ gilt.

Wir geben im folgenden einen Satz an, der es uns gestattet, Voraussetzungen für Aussagen über Integrale auf μ-fast-überall geltende abzuschwächen.

16. Satz: Sei $X \in \mathfrak{E}^*(\mathfrak{A})$. Dann gilt

$$\int X d\mu = 0 \iff X = 0 \quad \mu\text{-fast-überall.}$$

Beweis: Sei $A \triangleq \{X \neq 0\}$. Nach 1.39.4. ist $A \in \mathfrak{A}$. Wir haben zu zeigen: $\int X d\mu = 0 \iff \mu(A) = 0$.

Sei $\int X d\mu = 0$.

Für $n \in \mathbb{N}$ sei $A_n \triangleq \{X \geq \frac{1}{n}\}$. Nach 1.39.2. sind alle $A_n \in \mathfrak{A}$; zudem ist $A_n \uparrow A$.

Für $n \in \mathbb{N}$ ist $\frac{1}{n} 1_{A_n} \leq X$; $\frac{1}{n} 1_{A_n}$ ist aus $\mathfrak{E}^*(\mathfrak{A})$ und damit gilt nach 7.3.

$$\frac{1}{n} \mu(A_n) = \int \frac{1}{n} 1_{A_n} d\mu \leq \int X d\mu = 0 .$$

Damit ist $\frac{1}{n} \mu(A_n) \leq 0$ für alle $n \in \mathbb{N}$ und daraus folgt $\mu(A_n) = 0$ für alle $n \in \mathbb{N}$. Nach Satz 1.16.1. folgt aus $A_n \uparrow A$ $\mu(A) = \lim_{n\to\infty} \mu(A_n)$, also $\mu(A) = 0$.

Sei nun $\mu(A) = 0$.

Für $n \in \mathbb{N}$ sei $X_n \triangleq n\, 1_A$. Die X_n sind aus $\mathfrak{E}(\mathfrak{A})$ und (X_n) ist monoton wachsend, also $\sup_{n\in\mathbb{N}} X_n \in \mathfrak{E}^*(\mathfrak{A})$. Zudem ist $X \leq \sup_{n\in\mathbb{N}} X_n$.
Nun folgen

$$\int X d\mu \leq \int \sup_{n\in\mathbb{N}} X_n d\mu \quad \text{nach 7.3.}$$
$$= \sup_{n\in\mathbb{N}} \int X_n d\mu \quad \text{nach 9.}$$
$$= \sup_{n\in\mathbb{N}} n\mu(A) = 0 .$$

┘

Aus Satz 16. folgt, daß sich Aussagen über die μ-Integrierbarkeit einer Funktion X übertragen lassen auf solche Funktionen, die man durch Änderung von X auf μ-Nullmengen erhält. Entsprechend kann man Voraussetzungen auf μ-fast-überall geltende abschwächen. So erhält man z.B. aus 14.4. die Aussage: aus $X \leq Y$ μ-fast-überall, so gilt $\int X d\mu \leq \int Y d\mu$. Wir werden diese Verallgemeinerungen im folgenden ausnutzen.

Der nächste Satz gibt Auskunft darüber, welcher Werte μ-integrierbare Funktionen fähig sind.

17. Satz: $X : \Omega \to \bar{\mathbb{R}}$ sei μ-integrierbar. Dann ist X μ-fast-überall endlich.

Beweis: Sei $A \triangleq \{|X| = +\infty\}$. Nach 1.39.3. ist $A \in \mathfrak{A}$. Für alle $\alpha \in \mathbb{R}_+$ gilt $\alpha 1_A \leq |X|$. Daraus folgt mit 14.4. und 13.

$$\int \alpha 1_A d\mu = \alpha\mu(A) \leq \int |X| d\mu < +\infty \text{ für alle } \alpha \in \mathbb{R}_+$$

und daraus folgt $\mu(A) = 0$. ┘

In Satz 14.2. haben wir die Aussage $\int(X+Y)d\mu = \int Xd\mu + \int Yd\mu$ auf solche μ-integrierbaren Funktionen beschränkt, für die X + Y total definiert ist. Sind $A_1 \triangleq \{X=+\infty\}$, $A_2 = \{X=-\infty\}$, $A_3 \triangleq \{Y=+\infty\}$, $A_4 \triangleq \{Y=-\infty\}$ und $A \triangleq A_1 \cap A_4 \cup A_2 \cap A_3$, so sind die $A_1, \cdots, A_4$ und damit auch A Elemente von $\mathfrak{A}$. Nach 17. sind die $A_1, \cdots, A_4$ μ-Nullmengen; damit ist auch A μ-Nullmenge. Ändert man nun die Funktionen X bzw. Y auf A so zu X' bzw. Y' ab, daß X'+Y' auf Ω total definiert ist, so erhält man nach 16.

$$\int X d\mu = \int X' d\mu \text{ und } \int Y d\mu = \int Y' d\mu$$

und nach 14.2.

$$\int (X'+Y') d\mu = \int X' d\mu + \int Y' d\mu = \int X d\mu + \int Y d\mu$$

für μ-integrierbare X und Y.

Zum Abschluß dieses Kapitels besprechen wir noch den Lebesgueschen Satz von der majorisierten Konvergenz.

18. Satz: Y und die Elemente der Folge $(X_n : n \in \mathbb{N})$ seien $\mathfrak{A}$-meßbare numerische Funktionen; Y sei μ-integrierbar. Für alle $n \in \mathbb{N}$ sei $|X_n| \leq Y$ und (X_n) konvergiere μ-fast-überall. Dann gibt es eine reellwertige, μ-integrierbare Funktion X mit $\lim_{n\to\infty} X_n = X$ μ-fast-überall und es gilt

$$\lim_{n\to\infty} \int X_n d\mu = \int X d\mu \;.$$

Beweis: Nach Satz 13. ist X_n μ-integrierbar für alle $n \in \mathbb{N}$.
1. Wir konstruieren zunächst eine Funktion X mit den angegebenen Eigenschaften.

Nach Voraussetzung gibt es eine μ-Nullmenge A so daß (X_n) für alle $\omega \in \bar{A}$ konvergiert.
Weiter gibt es wegen der μ-Integrierbarkeit von Y nach Satz 17. eine μ-Nullmenge B mit $Y < +\infty$ für alle $\omega \in \bar{B}$. Sei nun

$$X(\omega) \triangleq \begin{cases} \lim_{n\to\infty} X_n(\omega) & \text{für alle } \omega \notin A \cup B \\ 0 & \text{für alle } \omega \in A \cup B \,. \end{cases}$$

Dann ist X reellwertig und $\mathfrak{A}$-meßbar; zudem gilt μ-fast-überall $\lim_{n\to\infty} X_n = X$. Wegen $|X_n| \leq Y$ für alle $n \in \mathbb{N}$ folgt $|X| \leq Y$ μ-fast-überall. Daraus folgt die μ-Integrierbarkeit von X mit Satz 13.

2. Nach Voraussetzung gilt $-Y \leq X_n \leq Y$ für alle $n \in \mathbb{N}$.
Die Elemente der Folge $(Y-X_n)$ sind aus $\mathfrak{E}^*(\mathfrak{A})$. Für sie gilt nach Satz 11.

$$\int \liminf_{n\to\infty} (Y-X_n)d\mu \leq \liminf_{n\to\infty} \int (Y-X_n)d\mu;$$

daraus folgt

$$\int \liminf_{n\to\infty} (-X_n)d\mu \leq \liminf_{n\to\infty} \int (-X_n)d\mu$$

und das ist äquivalent mit

$$\limsup_{n\to\infty} \int X_n d\mu \leq \int \limsup_{n\to\infty} X_n d\mu$$

Die Elemente der Folge (X_n+Y) sind aus $\mathfrak{E}^*(\mathfrak{A})$. Für sie gilt nach Satz 11.

$$\int \liminf_{n\to\infty} (X_n+Y)d\mu \leq \liminf_{n\to\infty} \int (X_n+Y)d\mu$$

und daraus folgt

$$\int \liminf_{n\to\infty} X_n d\mu \leq \liminf_{n\to\infty} \int X_n d\mu.$$

Aus beiden Zwischenergebnissen folgt

$$\int \liminf_{n\to\infty} X_n d\mu \leq \liminf_{n\to\infty} \int X_n d\mu \leq \limsup_{n\to\infty} \int X_n d\mu \leq \int \limsup_{n\to\infty} X_n d\mu \,.$$

Wegen $\liminf_{n\to\infty} X_n = \limsup_{n\to\infty} X_n = X$ μ-fast-überall folgt

$$\lim_{n\to\infty} \int X_n d\mu = \int X d\mu$$

und damit ist der Satz bewiesen. ┘

2.2 Durch Integrale definierte Maße

In diesem Kapitel sei wieder ein Maßraum $(\Omega, \mathfrak{A}, \mu)$ vorgegeben.

Bisher haben wir Integrale stets über der Grundmenge Ω betrachtet. Integrale über $A \in \mathfrak{A}$ erhält man wie folgt:
Sei X μ-integrierbar; dann ist $\int_A X d\mu$ definiert durch

$$\int_A X d\mu \triangleq \int_\Omega X 1_A d\mu \qquad \text{für } A \in \mathfrak{A}\,.$$

In Satz 14.4. haben wir gezeigt, daß für μ-integrierbare X und Y aus $X \leq Y$ $\int X d\mu \leq \int Y d\mu$ folgt. Daraus ergibt sich, daß mit $X \leq Y$ für alle $A \in \mathfrak{A}$ $\int_A X d\mu \leq \int_A Y d\mu$ gilt. Hierfür gilt gemäß der Aussage des folgenden Satzes die Umkehrung.

19. Satz: X und Y seien aus $\mathfrak{E}^*(\mathfrak{A})$ oder μ-integrierbar. Gilt dann für alle $A \in \mathfrak{A}$ $\int_A X d\mu \leq \int_A Y d\mu$, so ist $X \leq Y$ μ-fast-überall.

Beweis:

1. Seien zunächst $X, Y \in \mathfrak{E}^*(\mathfrak{A})$.
   Für $n \in \mathbb{N}$ sei
   $A_n \triangleq \{X \geq Y + \frac{1}{n}\} \cap \{Y \leq n\}$
   Die Elemente der Folge (A_n) sind nach 1.39.2. aus $\mathfrak{A}$.
   Nach Voraussetzung gilt für alle $n \in \mathbb{N}$

   $$\int_{A_n} Y d\mu \geq \int_{A_n} X d\mu;$$

   nach Definition von A_n und nach 7.3. gilt
   $\int_{A_n} X d\mu \geq \int_{A_n} Y d\mu + \frac{1}{n}\,\mu(A_n)$.
   Damit ergibt sich $0 \geq \frac{1}{n}\,\mu(A_n)$ für alle n und daraus folgt $\mu(A_n) = 0$ für alle $n \in \mathbb{N}$.
   Nun folgt $\mu(\bigcup_{n \in \mathbb{N}} A_n) = 0$ und damit haben wir

   (*) $\qquad \mu(\{X>Y\} \cap \{Y<+\infty\}) = 0$

   Für $\omega \in \Omega$ mit $Y(\omega) = +\infty$ gilt aber $X(\omega) \leq Y(\omega)$. Damit und mit (*) erhalten wir

   $$X \leq Y \qquad \mu\text{-fast-überall.}$$

2. Seien nun X und Y Funktionen mit der Bildmenge $\bar{\mathbb{R}}$ und μ-integrierbar.
   Sei $A \triangleq \{X>Y\}$.
   Dann gilt nach Voraussetzung $\int_A X d\mu \leq \int_A Y d\mu$ und nach Definition von A und nach 14.4. gilt $\int_A Y d\mu \leq \int_A X d\mu$. Folglich ist $\int_A X d\mu = \int_A Y d\mu$.

Mit 14.2. folgt nun $\int_A (X-Y)d\mu = \int (X-Y)1_A d\mu = 0$.
Nach Definition von A ist $(X-Y)1_A \in \mathfrak{E}^*(\mathfrak{A})$ und somit ist $(X-Y)1_A = 0$ μ-fast-überall, also $X = Y$ μ-fast-überall auf A.
Für $\omega \in \bar{A}$ ist aber $X(\omega) \leq Y(\omega)$ nach Definition von A und damit haben wir $X \leq Y$ μ-fast-überall. ┘

Wir betrachten jetzt Maße, die durch ein Integral definiert sind.

2o. <u>Satz:</u> Sei $X \in \mathfrak{E}^*(\mathfrak{A})$. Die Abbildung $\nu : \mathfrak{A} \to \tilde{\mathbb{R}}_+$ sei definiert durch $\nu(A) \triangleq \int_A X d\mu$ für $A \in \mathfrak{A}$. Dann ist ν ein Maß.

<u>Beweis:</u> ν ist offenbar positiv. Wir haben zu zeigen, daß ν σ-additiv ist.
Sei $(A_n : n \in \mathbb{N})$ eine p.d. Folge mit Elementen aus $\mathfrak{A}$. Sei $A \triangleq \bigcup_{n \in \mathbb{N}} A_n$. Dann gilt

$$\nu(A) = \int_A X d\mu = \int X 1_A d\mu = \int \sum_{n \in \mathbb{N}} X 1_{A_n} d\mu .$$

Nach Satz 1o. ist aber $\int \sum_{n \in \mathbb{N}} X 1_{A_n} d\mu = \sum_{n \in \mathbb{N}} \int X 1_{A_n} d\mu$. Damit ergibt sich

$$\nu(A) = \sum_{n \in \mathbb{N}} \int X 1_{A_n} d\mu = \sum_{n \in \mathbb{N}} \int_{A_n} X d\mu = \sum_{n \in \mathbb{N}} \nu(A_n) .$$ ┘

Satz 2o. ist die Grundlage für

21. <u>Definition:</u> Sei $X \in \mathfrak{E}^*(\mathfrak{A})$. Das Maß ν sei durch $\nu(A) \triangleq \int_A X d\mu$ für $A \in \mathfrak{A}$ definiert. Dann heißt ν das <u>Maß mit der Dichte X bzgl. μ.</u> ┘

Ist ν das Maß mit der Dichte X bzgl. μ, so schreiben wir auch $\nu = X\mu$.
Ist $X \in \mathfrak{E}^*(\mathfrak{A})$ μ-integrierbar und Dichte von ν bzgl. μ, so ist ν nach Definition 12. endlich.

Mit Definition 21. können wir jetzt die Vorgehensweise, die wir in den Definitionen 1.5o. und 1.51. für die Normal- bzw. Gammaverteilung benutzt haben, klären. Wir gehen aus von einem Maßraum $(\mathbb{R}, \mathfrak{B}, \mu)$. X sei aus $\mathfrak{E}^*(\mathfrak{B})$ und es gelte $\int X d\mu = 1$. Sei $P : \mathfrak{B} \to \mathbb{R}_+$

definiert durch $P(B) \triangleq \int_B X d\mu$. Dann ist $(\mathbb{R},\mathfrak{B},P)$ W-Raum und P ist das W-Maß mit der Dichte X bzgl. μ. In diesem Fall nennen wir X <u>Wahrscheinlichkeitsdichte</u> von P bzgl. μ. Das in diesem Zusammenhang häufig benutzte Maß auf $(\mathbb{R},\mathfrak{B})$ ist das Lebesgue-Borelsche Maß λ gemäß Definition 1.43. Das Integral bzgl. dieses Maßes heißt Lebesgue-Integral und dieses wurde letztlich in den Definitionen 1.5o. und 1.51. benutzt. Auf den Zusammenhang zwischen dem Lebesgue-Integral und dem Riemann-Integral werden wir im nächsten Kapitel eingehen.

Nach diesen Klärungen fahren wir nun fort mit der Besprechung von Maßen mit Dichten. Der folgende Satz klärt den Zusammenhang zwischen μ- und ν-Integralen für $\nu = X\mu$.

22. <u>Satz:</u> ν und μ seien Maße und $X \in \mathfrak{E}^*(\mathfrak{A})$ sei Dichte von ν bzgl. μ.

22.1. Für $Y \in \mathfrak{E}^*(\mathfrak{A})$ gilt $\int Y d(X\mu) = \int YX d\mu$.

22.2. Y sei $\mathfrak{A}$-meßbare numerische Funktion. Y ist genau dann ν-integrierbar, wenn YX μ-integrierbar ist. Ist dies der Fall, so ist

$$\int Y d\nu = \int YX d\mu.$$

<u>Beweis:</u>

1. Zum Beweis von 22.1. sei zunächst $Y = 1_A$ mit $A \in \mathfrak{A}$.
   Dann gilt $\int Y d\nu = \nu(A) = \int_A X d\mu = \int X 1_A d\mu = \int YX d\mu$.

   Sei nun $Y \in \mathfrak{E}(\mathfrak{A})$, also $Y = \sum_{m=1}^{n} \alpha_i 1_{A_i}$.

   Dann gilt

   $\int Y d\nu = \sum_{m=1}^{n} \alpha_i \nu(A_i) = \sum_{m=1}^{n} \alpha_i \int_{A_i} X d\mu = \sum_{m=1}^{n} \alpha_i \int X 1_{A_i} d\mu =$
   $\int (\sum_{m=1}^{n} \alpha_i 1_{A_i}) X d\mu = \int YX d\mu$.

   Seien $Y \in \mathfrak{E}^*(\mathfrak{A})$ und $(Y_n : n \in \mathbb{N})$ eine monoton wachsende Folge von Funktionen aus $\mathfrak{E}(\mathfrak{A})$ mit $\sup_{n\in\mathbb{N}} Y_n = Y$.

   Mit (Y_n) ist $(Y_n X)$ eine monoton wachsende Folge und es gilt $\sup_{n\in\mathbb{N}} Y_n X = YX$. Daraus folgt mit Satz 9. und Definition 6.:

   $\int YX d\mu = \int \sup_{n\in\mathbb{N}} Y_n X d\mu = \sup_{n\in\mathbb{N}} \int Y_n X d\mu = \sup_{n\in\mathbb{N}} \int Y_n d\nu = \int Y d\nu$.

   Damit ist 22.1. bewiesen.

2. Sei nun Y $\mathfrak{A}$-meßbar mit $Y = Y^+ - Y^-$.
   Für Y^+ und Y^- gelten nach 22.1.

$$\int Y^+ d\nu = \int Y^+ X d\mu \text{ und } \int Y^- d\nu = \int Y^- X d\mu .$$

   Daraus und aus Definition 12. folgt 22.2. ┘

Im folgenden interessiert uns die Frage, unter welchen Voraussetzungen ein Maß ν eine Dichte bzgl. eines Maßes μ besitzt. Dazu definieren wir zunächst zwei Klassen von Maßen.

23. <u>Definition:</u> ν und μ seien Maße auf dem Meßraum $(\Omega, \mathfrak{A})$.

23.1. ν heißt <u>absolutstetig bzgl. μ</u> $\overset{\Delta}{\Longleftrightarrow}$ jede μ-Nullmenge von $\mathfrak{A}$ ist auch ν-Nullmenge.

23.2. ν heißt <u>singulär bzgl. μ</u> $\overset{\Delta}{\Longleftrightarrow}$ es gibt ein $A \in \mathfrak{A}$ mit $\mu(A) = 0$ und $\nu(\bar{A}) = 0$. ┘

Ist das Maß ν singulär bzgl. des Maßes μ und ist A die in 23.2. geforderte μ-Nullmenge, so gilt für alle $B \in \mathfrak{A}$ $\nu(B \cap \bar{A}) = 0$

Der nächste Satz gibt ein Kriterium für die Absolutstetigkeit eines endlichen Maßes.

24. <u>Satz:</u> μ und ν seien Maße auf dem Meßraum $(\Omega, \mathfrak{A})$ und ν sei endlich. ν ist absolutstetig bzgl. μ genau dann, wenn für alle $A \in \mathfrak{A}$, $\varepsilon, \delta \in \mathbb{R}^+$ mit $\varepsilon, \delta > 0$ $\nu(A) < \varepsilon$ aus $\mu(A) < \delta$ folgt.

<u>Beweis:</u>

1. Für alle $A \in \mathfrak{A}$ und $\varepsilon, \delta > 0$ folge $\nu(A) < \varepsilon$ aus $\mu(A) < \delta$. Sei nun A eine μ-Nullmenge. Dann gilt für alle $\delta > 0$ $\mu(A) < \delta$ und daraus folgt nach Voraussetzung $\nu(A) < \varepsilon$ für alle $\varepsilon > 0$. Das heißt aber, daß A ν-Nullmenge ist. Damit ist ν absolutstetig bzgl. μ nach Definition 23.1.
2. Daß aus der Absolutstetigkeit von ν bzgl. μ folgt, daß für alle $A \in \mathfrak{A}, \varepsilon, \delta > 0$ $\nu(A) < \varepsilon$ gilt, wenn $\mu(A) < \delta$ gilt, zeigen wir durch Konstruktion eines Widerspruchs.
   Sei $\varepsilon > 0$. $(A_n : n \in \mathbb{N})$ sei eine Folge von Elementen aus $\mathfrak{A}$ mit

$$\mu(A_n) \leq \frac{1}{2^n} \text{ und } \nu(A_n) > \varepsilon .$$

   Sei $A \overset{\Delta}{=} \limsup_{n \to \infty} A_n$.

Nun gilt

$$\mu(A) = \mu(\bigcap_{n\in\mathbb{N}} \bigcup_{m\geq n} A_m) \leq \mu(\bigcup_{m\geq n} A_m) \text{ für alle } n \in \mathbb{N}$$

$$\leq \sum_{m=n}^{\infty} \mu(A_m) \leq \sum_{m=n}^{\infty} \frac{1}{2^m} = \frac{1}{2^{n-1}} .$$

$\mu(A) \leq \frac{1}{2^{n-1}}$ für alle $n \in \mathbb{N}$ ist aber gleichbedeutend mit $\mu(A) = 0$.

Für $\nu(A)$ ergibt sich aus $\nu(A) = \nu(\bigcap_{n\in\mathbb{N}} \bigcup_{m\geq n} A_m)$, da $(\bigcup_{m\geq n} A_m)$ monoton fallend ist,

$$\nu(A) = \nu(\lim_{n\to\infty} \bigcup_{m\geq n} A_m);$$

daraus folgt, da ν nach Voraussetzung endlich ist, nach Satz 1.16.2.

$$\nu(A) = \lim_{n\to\infty} \nu(\bigcup_{m\geq n} A_m).$$

Nun gilt $\nu(\bigcup_{m\geq n} A_m) \geq \nu(A_n) > \varepsilon$ nach Voraussetzung und damit erhalten wir $\nu(A) \geq \varepsilon$ im Widerspruch zu $\nu(A) = 0$ gemäß der Absolutstetigkeit von ν. ⌟

Wenn das Maß ν eine Dichte bzgl. des Maßes μ besitzt, so folgt aus den Definitionen 21. und 23.1. unmittelbar, daß ν absolutstetig ist bzgl. μ. Daß hierfür auch die Umkehrung unter der Voraussetzung, daß μ σ-endlich ist, gilt, besagt der Satz von Radon-Nikodym, den wir zum Abschluß dieses Kapitels zitieren.

25. Satz: μ und ν seien Maße auf dem Meßraum $(\Omega, \mathfrak{A})$ und μ sei σ-endlich. Dann sind die beiden folgenden Aussagen äquivalent:
   1. ν besitzt eine Dichte bzgl. μ.
   2. ν ist absolutstetig bzgl. μ. ⌟

2.3 Integralrechnung

In diesem Kapitel besprechen wir einige Ergänzungen zu der bisher behandelten Integrationstheorie, welche für die in den Anwendungen durchzuführenden Integralberechnungen von Nutzen sind.

1. Integration nach einem Bildmaß

Seien $(\Omega, \mathfrak{A}, \mu)$ ein Maßraum und $(\Omega', \mathfrak{A}')$ ein Meßraum. $X : \Omega \to \Omega'$ sei $(\mathfrak{A}, \mathfrak{A}')$-meßbar und $X': \Omega' \to \bar{\mathbb{R}}$ sei eine $\mathfrak{A}'$-meßbare numerische Funktion. Nach Satz 1.18. ist durch X das Bildmaß $X(\mu)$ auf $(\Omega', \mathfrak{A}')$ definiert, so daß für den Maßraum $(\Omega', \mathfrak{A}', X(\mu))$ für X' das $X(\mu)$-Integral erklärt ist. Andererseits ist mit der Meßbarkeit von X und X' die Abbildung $X' \circ X$ eine $\mathfrak{A}$-meßbare numerische Funktion, für die das μ-Integral erklärt ist. Wir wollen klären, in welcher Beziehung die Integrale

$$\int_{\Omega} (X' \circ X) d\mu \quad \text{und} \quad \int_{\Omega'} X' dX(\mu)$$

zueinander stehen. Der folgende Satz gibt hierüber Auskunft.

26. Satz: Seien $(\Omega, \mathfrak{A}, \mu)$ ein Maßraum, $(\Omega', \mathfrak{A}')$ ein Meßraum, $X: \Omega \to \Omega'$ $(\mathfrak{A}, \mathfrak{A}')$-meßbar und $X': \Omega' \to \bar{\mathbb{R}}$ $(\mathfrak{A}', \bar{\mathfrak{B}})$-meßbar. Dann gilt: Aus der μ-Integrierbarkeit von $X' \circ X$ folgt die $X(\mu)$-Integrierbarkeit von X' und umgekehrt. Sind $X' \circ X$ und X' integrierbar, so ist

$$\int_{\Omega} X' dX(\mu) = \int_{\Omega} X' \circ X d\mu .$$

Beweis: Sei $\mu' \triangleq X(\mu)$. Wir beweisen den Satz in den Schritten, in denen die Integrale eingeführt wurden.

1. Für $A' \in \mathfrak{A}'$ sei $X' = 1_{A'}$.
   Dann ist $\int_{\Omega'} X' d\mu' = \mu'(A') = \mu(X^{-1}(A'))$ nach Definition 3.
   und nach Definition 1.19.2. des Bildmaßes μ'.
   Andererseits ist $X' \circ X = 1_A$ mit $A \triangleq X^{-1}(A')$ und damit
   $\int_{\Omega} X' \circ X d\mu = \mu(A)$.
   Die Aussage des Satzes gilt also für Indikatorfunktionen.
2. Sei nun $X' \in \mathfrak{E}(\mathfrak{A}')$.
   Für $X' = \sum_{m=1}^{n} \alpha_m 1_{A'_m}$ folgt
   $\int_{\Omega'} X' d\mu' = \sum_{m=1}^{n} \alpha_m \mu'(A'_m) = \sum_{m=1}^{n} \alpha_m \mu(X^{-1}(A'_m)) .$

Andererseits ist $X' \circ X = \sum_{m=1}^{n} \alpha_m 1_{A_m}$ mit $A_m = X^{-1}(A'_m)$ für $m \in \{1,\dots,n\}$ und daraus folgt $\int_\Omega X' \circ X d\mu = \sum_{m=1}^{n} \alpha_i \mu(A_m)$.

Die Aussage des Satzes gilt also für $X' \in \mathfrak{E}(\mathfrak{A}')$.

3. Sei $X' \in \mathfrak{E}^*(\mathfrak{A}')$.

   $(X'_n : n \in \mathbb{N})$ sei eine monoton wachsende Folge von Funktionen aus $\mathfrak{E}(\mathfrak{A}')$ mit $X' = \sup_{n \in \mathbb{N}} X'_n$.

   Dann ist $(X'_n \circ X)$ eine monoton wachsende Folge von Funktionen aus $\mathfrak{E}(\mathfrak{A})$; für alle $n \in \mathbb{N}$ ist $\int_{\Omega'} X'_n d\mu' = \int_\Omega X'_n \circ X d\mu$ und es gilt $\sup_{n \in \mathbb{N}} X'_n \circ X = X' \circ X$. Nun folgt $\int_{\Omega'} X' d\mu' = \sup_{n \in \mathbb{N}} \int_{\Omega'} X'_n d\mu' =$ $\sup_{n \in \mathbb{N}} \int_\Omega X'_n \circ X d\mu = \int_\Omega \sup_{n \in \mathbb{N}} X'_n \circ X d\mu = \int_\Omega X' \circ X d\mu$ nach Definition 6.

   Damit gilt die Aussage des Satzes für $X' \in \mathfrak{E}^*(\mathfrak{A}')$.

4. Sei X' $\mathfrak{A}'$-meßbar mit dem Positivteil X'^+ und dem Negativteil X'^-.

   Nach 3. gelten

   $$\int_{\Omega'} X'^+ d\mu' = \int_\Omega X'^+ \circ X d\mu \text{ und } \int_{\Omega'} X'^- d\mu' = \int_\Omega X'^- \circ X d\mu.$$

   Wegen $X'^+ \circ X = (X' \circ X)^+$ und $X'^- \circ X = (X' \circ X)^-$ folgt daraus die Aussage des Satzes nach Definition 12. ┘

In der Situation, die in Satz 26. vorliegt, ist es häufig zweckmäßig, Variablen für die Elemente der Grundmengen, über die integriert wird, bei den Funktionen und bei den Maßen zu notieren. Mit dieser Schreibweise haben dann die Integrale in Satz 26. die Form

$$\int_{\Omega'} X'(\omega') d\mu'(\omega') = \int_\Omega X' \circ X(\omega) d\mu(\omega);$$

dabei ist wieder $\mu' = X(\mu)$.

Ist $A' \in \mathfrak{A}'$, so erhält man aus Satz 26. die Aussage

$$\int_{A'} X'(\omega') d\mu'(\omega') = \int_{X^{-1}(A')} X' \circ X(\omega) d\mu(\omega).$$

Schließlich sei noch bemerkt, daß Satz 26. als Transformationssatz für Integrale bezeichnet wird. Im 4. Abschnitt dieses Kapitels werden wir einen Transformationssatz für Integrale bzgl. des Lebesgue-Borelschen Maßes angeben.

2. Integralbegriffe

Für die bisherige Besprechung von Integralen sind wir stets von einem beliebigen Maßraum $(\Omega, \mathfrak{A}, \mu)$ ausgegangen. Durch die Wahl spezieller Maßräume ergeben sich aus der bisher behandelten Theorie Integralbegriffe, für welche die Sätze, die wir bis jetzt kennengelernt haben, Gültigkeit haben. Wählt man als Maßraum $(\mathbb{R}, \mathfrak{B}, \lambda)$ bzw. $(\mathbb{R}^r, \mathfrak{B}^r, \lambda^r)$ mit den Lebesgue-Borelschen Maßen λ bzw. λ^r, so ist durch Definition 12. das Lebesgue-Integral für $\mathfrak{B}$- bzw. $\mathfrak{B}^r$-meßbare numerische Funktionen erklärt.

Wählt man als Maßraum $(\mathbb{R}, \mathfrak{B}, \mu)$ bzw. $(\mathbb{R}^r, \mathfrak{B}^r, \mu)$ mit einem Lebesgue-Stieltjes-Maß μ, gemäß Definition 1.53., so ist durch Definition 12. das μ-Integral als Lebesgue-Stieltjes-Integral erklärt.

Sei nun F eine maßdefinierende Funktion gemäß Definition 1.53.2. Dann gibt es nach Satz 1.54. ein durch F eindeutig bestimmtes Lebesgue-Stieltjes-Maß μ_F. Unter Ausnutzung dieses Zusammenhangs treffen wir folgende Festlegung: Ist $F : \mathbb{R}^r \to \mathbb{R}$ eine maßdefinierende Funktion (oder speziell eine Verteilungsfunktion) und ist $X : \mathbb{R}^r \to \mathbb{R}$ $\mathfrak{B}^r$-meßbar, dann bedeutet

(27.) $\int_{\mathbb{R}^r} X \, dF$

stets das μ_F-Integral von X mit dem Lebesgue-Stieltjes-Maß (oder dem W-Maß) μ_F, das durch F definiert ist.

Bekanntlich wird für die Erklärung des Riemann-Integrals ein von den bisherigen Überlegungen zum Integral-Begriff unabhängiger Weg gegangen. Wir gehen im folgenden kurz auf den Zusammenhang zwischen dem Lebesgue-Integral und dem Riemann-Integral ein.

Seien $\alpha, \beta \in \mathbb{R}$ mit $\alpha < \beta$ und X eine auf $[\alpha, \beta]$ definierte Abbildung $X : [\alpha, \beta] \to \mathbb{R}$. Sei $\mathfrak{B}_{[\alpha,\beta]}$ die Spur von $\mathfrak{B}$ in $[\alpha, \beta]$. Nach Satz 1.4. ist $\mathfrak{B}_{[\alpha,\beta]}$ σ-Algebra über $[\alpha, \beta]$. X sei $(\mathfrak{B}_{[\alpha,\beta]}, \mathfrak{B})$-meßbar. Mit der Definition des Riemann-Integrals erhält man dann folgende Aussagen:

(28.1.) X ist Riemann-integrierbar genau dann, wenn X λ-fast-überall auf $[\alpha, \beta]$ stetig ist.

(28.2.) Ist X Riemann-integrierbar auf $[\alpha, \beta]$, so ist X auch Lebesgue-integrierbar und die beiden Integrale sind gleich.

Mit Aussage 28.2. können also für kompakte Intervalle aus $\mathbb{R}$ für Riemann-Integrale bekannte und insbesondere die auf Stammfunktionen basierenden Aussagen für Lebesgue-Integrale übernommen werden.

Daß 28.2. nicht umkehrbar ist, lehrt das Beispiel der Dirichletschen Sprungfunktion $\delta : [0,1] \to \{0,1\}$ mit

$$\delta(x) \triangleq \begin{cases} 1 & \text{für } x \in \mathbb{Q} \\ 0 & \text{sonst} . \end{cases}$$

δ ist λ-fast-überall auf $[0,1]$ 0 und damit ist $\int_0^1 \delta d\lambda = 0$. δ ist aber bekanntlich nicht Riemann-integrierbar.

Für Integrale über $\mathbb{R}$ gilt der folgende

29. <u>Satz:</u> $X : \mathbb{R} \to \mathbb{R}_+$ sei $\mathfrak{B}$-meßbar und über jedem kompakten Intervall von $\mathbb{R}$ Riemann-integrierbar. X ist genau dann Lebesgue-integrierbar, wenn das uneigentliche Riemann-Integral über $\mathbb{R}$ existiert. In diesem Fall sind beide Integrale gleich.

<u>Beweis:</u> Für $n \in \mathbb{N}$ sei $A_n \triangleq [-n,n]$.
Nach Voraussetzung existiert das Riemann-Integral auf A_n für alle $n \in \mathbb{N}$; wir bezeichnen es mit $R_n(X)$.
Nach 28.2. gilt $R_n(X) = \int X1_{A_n} d\lambda$ für alle n. Die Folge $(X1_{A_n})$ ist monoton wachsend mit $X1_{A_n} \uparrow X$.
Nach Satz 9. und Definition 6. gilt

$$\int \sup_{n \in \mathbb{N}} X1_{A_n} d\lambda = \sup_{n \in \mathbb{N}} \int X1_{A_n} d\lambda = \int X d\lambda .$$

Das uneigentliche Riemann-Integral existiert genau dann, wenn $R(X) \triangleq \sup_{n \in \mathbb{N}} R_n(X) < \infty$; dann ist $R(X)$ das Riemann-Integral von X über $\mathbb{R}$. Damit sind die Existenzaussage und die Gleichheit der beiden Integrale, falls sie existieren, gezeigt. ┘

Ein Kriterium für die Lebesgue-Integrierbarkeit einer $\mathfrak{B}$-meßbaren Abbildung $X : \mathbb{R} \to \mathbb{R}$ mit positiven und negativen Werten ergibt sich aus Satz 29. durch Zerlegung von X in Positiv- und Negativteil. Insbesondere folgt aus der Existenz des uneigentlichen Riemann-Integrals von X noch nicht die Lebesgue-Integrierbarkeit.

3. Vertauschbarkeit von Grenzübergängen

In diesem Abschnitt betrachten wir Funktionen, die von einem Parameter abhängig sind, und ihre Integrale. Wir geben hinreichende Bedingungen dafür an, daß die Integrale stetig bzw. differenzierbar sind, wenn die Integranden entsprechende Eigenschaften haben.

3o. Satz: $(\Omega, \mathfrak{A}, \mu)$ sei ein Maßraum und $T \subset \mathbb{R}$. Die Abbildung $X : T\times\Omega \to \mathbb{R}$ soll folgende Eigenschaften haben:

1. für alle $t \in T$ sei $X(t,\cdot): \Omega \to \mathbb{R}$ μ-integrierbar;
2. für alle $\omega \in \Omega$ sei $X(\cdot,\omega): T \to \mathbb{R}$ stetig in $t' \in T$;
3. es existiere eine μ-integrierbare Funktion $Y : \Omega \to \mathbb{R}_+$ mit $|X(t,\cdot)| \leq Y$ für alle $t \in T$.

Dann ist die Abbildung $Z : T \to \mathbb{R}$ mit

$$Z(t) \triangleq \int X(t,\omega)\,d\mu(\omega) \qquad \text{für } t \in T$$

stetig in t'.

Beweis: Sei $(t_n : n\in\mathbb{N})$ eine Folge mit Elementen aus T; für (t_n) gelte $\lim\limits_{n\to\infty} t_n = t'$. Wir haben zu zeigen, daß

$\lim\limits_{n\to\infty} Z(t_n) = Z(t')$ gilt.

Für alle $n \in \mathbb{N}$ gelten:

$X(t_n,\cdot)$ ist μ-integrierbar nach Voraussetzung 1. und

$|X(t_n,\cdot)| \leq Y$ nach Voraussetzung 3.

Nach Voraussetzung 2. gilt zudem $\lim\limits_{n\to\infty} X(t_n,\omega) = X(t',\omega)$ für alle $\omega \in \Omega$.

Dann folgt aus Satz 18. angewandt auf die Funktionenfolge $(X(t_n,\cdot))$:

$\lim\limits_{n\to\infty} Z(t_n) = \lim\limits_{n\to\infty} \int X(t_n,\omega)\,d\mu(\omega) = \int \lim\limits_{n\to\infty} X(t_n,\omega)\,d\mu(\omega) =$

$\int X(t',\omega)\,d\mu(\omega) = Z(t')$. ⌟

Für die Vertauschbarkeit von Integration und Differentiation gilt

31. Satz: $(\Omega, \mathfrak{A}, \mu)$ sei ein Maßraum und $T \subset \mathbb{R}$. Für die Abbildung $X : T\times\Omega \to \mathbb{R}$ sollen gelten:

1. für alle $t \in T$ sei $X(t,\cdot): \Omega \to \mathbb{R}$ μ-integrierbar;
2. für alle $\omega \in \Omega$ sei $X(\cdot,\omega): T \to \mathbb{R}$ differenzierbar;

3. es existiere eine μ-integrierbare Funktion $Y : \Omega \to \mathbb{R}_+$ mit $|\frac{\partial}{\partial t} X(t,\cdot)| \leq Y$ für alle $t \in T$.

Dann ist die Abbildung $Z : T \to \mathbb{R}$ mit

$$Z(t) \triangleq \int X(t,\omega)d\mu(\omega) \quad \text{für } t \in T$$

differenzierbar und es gilt

$$\frac{d}{dt} Z(t) = \int \frac{\partial}{\partial t} X(t,\omega)d\mu(\omega).$$

<u>Beweis:</u> Sei $t' \in T$. Für die Folge $(t_n : n \in \mathbb{N})$ mit Elementen aus T sei $\lim_{n\to\infty} t_n = t'$ und für alle $n \in \mathbb{N}$ sei $t_n \neq t'$. Wir haben zu zeigen, daß $\lim_{n\to\infty} \frac{Z(t_n)-Z(t')}{t_n-t'}$ existiert, und daß

$\lim_{n\to\infty} \frac{Z(t_n)-Z(t')}{t_n-t'} = \int \lim_{n\to\infty} \frac{X(t_n,\omega)-X(t',\omega)}{t_n-t'} d\mu(\omega)$

gilt.

Für $n \in \mathbb{N}$ sei $X_n : \Omega \to \mathbb{R}$ definiert durch

$$X_n(\omega) \triangleq \frac{X(t_n,\omega)-X(t',\omega)}{t_n-t'} \quad \text{für } \omega \in \Omega.$$

Nach Voraussetzung 2. konvergiert (X_n) gegen

$X'(t',\cdot) \triangleq \frac{\partial}{\partial t} X(t',\cdot)$.

Nach dem Mittelwertsatz der Differentialrechnung existiert für jedes $\omega \in \Omega$ ein $t_n' \in T$ mit $X_n(\omega) = X'(t_n',\omega)$; dabei liegt t_n' zwischen t_n und t'. Daraus folgt aber zusammen mit Voraussetzung 3., daß $|X_n| \leq Y$ gilt für alle $n \in \mathbb{N}$.

Nun folgt aus Satz 18. angewandt auf die Funktionenfolge (X_n), daß $X'(t',\cdot)$ μ-integrierbar ist, und $\lim_{n\to\infty} \int X_n(\omega)d\mu(\omega) = \int X'(t',\omega)d\mu(\omega)$ gilt.

Aus Satz 14.1. und 14.2. folgt nun noch

$\int X_n(\omega)d\mu(\omega) = \int \frac{X(t_n,\omega)-X(t',\omega)}{t_n-t'} d\mu(\omega) = \frac{Z(t_n)-Z(t')}{t_n-t'}$ und damit

haben wir

$$\lim_{n\to\infty} \frac{Z(t_n)-Z(t')}{t_n-t'} = \int X'(t',\omega)d\mu(\omega).$$

┘

4. Vertauschbarkeit der Integrationsreihenfolge und ein Transformationssatz für Lebesgue-Integrale.

In diesem Abschnitt beschäftigen wir uns mit Integralen bzgl. eines Produktmaßes. Integrale von Funktionen, die auf $\mathbb{R}^n$ definiert sind, berechnet man als iterierte Integrale. Wir wollen zeigen, daß dies auch für die in Kapitel 2.1. eingeführten Integrale möglich ist, und daß es bei der Berechnung der iterierten Integrale nicht auf die Reihenfolge ankommt. Für die entsprechenden Sätze benötigen wir einige Vorbereitungen, die zugleich unser Verständnis von Produktmaßen vertiefen.

32. Definition: Ω_1, Ω_2 und Ω' seien nichtleere Mengen. Mit $\Omega \triangleq \Omega_1 \times \Omega_2$ sei $X : \Omega \to \Omega'$.

32.1. Für $A \subset \Omega$ und $\omega_1 \in \Omega_1$ heißt

$$A_{\omega_1} \triangleq \{\omega_2 \in \Omega_2 : (\omega_1, \omega_2) \in A\}$$

ω_1-Schnitt von A.

32.2. Für $\omega_1 \in \Omega_1$ heißt $X_{\omega_1} : \Omega_2 \to \Omega'$ mit

$$X_{\omega_1}(\omega_2) \triangleq X(\omega_1, \omega_2) \quad \text{für } \omega_2 \in \Omega_2$$

ω_1-Schnitt von X. ┘

Mit den Bezeichnungen von Definition 32. ergeben sich unmittelbar:

(32.3.) $(\bigcup_{n\in\mathbb{N}} A_n)_{\omega_1} = \bigcup_{n\in\mathbb{N}} (A_n)_{\omega_1}$ für $\omega_1 \in \Omega_1$ und eine Folge $(A_n : n\in\mathbb{N})$ mit $A_n \subset \Omega$;

(32.4.) $(A-B)_{\omega_1} = A_{\omega_1} - B_{\omega_1}$ für $\omega_1 \in \Omega_1$ und $A,B \subset \Omega$;

(32.5.) $(A_1 \times A_2)_{\omega_1} = \begin{cases} \emptyset, & \text{falls } \omega_1 \notin A_1 \\ A_2, & \text{falls } \omega_1 \in A_1 \end{cases}$

für $\omega_1 \in \Omega_1$, $A_1 \subset \Omega_1$ und $A_2 \subset \Omega_2$.

Die Analogie zwischen dem ω_1-Schnitt einer Menge $A \subset \Omega$ und dem ω_1-Schnitt einer Abbildung $X : \Omega \to \Omega'$ wird deutlich, wenn X eine Indikatorfunktion ist; es gilt nämlich

(32.6.) $(1_A)_{\omega_1} = 1_{A_{\omega_1}}$ für $\omega_1 \in \Omega_1$ und $A \subset \Omega$.

Schließlich folgt aus den Definitionen 32.1. und 32.2.

(32.7.) $(X^{-1}(A'))_{\omega_1} = X_{\omega_1}^{-1}(A')$ für $\omega_1 \in \Omega_1$ und $A' \subset \Omega'$.

Analog zu ω_1-Schnitten definiert man ω_2-Schnitte für $\omega_2 \in \Omega_2$. Ist $\omega_2 \in \Omega_2$ und $A \subset \Omega$, so sind

(32.8.) $A_{\omega_2} \triangleq \{\omega_1 \in \Omega_1 : (\omega_1, \omega_2) \in A\}$ der ω_2-Schnitt von A

und $X_{\omega_2} : \Omega_1 \to \Omega'$ mit

(32.9.) $X_{\omega_2}(\omega_1) \triangleq X(\omega_1, \omega_2)$ für $\omega_1 \in \Omega_1$ der ω_2-Schnitt von X.

33. Satz: $(\Omega_i, \mathfrak{A}_i)$ für $i \in \{1,2\}$ und $(\Omega', \mathfrak{A}')$ seien Meßräume. Seien $\Omega \triangleq \Omega_1 \times \Omega_2$ und $\mathfrak{A} \triangleq \mathfrak{A}_1 \otimes \mathfrak{A}_2$.

33.1. Für alle $\omega_1 \in \Omega_1, \omega_2 \in \Omega_2$ und $A \in \mathfrak{A}$ sind $A_{\omega_1} \in \mathfrak{A}_2$ und $A_{\omega_2} \in \mathfrak{A}_1$.

33.2. Die Abbildung $X : \Omega \to \Omega'$ sei $(\mathfrak{A}, \mathfrak{A}')$-meßbar. Dann sind X_{ω_1} $(\mathfrak{A}_2, \mathfrak{A}')$-meßbar und X_{ω_2} $(\mathfrak{A}_1, \mathfrak{A}')$-meßbar für alle $\omega_1 \in \Omega_1$ und $\omega_2 \in \Omega_2$.

Beweis:

1. Zum Beweis von 33.1. seien $\omega_1 \in \Omega_1$ und $\mathfrak{A}' \triangleq \{A \in \mathfrak{A} : A_{\omega_1} \in \mathfrak{A}_2\}$. Nach Definition 32.1. und mit den Rechenregeln für ω_1-Schnitte ergibt sich, daß $\mathfrak{A}'$ σ-Algebra über Ω ist.
   Sei $\mathfrak{E} \triangleq \{A_1 \times A_2 : A_1 \in \mathfrak{A}_1$ und $A_2 \in \mathfrak{A}_2\}$. Wegen 32.5. gilt $\mathfrak{E} \subset \mathfrak{A}'$ und daraus folgt $\sigma(\mathfrak{E}) \subset \mathfrak{A}' \subset \mathfrak{A}$. Nach Satz 1.56. gilt aber $\sigma(\mathfrak{E}) = \mathfrak{A}$ und damit folgt $\mathfrak{A}' = \mathfrak{A}$.
   Damit ist 33.1. für ω_1-Schnitte bewiesen. Der Beweis für ω_2-Schnitte ergibt sich entsprechend.
2. Zum Beweis von 33.2. seien $\omega_1 \in \Omega_1$ und $A' \in \mathfrak{A}'$.
   Wegen der vorausgesetzten $(\mathfrak{A}, \mathfrak{A}')$-Meßbarkeit von X ist $X^{-1}(A') \in \mathfrak{A}$. Aus 33.1. folgt $(X^{-1}(A'))_{\omega_1} \in \mathfrak{A}_2$. Gemäß 32.7. ist $(X^{-1}(A'))_{\omega_1} = X_{\omega_1}^{-1}(A')$ und damit ist $X_{\omega_1}^{-1}(A') \in \mathfrak{A}_2$.
   Damit ist die $(\mathfrak{A}_2, \mathfrak{A}')$-Meßbarkeit von X_{ω_1} gezeigt. Der Beweis der $(\mathfrak{A}_1, \mathfrak{A}')$-Meßbarkeit von X_{ω_2} für $\omega_2 \in \Omega_2$ ergibt sich entsprechend. ┘

34. Satz: Für $i \in \{1,2\}$ sei $(\Omega_i, \mathfrak{A}_i, \mu_i)$ Maßraum mit σ-endlichem μ_i. Seien $\Omega \triangleq \Omega_1 \times \Omega_2$ und $\mathfrak{A} \triangleq \mathfrak{A}_1 \otimes \mathfrak{A}_2$. Für $A \in \mathfrak{A}$ seien $X_A : \Omega_1 \to \bar{\mathbb{R}}_+$ mit

$$X_A(\omega_1) \triangleq \mu_2(A_{\omega_1}) \quad \text{für } \omega_1 \in \Omega_1$$

und $Y_A : \Omega_2 \to \bar{\mathbb{R}}_+$ mit

$$Y_A(\omega_2) \triangleq \mu_1(A_{\omega_2}) \quad \text{für } \omega_2 \in \Omega_2.$$

Dann sind X_A und Y_A wohldefiniert; X_A ist $\mathfrak{A}_1$-meßbare und Y_A ist $\mathfrak{A}_2$-meßbare numerische Funktion.

Beweis:

1. Daß X_A und Y_A für $A \in \mathfrak{A}$ wohldefiniert sind, ergibt sich aus $A_{\omega_1} \in \mathfrak{A}_2$ für $\omega_1 \in \Omega_1$ bzw. $A_{\omega_2} \in \mathfrak{A}_1$ für $\omega_2 \in \Omega_2$ nach Satz 33.1.
2. Zum Beweis der $\mathfrak{A}_1$-Meßbarkeit von X_A sei μ_2 als endlich vorausgesetzt.
   Sei $\mathfrak{A}' \triangleq \{A \in \mathfrak{A} : X_A \text{ ist } \mathfrak{A}_1\text{-meßbar}\}$.
   Wir zeigen, daß $\mathfrak{A}'$ ein Dynkin-System ist.
   Zunächst ist $X_\Omega = \mu_2(\Omega_2)$ $\mathfrak{A}_1$-meßbar, also $\Omega \in \mathfrak{A}'$.
   Seien $A,B \in \mathfrak{A}'$ mit $A \subset B$. Dann gilt für $\omega_1 \in \Omega_1$
   $X_{B-A}(\omega_1) = \mu_2((B-A)_{\omega_1}) = \mu_2(B_{\omega_1}-A_{\omega_1})$ nach 32.4. Wegen der Endlichkeit von μ_2 folgt daraus mit Satz 1.15.3.
   $X_{B-A}(\omega_1) = \mu_2(B_{\omega_1})-\mu_2(A_{\omega_1})$ und damit $X_{B-A} = X_B-X_A$. Daraus folgt $B-A \in \mathfrak{A}'$ mit Satz 1.40.2.
   Sei $(A_n : n\in\mathbb{N})$ eine p.d. Folge mit Elementen aus $\mathfrak{A}'$. Für alle $n \in \mathbb{N}$ sind die X_{A_n} $\mathfrak{A}_1$-meßbar; damit ist nach Satz 10. $\sum_{n\in\mathbb{N}} X_{A_n}$ $\mathfrak{A}_1$-meßbar.
   Wegen $X_{\bigcup_{n\in\mathbb{N}} A_n} = \sum_{n\in\mathbb{N}} X_{A_n}$ folgt $\bigcup_{n\in\mathbb{N}} A_n \in \mathfrak{A}'$.
   Damit ist $\mathfrak{A}'$ als Dynkin-System nachgewiesen.
   Sei $\mathfrak{E} \triangleq \{A_1 \times A_2 : A_1 \in \mathfrak{A}_1 \text{ und } A_2 \in \mathfrak{A}_2\}$.
   Wegen $X_{A_1\times A_2} = \mu_2(A_2)1_{A_1}$ für $A_1\times A_2 \in \mathfrak{E}$ folgt $\mathfrak{E} \subset \mathfrak{A}' \subset \mathfrak{A}$.
   $\mathfrak{E}$ ist $\cap$-stabil und daraus folgt mit Satz 1.9. $\delta(\mathfrak{E}) = \sigma(\mathfrak{E})$.
   Nach Satz 1.56. gilt $\sigma(\mathfrak{E}) = \mathfrak{A}$ und damit gilt $\mathfrak{A}' = \mathfrak{A}$.
   Damit ist für endliches μ_2 die $\mathfrak{A}_1$-Meßbarkeit von X_A für $A \in \mathfrak{A}$ bewiesen.
3. Sei jetzt μ_2 σ-endlich.
   Gemäß Definition 1.44. sei $(E_n : n\in\mathbb{N})$ eine Folge mit Elementen aus $\mathfrak{A}_2$, für die $E_n \uparrow \Omega_2$ und $\mu_2(E_n)<\infty$ für alle $n \in \mathbb{N}$ gelten.
   Für $n \in \mathbb{N}$ sei $\nu_n : \mathfrak{A}_2 \to \bar{\mathbb{R}}_+$ definiert durch $\nu_n(A_2) \triangleq \mu_2(A_2 \cap E_n)$ für $A_2 \in \mathfrak{A}_2$; ν_n ist ein endliches Maß auf $\mathfrak{A}_2$.
   Sei $A \in \mathfrak{A}$. Für $n \in \mathbb{N}$ sei $X_{A,n} : \Omega_1 \to \bar{\mathbb{R}}_+$ definiert durch $X_{A,n}(\omega_1) \triangleq \nu_n(A_{\omega_1})$ für $\omega_1 \in \Omega_1$.
   Nach 2. sind die $X_{A,n}$ $\mathfrak{A}_1$-meßbar; daraus folgt mit Satz 1.41.1., daß auch $\sup_{n\in\mathbb{N}} X_{A,n}$ $\mathfrak{A}_1$-meßbar ist.

Nun gilt für $\omega_1 \in \Omega_1$: $\sup_{n\in\mathbb{N}} X_{A,n}(\omega_1) = \sup_{n\in\mathbb{N}} \nu_n(A_{\omega_1}) =$ $\sup_{n\in\mathbb{N}} \mu_2(A_{\omega_1} \cap E_n) = \mu_2(A_{\omega_1})$ nach Satz 1.16.1. Damit ist X_A $\mathfrak{A}_1$-meßbar.

Der Beweis für die $\mathfrak{A}_2$-Meßbarkeit von Y_A ergibt sich entsprechend. ┘

Mit den beiden vorangehenden Sätzen haben wir die Grundlagen bereitgestellt für eine Charakterisierung des Produktmaßes durch Integrale der in Satz 34. untersuchten Funktionen.

35. Satz: Für $i \in \{1,2\}$ seien $(\Omega_i, \mathfrak{A}_i, \mu_i)$ Maßraum mit σ-endlichem μ_i. Seien $\Omega \triangleq \Omega_1 \times \Omega_2$, $\mathfrak{A} \triangleq \mathfrak{A}_1 \otimes \mathfrak{A}_2$ und $\mu \triangleq \mu_1 \otimes \mu_2$. Für jedes $A \in \mathfrak{A}$ gilt

$$\mu(A) = \int \mu_2(A_{\omega_1}) d\mu_1(\omega_1) = \int \mu_1(A_{\omega_2}) d\mu_2(\omega_2)$$

Beweis:

1. Für $A \in \mathfrak{A}$ sei $X_A : \Omega_1 \to \tilde{\mathbb{R}}_+$ definiert durch $X_A(\omega_1) \triangleq \mu_2(A_{\omega_1})$ für $\omega_1 \in \Omega_1$. Nach Satz 34. ist X_A $\mathfrak{A}_1$-meßbar.
   Die Abbildung $\mu' : \mathfrak{A} \to \tilde{\mathbb{R}}_+$ sei definiert durch $\mu'(A) \triangleq \int X_A d\mu_1$ für $A \in \mathfrak{A}$. Wir zeigen, daß μ' ein Maß auf $\mathfrak{A}$ ist.
   μ' ist offenbar positiv. Sei $(A_n : n\in\mathbb{N})$ eine p.d.Folge mit Elementen aus $\mathfrak{A}$. Dann gilt

$$\mu'(\bigcup_{n\in\mathbb{N}} A_n) = \int X_{\bigcup_{n\in\mathbb{N}} A_n} d\mu_1 = \int (\sum_{n\in\mathbb{N}} X_{A_n}) d\mu_1 .$$

   Nach Satz 1o. folgt daraus

$$\mu'(\bigcup_{n\in\mathbb{N}} A_n) = \sum_{n\in\mathbb{N}} \int X_{A_n} d\mu_1 = \sum_{n\in\mathbb{N}} \mu'(A_n) .$$

2. Sei μ' das in 1. definierte Maß auf $\mathfrak{A}$.
   Sei $\mathfrak{E} \triangleq \{A_1 \times A_2 : A_1 \in \mathfrak{A}_1 \text{ und } A_2 \in \mathfrak{A}_2\}$
   Dann gilt für $A_1 \times A_2 \in \mathfrak{E}$

$$\mu'(A_1 \times A_2) = \int X_{A_1 \times A_2} d\mu_1 = \int \mu_2(A_2) 1_{A_1} d\mu_1 = \mu_2(A_2)\mu_1(A_1) .$$

   Für $A_1 \times A_2 \in \mathfrak{E}$ gilt also $\mu'(A_1 \times A_2) = \mu(A_1 \times A_2)$.
   Nach Definition 1.57.2. ist aber das Produktmaß μ bereits eindeutig festgelegt durch seine Werte auf $\mathfrak{E}$. Damit gilt $\mu' = \mu$.
   Damit ist die erste Gleichung des Satzes bewiesen; die zweite ergibt sich entsprechend. ┘

Mit Satz 35. haben wir bereits die am Beginn dieses Abschnitts angeschnittene Zurückführung eines Integrals bzgl. eines Produktmaßes auf iterierte Integrale erreicht für den Fall, daß die zu integrierende Funktion eine Indikatorfunktion ist. Für $A \in \mathfrak{A}$ hat die Aussage in Satz 35. die Gestalt

$$\int 1_A d\mu = \int (\int 1_{A_{\omega_1}} d\mu_2(\omega_2)) d\mu_1(\omega_1) = \int (\int 1_{A_{\omega_2}} d\mu_1(\omega_1)) d\mu_2(\omega_2)$$

Wir kommen jetzt zu der entsprechenden Aussage für μ-integrierbare Funktionen.

36. Satz: Für $i \in \{1,2\}$ sei $(\Omega_i, \mathfrak{A}_i, \mu_i)$ Maßraum mit σ-endlichem μ_i. Seien $\Omega \triangleq \Omega_1 \times \Omega_2$, $\mathfrak{A} \triangleq \mathfrak{A}_1 \boxtimes \mathfrak{A}_2$ und $\mu \triangleq \mu_1 \boxtimes \mu_2$. Die Abbildung $X : \Omega \to \tilde{\mathbb{R}}$ sei $\mathfrak{A}$-meßbar.

36.1. Sei $X \geq 0$. Dann ist die Abbildung $Y' : \Omega_1 \to \tilde{\mathbb{R}}_+$ mit $Y'(\omega_1) \triangleq \int X_{\omega_1} d\mu_2$ für $\omega_1 \in \Omega_1$ $\mathfrak{A}_1$-meßbar; die Abbildung $Y'' : \Omega_2 \to \tilde{\mathbb{R}}_+$ mit $Y''(\omega_2) \triangleq \int X_{\omega_2} d\mu_1$ für $\omega_2 \in \Omega_2$ ist $\mathfrak{A}_2$-meßbar. Zudem gelten

$$\int X d\mu = \int Y'(\omega_1) d\mu_1(\omega_1) = \int Y''(\omega_2) d\mu_2(\omega_2)$$

36.2. Ist X μ-integrierbar, so ist $\int X_{\omega_1} d\mu_2$ μ_1-fast-überall auf Ω_1 definiert, $\mathfrak{A}_1$-meßbar und μ_1-integrierbar; ebenso ist $\int X_{\omega_2} d\mu_1$ μ_2-fast-überall auf Ω_2 definiert, $\mathfrak{A}_2$-meßbar und μ_2-integrierbar. Zudem gelten

$$\int X d\mu = \int (\int X_{\omega_1} d\mu_2(\omega_2)) d\mu_1(\omega_1) = \int (\int X_{\omega_2} d\mu_1(\omega_1)) d\mu_2(\omega_2)$$

Beweis:

1. Wir beweisen zunächst 36.1. für eine $\mathfrak{A}$-Elementarfunktion.
   Gemäß Definition 1. sei $X = \sum_{m=1}^{n} \alpha_m 1_{A_m}$.
   Für $\omega_1 \in \Omega_1$ ist nach 32.6. $X_{\omega_1} = \sum_{m=1}^{n} \alpha_m 1_{(A_m)_{\omega_1}}$ und nach Definition 3. $\int X_{\omega_1} d\mu_2 = \sum_{m=1}^{n} \alpha_m \mu_2((A_m)_{\omega_1})$.
   Nach Satz 34. ist Y' $\mathfrak{A}_1$-meßbar. Nun folgen
   $\int Y'(\omega_1) d\mu_1(\omega_1) = \sum_{m=1}^{n} \alpha_m \int \mu_2((A_m)_{\omega_1}) d\mu_1(\omega_1)$
   $= \sum_{m=1}^{n} \alpha_m \mu(A_m)$ nach Satz 35.
   $= \int X d\mu$ nach Definition 3.

2. Sei nun $X \geq 0$ und $\mathfrak{A}$-meßbar.
   Gemäß Definition 6. und Satz 8. sei $(X_n : n \in \mathbb{N})$ eine monoton wachsende Folge von $\mathfrak{A}$-Elementarfunktionen mit $\sup_{n \in \mathbb{N}} X_n = X$.

Für $\omega_1 \in \Omega_1$ ist $((X_n)_{\omega_1})$ eine monoton wachsende Folge von $\mathfrak{A}_2$-Elementarfunktionen mit $\sup_{n\in\mathbb{N}} (X_n)_{\omega_1} = X_{\omega_1}$. Wir bezeichnen mit Y'_n die Y' entsprechende Abbildung bzgl. X_n. Nach dem im 1. Teil des Beweises gezeigten sind die Y'_n für alle $n \in \mathbb{N}$ $\mathfrak{A}_1$-meßbar. Nach Satz 9. ist damit auch $\sup_{n\in\mathbb{N}} Y'_n = Y'$ $\mathfrak{A}_1$-meßbar und es gilt $\int \sup_{n\in\mathbb{N}} Y'_n d\mu_1 = \sup_{n\in\mathbb{N}} \int Y'_n d\mu_1$, also nach Definition von Y'_n

$$\int(\sup_{n\in\mathbb{N}} \int (X_n)_{\omega_1} d\mu_2) d\mu_1 = \sup_{n\in\mathbb{N}} \int(\int (X_n)_{\omega_1} d\mu_2) d\mu_1 .$$

Nun gilt nach dem 1. Teil des Beweises für $n \in \mathbb{N}$ $\int(\int (X_n)_{\omega_1} d\mu_2) d\mu_1 = \int X_n d\mu$ und daraus folgt

$$\sup_{n\in\mathbb{N}} \int(\int (X_n)_{\omega_1} d\mu_2) d\mu_1 = \sup_{n\in\mathbb{N}} \int X_n d\mu = \int X d\mu$$

nach Definition 6.

Andererseits gilt nach Definition 6.

$$\sup_{n\in\mathbb{N}} \int (X_n)_{\omega_1} d\mu_2 = \int \sup_{n\in\mathbb{N}} (X_n)_{\omega_1} d\mu_2 = \int X_{\omega_1} d\mu_2$$

und damit erhalten wir

$$\int(\int X_{\omega_1} d\mu_2) d\mu_1 = \int X d\mu .$$

Damit ist 36.1. bzgl. Y' bewiesen; der Beweis bzgl. Y'' ergibt sich entsprechend.

3. Zum Beweis von 36.2. sei jetzt X als μ-integrierbar vorausgesetzt.
   Nach Definition 12. ist $\int X d\mu = \int X^+ d\mu - \int X^- d\mu$ und die beiden Integrale rechts sind endlich.
   Für X^+ und X^- gelten nach 36.1.

$$\int X^+ d\mu = \int(\int X^+_{\omega_1} d\mu_2) d\mu_1 \quad \text{und}$$

$$\int X^- d\mu = \int(\int X^-_{\omega_1} d\mu_2) d\mu_1 .$$

Die Y' in 36.1. entsprechende Abbildung bzgl. X^+ bezeichnen wir mit U', die bzgl. X^- mit V'. Dann sind die Abbildungen U' und V' nach 36.1. $\mathfrak{A}_1$-meßbar und wegen der μ-Integrierbarkeit von X μ_1-integrierbar. Daraus folgt mit Satz 17., daß U' und V' μ_1-fast-überall endlich sind.
Sei nun $Z' : \Omega_1 \to \bar{\mathbb{R}}$ definiert durch

$$Z'(\omega_1) \triangleq \begin{cases} U'(\omega_1) - V'(\omega_1), & \text{falls } U'(\omega_1) \text{ und } V'(\omega_1) \text{ endlich sind} \\ 0 & \text{sonst.} \end{cases}$$

Z' ist μ_1-integrierbar und μ_1-fast-überall auf Ω_1 gilt

$$Z'(\omega_1) = \int X^+_{\omega_1} d\mu_2 - \int X^-_{\omega_1} d\mu_2 = \int X_{\omega_1} d\mu_2 .$$

Damit sind die Aussagen zur Definiertheit, zur $\mathfrak{A}_1$-Meßbarkeit und zur μ_1-Integrierbarkeit von $\int X_{\omega_1} d\mu_2$ bewiesen. $\int X d\mu = \int (\int X_{\omega_1} d\mu_2) d\mu_1$ folgt nun unmittelbar aus dem Bewiesenen.

Die Aussagen bzgl. $\int X_{\omega_2} d\mu_1$ ergeben sich entsprechend. ┘

Mit den Bezeichnungen von Satz 36. kann man nun die Aussage von 36.2. für μ-integrierbares X abgekürzt in der Form

$$\int X d\mu = \int\int X(\omega_1,\omega_2) d\mu_1(\omega_1) d\mu_2(\omega_2) = \int\int X(\omega_1,\omega_2) d\mu_2(\omega_2) d\mu_1(\omega_1)$$

aufschreiben. Satz 36. ist als Satz von Fubini bekannt.

Die Aussagen von Satz 36. lassen sich einfach auf endlich viele Maßräume $(\Omega_i, \mathfrak{A}_i, \mu_i)$ und $\otimes\mu_i$-integrierbare Funktionen verallgemeinern; wir führen diese Verallgemeinerung nicht aus, benutzen sie aber bei Bedarf.

Zum Abschluß dieses Abschnitts zitieren wir noch einen Transformationssatz für Lebesgue-Integrale von Funktionen, die auf einer Teilmenge des $\mathbb{R}^n$ definiert sind. Dieser Satz ist oft für die Berechnung von Integralen mittels Variablensubstitutionen nützlich.

37. <u>Satz:</u> Seien G und G' offenen Teilmengen des $\mathbb{R}^n$. Die Abbildung $\varphi : G \to G'$ sei stetig differenzierbar und bijektiv; die Funktionaldeterminante det $D(\varphi)$ von φ sei in jedem Punkt von G ungleich Null. Dann gilt für jede auf G' definierte Funktion X, die stetig und reell ist und außerhalb einer kompakten Teilmenge von $\varphi(G)$ Null ist,

$$\int_{\varphi(G)} X d\lambda^n = \int_G (X \circ \varphi) |\det D(\varphi)| d\lambda^n$$ ┘

Die Funktion X, für welche die Aussage des Satzes 37. formuliert ist, gehört zur Klasse der stetigen reellen Funktionen mit kompaktem Träger; sie sind λ^n-integrierbar. Die Funktionaldeterminante det $D(\varphi)$, auch Jacobische Determinante genannt, ist die Determinante der Matrix, die als Element in der i-ten Zeile und j-ten Spalte die partielle Ableitung der i-ten Komponente von φ nach der j-ten Variablen enthält $(i,j \in \{1,\cdots,n\})$.

2.4 Klassifikation und Berechnung von Verteilungen

In diesem Kapitel besprechen wir zunächst einen Zerlegungssatz für Maße und eine Klassifikation von stochastischen Variablen. Anschließend berechnen wir unter Verwendung von Hilfsmitteln, die wir in den vorangehenden Kapiteln bereitgestellt haben, einige häufig benutzte W-Verteilungen aus vorgegebenen.

Wir greifen zurück auf Definition 23., in der die Eigenschaften absolutstetig und singulär für Maße erklärt sind. Der folgende Satz, als Lebesguescher Zerlegungssatz bekannt, besagt, daß diese Eigenschaften das Verhältnis zweier σ-endlicher Maße zueinander charakterisieren.

38. Satz: Die σ-endlichen Maße μ und ν seien auf dem Meßraum $(\Omega, \mathfrak{A})$ definiert. Dann gibt es Maße ν_a und ν_s auf $(\Omega, \mathfrak{A})$ derart, daß $\nu = \nu_a + \nu_s$, ν_a ist absolutstetig bzgl. μ und ν_s ist singulär bzgl. μ gelten.

Beweis: Sei $\mu' \triangleq \mu + \nu$. Dann ist μ' σ-endliches Maß auf $(\Omega, \mathfrak{A})$ und offenbar sind μ und ν absolutstetig bzgl. μ'.
Nach Satz 25. gibt es eine $\mathfrak{A}$-meßbare Funktion $X : \Omega \to \bar{\mathbb{R}}_+$ mit $\mu(A) = \int_A X d\mu'$ für alle $A \in \mathfrak{A}$.
Sei $N \triangleq \{\omega \in \Omega : X(\omega) = 0\}$.
Für alle $A \in \mathfrak{A}$ seien die Maße ν_a und ν_s auf $(\Omega, \mathfrak{A})$ definiert durch

$$\nu_a(A) \triangleq \nu(A \cap \bar{N}) \text{ und } \nu_s(A) \triangleq \nu(A \cap N).$$

Offenbar ist $\nu = \nu_a + \nu_s$.
Wir zeigen, daß ν_a absolutstetig bzgl. μ ist.
Für $A \in \mathfrak{A}$ sei $\mu(A) = 0$. Dann ist $\int_A X d\mu' = 0$ und daraus folgt mit Satz 16., daß $X = 0$ μ'-fast-überall auf A gilt. Nun ist $X > 0$ auf $\bar{N}$ nach Definition von N; also muß $\mu'(A \cap \bar{N}) = 0$ gelten. Daraus folgt aber $\nu(A \cap \bar{N}) = 0$ und damit $\nu_a(A) = 0$. Nach 23.1. ist also ν_a absolutstetig bzgl. μ.
Wir zeigen, daß ν_s singulär bzgl. μ ist.
Nach Definition von ν_s gilt $\nu_s(\bar{N}) = 0$. Andererseits ist $\mu(N) = \int_N X d\mu' = 0$ nach Definition von N. Nach 23.2. ist also ν_s singulär bzgl. μ. ┘

Beachtet man, daß für ein Maß ν', das zugleich absolutstetig und singulär bzgl. eines Maßes μ ist, $\nu' = 0$ gilt, so sieht man, daß die in Satz 38. angegebene Zerlegung von ν eindeutig ist.

Alle nachfolgenden Ausführungen beziehen sich auf stochastische Variablen, die auf einem gegebenen W-Raum $(\Omega, \mathfrak{A}, P)$ definiert und $\mathfrak{A}$-meßbare numerische Funktionen sind. Integrale von Funktionen, die auf $\mathbb{R}^n$ definiert sind, sind Integrale bzgl. des Lebesgueschen Maßes. Ist $f : \mathbb{R}^n \to \mathbb{R}$ eine bzgl. dieses Maßes integrierbare Funktion, so benutzen wir die übliche Notation, also z.B.

$\int_a^b f(x)dx$ mit $a,b \in \mathbb{R}^n$ und $a < b$ bzw.

$\int_{a_1}^{b_1} \cdots \int_{a_n}^{b_n} f(x_1,\cdots,x_n)dx_1\cdots dx_n$ mit $a=(a_1,\cdots,a_n)$ und $b=(b_1,\cdots,b_n)$

für die Integration über ein Intervall $[a,b] \subset \mathbb{R}^n$.

Wir kommen jetzt zu der angekündigten Klassifikation von stochastischen Variablen.

39. <u>Definition:</u> X sei eine auf $(\Omega, \mathfrak{A}, P)$ definierte stochastische Variable.

39.1. X heißt <u>absolutstetig</u> $:\Leftrightarrow$ das W-Maß $X(P)$ ist absolutstetig bzgl. des Lebesgueschen Maßes.

39.2. X heißt <u>stetig</u> $:\Leftrightarrow$ die Verteilungsfunktion von X ist stetig.

39.3. X heißt <u>singulär</u> $:\Leftrightarrow$ das W-Maß $X(P)$ ist singulär bzgl. des Lebesgueschen Maßes.

39.4. X heißt <u>diskret</u> $:\Leftrightarrow$ $X(\Omega)$ ist endlich oder abzählbar unendlich. ┘

Sei X eine auf $(\Omega, \mathfrak{A}, P)$ definierte, absolutstetige stochastische Variable mit Werten aus $\mathbb{R}$. Dann gibt es nach Satz 25. eine $\mathfrak{B}$-meßbare Funktion $f : \mathbb{R} \to \mathbb{R}_+$ mit $P\{X \in A\} = \int_A f(x)dx$ für alle $A \in \mathfrak{B}$.

f ist die Dichte des W-Maßes $P_X = X(P)$ bzgl. des Lebesgueschen Maßes. Insbesondere gilt $P\{X \le a\} = \int_{-\infty}^a f(x)dx$ für alle $a \in \mathbb{R}$.

Ist $F : \mathbb{R} \to \mathbb{R}$ die Verteilungsfunktion von X gemäß Definition 1.46., so gilt

$$F(x) = \int_{-\infty}^x f(t)dt \quad \text{für alle } x \in \mathbb{R}.$$

Für a,b $\in \mathbb{R}$ mit a < b gilt $F(b)-F(a) = \int_a^b f(t)dt$. Ist f stetig auf [a,b], so folgt aus dem Mittelwertsatz die Integralrechnung

$$F(b) - F(a) = f(x_o)(b-a) \quad \text{mit } x_o \in [a,b]$$

und daraus erhält man durch Grenzübergang für die Ableitung F' von F

$$F'(x_o) = f(x_o).$$

Ist $g : \mathbb{R} \to \mathbb{R}_+$ eine Lebesgue-integrierbare Funktion mit $\int_{-\infty}^{+\infty} g(t)dt = 1$, so ist g Dichte eines W-Maßes Q auf $(\mathbb{R}, \mathfrak{B})$ bzgl. des Lebesgueschen Maßes.

Sei $G : \mathbb{R} \to \mathbb{R}$. G heißt (als reelle Funktion) absolutstetig, wenn es für jedes $\varepsilon \in \mathbb{R}_+$ mit $\varepsilon > 0$ ein $\delta \in \mathbb{R}_+$ mit $\delta > 0$ derart gibt, daß für alle $n \in \mathbb{N}$ und jede Familie von paarweise fremden Intervallen $((a_1,b_1),\cdots,(a_n,b_n))$ aus $\mathbb{R}$ mit einer Gesamtlänge kleiner δ

$$\sum_{m=1}^{n} |G(b_m) - G(a_m)| < \varepsilon$$

gilt.

Mit dieser Definition und mit Satz 24. kann man zeigen, daß eine stochastische Variable X genau dann absolutstetig ist, wenn die Verteilungsfunktion F von X als reelle Funktion absolutstetig ist.

Hieraus und aus Definition 39.2. folgt, daß eine absolutstetige stochastische Variable auch stetig ist, und daß diese Aussage nicht umkehrbar ist. Es gibt stetige stochastische Variablen, die singulär sind.

Ist X eine stetige stochastische Variable, so folgt aus Definition 39.2., daß

$$P\{X = x\} = 0 \quad \text{für alle } x \in \mathbb{R}$$

gilt.

Ist X eine diskrete stochastische Variable mit Werten aus $\mathbb{R}$, so gibt es eine höchstens abzählbare Menge von Punkten, $B = \{x_1,x_2,\cdots,x_n,\cdots\}$, aus $\mathbb{R}$ mit $P\{X = x_i\} > 0$ und $P\{X \in B\} = 1$. Die Verteilungsfunktion F von X ist in diesem Fall eine Treppenfunktion mit

$$F(x_n) - F(x_n-0) = P\{X = x_n\}$$

für alle $x_n \in B$. B ist Nullmenge bzgl. des Lebesgueschen Maßes und damit sind die diskreten stochastischen Variablen singulär.

Wendet man Satz 38. auf das W-Maß einer stochastischen Variablen X mit Werten aus $\mathbb{R}$ und der Verteilungsfunktion F an, so erhält man folgendes Ergebnis: F ist darstellbar als konvexe Linearkombination

$$F = p \cdot F_a + (1-p)F_s$$

mit $0 \leq p \leq 1$, wobei F_a bzw. F_s Verteilungsfunktion einer absolutstetigen bzw. einer singulären stochastischen Variablen ist.

Sei nun $X = (X_1,\cdots,X_n)$ eine auf $(\Omega,\mathfrak{A},P)$ definierte, absolutstetige stochastische Variable mit Werten aus $\mathbb{R}^n$. Dann gibt es nach Satz 25. eine $\mathfrak{B}^n$-meßbare Funktion $f : \mathbb{R}^n \to \mathbb{R}_+$ mit $P\{X \in A\} = \int_A f(x)dx$ für alle $A \in \mathfrak{B}^n$. f ist die Dichte des W-Maßes $P_X = X(P)$ bzgl. des Lebesgueschen Maßes auf $\mathfrak{B}^n$. Ist F die Verteilungsfunktion von X gemäß Definition 1.46., so gilt

$$F(x_1,\cdots,x_n) = \int_{-\infty}^{x_1} \cdots \int_{-\infty}^{x_n} f(t_1,\cdots,t_n)dt_1\cdots dt_n$$

für alle $(x_1,\cdots,x_n) \in \mathbb{R}^n$.
Ist andererseits $g : \mathbb{R}^n \to \mathbb{R}_+$ eine Lebesgue-integrierbare Funktion mit $\int_{-\infty}^{+\infty} g(x)dx = 1$, so ist g Dichte eines W-Maßes Q auf $(\mathbb{R}^n,\mathfrak{B}^n)$.

Sind F die Verteilungsfunktion von $X = (X_1,\cdots,X_n)$ und F_i die Verteilungsfunktion von X_i für $i \in \{1,\cdots,n\}$, so gilt für die Unabhängigkeit von $X_1,\cdots,X_n$: Die $X_1,\cdots,X_n$ sind genau dann unabhängig, wenn $F(x_1,\cdots,x_n) = F_1(x_1)\cdots F_n(x_n)$ für alle $(x_1,\cdots,x_n) \in \mathbb{R}^n$ gilt. Diese Aussage haben wir schon in Kapitel 1.4. kennengelernt. Für die Absolutstetigkeit von $X = (X_1,\cdots,X_n)$ gilt der folgende

4o. <u>Satz:</u> $X = (X_1,\cdots,X_n)$ sei eine auf $(\Omega,\mathfrak{A},P)$ definierte stochastische Variable mit Werten aus $\mathbb{R}^n$.

4o.1. Ist X absolutstetig mit der Dichte f, so sind die $X_1,\cdots,X_n$ absolutstetig und für die Dichte f_i von X_i, $i \in \{1,\cdots,n\}$ gilt

$$f_i(x_i) = \int_{-\infty}^{+\infty} \cdots \int_{-\infty}^{+\infty} f(x_1,\cdots,x_n)dx_1\cdots dx_{i-1}dx_{i+1}\cdots dx_n.$$

4o.2. Sind die $X_1,\cdots,X_n$ unabhängig und absolutstetig mit den Dichten $f_1,\cdots,f_n$, so ist X absolutstetig mit der Dichte

$$f(x_1,\cdots,x_n) \triangleq f_1(x_1)\cdots f_n(x_n)$$

für $(x_1,\cdots,x_n) \in \mathbb{R}^n$.

4o.3. Ist X absolutstetig mit der Dichte f und sind $f_1,\cdots,f_n$ die Dichten von $X_1,\cdots,X_n$, so sind die $X_1,\cdots,X_n$ genau dann unabhängig, wenn

$$f(x_1,\cdots,x_n) = f_1(x_1)\cdots f_n(x_n)$$

fast-überall (bzgl. des Lebesgueschen Maßes) auf $\mathbb{R}^n$ gilt.

Beweis:

1. Zum Beweis von 4o.1. sei X absolutstetig mit der Dichte f. Für $A \in \mathfrak{B}$ gilt

$$P\{X_1 \in A\} = P\{X \in A \times \mathbb{R}^{n-1}\} = \int_A \int_{-\infty}^{+\infty} \cdots \int_{-\infty}^{+\infty} f(x_1,\cdots,x_n)\,dx_1\cdots dx_n.$$

Nach Satz 36.1. ist $f_1 : \mathbb{R} \to \mathbb{R}_+$ mit

$$f_1(x_1) \triangleq \int_{-\infty}^{+\infty} \cdots \int_{-\infty}^{+\infty} f(x_1,\cdots,x_n)\,dx_2\cdots dx_n \quad \text{für } x_1 \in \mathbb{R}$$

$\mathfrak{B}$-meßbar und es gilt $P\{X_1 \in A\} = \int_A f_1(x_1)\,dx_1$.

Damit ist X_1 absolutstetig mit der Dichte f_1 nach Satz 25. Entsprechendes gilt für $X_2,\cdots,X_n$.

2. Zum Beweis von 4o.2. seien jetzt die $X_1,\cdots,X_n$ unabhängig und absolutstetig mit den Dichten $f_1,\cdots,f_n$. Für $(x_1,\cdots,x_n) \in \mathbb{R}^n$ sei $f : \mathbb{R}^n \to \mathbb{R}_+$ definiert durch

$$f(x_1,\cdots,x_n) \triangleq f_1(x_1)\cdots f_n(x_n).$$

Für $X = (X_1,\cdots,X_n)$ sei das W-Maß P_X definiert durch $P_X(A) \triangleq \int_A f(x)\,dx$ für $A \in \mathfrak{B}^n$.

Dann ist X absolutstetig mit der Dichte f nach Satz 25. Für $A_1 \times\cdots\times A_n$ mit $A_i \in \mathfrak{B}$ für $i \in \{1,\cdots,n\}$ gilt

$$P_X(A_1\times\cdots\times A_n) = \int_{A_1}\cdots\int_{A_n} f_1(x_1)\cdots f_n(x_n)\,dx_1\cdots dx_n = \prod_{i=1}^{n} P\{X_i \in A_i\}$$

und damit ist P_X nach Definition 1.57. und Satz 1.62. die gemeinsame Verteilung der $X_1,\cdots,X_n$.

3. Zum Beweis von 4o.3. haben wir jetzt nur noch folgendes zu zeigen: Ist X absolutstetig mit der Dichte f und gilt mit den Dichten $f_1,\cdots,f_n$ der $X_1,\cdots,X_n$ fast-überall auf $\mathbb{R}^n$

$$f(x_1,\cdots,x_n) = f_1(x_1)\cdots f_n(x_n),$$

so sind die $X_1,\cdots,X_n$ unabhängig.

Unter den angegebenen Voraussetzungen gilt nach Satz 16. für alle $A \in \mathfrak{B}^n$ $\int_A f(x)dx = \int_A f_1(x_1)\cdots f_n(x_n)dx_1\cdots dx_n$.

Insbesondere gilt für $A_1 x\cdots x A_n$ mit $A_i \in \mathfrak{B}$ für $i \in \{1,\cdots,n\}$

$$P\{X \in A_1 x \cdots x A_n\} = \int_{A_1 x \cdots x A_n} f(x)dx =$$

$$\int_{A_1}\cdots\int_{A_n} f_1(x_1)\cdots f_n(x_n)dx_1\cdots dx_n = \prod_{i=1}^{n} P\{X_i \in A_i\}$$

und damit sind die $X_1,\cdots,X_n$ unabhängig nach Satz 1.62.

Die nachfolgenden Ausführungen beschäftigen sich mit der Berechnung von Verteilungen. Die Fragestellung, mit der wir uns befassen ist die Folgende: X sei eine auf dem W-Raum $(\Omega,\mathfrak{A},P)$ definierte stochastische Variable mit Werten aus $\mathbb{R}$. $g : \mathbb{R} \to \mathbb{R}$ sei $\mathfrak{B}$-meßbar. Nach Satz 1.21. ist dann $Y \triangleq g \circ X$ $\mathfrak{A}$-meßbar und damit ist die Verteilung von Y definiert. Für häufig vorkommende Klassen von Abbildungen g ist es zweckmäßig, die Verteilung von Y explizit aus der Verteilung von X berechnen zu können. Das gewünschte Ziel ist erreicht, wenn man aus der Verteilungsfunktion von X oder seiner Dichte die Verteilungsfunktion oder die Dichte von Y berechnen kann.

Wir beginnen mit einer Abbildung, durch die man sich eine Gleichverteilung über dem Intervall $[0,1] \subset \mathbb{R}$ erzeugen kann.

41. <u>Satz:</u> X sei eine auf $(\Omega,\mathfrak{A},P)$ definierte, stetige stochastische Variable mit Werten aus $\mathbb{R}$ und der Verteilungsfunktion F. Dann ist $Y \triangleq F \circ X$ gleichverteilt über dem Intervall $[0,1]$.

<u>Beweis:</u> Y ist $\mathfrak{A}$-meßbar nach Satz 1.42. und offenbar gilt $0 \leq Y \leq 1$.

Sei $x_0 \triangleq \inf\{x \in \mathbb{R} : F(x) > 0\}$. Dann gilt

$$P\{Y \leq 0\} = P\{Y=0\} = P\{X \leq x_0\} = 0 .$$

Wir zeigen nun, daß für alle $y \in (0,1)$ $P\{Y \leq y\} = y$ gilt.
Für $y \in (0,1)$ sei $F^{-1}(y) \triangleq \sup\{x \in \mathbb{R} : F(x) = y\}$.
Wegen der Stetigkeit von F ist F^{-1} wohldefiniert und es gilt $F(F^{-1}(y)) = y$. Nun folgt $\{X \leq F^{-1}(y)\} = \{Y \leq y\}$ und daraus ergibt sich

$$P\{Y \leq y\} = P\{X \leq F^{-1}(y)\} = F(F^{-1}(y)) = y .$$

Damit ist Y gleichverteilt über [0,1] nach Definition 1.49.1.┘

Als nächstes berechnen wir die Verteilung einer linearen Transformation einer stochastischen Variablen.

42. Satz: X sei eine auf $(\Omega, \mathfrak{A}, P)$ definierte stochastische Variable mit Werten aus $\mathbb{R}$. Sei $Y \triangleq aX + b$ mit $a, b \in \mathbb{R}$ und $a \neq 0$. Ist F die Verteilungsfunktion von X, so gilt für die Verteilungsfunktion G von Y

$$G(y) = \begin{cases} F(\frac{y-b}{a}) & \text{, falls } a > 0 \\ 1 - F(\frac{y-b}{a}) + P\{X = \frac{y-b}{a}\}, & \text{falls } a < 0. \end{cases}$$

Ist X absolutstetig mit der Dichte f, so ist Y absolutstetig und für die Dichte g von Y gilt

$$g(y) = \frac{1}{|a|} f\,(\frac{y-b}{a}).$$

Beweis: Die $\mathfrak{A}$-Meßbarkeit von Y wurde in Satz 1.4o.1. bewiesen. Für $a > 0$ ist $\{Y \le y\} = \{X \le \frac{y-b}{a}\}$ und damit ist $G(y) = F(\frac{y-b}{a})$. Für $a < 0$ ist $\{Y \le y\} = \{\frac{y-b}{a} \le X\}$ und damit ist $G(y) = 1 - F(\frac{y-b}{a}) + P\{X = \frac{y-b}{a}\}$.
Hat X die Dichte f, so berechnet man die oben angegebene Dichte g von Y mittels des Transformationssatzes 37. ┘

Für die Summe von zwei stochastischen Variablen gilt der folgende

43. Satz: X und Y seien auf $(\Omega, \mathfrak{A}, P)$ definierte stochastische Variablen mit Werten aus $\mathbb{R}$. Sei $Z \triangleq X + Y$.

43.1. Ist (X,Y) absolutstetig mit der Dichte f, so ist Z absolutstetig und für die Dichte h von Z gilt

$$h(z) = \int_{-\infty}^{+\infty} f(z-t,t)\,dt = \int_{-\infty}^{+\infty} f(t,z-t)\,dt .$$

43.2. Sind X und Y unabhängig und ihre Verteilungsfunktionen F und G, so gilt für die Verteilungsfunktion H von Z

$$H(z) = \int_{-\infty}^{+\infty} F(z-y)\,dG(y) = \int_{-\infty}^{+\infty} G(z-x)\,dF(x) .$$

Ist X (bzw. Y) zudem absolutstetig mit der Dichte f(g), so ist Z absolutstetig und für die Dichte h von Z gilt

$$h(z) = \int_{-\infty}^{+\infty} f(z-y)\,dG(y) \quad (= \int_{-\infty}^{+\infty} g(z-x)\,dF(x)) .$$

Beweis: Die $\mathfrak{A}$-Meßbarkeit von Z wurde in 1.4o.2. bewiesen.

1. Zum Beweis von 43.1. sei $z \in \mathbb{R}$. Dann gilt

$$\begin{aligned} P\{Z\leq z\} &= \int_{-\infty}^{+\infty}\int_{-\infty}^{+\infty} 1_{x+y\leq z} f(x,y)\,dx\,dy \\ &= \int_{-\infty}^{+\infty}\Big(\int_{-\infty}^{+\infty} 1_{x\leq z-y} f(x,y)\,dx\Big)dy \quad \text{nach Satz 36.} \\ &= \int_{-\infty}^{+\infty}\Big(\int_{-\infty}^{z} f(t-y,y)\,dt\Big)dy \\ &= \int_{-\infty}^{z}\Big(\int_{-\infty}^{+\infty} f(t-y,y)\,dy\Big)dt \quad \text{nach Satz 36.} \end{aligned}$$

Damit ist die erste Gleichung in 43.1. bewiesen; die zweite folgt entsprechend.

2. Zum Beweis von 43.2. sei wieder $z \in \mathbb{R}$.
Wegen der Unabhängigkeit von X und Y gilt nun

$$\begin{aligned} H(z) = P\{Z\leq z\} &= \int_{-\infty}^{+\infty}\int_{-\infty}^{+\infty} 1_{x+y\leq z}\,dF(x)\,dG(y) \\ &= \int_{-\infty}^{+\infty}\Big(\int_{-\infty}^{+\infty} 1_{x\leq z-y}\,dF(x)\Big)dG(y) \quad \text{nach Satz 36.} \\ &= \int_{-\infty}^{+\infty} F(z-y)\,dG(y). \end{aligned}$$

Hat nun X die Dichte f, so ist $F(z-y) = \int_{-\infty}^{z} f(t-y)\,dt$ und damit ergibt sich

$$\begin{aligned} H(z) &= \int_{-\infty}^{+\infty}\Big(\int_{-\infty}^{z} f(t-y)\,dt\Big)dG(y) \\ &= \int_{-\infty}^{z}\Big(\int_{-\infty}^{+\infty} f(t-y)\,dG(y)\Big)dt \quad \text{nach Satz 36.} \end{aligned}$$

Damit sind die beiden linken Gleichungen in 43.2. bewiesen; die rechten ergeben sich entsprechend. ┘

Wir wollen Satz 43. auf einige Verteilungsfamilien anwenden.

44. Beispiele:

44.1. Die stochastischen Variablen X und Y seien unabhängig und identisch exponentiell verteilt mit dem Parameter μ. Dann ergibt sich für die Dichte h von $Z \triangleq X + Y$:

$$h(z) = 0 \qquad \text{für } z < 0$$

$$\begin{aligned} h(z) &= \int_{0}^{z} \mu e^{-\mu(z-y)}\mu e^{-\mu y}\,dy \\ &= \mu^2 z e^{-\mu z} \qquad \text{für } 0 \leq z\,. \end{aligned}$$

H(z) ist also die Dichte einer Erlang-Verteilung mit den Parametern μ und 2.
Dieses Ergebnis läßt sich leicht zu folgendem erweitern:
Für $n \in \mathbb{N}$ seien die stochastischen Variablen $X_1,\cdots,X_n$ unabhängig und identisch exponentiell verteilt mit dem Parameter μ. Dann ist $Z_n \triangleq X_1+\cdots+X_n$ Erlang-verteilt mit den Parametern μ und n.

44.2. Die stochastischen Variablen X und Y seien unabhängig und identisch normal verteilt mit den Parametern μ und σ. Dann ergibt sich für die Dichte h von $Z \triangleq X + Y$:

$$h(z) = \frac{1}{\sigma^2 2\pi}\int_{-\infty}^{+\infty} \exp\{-\frac{1}{2\sigma^2}(z-y-\mu)^2-\frac{1}{2\sigma^2}(y-\mu)^2\}dy$$
$$= \frac{1}{\sigma^2 2\pi}\int_{-\infty}^{+\infty} \exp\{-\frac{1}{2\sigma^2}(2y^2-2yz+\frac{z^2}{2}+\frac{z^2}{2}-2\mu z+2\mu^2)\}dy$$
$$= \frac{1}{\sigma^2 2\pi}\exp\{-\frac{1}{2}\frac{1}{2\sigma^2}(z-2\mu)^2\}\int_{-\infty}^{+\infty} \exp\{-\frac{1}{2\sigma^2}(\sqrt{2}y-\frac{z}{\sqrt{2}})^2\}dy$$

Für das Integral rechts erhält man $\sigma\sqrt{\pi}$ und damit

$$h(z) = \frac{1}{\sqrt{2}\sigma\sqrt{2\pi}}\exp\{-\frac{1}{2}\frac{(z-2\mu)^2}{2\sigma^2}\} \text{ für } z \in \mathbb{R}.$$

Z ist also normal-verteilt mit den Parametern 2μ und $\sqrt{2}\sigma$.
Dieses Ergebnis läßt sich leicht zu dem folgenden verallgemeinern:
Mit $n \in \mathbb{N}$ seien die stochastischen Variablen $X_1,\cdots,X_n$ unabhängig und identisch normal-verteilt mit den Parametern μ und σ. Dann ist $Z_n \triangleq X_1+\cdots+X_n$ normal-verteilt mit den Parametern $n\mu$ und $\sqrt{n}\sigma$.

44.3. Die stochastischen Variablen X und Y seien unabhängig und identisch Gamma-verteilt mit den Parametern b und p. Dann ergibt sich aus 43.2. mit der Definition 1.51. für die Dichte h von $Z \triangleq X + Y$ für $z < 0$ zunächst $h(z) = 0$ und für $0 \le z$:

$$h(z)= \frac{b^{2p}}{\Gamma^2(p)}\int_0^z (z-x)^{p-1}e^{-b(z-x)}x^{p-1}e^{-bx}dx$$
$$= \frac{b^{2p}}{\Gamma^2(p)}e^{-bz}z^{p-1}\int_0^z (1-\frac{x}{z})^{p-1}x^{p-1}dx$$

Mit der Transformation $t \triangleq \frac{x}{z}$ folgt daraus

$$h(z)= \frac{b^{2p}}{\Gamma^2(p)}e^{-bz}z^{2p-1}\int_0^1 (1-t)^{p-1}t^{p-1}dt$$

Das Integral rechts ist $\frac{\Gamma^2(p)}{\Gamma(2p)}$ und damit erhalten wir

$$h(z) = \frac{b^{2p}}{\Gamma(2p)} z^{2p-1} e^{-bz} \quad \text{für } 0 \leq z.$$

Z ist also Gamma-verteilt mit den Parametern b und 2p.
Dieses Ergebnis läßt sich zu folgendem verallgemeinern:
Mit $n \in \mathbb{N}$ seien die stochastischen Variablen $X_1, \cdots, X_n$ unabhängig und identisch Gamma-verteilt mit den Parametern b und p. Dann ist $Z_n \triangleq X_1 + \cdots + X_n$ Gamma-verteilt mit den Parametern b und np. ┘

Für diskrete stochastische Variablen ist es zweckmäßig, die Aussage von Satz 43.2. so umzuformen, daß man die Wahrscheinlichkeit der einzelnen Werte unmittelbar berechnen kann. Wir geben diese Umformulierung an für stochastische Variablen mit Werten aus $\mathbb{N}_0$.

Sind X und Y auf $(\Omega, \mathfrak{A}, P)$ definierte, unabhängige stochastische Variablen mit Werten aus $\mathbb{N}_0$, so ergibt sich aus 43.2. für $Z \triangleq X+Y$ und $n \in \mathbb{N}_0$ zunächst $P\{Z \leq n\} = \sum_{m=0}^{n} P\{X \leq n-m\} P\{Y=m\}$. Nach Satz 1.15.3. ist $P\{Z=n\} = P\{Z \leq n\} - P\{Z \leq n-1\}$ und damit erhält man

(45.) $P\{Z=n\} = \sum_{m=0}^{n} P\{X=n-m\} \cdot P\{Y=m\}$ für $n \in \mathbb{N}_0$.

46. Beispiel:

Die stochastischen Variablen X und Y seien unabhängig und Poisson-verteilt mit den Parametern μ und ν. Dann ergibt sich für $Z \triangleq X + Y$ und $n \in \mathbb{N}$ aus 45.:

$$P\{Z=n\} = \sum_{m=0}^{n} e^{-\mu} \frac{\mu^{n-m}}{(n-m)!} e^{-\nu} \frac{\nu^m}{m!} =$$

$$e^{-(\mu+\nu)} \sum_{m=0}^{n} \frac{1}{n!} \binom{n}{m} \mu^{n-m} \nu^m = e^{-(\mu+\nu)} \frac{(\mu+\nu)^n}{n!}.$$

Z ist also Poisson-verteilt mit dem Parameter $\mu + \nu$.
Dieses Ergebnis läßt sich zu folgendem verallgemeinern:
Mit $n \in \mathbb{N}$ seien die stochastischen Variablen $X_1, \cdots, X_n$ unabhängig und Poisson-verteilt mit den Parametern $\mu_1, \cdots, \mu_n$. Dann ist $Z_n \triangleq X_1 + \cdots + X_n$ Poisson-verteilt mit dem Parameter $\sum_{m=1}^{n} \mu_m$. ┘

Die Operation, nach der in Satz 43.2. die Verteilungsfunktion H von Z = X + Y aus den Verteilungsfunktionen F von X und G von Y berechnet wird, heißt <u>Faltung.</u> Mit dem Operationssymbol $*$ für die Faltung hat 43.2. die Gestalt

$$H = F * G = G * F.$$

Mit Satz 1.47. ist die so definierte Faltung eine Abbildung, die zwei W-Maßen auf $(\mathbb{R},\mathfrak{B})$ ein W-Maß auf $(\mathbb{R},\mathfrak{B})$ zuordnet. Allgemein ist die Faltung für endliche Maße wie folgt definiert: Seien μ_1 und μ_2 endliche Maße auf $(\mathbb{R},\mathfrak{B})$; die Abbildung $S_2 : \mathbb{R}^2 \to \mathbb{R}$ sei definiert durch

$$S_2(x_1,x_2) \triangleq x_1 + x_2 \quad \text{für } (x_1,x_2) \in \mathbb{R}^2;$$

S_2 ist $(\mathfrak{B}^2,\mathfrak{B})$-meßbar. Dann heißt das Bild des Produktmaßes $\mu_1 \otimes \mu_2$ bzgl. S_2 das Faltungsprodukt von μ_1 und μ_2, in Zeichen

$$\mu_1 * \mu_2 = S_2(\mu_1 \otimes \mu_2).$$

Diese Definition läßt sich in naheliegender Weise auf das Faltungsprodukt von $n \in \mathbb{N}$ endlichen Maßen verallgemeinern. Wir wollen auf die Faltung von Maßen nicht weiter eingehen, jedoch noch folgendes anmerken:
Die Faltung ist kommutativ, assoziativ und distributiv.
Haben die Maße μ_1 und μ_2 Dichten f_1 und f_2 bzgl. des Lebesgueschen Maßes und definiert man die Faltung $f_1 * f_2$ durch

$$f_1 * f_2(z) \triangleq \int f_1(z-x) f_2(x) dx \quad \text{für } z \in \mathbb{R},$$

so ist $f_1 * f_2$ die Dichte von $\mu_1 * \mu_2$ bzgl. des Lebesgueschen Maßes. Auch die Faltung von Dichten ist kommutativ, assoziativ und distributiv.
Unter Verwendung der Faltung ergibt sich für Satz 43.2. folgende Verallgemeinerung:

Sind mit $n \in \mathbb{N}$ $X_1,\cdots,X_n$ unabhängige stochastische Variablen mit Werten aus $\mathbb{R}$, so gilt für $X \triangleq \sum_{m=1}^{n} X_m$:

47.1. Sind P_X, $P_{X_1},\cdots,P_{X_n}$ die Verteilungen von $X,X_1,\cdots,X_n$, so ist

$$P_X = P_{X_1} * \cdots * P_{X_n}.$$

47.2. Sind $F, F_1, \cdots, F_n$ die Verteilungsfunktionen von $X, X_1, \cdots, X_n$, so ist

$$F = F_1 * \cdots * F_n.$$

47.3. Sind die $X_1, \cdots, X_n$ absolutstetig mit den Dichten $f_1, \cdots, f_n$, so ist X absolutstetig und die Dichte f von X ist

$$f = f_1 * \cdots * f_n.$$

Wir berechnen jetzt die Verteilung von X^2 aus der von X.

48. Satz: X sei auf $(\Omega, \mathfrak{A}, P)$ definierte stochastische Variable mit Werten aus $\mathbb{R}$. Sei $Y \triangleq X^2$.

48.1. Ist F die Verteilungsfunktion von X, so gilt für die Verteilungsfunktion G von Y:

$$G(y) = \begin{cases} 0 & \text{für } y < 0 \\ F(\sqrt{y}) - F(-\sqrt{y}) + P\{X = -\sqrt{y}\} & \text{für } 0 \leq y\ . \end{cases}$$

48.2. Ist X absolutstetig mit der Dichte f, so ist Y absolutstetig und für die Dichte g von Y gilt:

$$g(y) = \begin{cases} 0 & \text{für } y < 0 \\ \dfrac{f(\sqrt{y}) + f(-\sqrt{y})}{2\sqrt{y}} & \text{für } 0 \leq y\ . \end{cases}$$

Beweis: Die $\mathfrak{A}$-Meßbarkeit von Y wurde in 1.4o.3. gezeigt.

1. Der Beweis von 48.1. ergibt sich unmittelbar aus

$$P\{Y \leq y\} = P\{X^2 \leq y\} = 0 \qquad \text{für } y < 0 \quad \text{und}$$
$$P\{Y \leq y\} = P\{-\sqrt{y} \leq X \leq +\sqrt{y}\} \qquad \text{für } 0 \leq y.$$

2. Besitzt X die Dichte f, so liefert 48.1. für $0 \leq y$

$$P\{Y \leq y\} = \int_{-\sqrt{y}}^{0} f(x)\,dx + \int_{0}^{\sqrt{y}} f(x)\,dx.$$

Mit der Transformation $x \triangleq -\sqrt{z}$ für das Integral links und $x \triangleq \sqrt{z}$ für das Integral rechts ergibt sich daraus

$$P\{Y \leq y\} = \int_{0}^{y} \frac{f(\sqrt{z}) + f(-\sqrt{z})}{2\sqrt{z}}\,dz$$

und damit die in 48.2. angegebene Dichte. ┘

Als Beispiel für die Anwendung von Satz 48. berechnen wir die Verteilung der Summe der Quadrate von n normal-verteilten stochastischen Variablen.

49. Beispiel:

Die stochastische Variable X sei normal-verteilt mit den Parametern 0 und σ. Dann ergibt sich für die Dichte f von X^2 für $0 \leq x$ aus 48.2.:

$$f(x) = \frac{1}{\sigma\sqrt{2\pi}} \frac{1}{2\sqrt{x}} 2 e^{-\frac{1}{2\sigma^2}x} = \frac{1}{\sigma\sqrt{2\pi}} x^{-\frac{1}{2}} e^{-\frac{1}{2\sigma^2}x} .$$

Beachtet man, daß $\Gamma(\frac{1}{2}) = \sqrt{\pi}$ ist, so ergibt sich: X^2 ist Gamma-verteilt mit den Parametern $\frac{1}{2\sigma^2}$ und $\frac{1}{2}$.

Mit diesem Ergebnis und mit dem von Beispiel 44.3. erhalten wir nun:

Die $X_1,\cdots,X_n$ seien unabhängig und identisch normal-verteilt mit den Parametern 0 und σ. Dann ist $S_n \triangleq X_1^2 +\cdots+ X_n^2$ Gamma-verteilt mit den Parametern $\frac{1}{2\sigma^2}$ und $\frac{n}{2}$.

Ist speziell $\sigma = 1$, so ist die Dichte von S_n

$$(49.1.) \qquad h(z) = \begin{cases} \frac{1}{2^{\frac{n}{2}}\,\Gamma(\frac{n}{2})} z^{\frac{n}{2}-1} e^{-\frac{z}{2}} & \text{für } 0 \leq z \\ 0 & \text{sonst.} \end{cases}$$

Die Familie der Verteilungen mit den Dichten 49.1. ist die der zentralen χ^2-Verteilungen; den Parameter $n \in \mathbb{N}$ nennt man die Anzahl der Freiheitsgrade einer χ^2-Verteilung. ┘

Wir berechnen als nächstes die Verteilungen des Produktes und des Quotienten von zwei stochastischen Variablen.

5o. Satz: X und Y seien auf $(\Omega, \mathfrak{A}, P)$ definiert mit Werten aus $\mathbb{R}$. (X,Y) sei absolutstetig mit der Dichte f.

5o.1. Sei $U \triangleq X\cdot Y$. Dann ist U absolutstetig und für die Dichte h von U gilt

$$h(u) = \int_{-\infty}^{+\infty} \frac{1}{|t|} f(\tfrac{u}{t},t)dt \qquad \text{für } u \in \mathbb{R} .$$

Sind X und Y unabhängig und ihre Dichten f_1 bzw. f_2, so gilt

$$h(u) = \int_{-\infty}^{+\infty} \frac{1}{|t|} f_1(\tfrac{u}{t}) f_2(t)dt .$$

5o.2. Sei $V \triangleq \frac{X}{Y}$. Dann ist V absolutstetig und für die Dichte h von V gilt

$$h(v) = \int_{-\infty}^{+\infty} |t| f(vt,t)dt \qquad \text{für } v \in \mathbb{R}.$$

Sind X und Y absolutstetig und ihre Dichten f_1 bzw. f_2, so gilt

$$h(v) = \int_{-\infty}^{+\infty} |t| f_1(vt) f_2(t)dt .$$

Beweis: Die $\mathfrak{A}$-Meßbarkeit von U und V wurde in Satz 4o. bewiesen.

1. Für U = XY ergibt sich für $u \in \mathbb{R}$

$$P\{U \le u\} = \int_{-\infty}^{+\infty} \int_{-\infty}^{+\infty} 1_{x \cdot y \le u} f(x,y)dxdy$$
$$= \int_{-\infty}^{0} (\int_{-\infty}^{\infty} 1_{x \ge \frac{u}{y}} f(x,y)dx\, dy + \int_{0}^{\infty} (\int_{-\infty}^{+\infty} 1_{x \le \frac{u}{y}} f(x,y)dx)dy$$
$$= \int_{-\infty}^{0} (\int_{-\infty}^{u} - \frac{1}{y} f(\frac{t}{y},y)dt)dy + \int_{0}^{\infty} (\int_{-\infty}^{u} \frac{1}{y} f(\frac{t}{y},y)dt)dy$$
$$= \int_{-\infty}^{+\infty} (\int_{-\infty}^{u} \frac{1}{|y|} f(\frac{t}{y},y)dt)dy$$
$$= \int_{-\infty}^{u} (\int_{-\infty}^{+\infty} \frac{1}{|y|} f(\frac{t}{y},y)dy)dt .$$

Bei der Berechnung haben wir wiederholt Satz 36. ausgenutzt.
Damit ist die 1. Aussage in 5o.1. bewiesen; die 2. ergibt sich aus $f = f_1 f_2$ bei Unabhängigkeit von X und Y.

2. Für $V = \frac{X}{Y}$ ergibt sich für $v \in \mathbb{R}$

$$P\{V \le v\} = \int_{-\infty}^{+\infty} \int_{-\infty}^{+\infty} 1_{\frac{x}{y} \le v} f(x,y)dxdy$$
$$= \int_{-\infty}^{0} (\int_{-\infty}^{+\infty} 1_{x \ge vy} f(x,y)dx)dy + \int_{0}^{\infty} (\int_{-\infty}^{+\infty} 1_{x \le vy} f(xy)dx)dy$$
$$= \int_{-\infty}^{0} (\int_{-\infty}^{v} -yf(ty,y)dt)dy + \int_{0}^{\infty} (\int_{-\infty}^{v} yf(ty,y)dt)dy$$
$$= \int_{-\infty}^{+\infty} (\int_{-\infty}^{v} |y| f(ty,y)dt)dy$$
$$= \int_{-\infty}^{v} (\int_{-\infty}^{+\infty} |y| f(ty,y)dy)dt .$$

Damit ist die 1. Aussage von 5o.2. bewiesen, die 2. ergibt sich aus $f = f_1 f_2$ bei Unabhängigkeit von X und Y. ┘

Wir wollen nun eine Reihe von Beispielen berechnen.

51. Beispiele:

51.1. X und Y seien auf $(\Omega, \mathfrak{A}, P)$ definierte, unabhängige stochastische Variablen mit Werten aus $[0,\sqrt{2}]$. Sie seien absolutstetig mit den Dichten f_1 und f_2; es seien $f_1(x) = f_2(x) = x$ für $x \in [0,\sqrt{2}]$ und $f_1(x) = f_2(x) = 0$ sonst.
Sei $U \triangleq X\cdot Y$. U nimmt Werte aus $[0,2]$ an.
Für die Dichte g von U ergibt sich mit 5o.1. für $u \in [0,2]$:

$$g(u) = \int_{\frac{u}{\sqrt{2}}}^{\sqrt{2}} \frac{u}{t}\, dt = 2u\ln\sqrt{2} - u\ln u;$$

Daraus erhält man

$$P\{U\leq u\} = u^2\ln\sqrt{2} - \frac{1}{2} u^2\ln u + \frac{1}{4} u^2.$$

Sei nun $V \triangleq \frac{X}{Y}$. V nimmt Werte aus $\mathbb{R}_+$ an. Für die Dichte h von V ergibt sich mit 5o.2. zunächst für $0 \leq v \leq 1$

$$h(v) = \int_0^{\sqrt{2}} vt^3 dt = v$$

Für $1 < v$ erhält man $h(v) = \int_0^{\frac{\sqrt{2}}{v}} vt^3 dt = \frac{1}{v^3}$.

Damit ergibt sich

$$P\{V \leq v\} = \frac{1}{2} v^2 \qquad \text{für } 0 \leq v \leq 1 \quad \text{und}$$

$$P\{V \leq v\} = 1 - \frac{1}{2v^2} \qquad \text{für } 1 < v.$$

51.2. Die stochastischen Variablen $X, X_1, \cdots, X_n$ mit $n \in \mathbb{N}$ seien unabhängig und identisch normal-verteilt mit den Parametern 0 und σ. Seien $Y \triangleq \sqrt{\frac{1}{n} \sum_{m=1}^{n} X_m^2}$ mit dem positiven Zweig der Wurzel und $Z \triangleq \frac{X}{Y}$.
Wir berechnen zunächst die Dichte von Y.
Nach dem Ergebnis von Beispiel 49. ist $\sum_{m=1}^{n} X_m^2$ Gamma-verteilt mit den Parametern $\frac{1}{2\sigma^2}$ und $\frac{n}{p}$. Mit Satz 42. erhalten wir daraus die Dichte g von $U \triangleq \frac{1}{n} \sum_{m=1}^{n} X_m^2$

$$g(u) = \frac{n^{\frac{n}{2}}}{2^{\frac{n}{2}}\sigma^n\Gamma(\frac{n}{2})} u^{\frac{n}{2}-1} e^{-\frac{n}{2\sigma^2}u}$$

für $0 \leq u$ und $g(u) = 0$ für $u < 0$.

Aus dieser Dichte für U berechnet sich die Dichte h von Y nach Satz 37. mittels der Transformation $Y \triangleq \sqrt{U}$ und man erhält

$$h(y) = \frac{n^{\frac{n}{2}}}{2^{\frac{n}{2}-1}\sigma^n\Gamma(\frac{n}{2})} y^{n-1} e^{-\frac{n}{2\sigma^2}y^2}$$

für $0 \le y$ und $h(y) = 0$ für $y < 0$.

Mit Satz 5o.2. ergibt sich nun für die Dichte f von Z :

$$f(z) = \frac{n^{\frac{n}{2}}}{2^{\frac{n}{2}-1}\sigma^{n+1}\sqrt{2\pi}\Gamma(\frac{n}{2})} \int_0^\infty t^n \exp\{-\frac{(z^2+n)t^2}{2\sigma^2}\}dt$$

Mit der Transformation $\tau \triangleq t^2$ folgt

$$f(z) = \frac{n^{\frac{n}{2}}}{2^{\frac{n}{2}}\sigma^{n+1}\sqrt{2\pi}\Gamma(\frac{n}{2})} \int_0^\infty \tau^{\frac{n-1}{2}} \exp\{-\frac{(z^2+n)\tau}{2\sigma^2}\}d\tau .$$

Das Integral rechts ist $\frac{\Gamma(p)}{a^p}$ mit $p = \frac{n+1}{2}$ und $a = \frac{z^2+n}{2\sigma^2}$.

Damit ergibt sich nun

$$f(z) = \frac{1}{\sqrt{n\pi}} \frac{\Gamma(\frac{n+1}{2})}{\Gamma(\frac{n}{2})} (1+\frac{z^2}{n})^{-\frac{n+1}{2}} \qquad \text{für } z \in \mathbb{R}.$$

Die Familie der Verteilungen mit den Dichten f ist die der <u>zentralen</u> Student- oder <u>t-Verteilungen</u>; den Parameter $n \in \mathbb{N}$ nennt man die <u>Anzahl der Freiheitsgrade</u> einer t-Verteilung. Man beachte, daß der Parameter σ der Verteilungen, von denen wir ausgegangen sind, in der berechneten Dichte f nicht mehr auftritt.

51.3. Die stochastischen Variablen $X_1,\cdots,X_m$ und $Y_1,\cdots,Y_n$ mit $m,n \in \mathbb{N}$ seien unabhängig und identisch normal verteilt mit den Parametern 0 und σ. Seien $X \triangleq \sum_{i=1}^{m} X_i^2$, $Y = \sum_{i=1}^{n} Y_i^2$ und $Z \triangleq \frac{X}{Y}$.

X ist Gamma-verteilt mit den Parametern $\frac{1}{2\sigma^2}$ und $\frac{m}{2}$; Y ist Gamma-verteilt mit den Parametern $\frac{1}{2\sigma^2}$ und $\frac{n}{2}$. Für die Dichte h von Z erhalten wir mit 5o.2. für $0 \le Z$:

$$h(z) = \frac{z^{\frac{m}{2}-1}}{2^{\frac{m+n}{2}}\sigma^{m+n}\Gamma(\frac{m}{2})\Gamma(\frac{n}{2})} \int_0^\infty t^{\frac{m+n}{2}-1} \exp\{-\frac{(1+z)t}{2\sigma^2}\}dt$$

Das Integral rechts ist $\frac{\Gamma(p)}{a^p}$ mit $p = \frac{m+n}{2}$ und $a = \frac{1+z}{2\sigma^2}$.

Damit ergibt sich $h(z) = \frac{\Gamma(\frac{m+n}{2})}{\Gamma(\frac{m}{2})\Gamma(\frac{n}{2})} \frac{z^{\frac{m}{2}-1}}{(1+z)^{\frac{m+n}{2}}}$.

für $0 \leq z$ und $h(z) = 0$ für $z < 0$.
Für $U \triangleq \frac{n}{m} Z$ erhält man die Dichte $g(u) = \frac{m}{n} h(\frac{mu}{n})$.

Die Familie der Verteilungen mit den Dichten g ist die der zentralen F-Verteilungen; die Parameter $(m,n) \in \mathbb{N}^2$ nennt man die Anzahl der Freiheitsgrade. Man beachte auch hier, daß der Parameter σ der Ausgangsverteilungen in h und g nicht mehr auftritt.

51.4. Sei Z wie in 51.3. definiert und es sei $U \triangleq \frac{Z}{1+Z}$.
Die stochastische Variable U nimmt offenbar Werte aus $[0,1]$ an und für $u \in (0,1)$ gilt $P\{U \leq u\} = P\{Z \leq \frac{u}{1-u}\}$, wenn P das W-Maß des Grundraumes ist, über dem sämtliche stochastischen Variablen definiert sind.
Daraus errechnet sich die Dichte g von U nach

$$g(u) = \frac{1}{(1-u)^2} h(\frac{u}{1-u}) \quad \text{für } u \in (0,1),$$

wenn h die Dichte von Z ist.
Für g ergibt sich

$$g(u) = \frac{\Gamma(\frac{m+n}{2})}{\Gamma(\frac{m}{2})\Gamma(\frac{n}{2})} u^{\frac{m}{2}-1} (1-u)^{\frac{n}{2}-1}$$

für $u \in (0,1)$ und $g(u) = 0$ sonst.
Die für U errechnete Dichte ist die einer Beta-Verteilung.
Allgemein ist die Familie der Beta-Verteilungen definiert durch die Dichten

(51.5.) $$\beta(x;p,q) = \frac{\Gamma(p+q)}{\Gamma(p)\Gamma(q)} x^{p-1}(1-x)^{q-1}$$

für $0 < x < 1$ und $\beta(x;p,q) = 0$ sonst.
Der Wertebereich der Parameter ist $\mathbb{R}_+$ mit $p,q > 0$.
Der Faktor, der in der Dichte β auftritt, ist das Inverse der Beta-Funktion

$$B(p,q) = \frac{\Gamma(p) \cdot \Gamma(q)}{\Gamma(p+q)} \quad \text{für } p,q > 0 .$$

Die Beta-Funktion besitzt eine Integraldarstellung

(51.6.) $$B(p,q) = \int_0^1 x^{p-1}(1-x)^{q-1}\, dx$$

von der wir in Beispiel 44.3. schon Gebrauch gemacht haben.⌟

Zum Abschluß dieses Kapitels berechnen wir noch die Verteilung von Ordnungsgrößen.

Seien $n \in \mathbb{N}$ und $(x_1,\cdots,x_n) \in \mathbb{R}^n$. Durch die Anordnung der $x_1,\cdots,x_n$ nach ihrer Größe ergebe sich das n-tupel $(x_{(1)},\cdots,x_{(n)})$ mit $x_{(1)} \leq x_{(2)} \leq \cdots \leq x_{(n)}$. Sei nun für $m \in \{1,\cdots,n\}$ die Abbildung $R_m : \mathbb{R}^n \to \mathbb{R}$ definiert durch

$$R_m(x_1,\cdots,x_n) \triangleq x_{(m)} \qquad \text{für } (x_1,\cdots,x_n) \in \mathbb{R}^n.$$

Offenbar sind $R_1(x_1,\cdots,x_n) = \min\{x_1,\cdots,x_n\}$ und $R_n(x_1,\cdots,x_n) = \max\{x_1,\cdots,x_n\}$. Für R_1 und R_n haben wir die $(\mathfrak{B}^n,\mathfrak{B})$-Meßbarkeit in Satz 1.41. bewiesen; man überzeugt sich leicht davon, daß alle $R_m, m \in \{1,\cdots,n\}$, $(\mathfrak{B}^n,\mathfrak{B})$-meßbar sind. Man nennt R_m die <u>m-te Ordnungsgröße auf $\mathbb{R}^n$</u>.

Ist $X = (X_1,\cdots,X_n)$ eine auf $(\Omega,\mathfrak{A},P)$ definierte stochastische Variable, so ist $R_m \circ X$ eine $\mathfrak{A}$-meßbare stochastische Variable mit Werten aus $\mathbb{R}$. Der folgende Satz gibt ihre Verteilung an.

52. <u>Satz</u>: Mit $n \in \mathbb{N}$ seien die $X_1,\cdots,X_n$ auf $(\Omega,\mathfrak{A},P)$ definierte, unabhängige und identisch verteilte stochastische Variablen mit Werten aus $\mathbb{R}$. Sei $X \triangleq (X_1,\cdots,X_n)$, R_m die m-te Ordnungsgröße auf $\mathbb{R}^n$ und $X_{(m)} \triangleq R_m \circ X$ für $m \in \{1,\cdots,n\}$. Ist F die Verteilungsfunktion von X_1, so gilt für die Verteilungsfunktion F_m von $X_{(m)}$

$$F_m(x) = \sum_{i=m}^{n} \binom{n}{i} F^i(x)(1-F(x))^{n-i} \quad \text{für } x \in \mathbb{R}.$$

<u>Beweis</u>: Sei $x \in \mathbb{R}$. Für $m \in \{1,\cdots,n\}$ sei

$$N_m \triangleq \begin{cases} 1 & , \text{ falls } X_m \leq x \\ 0 & \text{ sonst.} \end{cases}$$

Sei $N \triangleq \sum_{m=1}^{n} N_m$. Wegen $P\{X_m \leq x\} = F(x)$ für alle $m \in \{1,\cdots,n\}$ und der Unabhängigkeit der $X_1,\cdots,X_n$ ist N binomial-verteilt mit den Parametern $F(x)$ und n. Nun folgt

$$P\{X_{(m)} \leq x\} = P\{N \geq m\} = \sum_{i=m}^{n} \binom{n}{i} F^i(x)(1-F(x))^{n-i}$$

und damit ist der Satz bewiesen. ┘

Für Minimum und Maximum von $X_1,\cdots,X_n$ ergeben sich speziell

$$P\{X_{(1)} \leq x\} = 1 - (1-F(x))^n \quad \text{und}$$

$$P\{X_{(n)} \leq x\} = F^n(x)$$

für $x \in \mathbb{R}$.

3 Erwartungswerte

In der Einleitung zu Kapitel 2. haben wir als Motivation für die Beschäftigung mit Integralen angegeben, daß wir einer möglichst umfassenden Klasse meßbarer numerischer Funktionen reelle Zahlen als gewichtete Mittel zuordnen wollen. In diesem Kapitel wollen wir uns mit den Eigenschaften dieser gewichteten Mittel für numerische stochastische Variablen, deren Erwartungswerten, beschäftigen. Grundlage ist die folgende

1. Definition: $(\Omega, \mathfrak{A}, P)$ sei ein W-Raum und X sei eine auf Ω definierte, $\mathfrak{A}$-meßbare numerische Funktion mit Werten aus $\bar{\mathbb{R}}$. Gilt dann $X \geq 0$ oder ist X P-integrierbar, so heißt

$$E[X] \triangleq \int_{\Omega} X dP$$

Erwartungswert von X bzgl. $(\Omega, \mathfrak{A}, P)$. ┘

Gilt mit den Bezeichnungen dieser Definition $X \geq 0$, so ist der Erwartungswert von X immer definiert und $E[X] = +\infty$ ist zugelassen. Nimmt X positive und negative Werte an, so ist der Erwartungswert von X definiert, wenn X P-integrierbar ist; dann ist E[X] endlich. Ist der Erwartungswert von X gemäß 1. definiert, so sagen wir, daß E[X] existiert. In jedem Fall sind die Eigenschaften des Erwartungswertes die des definierenden Integrals und damit stehen die Aussagen von Kapitel 2. für die Untersuchung von Erwartungswert-Eigenschaften zur Verfügung.

Im ersten Teil dieses Kapitels beschäftigen wir uns mit Eigenschaften von Erwartungswerten und eng mit diesen zusammenhängender Kenngrößen stochastischer Variablen; die stochastischen Variablen nehmen zunächst Werte aus $\mathbb{R}$, dann Werte aus $\mathbb{R}^r$ an. Im zweiten Teil behandeln wir Transformationen, die in den Anwendungen für den Umgang mit stochastischen Variablen oft von Nutzen sind. Im dritten Teil des Kapitels besprechen wir Beispiele mehrdimensionaler stochastischer Variablen, insbesondere die mehrdimensionale Normalverteilung.

3.1 Erwartungswerte reeller stochastischer Variablen

$(\Omega, \mathfrak{A}, P)$ sei ein beliebiger, vorgegebener W-Raum, auf den wir uns im folgenden immer beziehen. Die betrachteten stochastischen Variablen sind zunächst $\mathfrak{A}$-meßbare Abbildungen von Ω in $\mathbb{R}$.

Im folgenden Satz stellen wir zunächst die grundlegenden Eigenschaften von Erwartungswerten zusammen, die sich aus Definition 1. und den entsprechenden Sätzen in Kapitel 2. unmittelbar ergeben.

2. Satz: X und Y seien stochastische Variablen, deren Erwartungswerte existieren.

2.1. $E[1_A] = P(A)$ für alle $A \in \mathfrak{A}$.

2.2. Für $X \geq 0$ gilt $E[X] = 0 \iff X = 0$ P-fast-überall.

2.3. $E[X] \in \mathbb{R} \iff E[|X|] \in \mathbb{R}$.

2.4. $E[aX] = aE[X]$ für alle $a \in \mathbb{R}$.

2.5. $E[X+Y] = E[X] + E[Y]$.

2.6. Gilt $X \leq Y$ P-fast-überall, so gilt $E[X] \leq E[Y]$. ┘

Ist für die stochastische Variable X die Verteilung P_X explizit gegeben, so ergibt sich für den Erwartungswert von X aus dem Transformationssatz 2.26.

(3.1.) $E[X] = \int_{\mathbb{R}} x dP_X$;

ist die Verteilung von X durch die Verteilungsfunktion F(x) gegeben, so gilt entsprechend gemäß 2.27.

(3.2.) $E[X] = \int_{\mathbb{R}} x dF(x)$.

Der folgende Satz gibt ein hinreichendes Kriterium für die Endlichkeit des Erwartungswertes.

4. Satz: Sei X eine stochastische Variable und für $a \in \mathbb{R}$ mit $0 < a$ seien

$$\sum_{n \in \mathbb{N}} nP\{-(n+1)a < X \leq -na\} < +\infty$$

und

$$\sum_{n \in \mathbb{N}} nP\{na < X \leq (n+1)a\} < +\infty$$

Dann ist E[X] endlich.

Beweis: Für $n \in \mathbb{N}_0$ seien $A_n \triangleq \{-(n+1)a < X \le -na\}$ und $B_n \triangleq \{na < X \le (n+1)a\}$. Die (A_n) und (B_n) sind Folgen von Elementen aus $\mathfrak{A}$.

Seien weiter $Y \triangleq \sum_{n\in\mathbb{N}} -(n+1)a1_{A_n} + \sum_{n\in\mathbb{N}} na1_{B_n}$ und

$Z \triangleq \sum_{n\in\mathbb{N}} -na1_{A_n} + \sum_{n\in\mathbb{N}_0} (n+1)a1_{B_n}$.

Nun folgen $\int_\Omega YdP = -a\sum_{n\in\mathbb{N}} nP(A_n) - a\sum_{n\in\mathbb{N}_0} P(A_n) + a\sum_{n\in\mathbb{N}} nP(B_n)$

und $\int_\Omega ZdP = -a\sum_{n\in\mathbb{N}} nP(A_n) + a\sum_{n\in\mathbb{N}_0} P(B_n) + a\sum_{n\in\mathbb{N}} nP(B_n)$

Nach Voraussetzung sind $\sum_{n\in\mathbb{N}} nP(A_n)$ und $\sum_{n\in\mathbb{N}} nP(B_n)$ endlich und damit sind die beiden Integrale endlich.

Nach Konstruktion gilt $Y \le X \le Z$ und damit erhalten wir $-\infty < E[Y] \le E[X] \le E[Z] < +\infty$ ┘

Als Beispiel für die Anwendung von Satz 4. nehmen wir an, daß X exponentiell verteilt ist mit dem Parameter μ. Wir wählen $a \triangleq 1$ und untersuchen $\sum_{n\in\mathbb{N}} nP\{n < X \le n+1\}$ auf Konvergenz.

Nach Definition 1.49.2. gilt für $n \in \mathbb{N}$:

$$P\{n < X \le n+1\} = 1-e^{-(n+1)\mu}-1+e^{-n\mu} = e^{-n\mu}(1-e^{-\mu}).$$

Nun gilt

$$\frac{(n+1)e^{-(n+1)\mu}}{ne^{-n\mu}} = (1+\tfrac{1}{n})e^{-\mu} \xrightarrow[n\to\infty]{} e^{-\mu} < 1$$

und damit konvergiert $\sum_{n\in\mathbb{N}} ne^{-n\mu}$ nach dem Quotientenkriterium; $E[X]$ ist also endlich für alle μ.

Wenn die Verteilung einer stochastischen Variablen durch die Verteilungsfunktion gegeben ist, so kann der Erwartungswert gemäß der Aussage des folgenden Satzes berechnet werden.

5. Satz: X sei eine stochastische Variable mit endlichem Erwartungswert und F(x) sei die Verteilungsfunktion von X. Dann gilt

$$E[X] = \int_0^\infty (1-F(x))dx - \int_{-\infty}^0 F(x)dx$$

Beweis: Zunächst gilt

$$E[X] = \int_{\mathbb{R}} xdF(x) = \int_0^\infty xdF(x) + \int_{-\infty}^0 xdF(x)$$

Für das erste Integral rechts folgt nun

$$\int_0^\infty x\,dF(x) = \int_0^\infty \int_0^x dy\,dF(x)$$

und daraus ergibt sich durch Anwendung von Satz 2.36.2.

$$= \int_0^\infty \int_y^\infty dF(x)\,dy$$

und damit unter Berücksichtigung von Satz 1.47.

$$\int_0^\infty x\,dF(x) = \int_0^\infty (1-F(y))\,dy\,.$$

Entsprechend ergibt sich für das zweite der Integrale oben

$$\int_{-\infty}^0 x\,dF(x) = -\int_{-\infty}^0 \int_x^0 dy\,dF(x)$$

$$= -\int_{-\infty}^0 \int_{-\infty}^y dF(x)\,dy = -\int_{-\infty}^0 F(y)\,dy\,.$$ ┘

Gilt mit den Bezeichnungen von Satz 5. $X \geq 0$, so kann man die Aussage des Satzes mit Definition 1.46. auch zu

(5.1.) $E[X] = \int_0^\infty P\{X>x\}\,dx$

umformen. Nimmt schließlich X nur Werte aus $\mathbb{N}_0$ an, so erhält man daraus

(5.2.) $E[X] = \sum_{n\in\mathbb{N}_0} P\{X>n\}$.

Sind $n \in \mathbb{N}$ stochastische Variablen gegeben, so ist der Erwartungswert jeder Linearkombination dieser stochastischen Variablen im Sinne des folgenden Satzes Linearkombination der Erwartungswerte der Ausgangsvariablen.

6. Satz: Für $n \in \mathbb{N}$ seien $X_1,\ldots,X_n$ stochastische Variablen, deren Erwartungswerte existieren. Sind dann $a_1,\ldots,a_n \in \mathbb{R}$ und ist $a_1E[X_1]+\cdots+a_nE[X_n]$ definiert, so gilt

$$E[a_1X_1+\cdots+a_nX_n] = a_1E[X_1]+\cdots+a_nE[X_n]\,.$$

Der Beweis dieser Aussage folgt sofort aus Definition 1. und den Sätzen 2.7. und 2.14. ┘

Die Aussage von Satz 6. wird besonders einprägsam, wenn wir uns auf stochastische Variablen mit endlichem Erwartungswert beschränken. Sei $L_1(\mathfrak{A},P)$ die Menge der P-integrierbaren stochastischen Variablen und $E : L_1(\mathfrak{A},P) \to \mathbb{R}$ sei die Abbildung, die jedem $X \in L_1(\mathfrak{A},P)$ $E[X]$ zuordnet. Dann lautet die Aussage von Satz 6. (eingeschränkt auf P-integrierbare stochastische Variablen) : Der Erwartungswert ist eine lineare Abbildung auf $L_1(\mathfrak{A},P)$.

Sei nun X wieder eine stochastische Variable; die Abbildung $f : \mathbb{R} \to \mathbb{R}$ sei meßbar. Dann ergibt sich aus dem Transformationssatz 2.26. für den Erwartungswert von f(X)

(6.1.) $E[f(X)] = \int_{\mathbb{R}} f(x)dP_X$ bzw.

(6.2.) $E[f(X)] = \int_{\mathbb{R}} f(x)dF(x)$,

wenn P_X bzw. F(x) die Verteilung bzw. die Verteilungsfunktion von X ist.

Spezielle Abbildungen stochastischer Variablen und ihre Erwartungswerte sind von besonderem Interesse; wir definieren sie im folgenden.

7. Definition: X sei eine stochastische Variable und alle angegebenen Erwartungswerte sollen existieren.

7.1. Für $n \in \mathbb{N}_0$ und $\alpha \in \mathbb{R}$ heißt $E[(X-\alpha)^n]$ n-tes Moment von X bzgl. α. $E[X^n]$ heißt n-tes Moment von X.

7.2. Für $n \in \mathbb{N}_0$ und endliches E[X] heißt das n-te Moment von X bzgl. E[X] n-tes zentrales Moment von X.

7.3. Für endliches E[X] heißt das 2-te zentrale Moment von X Varianz von X, in Zeichen

$$VAR[X] \triangleq E[(X-E[X])^2] .$$

7.4. Die positive Quadratwurzel der Varianz von X heißt Standardabweichung von X. ┘

Nach Definition 7.1. sind die Begriffe Erwartungswert und 1-tes Moment für jede stochastische Variable äquivalent. Nach Definition 7.2. ist das 1-te zentrale Moment für jede stochastische Variable mit endlichem Erwartungswert 0.

Für die höheren Momente gilt der folgende

8. Satz: X sei eine stochastische Variable und für $m,n \in \mathbb{N}$ sei $m < n$. Ist das n-te Moment von X endlich, so auch das m-te.

Beweis: Das n-te Moment von X sei endlich.
Nach Satz 2.13. ist die Endlichkeit von $E[X^n]$ äquivalent mit der P-Integrierbarkeit von $|X|^n$.
Nun gilt für $\omega \in \Omega$ mit $|X(\omega)| \leq 1$: $|X(\omega)|^m \leq 1$; für $\omega \in \Omega$ mit $|X(\omega)| > 1$ gilt: $|X(\omega)|^m \leq |X(\omega)|^n$.
Damit erhalten wir

$$E[|X|^m] = \int_\Omega |X|^m dP$$
$$= \int_{\{|X|\leq 1\}} |X|^m dP + \int_{\{|X|>1\}} |X|^m dP$$
$$\leq P\{|X|\leq 1\} + \int_\Omega |X|^n dP;$$

daraus folgt die Endlichkeit von $E[|X|^m]$ und dies ist wieder nach Satz 2.13. äquivalent mit der Endlichkeit von $E[X^m]$. ┘

Für die Berechnung von Momenten bzgl. verschiedener Bezugspunkte ist der folgende Satz nützlich.

9. Satz: Für $n \in \mathbb{N}$ existiere das n-te Moment der stochastischen Variablen X; ihr n-1-tes Moment sei endlich. Seien $a,b \in \mathbb{R}$ und $c \triangleq b - a$. Für $i \in \{0,\ldots,n\}$ sei $\mu_i(a)$ bzw. $\mu_i(b)$ das i-te Moment von X bzgl. a bzw. bzgl. b. Dann gilt

$$\mu_n(a) = \sum_{i=0}^{n} \binom{n}{i} \mu_{n-i}(b) c^i .$$

Beweis: $\mu_n(a) = E[(X-a)^n] = E[(X-b+b-a)^n]$

$$= E[\sum_{i=0}^{n} \binom{n}{i} (X-b)^{n-i} (b-a)^i]$$

Daraus folgt die Aussage mit Satz 6. ┘

Abgesehen von der Nützlichkeit des Satzes 9. bei der numerischen Berechnung von Momenten liefert er auch Zusammenhänge zwischen den (gewöhnlichen) Momenten und den zentralen Momenten. Für $a = 0$ und $b = E[X]$ ergibt sich

(9.1.) $E[X^n] = \sum_{i=0}^{n} \binom{n}{i} E[(X-E[X])^{n-i}] E^i[X];$

entsprechend ergibt sich für $a = E[X]$ und $b = 0$

(9.2.) $E[(X-E[X])^n] = \sum_{i=0}^{n} \binom{n}{i} (-1)^i E^i[X] E[X^{n-i}]$.

Mit 9.2. erhält man für $n = 2$ und mit Definition 7.3.
$VAR[X] = E[X^2] - 2E^2[X] + E^2[X]$, also

(9.3.) $VAR[X] = E[X^2] - E^2[X]$.

Nach den Definitionen 1. und 7.3. existiert die Varianz für jede stochastische Variable mit endlichem Erwartungswert. Für diese besagt Satz 2.2., daß $VAR[X] = 0$ genau dann gilt, wenn $X = E[X]$ P-fast-überall gilt.

Die Varianz einer stochastischen Variablen hat folgende Minimaleigenschaft.

10. Satz: Die Varianz der stochastischen Variablen X sei endlich. Dann gilt

$$VAR[X] \leq E[(X-a)^2]$$

für alle $a \in \mathbb{R}$.

Beweis: Nach Satz 9. gilt $E[(X-a)^2] = VAR[X] + (E[X]-a)^2$ für alle $a \in \mathbb{R}$ und daraus folgt sofort die Behauptung. ┘

Existiert für eine stochastische Variable X der Erwartungswert, so gilt $E[aX+b] = aE[X] + b$ für alle $a,b \in \mathbb{R}$. Ist der Erwartungswert endlich, so ergibt sich aus Satz 6.

(11.) $VAR[aX+b] = a^2\, VAR[X]$,

also insbesondere, daß die Varianz translations-invariant ist.

Man nennt eine stochastische Variable X standardisiert, wenn $E[X] = 0$ und $VAR[X] = 1$ gelten. Auf der Grundlage von Satz 6. und von 11. erhält man für jedes X mit $0 < VAR[X] < +\infty$ in $\frac{1}{\sqrt{VAR[X]}}(X-E[X])$ die X entsprechende standardisierte stochastische Variable.

12. Beispiele:

12.1. Analog zu Definition 1.49.1. heißt eine diskrete stochastische Variable X gleichverteilt über $\{1,\dots,n\}$ mit $n \in \mathbb{N}$, wenn X die Werte i mit $P\{X=i\} = \frac{1}{n}$ für alle $i \in \{1,\dots,n\}$ annimmt.

Sei nun X gleichverteilt über $\{1,\dots,n\}$. Dann ergeben sich gemäß 3.1.:

$$E[X] = \frac{1}{n}\sum_{m=1}^{n} m = \frac{1}{n}\,\frac{n(n+1)}{2}, \text{ also } E[X] = \frac{n+1}{2};$$

$$E[X^2] = \frac{1}{n}\sum_{m=1}^{n} m^2 = \frac{1}{n}\,\frac{n(n+1)(2n+1)}{6}, \text{ also } E[X^2] = \frac{(n+1)(2n+1)}{6}.$$

12.2. Sei X binomial verteilt mit den Parametern p und n gemäß Definition 1.30.
Wir berechnen $E[X]$ zunächst gemäß 3.1.

$$\begin{aligned} E[X] &= \sum_{m=0}^{n} m\binom{n}{m} p^m (1-p)^{n-m} \\ &= \sum_{m=1}^{n} \frac{mn(n-1)!}{m(m-1)!(n-m)!} p^m (1-p)^{n-m} \\ &= \sum_{m=0}^{n-1} \frac{n(n-1)!}{m!(n-m-1)!} p^{m+1} (1-p)^{n-m-1} \\ &= np \sum_{m=0}^{n-1} \binom{n-1}{m} p^m (1-p)^{n-1-m}, \text{ also} \end{aligned}$$

$E[X] = np$

Dieses Ergebnis erhält man auch wie folgt: Zunächst ist der Erwartungswert einer stochastischen Variablen Y, die Bernoulli-verteilt ist mit dem Parameter p $E[Y] = p$. In Beispiel 29. von Kapitel 1. haben wir gesehen, daß die Summe von n unabhängigen mit p Bernoulli-verteilten stochastischen Variablen binomial verteilt ist mit den Parametern p und n. Daraus ergibt sich $E[X] = np$ gemäß Satz 6.

Für das 2. Moment von X ergibt sich gemäß 6.1.

$$\begin{aligned} E[X^2] &= \sum_{m=0}^{n} m^2\binom{n}{m} p^m (1-p)^{n-m} \\ &= \sum_{m=1}^{n} \frac{m^2 n(n-1)!}{m(m-1)!(n-m)!} p^m (1-p)^{n-m} \\ &= \sum_{m=0}^{n-1} \frac{(m+1)n(n-1)!}{m!(n-m-1)!} p^{m+1} (1-p)^{n-m-1} \\ &= np \sum_{m=0}^{n-1} (m+1)\binom{n-1}{m} p^m (1-p)^{n-1-m} \end{aligned}$$

Nun ist, wie wir oben gesehen haben,

$\sum_{m=0}^{n-1} m\binom{n-1}{m} p^m (1-p)^{n-1-m} = (n-1)p$ und damit ergibt sich

$E[X^2] = (np)^2 + np(1-p)$.

12.3. Sei X geometrisch verteilt mit dem Parameter p gemäß Definition 1.31.1.

Wir berechnen E[X] zunächst gemäß 5.2.

Für $n \in \mathbb{N}_0$ gilt $P\{X>n\} = 1 - (1-p)\sum_{m=0}^{n} p^m = p^{n+1}$.

Damit ergibt sich

$E[X] = \sum_{n\in\mathbb{N}_0} P\{X>n\} = \sum_{n\in\mathbb{N}_0} p^{n+1} = \frac{p}{1-p}$.

Dabei haben wir die für $|p| < 1$ konvergierende geometrische Reihe benutzt.

Sei nun $f(p) \triangleq \sum_{n\in\mathbb{N}_0} p^n = \frac{1}{1-p}$.

Mit $f'(p) = \sum_{n\in\mathbb{N}_0} np^{n-1} = \frac{1}{(1-p)^2}$

und $f''(p) = \sum_{n\in\mathbb{N}_0} n(n-1)p^{n-2} = \frac{2}{(1-p)^3}$ ergibt sich gemäß 3.1.

$E[X] = \sum_{n\in\mathbb{N}_0} n(1-p)p^n = (1-p)\, pf'(p) = \frac{p}{1-p}$ und aus

$$\frac{2p^2}{(1-p)^2} = (1-p)\, p^2 f''(p) = (1-p)p^2 \sum_{n\in\mathbb{N}_0} n(n-1)p^{n-2}$$

$$= (1-p) \sum_{n\in\mathbb{N}_0} n^2 p^n - (1-p) \sum_{n\in\mathbb{N}_0} np^n$$

$$= E[X^2] - E[X]$$ ergibt sich

$$E[X^2] = \frac{p^2 + p}{(1-p)^2}.$$

12.4. Sei X Poisson-verteilt mit dem Parameter μ gemäß Definition 1.31.2.

Gemäß 3.1. bzw. 6.1. ergeben sich

$$E[X] = e^{-\mu} \sum_{n\in\mathbb{N}_0} n \frac{\mu^n}{n!} = e^{-\mu} \sum_{n\in\mathbb{N}} \frac{\mu^n}{(n-1)!}$$

$$= e^{-\mu}\, \mu \sum_{n\in\mathbb{N}_0} \frac{\mu^n}{n!},$$ also

$$E[X] = \mu.$$

$$E[X^2] = e^{-\mu} \sum_{n\in\mathbb{N}_0} n^2 \frac{\mu^n}{n!} = e^{-\mu} \sum_{n\in\mathbb{N}} n \frac{\mu^n}{(n-1)!}$$

$$= e^{-\mu} \mu \sum_{n\in\mathbb{N}_0} (n+1) \frac{\mu^n}{n!} = \mu\, E[X+1], \text{ also}$$

$$E[X^2] = \mu^2 + \mu .$$

Damit ist auch der Parameter der Poisson-Verteilung als ihr Erwartungswert und wegen 9.3. auch als ihre Varianz erklärt.

12.5. Sei X gleichverteilt über dem Intervall [a,b] gemäß Definition 1.49.1.

Gemäß 3.2. ergibt sich

$$E[X] = \int_a^b \frac{x}{b-a}\, dx = \frac{1}{b-a} \frac{1}{2} x^2 \Big|_{x=a}^{b}, \text{ also } E[X] = \frac{a+b}{2} .$$

Gemäß 6.2. ergibt sich

$$E[X^2] = \int_a^b \frac{x^2}{b-a}\, dx = \frac{1}{b-a} \frac{1}{3} x^3 \Big|_{x=a}^{b}, \text{ also } E[X^2] = \frac{a^2-ab+b^2}{3} .$$

12.6. Sei X exponentiell verteilt mit dem Parameter μ gemäß Definition 1.49.2.

Gemäß Satz 5. ergibt sich

$$E[X] = \int_0^\infty e^{-\mu x}\, dx = \frac{1}{\mu} .$$

Gemäß 6.2. ergibt sich

$$E[X^2] = \int_0^\infty \mu x^2 e^{-\mu x}\, dx$$

Durch partielle Integration erhält man daraus

$$E[X^2] = 2 \int_0^\infty x\, e^{-\mu x}\, dx .$$

und daraus wegen $\mu \int_0^\infty x\, e^{-\mu x}\, dx = E[X]$

$$E[X^2] = \frac{2}{\mu^2} .$$

Damit ist auch der Parameter der Exponentialverteilung als Kehrwert ihres Erwartungswertes und wegen 9.3. auch ihrer Standardabweichung erklärt.

12.7. Sei X normal verteilt mit den Parametern μ und σ gemäß Definition 1.5o.

Gemäß 3.2. ergibt sich

$$E[X] = \frac{1}{\sigma\sqrt{2\pi}} \int_{-\infty}^{+\infty} x \exp\{-\frac{1}{2}\frac{(x-\mu)^2}{\sigma^2}\}\, dx .$$

Mit der Transformation $y \triangleq \frac{x-\mu}{\sigma}$ folgt daraus

$$E[X] = \frac{1}{\sqrt{2\pi}} \int_{-\infty}^{+\infty} (\sigma y+\mu) \exp\{-\frac{1}{2} y^2\}dy .$$

Mit $\int_{-\infty}^{0} y \exp\{-\frac{1}{2} y^2\}dy = - \int_{0}^{\infty} y \exp\{-\frac{1}{2} y^2\}dy$ und

$\int_{-\infty}^{+\infty} \exp\{-\frac{1}{2} y^2\}dy = \sqrt{2\pi}$ folgt daraus

$$E[X] = \mu .$$

Gemäß 6.2. ergibt sich

$$E[X^2] = \frac{1}{\sigma\sqrt{2\pi}} \int_{-\infty}^{+\infty} x^2\exp\{-\frac{1}{2}\frac{(x-\mu)^2}{\sigma^2}\}dx .$$

Mit der Transformation $y \triangleq \frac{x-\mu}{\sigma}$ erhalten wir daraus

$$E[X^2] = \frac{1}{\sqrt{2\pi}} \int_{-\infty}^{+\infty} (\sigma^2y^2+2\mu\sigma y+\mu^2) \exp\{-\frac{1}{2} y^2\}dy$$

und nach den Berechnungen oben

$$E[X^2] = \frac{\sigma^2}{\sqrt{2\pi}} \int_{-\infty}^{+\infty} y^2 \exp\{-\frac{1}{2} y^2\}dy + \mu^2 .$$

Für das verbleibende Integral ergibt sich σ^2 durch partielle Integration von $\int_{-\infty}^{+\infty}(-y)(-y)\exp\{-\frac{1}{2} y^2\}dy$, so daß wir

$E[X^2] = \sigma^2 + \mu^2$ erhalten.

Damit sind auch die Parameter der Normalverteilung als deren Erwartungswert und (wegen 9.3.) Standardabweichung erklärt. ┘

Als nächstes besprechen wir zwei Ungleichungen für Erwartungswerte. Die Aussage des folgenden Satzes ist als Tschebyscheff-Markoffsche Ungleichung bekannt.

13. <u>Satz:</u> Für jede stochastische Variable X und für $a,p \in \mathbb{R}$ mit $0 < a,p$ gilt

$$P\{|X|\geq a\} \leq \frac{1}{a^p} E[|X|^p] .$$

Beweis: Seien $0 < a, p$; dann gilt

$$\begin{aligned} E[|X|^p] &= \int_\Omega |X|^p \, dP \\ &\geq \int_{\{|X| \geq a\}} |X|^p \, dP \\ &\geq a^p \, P\{|X| \geq a\} . \end{aligned}$$ ⌟

Wir geben noch drei spezielle Formen für die Ungleichung 13. an.

Für $X \geq 0$ und mit $p = 1$ gilt

(13.1.) $P\{X \geq a\} \leq \frac{1}{a} E[X]$ für jedes $a > 0$.

Für X mit endlichem Erwartungswert ergibt sich mit $p = 2$ unter Berücksichtigung von 11. für $X - E[X]$

(13.2.) $P\{|X-E[X]| \geq a\} \leq \frac{1}{a^2} VAR[X]$ für jedes $a > 0$.

Für X mit $0 < VAR[X] < +\infty$ ergibt sich mit $p = 2$ für $\frac{X-E[X]}{\sqrt{VAR[X]}}$

(13.3.) $P\{|X-E[X]| \geq a \sqrt{VAR[X]}\} \leq \frac{1}{a^2}$ für alle $a > 0$.

Die Bedeutung der Ungleichung des Satzes 13. liegt in ihrer Allgemeinheit. Für numerische Abschätzungen liefert sie meist keine guten Ergebnisse. Hierzu einige Beispiele:

Für exponentiell verteiltes X mit dem Erwartungswert 1 gilt $P\{X \geq 2\} = 0{,}135$; (13.1.) liefert $P\{X \geq 2\} \leq 0{,}5$.

Für normal verteiltes, standardisiertes X gilt $P\{|X| \geq 3\} = 0{,}003$; (13.3.) liefert $P\{|X| \geq 3\} \leq 0{,}\overline{1}$.

Der folgende Satz ist eine Version der Cauchy-Schwarzschen Ungleichung.

14. Satz: X und Y seien stochastische Variablen. Dann gilt

$$E^2[|XY|] \leq E[X^2] \, E[Y^2] .$$

Beweis: Ist $E[X^2] = +\infty$, so ist nichts zu zeigen. Ist $E[X^2] = 0$, so ist P-fast-überall $X = 0$ und daraus folgt $XY = 0$ P-fast-überall, so daß die Aussage mit dem Gleichheitszeichen gilt.

Seien nun $0 < E[X^2], E[Y^2] < +\infty$.
Für $a \in \mathbb{R}$ ist $E[(|X|+a|Y|)^2] = E[X^2] + 2a\, E[|XY|] + a^2 E[Y^2]$ ein Polynom in a, das wegen $E[(|X|+a|Y|)^2] \geq 0$ keine zwei verschiedenen reellen Nullstellen haben kann, so daß also

$$E^2[|XY|] - E[X^2]\, E[Y^2] \leq 0$$

gilt. ┘

Wegen 2.3. besagt Satz 14. insbesondere, daß aus der P-Integrierbarkeit von X^2 und Y^2 die P-Integrierbarkeit von XY folgt.

Wir wenden uns jetzt den Eigenschaften von Produkten stochastischer Variablen zu. Für unabhängige stochastische Variablen gilt der folgende

15. <u>Satz:</u> Für $n \in \mathbb{N}$ seien $X_1, \ldots X_n$ unabhängige stochastische Variablen. Gilt für alle $m \in \{1,\ldots,n\}$ $X_m \geq 0$ oder sind alle X_m P-integrierbar, so existiert $E[X_1 \cdots X_n]$ und es gilt

$$E[X_1 \cdots X_n] = E[X_1] \cdots E[X_n] .$$

<u>Beweis:</u> Für $m \in \{1,\ldots,n\}$ sei P_{X_m} die Verteilung von X_m; P_X sei die gemeinsame Verteilung der $X_1, \ldots, X_n$.

1. Seien alle $X_m \geq 0$.
   Dann gilt nach dem Transformationssatz 2.26.

$$E[X_1 \cdots X_n] = \int_{\mathbb{R}^n} x_1 \cdots x_n \, dP_X .$$

   Nach Satz 1.62. ist P_X wegen der Unabhängigkeit der $X_1, \ldots, X_n$ das Produkt der $P_{X_1}, \ldots, P_{X_n}$ und damit erhalten wir

$$E[X_1 \cdots X_n] = \int_{\mathbb{R}^n} x_1 \cdots x_n \, dP_{X_1} \ldots dP_{X_n} .$$

   Nach Satz 2.36.1. folgt daraus

$$E[X_1 \ldots X_n] = \int_{\mathbb{R}} x_1 \, dP_{X_1} \ldots \int_{\mathbb{R}} x_n \, dP_{X_n}$$
$$= E[X_1] \cdots E[X_n] .$$

2. Sind alle X_m P-integrierbar, so folgt aus 1. die P-Integrierbarkeit von $|X_1 \ldots X_n|$ mit

$$E[|X_1 \cdots X_n|] = E[|X_1|] \cdots E[|X_n|] < \infty .$$

   Dann ist $X_1 \cdots X_n$ nach Satz 2.13. P-integrierbar und der Beweis der Aussage ergibt sich wie in 1. unter Verwendung von Satz 2.36.2. ┘

In der folgenden Definition werden Maße für die Abhängigkeit von zwei stochastischen Variablen eingeführt.

16. <u>Definition:</u> X und Y seien stochastische Variablen.

16.1. Sind $E[X]$, $E[Y]$ und $E[XY]$ endlich, so heißt

$$COV[X,Y] \triangleq E[(X-E[X])(Y-E[Y])]$$

<u>Kovarianz</u> von X und Y.

16.2. Gilt $COV[X,Y] = 0$, so heißen X und Y <u>unkorreliert</u>.

16.3. Gelten $0 < VAR[X], VAR[Y] < +\infty$, so heißt

$$COR[X,Y] \triangleq \frac{COV[X,Y]}{\sqrt{VAR[X]\ VAR[Y]}}$$

<u>Korrelationskoeffizient</u> von X und Y. ⌋

Nach der Bemerkung im Anschluß an Satz 14. ist die Kovarianz von X und Y durch 16.1. insbesondere definiert für X und Y mit P-integrierbaren X^2 und Y^2.

17. <u>Beispiele:</u>

17.1. Sei $A \triangleq \{-1,0,+1\}^2 - \{(0,0)\}$.
Die stochastischen Variablen X und Y sollen Werte aus $\{-1,0,+1\}$ annehmen und für ihre gemeinsame Verteilung gelte

$$P\{(X,Y)=a\} \triangleq \frac{1}{8} \qquad \text{für alle } a \in A.$$

Für die Verteilungen von X und Y gelten dann
$P\{X=-1\} = P\{X=+1\} = P\{Y=-1\} = P\{Y=+1\} = \frac{3}{8}$
und $P\{X=0\} = P\{Y=0\} = \frac{2}{8}$; daraus ergeben sich $E[X]= E[Y]= 0$.
Für die Kovarianz von X und Y erhalten wir
$COV[X,Y] = E[XY] = \frac{1}{8} \sum_{(x,y)\in A} xy = 0.$
X und Y sind also unkorreliert.

17.2. Die stochastischen Variablen X und Y sollen Werte aus $\mathbb{R}$ annehmen und ihre gemeinsame Verteilung sei durch die Dichte $f(x,y) = \frac{1}{2\pi} \exp\{-\frac{1}{2}(x^2-2xy+2y^2)\}$ für $(x,y)\in \mathbb{R}^2$ gegeben.
In Beispiel 1.65. haben wir schon berechnet, daß X normal verteilt mit den Parametern 0 und $\sqrt{2}$ ist und daß Y normal verteilt mit den Parametern 0 und 1 ist. Damit ergibt sich für die Kovarianz von X und Y:

$$\mathrm{COV}[X,Y] = \frac{1}{2\pi} \int_{\mathbb{R}^2} xy \exp\{-\tfrac{1}{2}(x^2-2xy+2y^2)\}dxdy$$
$$= \frac{1}{2\pi} \int_{\mathbb{R}} y \exp\{-\tfrac{1}{2}y^2\} \int_{\mathbb{R}} x \exp\{-\tfrac{1}{2}(x-y)^2\}dxdy$$
$$= \frac{1}{\sqrt{2\pi}} \int_{\mathbb{R}} y^2 \exp\{-\tfrac{1}{2}y^2\}dy = 1 .$$

Für den Korrelationskoeffizienten ergibt sich

$$\mathrm{COR}[X,Y] = \frac{1}{\sqrt{2}} .$$ ┘

Im folgenden Satz sind die wichtigsten Eigenschaften der Kovarianz zusammengestellt.

18. <u>Satz:</u> Für die stochastischen Variablen X,Y und Z seien E[X], E[Y], E[Z], E[XZ] und E[YZ] endlich. Dann gelten:

18.1. $\mathrm{COV}[X,Z] = E[XZ] - E[X]E[Z]$

18.2. $\mathrm{COV}[X,X] = \mathrm{VAR}[X]$

18.3. $\mathrm{COV}[X,a] = 0$ für alle $a \in \mathbb{R}$

18.4. $\mathrm{COV}[aX+b,cZ+d] = ac\,\mathrm{COV}[X,Z]$ für alle $a,b,c,d \in \mathbb{R}$

18.5. $\mathrm{COV}[X+Y,Z] = \mathrm{COV}[X,Z] + \mathrm{COV}[Y,Z]$

18.6. Sind X und Z unabhängig, so ist $\mathrm{COV}[X,Z] = 0$.

<u>Beweis:</u> Die Aussagen 18.1., 18.4. und 18.5. folgen mit Satz 6. sofort aus Definition 16.1.
Die Aussagen 18.2. und 18.3. folgen sofort aus Definition 16.1.
Aussage 18.6. folgt aus 18.1. und Satz 15. ┘

Satz 18.4. besagt insbesondere, daß die Kovarianz translationsinvariant ist.
Beispiel 17.1. lehrt, daß die Aussage von Satz 18.6. nicht umkehrbar ist.

Unter Einbeziehung der Kovarianz ergibt sich für die Varianz einer Linearkombination von stochastischen Variablen der folgende

19. <u>Satz:</u> Für $n \in \mathbb{N}$ seien $X_1,\dots,X_n$ stochastische Variablen mit endlichen Erwartungswerten und endlichen $E[X_iX_j]$ für alle $i,j \in \{1,\cdots,n\}$ mit $i \neq j$. Dann gilt für $a_1,\cdots,a_n \in \mathbb{R}$

$$\mathrm{VAR}[\sum_{i=1}^{n} a_iX_i] = \sum_{i=1}^{n} a_i^2\,\mathrm{VAR}[X_i] + \sum_{\substack{i,j=1\\ i\neq j}}^{n} a_ia_j\,\mathrm{COV}[X_i,X_j] .$$

Beweis: Zunächst gilt

$$VAR[\sum_{i=1}^{n} X_i] = E[(\sum_{i=1}^{n} X_i - \sum_{i=1}^{n} E[X_i])^2]$$

$$= \sum_{i=1}^{n} E[(X_i - E[X_i])^2 + \sum_{\substack{i,j=1\\ i \neq j}}^{n} E[(X_i - E[X_i])(X_j - E[X_j])]$$

$$= \sum_{i=1}^{n} VAR[X_i] + \sum_{\substack{i,j=1\\ i \neq j}}^{n} COV[X_i, X_j] .$$

Der Rest folgt dann aus 11. und 18.4. ⌟

Für paarweise unkorrelierte $X_1, \cdots, X_n$, also insbesondere für unabhängige $X_1, \cdots, X_n$ enthält Satz 19. die Gleichung von Bienaymé

(19.1.) $VAR[\sum_{i=1}^{n} X_i] = \sum_{i=1}^{n} VAR[X_i].$

Wir wenden uns nun den Eigenschaften des Korrelationskoeffizienten zu.

Zur Interpretation von Definition 16.3. bemerken wir zunächst folgendes:
X und Y seien stochastische Variablen mit $0 < VAR[X], VAR[Y] < +\infty$.
Die stochastischen Variablen $\tilde{X}$ bzw. $\tilde{Y}$ seien die X bzw. Y entsprechenden standardisierten, also

$$\tilde{X} \triangleq \frac{X - E[X]}{\sqrt{VAR[X]}} \quad \text{und} \quad \tilde{Y} \triangleq \frac{Y - E[Y]}{\sqrt{VAR[Y]}} .$$

Dann gilt nach Definition 16.1.

$$COV[\tilde{X}, \tilde{Y}] = E[\tilde{X}\tilde{Y}] = E[\frac{X - E[X]}{\sqrt{VAR[X]}} \frac{Y - E[Y]}{\sqrt{VAR[Y]}}] ,$$

also

(19.2.) $COV[\tilde{X}, \tilde{Y}] = COR[X, Y].$

Die wichtigsten Eigenschaften des Korrelationskoeffizienten sind die folgenden.

20. Satz: X und Y seien stochastische Variablen mit $0 < VAR[X], VAR[Y] < +\infty$. Dann gelten:

20.1. $|COR[X, Y]| \leq 1$

20.2. $|COR[X, Y]| = 1$ genau dann, wenn X und Y P-fast-sicher linear abhängig sind.

Beweis: $\tilde{X}$ bzw. $\tilde{Y}$ seien die X bzw. Y entsprechenden standardisierten stochastischen Variablen.

1. Zum Beweis von 20.1. betrachten wir $VAR[\tilde{X} \pm \tilde{Y}]$. Mit Satz 19. erhalten wir
   $VAR[\tilde{X} \pm \tilde{Y}] = VAR[\tilde{X}] + VAR[\tilde{Y}] \pm 2COV[\tilde{X},\tilde{Y}] = 2 \pm 2COR[X,Y]$
   wegen 19.2.
   Dann folgt die Aussage 20.1. wegen $VAR[\tilde{X} \pm \tilde{Y}] \geq 0$.

2. Zum Beweis von 20.2. ergibt sich zunächst leicht durch Nachrechnen, daß aus der linearen Abhängigkeit von X und Y $|COR[X,Y]| = 1$ folgt.
   Sei nun $COR[X,Y] = 1$; dann folgt aus 1. $VAR[\tilde{X} - \tilde{Y}] = 0$ und das ist nach 2.2. gleichbedeutend mit $P\{\tilde{X}-\tilde{Y}=0\} = 1$.
   Für $COR[X,Y]= -1$ folgt die Aussage entsprechend. ┘

Im weiteren beschäftigen wir uns mit Erwartungswerten mehrdimensionaler stochastischer Variablen. $(\Omega,\mathfrak{A},P)$ sei weiter der W-Raum, auf den wir uns immer beziehen. $r \in \mathbb{N}$ mit $r \geq 2$ sei die Dimension der stochastischen Variablen, die wir betrachten; sie sind $\mathfrak{A}$-meßbare Abbildungen von Ω in $\mathbb{R}^r$. Sind $X : \Omega \to \mathbb{R}^r$ eine stochastische Variable, $i \in \{1,\ldots,r\}$ und Π_i die Projektion von $\mathbb{R}^r$ auf die i-te Koordinate, so sei $X_i \triangleq \Pi_i \circ X$; alle X_i sind $\mathfrak{A}$-meßbare Abbildungen $X_i : \Omega \to \mathbb{R}$. Wir benutzen folgende Terminologie:
X ist ein stochastischer Vektor mit den Komponenten $X_1,\ldots X_r$ soll heißen, daß X und $X_1,\ldots,X_r$ wie oben definiert sind; X ist der Spaltenvektor mit den angegebenen Komponenten. Den durch Transposition aus X entstehenden Zeilenvektor bezeichnen wir mit X^t, also $X^t = (X_1,\ldots,X_r)$. Entsprechendes gilt für $a \in \mathbb{R}^r$. Ist $a \in \mathbb{R}^r$, so ist $|a|$ die positive Quadratwurzel des Skalarprodukts $a^t a$.

21. Definition: X sei ein stochastischer Vektor mit den Komponenten $X_1,\ldots,X_r$. Existiert $E[X_i]$ für alle $i \in \{1,\ldots,r\}$, so heißt $E[X]$ mit

$$(E[X])^t \triangleq (E[X_1],\ldots,E[X_r])$$

Erwartungswert(-vektor) von X bzgl. $(\Omega,\mathfrak{A},P)$. ┘

Für die Erwartungswerte der Komponenten eines stochastischen Vektors gilt Definition 1. Der Erwartungswert eines stochastischen Vektors existiert, wenn die Erwartungswerte aller seiner Komponenten existieren.

Im folgenden Satz sind einige Eigenschaften von Erwartungswerten stochastischer Vektoren zusammengestellt.

22. Satz: X und Y seien stochastische Vektoren, deren Erwartungswerte existieren. Dann gelten:

22.1. $E[aX] = aE[X]$ für alle $a \in \mathbb{R}$

22.2. Ist $a^tE[X]$ für $a \in \mathbb{R}^r$ definiert, so gilt $E[a^tX] = a^tE[X]$.

22.3. Ist A eine $n \times r$-Matrix mit Komponenten aus $\mathbb{R}$ und ist $A\,E[X]$ definiert, so gilt $E[AX] = AE[X]$.

22.4. $E[X+Y] = E[X] + E[Y]$

22.5. $|E[X]| \leq E[|X|]$

Beweis: Die Aussagen 22.1. und 22.4. folgen sofort aus 2.3. bzw. 2.5. und Definition 21.
Aussage 22.2. ist die vektorielle Fassung von Satz 6. und 22.3. folgt sofort aus 22.2.
Zum Beweis von 22.5. seien $X_1,\ldots X_r$ die Komponenten von X. Ist $E[X_i] = +\infty$ für ein $i \in \{1,\ldots,r\}$, so gilt $E[|X|] = +\infty$. Ist $E[X_i] \in \mathbb{R}$ für alle $i \in \{1,\ldots r\}$, so ist $E[X] \in \mathbb{R}^r$ und es gelten

$$
\begin{aligned}
|E[X]|^2 &= E[X^tE[X]] && \text{nach 22.2.}\\
&\leq E[|X^tE[X]|] && \text{nach 2.14.5.}\\
&\leq E[|X||E[X]|] && \text{nach der Cauchy-Schwarzschen Ungleichung für Vektoren}\\
&= E[|X|]|E[X]| && \text{nach 22.2.}
\end{aligned}
$$

┘

Eine Reihe von Aussagen, die wir oben für eindimensionale stochastische Variablen besprochen haben, lassen sich einfach auf stochastische Vektoren übertragen.

23. Satz: X sei ein stochastischer Vektor mit den Komponenten $X_1,\ldots,X_r$; der Erwartungswert von X sei endlich. Dann gelten:

23.1. $E[|X-E[X]|^2] = \sum_{i=1}^{r} VAR[X_i]$

$= E[|X|^2] - |E[X]|^2$

23.2. Ist $E[|X|^2]$ endlich, so ist $E[|X-E[X]|^2] \leq E[|X-a|^2]$ für alle $a \in \mathbb{R}^r$.

Beweis: Die Aussage 23.1. folgt sofort aus 22.2. und Definition 7.3.
Für $a \in \mathbb{R}^r$ folgt aus 22.2.
$E[|X-a|^2] = E[|X-E[X]|^2] + E[|a-E[X]|^2]$
und daraus folgt 23.2. wegen $E[|a-E[X]|^2] \geq 0$. ┘

Der 2. Teil von 23.1. entspricht 9.3. Mit dem 1. Teil von 23.1. erhält man für 23.2.

(23.3.) $\sum_{i=1}^{r} VAR[X_i] \leq E[|X-a|^2]$ für alle $a \in \mathbb{R}^r$

in Analogie zu Satz 10.

Dem Beweis von Satz 13. entnimmt man, daß die Tschebyscheff-Markoffsche Ungleichung unverändert auch für stochastische Vektoren gilt, also:

(24.1.) Für jeden stochastischen Vektor X und für $a,p \in \mathbb{R}$ mit $0 < a,p$ gilt

$$P\{|X| \geq a\} \leq \frac{1}{a^p} E[|X|^p] .$$

Sind $X_1,\ldots,X_r$ die Komponenten von X und ist $E[X]$ endlich, so erhält man daraus, wenn X durch $X-E[X]$ ersetzt und $p=2$ gewählt wird, mit 23.1.

(24.2.) $P\{|X-E[X]| \geq a\} \leq \frac{1}{a^2} \sum_{i=1}^{r} VAR[X_i]$ für jedes $a > 0$

in Analogie zu 13.2.

Auch die Cauchy-Schwarzsche Ungleichung für W-Maße - Satz 14. - läßt sich leicht auf stochastische Vektoren übertragen.

25. Satz: X und Y seien stochastische Vektoren. Dann gilt

$$E^2[|X^tY|] \leq E[|X|^2]\, E[|Y|^2] .$$

Beweis: Der Beweis erfolgt wie in Satz 14. Die dort benutzte Argumentation liefert für $a \in \mathbb{R}$, $0 < E[|X|^2], E[|Y|^2] < +\infty$ über das Polynom

$$E[(|X|+a|Y|)^2] = E[|X|^2] + 2aE[|X||Y|] + a^2E[|Y|^2]$$

wieder

$$E^2[|X||Y|] \leq E[|X|^2]\, E[|Y|^2] .$$

Nun gilt nach der Cauchy-Schwarzschen Ungleichung für Vektoren, $|X^tY| \leq |X||Y|$ und daraus folgt die Behauptung mit 2.14.4. ┘

Analog zum eindimensionalen Fall besagt Satz 25. insbesondere, daß aus der P-Integrierbarkeit von $|X|^2$ und $|Y|^2$ die P-Integrierbarkeit von $|X^tY|$ und damit die P-Integrierbarkeit von X^tY folgt.

Wir haben nun noch den Begriff der Varianz auf stochastische Vektoren zu übertragen. Bevor wir dies tun, wollen wir jedoch noch kurz auf Erwartungswerte stochastischer Matrizen eingehen.

Wir beziehen uns weiter auf den W-Raum $(\Omega, \mathfrak{A}, P)$. Eine Matrix X mit den Komponenten $X_{i,j}$ für $i \in \{1,...,l\}$ und $j \in \{1,...,m\}$, $l,m \in \mathbb{N}$, heißt stochastische l×m-Matrix, wenn jede Komponente $X_{i,j}$ eine $\mathfrak{A}$-meßbare Abbildung $X_{i,j} : \Omega \to \mathbb{R}$ ist. Die naheliegende Verallgemeinerung von 21. auf Matrizen führt dann zu folgender

26. Definition: X sei eine stochastische l×m-Matrix mit den Komponenten $X_{i,j}$. Existieren die Erwartungswerte sämtlicher Komponenten, so heißt E[X] mit

$$E[X] \triangleq (E[X_{i,j}]: i \in \{1,...,l\}, j \in \{1,...m\})$$

Erwartungswert (-matrix) von X bzgl. $(\Omega, \mathfrak{A}, P)$. ┘

Der Erwartungswert einer stochastischen Matrix existiert, wenn die Erwartungswerte aller ihrer Komponenten existieren.

Mit den entsprechenden Aussagen des Satzes 22. ergibt sich für die Eigenschaften von Erwartungswerten stochastischer Matrizen sofort der folgende

27. Satz: X und Y seien stochastische $l \times m$-Matrizen, deren Erwartungswerte existieren. Dann gelten:

27.1. $E[aX] = aE[X]$ für alle $a \in \mathbb{R}$

27.2. Sind A eine $k \times l$-Matrix, B eine $m \times n$-Matrix und C eine $k \times n$-Matrix mit Komponenten aus $\mathbb{R}$ und ist $AE[X]B$ definiert, so gilt $E[A X B + C] = A E[X]B + C$.

27.3. $E[X + Y] = E[X] + E[Y]$ ┘

Wir kommen jetzt zu der angekündigten Verallgemeinerung des Begriffs der Varianz auf stochastische Vektoren.

28. Definition: X sei ein stochastischer Vektor und $|X|^2$ sei P-integrierbar.

$$COV[X] \triangleq E[(X-E[X])(X-E[X])^t]$$

heißt Kovarianzmatrix von X. ┘

Die Kovarianzmatrix eines stochastischen Vektors X ist also der Erwartungswert der angegebenen stochastischen $r \times r$-Matrix (wenn r die Anzahl der Komponenten von X ist). Alle Komponenten der Kovarianzmatrix sind definitionsgemäß endlich. Aus Definition 16.1. folgt, daß die Komponente der i-ten Zeile und der j-ten Spalte von COV[X] die Kovarianz der Komponenten X_i und X_j von X für $i,j \in \{1,...,r\}$ ist. Die Hauptdiagonale von COV[X] besteht aus den Varianzen der Komponenten von X und COV[X] ist symmetrisch.

Für den Umgang mit Kovarianzmatrizen sind die folgenden Aussagen nützlich.

29. Satz: X sei ein stochastischer Vektor und $|X|^2$ sei P-integrierbar. Dann gelten:

29.1. $VAR[a^tX] = a^t\, COV[X]a$ für alle $a \in \mathbb{R}^r$.

29.2. $COV[AX+a] = A\, COV[X]A^t$ für jede reelle $n \times r$-Matrix mit $n \in \mathbb{N}$ und jedes $a \in \mathbb{R}^n$.

Beweis: Mit Definition 28. ist 29.1. die Aussage von Satz 19. Aussage 29.2. verallgemeinert Satz 18.4. und ergibt sich wie folgt:

$COV[AX+a]$	$= E[(AX+a-E[AX+a])(AX+a-E[AX+a])^t]$	nach Definition 28.
	$= E[(AX-AE[X])(AX-AE[X])^t]$	nach Satz 22.3. und 22.4.
	$= E[A(X-E[X])(X-E[X])^t A^t]$	nach Satz 22.3.
	$= A\,COV[X]A^t$	nach Satz 22.3. und Definition 28. ┘

Die rechte Seite der Aussage 29.1. ist eine quadratische Form. Der nächste Satz charakterisiert COV[X] als Matrix einer quadratischen Form und liefert eine Aussage über die Abhängigkeit der Komponenten von X.

30. Satz: X sei ein stochastischer Vektor und $|X|^2$ sei P-integrierbar. Dann gelten:

30.1. COV[X] ist positiv-semidefinit.

30.2. COV[X] ist genau dann singulär, wenn die Komponenten von X P-fast-sicher linear abhängig sind.

Beweis: Eine symmetrische, reelle $r\times r$-Matrix A heißt positiv-semidefinit, wenn für alle $a \in \mathbb{R}^r$ $a^tAa \geq 0$ gilt; A heißt positiv-definit, wenn für alle $a \in \mathbb{R}^r$ mit $a \neq 0$ $a^tAa > 0$ gilt.
Hiermit folgt die Aussage 30.1. aus 29.1., da die Varianz immer nichtnegativ ist.
Aussage 30.2. ergibt sich wie folgt:
Zunächst ist COV[X] genau dann singulär, wenn das lineare Gleichungssystem $COV[X]a = 0$ eine Lösung $a \in \mathbb{R}^r$ mit $a \neq 0$ hat.

Ist a eine solche Lösung, so gilt wegen 29.1. $VAR[a^tX] = 0$; das ist aber nach Satz 2.2. gleichbedeutend mit $P\{a^tX = a^tE[X]\} = 1$. ┘

Zu 30.2. sei bemerkt, daß die Aussagen COV[X] ist nicht positiv-definit, die Determinante von COV[X] verschwindet und COV[X] ist singulär äquivalent sind.

3.2 Transformationen stochastischer Variablen

Viele Probleme im Umgang mit stochastischen Variablen lassen sich einfacher behandeln, wenn man sie oder ihre Verteilungen in einen geeigneten Raum abbildet. Mit solchen Abbildungen, die in engem Zusammenhang mit den besprochenen Erwartungswerten stehen, beschäftigen wir uns im folgenden; die Abbildungen nennen wir Transformationen.

Die Verwendung der Transformationen läßt sich gut an folgendem Diagramm veranschaulichen.

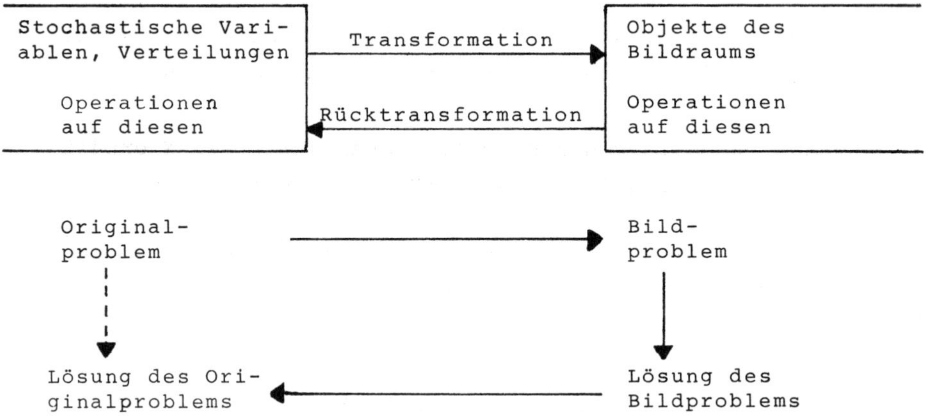

Die Verwendung einer Transformation empfiehlt sich immer dann, wenn der Weg ---→ schwierig ist gegenüber der durch ⟶ gezeigten Schrittfolge.

Wir werden im folgenden drei Transformationen besprechen, von denen die erste für Verteilungen auf $\mathbb{N}_0$, die zweite für Verteilungen auf $\mathbb{R}_+$ und die dritte für Verteilungen auf $\mathbb{R}^r$, $r \geq 1$, anwendbar sind.

1. <u>Erzeugende Funktionen</u>

Erzeugende Funktionen sind ein nützliches Hilfsmittel für den Umgang mit Verteilungen auf $\mathbb{N}_0$. $(\Omega, \mathfrak{A}, P)$ sei ein beliebiger W-Raum, auf den wir uns immer beziehen. Die stochastischen Variablen sind $\mathfrak{A}$-meßbare Abbildungen von Ω in $\mathbb{N}_0$.

Wir beginnen mit einer allgemeinen

31. <u>Definition:</u> $(a_n : n\in\mathbb{N}_0)$ sei eine Folge mit Elementen aus $\mathbb{R}$.

    Gilt dann $0 < r = (\limsup_{n\to\infty} \sqrt[n]{|a_n|})^{-1}$,

    so heißt $\alpha(s) \triangleq \sum_{n\in\mathbb{N}_0} a_n s^n$ für $|s| < r$

    <u>erzeugende Funktion von (a_n).</u> ┘

Mit den Bezeichnungen von 31. ist für jede reelle Zahlenfolge (a_n), für die $r \neq 0$ gilt, die erzeugende Funktion als Funktion von $s \in \mathbb{R}$ für $|s| < r$ durch die angegebene Potenzreihe definiert; r ist der Konvergenzradius. Mit diesem Bezug stehen die Aussagen über Potenzreihen für erzeugende Funktionen zur Verfügung.

Die erzeugende Funktion einer stochastischen Variablen X erhält man, wenn man in 31. von der Folge $(P\{X=n\} : n\in\mathbb{N}_0)$ ausgeht.

32. <u>Definition:</u> X sei eine stochastische Variable. Die erzeugende Funktion der Folge $(P\{X=n\} : n\in\mathbb{N}_0)$, also

$$\eta(s) \triangleq E[s^X] = \sum_{n\in\mathbb{N}_0} P\{X=n\} s^n$$

    heißt <u>erzeugende Funktion von X oder von P_X.</u> ┘

Durch 32. ist die erzeugende Funktion für jede stochastische Variable X wegen $\sum_{n\in\mathbb{N}_0} P\{X=n\} = 1$ wenigstens für $|s| \leq 1$ definiert.

33. <u>Beispiele:</u>

33.1. X sei Bernoulli-verteilt mit dem Parameter p. Dann ergibt sich mit Definition 1.25.

$$E[s^X] = 1 - p + ps.$$

33.2. X sei binomial verteilt mit den Parametern p und n. Dann ergibt sich mit Definition 1.30.

$$E[s^X] = \sum_{m=0}^{n} \binom{n}{m} p^m (1-p)^{n-m} s^m = (1-p+ps)^n .$$

33.3. X sei Poisson-verteilt mit dem Parameter μ. Dann ergibt sich mit Definition 1.31.2.

$$E[s^X] = e^{-\mu} \sum_{n\in\mathbb{N}_0} \frac{\mu^n}{n!} s^n = e^{\mu(s-1)} .$$

33.4. X sei geometrisch verteilt mit dem Parameter p. Dann ergibt sich aus Definition 1.31.1.

$$E[s^X] = (1-p) \sum_{n\in\mathbb{N}_0} p^n s^n = \frac{1-p}{1-ps} .$$

Der Konvergenzradius der erzeugenden Funktion in 33.1. bis 33.3. ist $+\infty$; der in 33.4. ist $\frac{1}{p}$. ┘

Die ersten nützlichen Aussagen über erzeugende Funktionen stochastischer Variablen ergeben sich aus der Differenzierbarkeit von Potenzreihen. Es gilt nämlich:
Ist $\alpha(s)$ erzeugende Funktion von $(a_n : n\in\mathbb{N}_0)$, so ist $\alpha(s)$ in jedem inneren Punkt des Konvergenzintervalls beliebig oft differenzierbar und ihre Ableitungen ergeben sich durch gliedweise Differentiation. Für die k-te Ableitung, $k \in \mathbb{N}_0$, gilt also

(34.1.) $\alpha^{(k)}(s) = \sum_{n\in\mathbb{N}_0} n(n-1)\cdots(n-k+1)a_n s^{n-k}$

oder

(34.2.) $\frac{1}{k!} \alpha^{(k)}(s) = \sum_{n\in\mathbb{N}_0} \binom{n+k}{k} a_{n+k} s^n.$

Für die Berechnung der Momente gilt nun

35. <u>Satz:</u> $\eta(s)$ sei die erzeugende Funktion der stochastischen Variablen X. Dann ist für $k \in \mathbb{N}$

$$\eta^{(k)}(1-0) = E[X(X-1)\cdots(X-k+1)] .$$

<u>Beweis:</u> Mit 34.1. erhalten wir zunächst

$\eta^{(k)}(s) = \sum_{n\in\mathbb{N}_0} n(n-1)\cdots(n-k+1)P\{X=n\}s^n$ für alle s mit $|s|< 1$.

Betrachtet man nun eine Folge $(s_m : m\in\mathbb{N})$ mit nichtnegativen Elementen und $s_m \uparrow 1$, so folgt die Aussage aus dem Satz 2.9. von der monotonen Konvergenz. ┘

Den in Satz 35. angegebenen Erwartungswert nennt man das k-te faktorielle Moment von X. Die (gewöhnlichen) Momente und die zentralen Momente lassen sich aus ihnen gemäß Satz 6. bzw. Satz 9. berechnen. Insbesondere sind

(35.1.) $E[X] = \eta'(1-0)$ und, falls $E[X]$ endlich ist,

(35.2.) $VAR[X] = \eta''(1-0) + \eta'(1-0) - (\eta'(1-0))^2$.

In dem Diagramm, das wir in der Einleitung angegeben haben, ist schon darauf hingewiesen, daß sich für jede Transformation auch die Frage nach der Rücktransformation stellt. Auf diese und die eng mit ihr zusammenhängende Frage nach der Eindeutigkeit gibt die Theorie der Potenzreihen die Antwort.

36. Satz: $\alpha(s)$ und $\beta(s)$ seien die erzeugenden Funktionen der stochastischen Variablen X bzw. Y. Dann gelten:

36.1. Ist $\alpha(s) = \beta(s)$, so sind X und Y identisch verteilt (es gilt also $P_X = P_Y$).

36.2. Für $n \in \mathbb{N}_0$ ist $P\{X=n\} = \frac{1}{k!}\,\alpha^{(k)}(0)$.

Beweis: 36.1. ist der Identitätssatz für Potenzreihen bezogen auf erzeugende Funktionen stochastischer Variablen.
36.2. ergibt sich aus 34.2. ┘

Nun ergeben sich auch einfach die folgenden Aussagen.

37. Satz: $\eta(s)$ sei die erzeugende Funktion der stochastischen Variablen X. Dann gelten:

37.1. $\eta(s) = 1$ genau dann, wenn $P\{X=0\} = 1$.

37.2. Ist $P\{X=0\} < 1$, so ist $\eta(s)$ für $0 < s < 1$ monoton wachsend.

37.3. Ist $P\{X=0\} + P\{X=1\} < 1$, so ist $\eta(s)$ für $0 < s < 1$ konvex von unten.

Beweis: 37.1. ist trivial, 37.2. und 37.3. folgen aus 34.1. ┘

Für die Berechnung der Verteilung von Summen stochastischer Variablen ist der folgende Satz hilfreich.

38. Satz: X und Y seien unabhängige stochastische Variablen; ihre erzeugenden Funktionen seien $\alpha(s)$ und $\beta(s)$. Dann gilt für die erzeugende Funktion $\gamma(s)$ von $Z \triangleq X + Y$:

$$\gamma(s) = \alpha(s)\beta(s).$$

Beweis: Die Aussage folgt sofort aus den Sätzen 1.63. und 15. ┘

Berücksichtigt man das Bildungsgesetz, nach dem die Koeffizienten des Produkts zweier Potenzreihen aus den Koeffizienten der Faktoren berechnet werden, so ergibt sich mit den Bezeichnungen von Satz 38.

$$\gamma(s) = \sum_{n\in\mathbb{N}_0} \left(\sum_{k=0}^{n} P\{X=k\}P\{Y=n-k\}\right) s^n;$$

wir erhalten also wieder das Ergebnis, das wir in 1.45. mit mehr Aufwand hergeleitet haben. Wenn man von $\alpha(s)$ und $\beta(s)$ ausgehend $\gamma(s)$ berechnet hat, so gelingt es häufig, $\gamma(s)$ unmittelbar in eine Potenzreihe zu entwickeln. Über 36.2. erhält man dann die Verteilung von Z ohne die meist mühselige Berechnung der Faltungsprodukte 1.45. Bevor wir hierzu ein Beispiel angeben, definieren wir eine Familie von Verteilungen auf $\mathbb{N}_0$.

39. Definition: Seien p eine reelle Zahl mit $0 \le p < 1$ und $n \in \mathbb{N}$. Die stochastische Variable X heißt negativ binomial verteilt mit den Parametern p und n $:\Leftrightarrow$ für alle $m \in \mathbb{N}_0$ gilt

$$P\{X=m\} = \binom{-n}{m}(1-p)^n(-p)^m .$$ ┘

Wir wollen nun ein auf diese Verteilungsfamilie bezogenes Beispiel für das oben Besprochene angeben.

40. Beispiel: Für $n \in \mathbb{N}$ seien die $X_1,\dots X_n$ unabhängig und identisch geometrisch verteilt mit dem Parameter p. Wir berechnen die Verteilung von $X :\!= X_1+\dots+X_n$.
Nach Beispiel 33.4. und Satz 38. ergibt sich für die erzeugende Funktion von X

$$\eta(s) = \left(\frac{1-p}{1-ps}\right)^n .$$

Nach Definition 1.31.1. ist $p < 1$; für $|s| < 1$ können wir also die Reihenentwicklung für $(1-ps)^{-n}$ benutzen und erhalten

$$\eta(s) = (1-p)^n \sum_{m=0}^{\infty} \binom{-n}{m}(-p)^m s^m .$$

Wir erhalten also, daß X negativ binomial verteilt ist mit den Parametern p und n. Wegen $p < 1$ gilt
$(1-p)^{-n} = \sum_{m=0}^{\infty}\binom{-n}{m}(-p)^m$, also $(1-p)^n\sum_{m=0}^{\infty}\binom{-n}{m}(-p)^m = 1$, und damit haben wir nachträglich die Rechtfertigung für 39. als Definition einer Verteilung auf $\mathbb{N}_0$.

Für die oben auftretenden Binomialkoeffizienten gilt

(40.1.) $\binom{-n}{m} = (-1)^m \binom{n+m-1}{m}$ für $n \in \mathbb{N}$ und $m \in \mathbb{N}_0$,

so daß äquivalent mit 39. auch

(40.2.) $P\{X=m\} = \binom{n+m-1}{m}(1-p)^n\, p^m$.

Für n = 1 sehen wir, daß die geometrische Verteilung Element der Familie der negativen Binomialverteilungen ist.
Mit den Ergebnissen von Beispiel 12.3. erhalten wir noch aus Satz 6. und 19.1.:
Ist X negativ binomial verteilt mit den Parametern p und n, so sind

(40.3.) $E[X] = \frac{np}{1-p}$ und

(40.4.) $VAR[X] = \frac{np}{(1-p)^2}$. ┘

Gelegentlich ist es nützlich, für eine stochastische Variable X neben der erzeugenden Funktion gemäß Definition 32. auch die erzeugende Funktion der Folge $(P\{X>n\} : n \in \mathbb{N}_0)$ zu betrachten. Für diese zeigen wir in

41. Satz: X sei eine stochastische Variable mit der erzeugenden Funktion $\alpha(s)$. $\beta(s)$ sei die erzeugende Funktion der Folge $(P\{X>n\} : n \in \mathbb{N}_0)$. Dann gelten:

41.1. $(1-s)\beta(s) = 1 - \alpha(s)$ für $|s| < 1$

41.2. $E[X] = \beta(1-0)$

41.3. $VAR[X] = 2\beta'(1-0) + \beta(1-0) - (\beta(1-0))^2$ falls $E[X] < +\infty$.

Beweis:

1. Zum Beweis von 41.1. lehrt der Vergleich mit der geometrischen Reihe zunächst, daß $\beta(s)$ für $|s| < 1$ definiert ist.

   Nun folgt für $|s| < 1$

   $$\begin{aligned}(1-s)\beta(s) &= P\{X>0\} + \sum_{n\in\mathbb{N}} (P\{X>n\} - P\{X>n-1\})s^n \\ &= P\{X>0\} - \sum_{n\in\mathbb{N}} P\{X=n\}s^n \\ &= P\{X>0\} - \alpha(s) + P\{X=0\}\,.\end{aligned}$$

2. Aussage 41.2. folgt sofort aus Satz 2.9. und 5.2.

3. Zum Beweis von 41.3. gilt zunächst mit 41.1. für $|s| < 1$

   $$\beta'(s) = \frac{-(1-s)\alpha'(s)+1-\alpha(s)}{(1-s)^2}\,.$$

Für den Ausdruck rechts ergibt sich nach Anwendung der Regel von de l'Hospital bei $s \uparrow 1$ $\frac{1}{2}\alpha''(1-0)$ und damit liefert Satz 35. $\beta'(1-0) = E[X(X-1)]$.
Für endliches $E[X]$ folgt dann der Rest aus 41.2. und 9.3. ⌟

Zum Abschluß sei bemerkt, daß man Definition 32. auch auf stochastische Variablen mit Werten aus $\mathbb{N}_0^r$ mit $r \in \mathbb{N}$, $r \geq 2$, verallgemeinern kann; darauf gehen wir jedoch nicht ein.

2. Laplace-Transformation und komplexwertige stochastische Variablen

Die Laplace-Transformation ist ein nützliches Hilfsmittel für den Umgang mit Verteilungen auf $\mathbb{R}_+$. Wir besprechen zunächst für entsprechende stochastische Variablen die wichtigsten Eigenschaften von Laplace-Transformierten, die reelle Funktionen sind. In vielen Anwendungsbereichen ist es nützlich, Laplace-Transformierte als komplexwertige Funktionen zu benutzen. Wir gehen deshalb in diesem Abschnitt kurz auf komplexwertige stochastische Variablen ein und besprechen dann einige Eigenschaften von komplexwertigen Laplace-Transformierten.

$(\Omega, \mathfrak{A}, P)$ sei wieder ein beliebiger W-Raum, auf den wir uns immer beziehen. Die stochastischen Variablen, die wir betrachten, sind zunächst $\mathfrak{A}$-meßbare Abbildungen von Ω in $\mathbb{R}_+$.

42. Definition: X sei eine stochastische Variable. Dann heißt

$$\lambda(s) \triangleq E[e^{-sX}] = \int_0^\infty e^{-sx}\, dP_X \text{ für } s \in \mathbb{R} \text{ mit } s > 0$$

die (reellwertige) Laplace-Transformierte von X bzw. von P_X. ⌟

Mit den Bezeichnungen von 42. ist wegen $|e^{-sx}| \leq 1$ für $x \in \mathbb{R}_+$ und $s \in \mathbb{R}_+$ e^{-sx} wenigstens für $s \in \mathbb{R}_+$ P-integrierbar; $\lambda(s)$ ist also als reellwertige Funktion wohldefiniert.

Definition 42. schließt natürlich auch stochastische Variablen X mit $P\{X \in \mathbb{N}_0\} = 1$ ein und für diese ist die Laplace-Transformierte

$$\lambda(s) = \sum_{n \in \mathbb{N}_0} P\{X=n\} e^{-sn}.$$

Ist $\eta(s)$ die erzeugende Funktion von X, so gilt also $\lambda(s) = \eta(e^{-s})$.
Einfacher zu handhaben ist für diese stochastischen Variablen meist die erzeugende Funktion.

43. Beispiel: X sei Gamma-verteilt mit den Parametern b und p.
Dann ergibt sich mit Definition 1.51.

$$E[e^{-sX}] = \frac{b^p}{\Gamma(p)} \int_0^\infty e^{-sx} x^{p-1} e^{-bx} dx.$$

Mit $y \triangleq (s+b)x$ folgt daraus

$$E[e^{-sX}] = \left(\frac{b}{s+b}\right)^p \frac{1}{\Gamma(p)} \int_0^\infty y^{p-1} e^{-y} dy$$

und daraus folgt mit der Definition der Gammafunktion

$$E[e^{-sX}] = \left(\frac{b}{s+b}\right)^p .$$ ┘

Jede Laplace-Transformierte hat die folgenden elementaren Eigenschaften.

44. Satz: $\lambda(s)$ sei die Laplace-Transformierte der stochastischen Variablen X. Dann gelten:

44.1. $0 \leq \lambda(s) \leq 1$ und $\lambda(s)$ ist monoton fallend.

44.2. $P\{X=0\} = \lim_{s\to\infty} \lambda(s)$ und $\lambda(0+0) = 1$.

Beweis: Aussage 44.1. ergibt sich sofort aus Definition 42.
Zum Beweis von 44.2. sei $(s_m : m \in \mathbb{N})$ eine Folge mit positiven reellen Elementen.
Ist nun $s_m \uparrow \infty$ so gilt $e^{-s_m x} \downarrow 0$ für alle $x \in \mathbb{R}$. Mit der Majorante 1 folgt dann der 1. Teil von 44.2. aus Satz 2.18.
Ist $s_m \downarrow 0$ so folgt der 2. Teil von 44.2. wegen 44.1. aus Satz 2.9. ┘

Aus 44.2. folgt noch, analog zu 37.1., daß $\lambda(s) = 1$ genau dann gilt, wenn $P\{X=0\} = 1$.

Wie die erzeugenden Funktionen so ist auch die Laplace-Transformation für W-Maße auf $\mathbb{R}_+$ eine bijektive Abbildung. Diese Aussage wollen wir hier nicht beweisen. Auch die Rücktransformation ist nicht ganz einfach; man kann hierzu jedoch auf reichhaltige Tafeln zurückgreifen.

Die Laplace-Transformierten erlauben oft eine einfache Berechnung der Momente. Grundlage hierfür ist der folgende

45. <u>Satz:</u> $\lambda(s)$ sei die Laplace-Transformierte der stochastischen Variablen X. Dann gelten für $k \in \mathbb{N}$:

45.1. $\lambda^{(k)}(s) = (-1)^k \int_0^\infty x^k e^{-sx} \, dP_X$ für $0 < s$

45.2. $E[X^k] = (-1)^k \lambda^{(k)}(0+0)$

<u>Beweis:</u> Aussage 45.1. folgt für $0 < s$ aus Satz 2.31. und durch Induktion.
Mit einer Folge $(s_m : m \in \mathbb{N})$ mit positiven Elementen und $s_m \downarrow 0$ folgt Aussage 45.2. aus 45.1. mit Satz 2.9. unter Berücksichtigung von 44.1. ┘

Für jede stochastische Variable X mit der Laplace-Transformierten $\lambda(s)$ erhält man also insbesondere

(45.3.) $E[X] = -\lambda'(0+0)$ und,

falls $E[X]$ endlich ist,

(45.4.) $VAR[X] = \lambda''(0+0) - (\lambda'(0+0))^2$.

46. <u>Beispiel:</u> X sei Gamma-verteilt mit den Parametern b und p. Dann ist die Laplace-Transformierte von X nach Beispiel 43.

$$\lambda(s) = \left(\frac{b}{s+b}\right)^p$$

Für $k \in \mathbb{N}$ ergibt sich für die k-te Ableitung

$$\lambda^{(k)}(s) = (-1)^k \frac{b^k p(p+1)\cdots(p+k-1)}{(s+b)^{p+k}} .$$

Wir erhalten also

$$E[X^k] = \frac{p(p+1)\cdots(p+k-1)}{b^k}$$

und insbesondere

(46.1.) $E[X] = \frac{p}{b}$

(46.2.) $VAR[X] = \frac{p}{b^2}$. ┘

Weitere nützliche Eigenschaften liefert der folgende

47. Satz: X und Y seien stochastische Variablen mit den Laplace-Transformierten $\alpha(s)$ und $\beta(s)$. Es gelten:

47.1. $E[e^{-s(aX+b)}] = e^{-bs}\ \alpha(as)$ für alle $a,b \in \mathbb{R}_+$

47.2. $E[e^{-s(X+Y)}] = \alpha(s)\ \beta(s)$, wenn X und Y unabhängig sind.

Beweis: Die beiden Aussagen folgen sofort aus den Sätzen 2.4. bzw. 15. dieses Kapitels. Für 47.2. nutzen wir zudem Satz 1.63. aus. ┘

Mit den Bezeichnungen von Satz 47. und unter Berücksichtigung von Satz 2.43.2. läßt sich die Aussage 47.2. auch wie folgt formulieren: Die Laplace-Transformierte des Faltungsprodukts von P_X und P_Y ist das Produkt der Laplace-Transformierten von P_X und P_Y.

48. Beispiel: In Beispiel 2.44.3. hatten wir schon gezeigt, daß für unabhängige und identisch mit den Parametern b und p Gamma-verteilte stochastische Variablen $X_1,\ldots,X_n$ mit $n \in \mathbb{N}$ gilt, daß $X_1+\cdots+X_n$ Gamma-verteilt ist mit den Parametern b und np.
Seien nun X und Y unabhängig; X sei Gamma-verteilt mit b und p, Y sei Gamma-verteilt mit b und q. Dann liefert 47.2., daß X + Y Gamma-verteilt ist mit den Parametern b und p + q (wobei wir die oben angegebene Eindeutigkeit benutzt haben). ┘

Wir kommen jetzt zu komplexwertigen stochastischen Variablen. $\mathbb{C}$ ist die Menge der komplexen Zahlen und $i \triangleq \sqrt{-1}$ die imaginäre Einheit. Für $c \in \mathbb{C}$ bezeichnen wir mit Re c bzw. Im c den Real- bzw. Imaginärteil von c, also $c = \text{Re } c + i \text{ Im } c$. Die zu c konjugierte komplexe Zahl bezeichnen wir mit $\bar{c}$, also $\bar{c} = \text{Re } c - i \text{ Im } c$. Der Begriff der komplexwertigen stochastischen Variablen ergibt sich nun einfach durch entsprechende Interpretation von stochastischen Variablen mit Werten aus $\mathbb{R}^2$.

49. Definition: $(\Omega, \mathfrak{A}, \mu)$ sei ein Maßraum und X sei eine Abbildung $X : \Omega \to \mathbb{C}$.

49.1. X heißt komplexwertige, $\mathfrak{A}$-meßbare Abbildung genau dann, wenn Re X und Im X $\mathfrak{A}$-meßbare Abbildungen von Ω in $\mathbb{R}$ sind.

Ist μ W-Maß und X komplexwertige, $\mathfrak{A}$-meßbare Abbildung, so heißt X <u>komplexwertige stochastische Variable.</u>

49.2. X sei eine komplexwertige, $\mathfrak{A}$-meßbare Abbildung. X heißt <u>μ-integrierbar</u> über Ω genau dann, wenn Re X und Im X μ-integrierbar sind; dann heißt

$$\int_\Omega X\, d\mu \triangleq \int_\Omega \mathrm{Re}\, X\, d\mu + i \int_\Omega \mathrm{Im}\, X\, d\mu$$

das <u>μ-Integral von X</u> über Ω.

49.3. X sei komplexwertige stochastische Variable. Ist X μ-integrierbar, so heißt

$$E[X] \triangleq \int_\Omega X\, d\mu$$

<u>Erwartungswert von X</u> bzgl. $(\Omega, \mathfrak{A}, \mu)$. ┘

Viele Aussagen, die wir in Kapitel 2. für Integrale $\mathfrak{A}$-meßbarer numerischer Funktionen besprochen haben, lassen sich einfach auf komplexwertige Funktionen übertragen. In den beiden folgenden Sätzen sind die wichtigsten zusammengestellt.

50. <u>Satz:</u> $(\Omega, \mathfrak{A}, \mu)$ sei ein Maßraum; X und Y seien komplexwertige, $\mathfrak{A}$-meßbare Abbildungen.

50.1. Ist X μ-integrierbar, so ist $\overline{X}$ μ-integrierbar und es gilt

$$\int_\Omega \overline{X}\, d\mu = \overline{\int_\Omega X\, d\mu}\ .$$

50.2. Ist X μ-integrierbar, so ist cX μ-integrierbar für jedes $c \in \mathbb{C}$ und es gilt

$$\int_\Omega cX\, d\mu = c \int_\Omega X\, d\mu\ .$$

50.3. Sind X und Y μ-integrierbar, so ist X + Y μ-integrierbar und es gilt

$$\int_\Omega (X+Y)\, d\mu = \int_\Omega X\, d\mu + \int_\Omega Y\, d\mu\ .$$

50.4. X ist μ-integrierbar genau dann wenn $|X|$ μ-integrierbar ist.

50.5. Ist X μ-integrierbar, so gilt

$$\left|\int_\Omega X\, d\mu\right| \le \int_\Omega |X|\, d\mu\ .$$

Beweis:

1. Die Aussagen 50.1. bis 50.3. ergeben sich sofort aus Definition 49.2. und den entsprechenden Aussagen für Real- und Imaginärteil.

2. Zum Beweis von 50.4. sei zunächst X μ-integrierbar.
   Dann sind nach 49.2. $\operatorname{Re} X$ und $\operatorname{Im} X$ μ-integrierbar und damit sind nach Satz 2.13. $|\operatorname{Re} X|$ und $|\operatorname{Im} X|$ μ-integrierbar. Damit ist nach Satz 2.14.2. $|\operatorname{Re} X|+|\operatorname{Im} X|$ μ-integrierbar; nun folgt die μ-Integrierbarkeit von $|X|$ wegen $|X| \leq |\operatorname{Re} X| + |\operatorname{Im} X|$ aus Satz 2.13.
   Ist andererseits $|X|$ μ-integrierbar, so folgt die μ-Integrierbarkeit von X entsprechend wegen $|\operatorname{Re} X| \leq |X|$ und $|\operatorname{Im} X| \leq |X|$.

3. Zum Beweis von 50.5. benutzen wir die Darstellung komplexer Zahlen in Polarkoordinaten.
   X sei μ-integrierbar und es gelte

   $$\int_\Omega X\, d\mu \triangleq \rho_0 e^{i\varphi_0} \quad \text{mit } \rho_0 \in \mathbb{R}_+ \quad \text{und } 0 \leq \varphi_0 < 2\pi .$$

   Die Darstellung von X in Polarkoordinaten sei

   $$X(\omega) \triangleq \rho(\omega)\, e^{i\varphi(\omega)} \quad \text{für } \omega \in \Omega.$$

   Dann folgt

   $$\begin{aligned} \left|\int_\Omega X\, d\mu\right| &= \rho_0 = \int_\Omega e^{-i\varphi_0} X\, d\mu = \int_\Omega \rho\, e^{i(\varphi-\varphi_0)}\, d\mu \\ &= \int_\Omega \rho \cos(\varphi-\varphi_0) d\mu \qquad \text{weil } \rho_0 \in \mathbb{R}_+ \\ &\geq \int_\Omega \rho\, d\mu \\ &= \int_\Omega |X| d\mu . \end{aligned}$$

   ┘

Als komplexe Version des Satzes von der majorisierten Konvergenz gilt

51. Satz: $(\Omega, \mathfrak{A}, \mu)$ sei ein Maßraum. $(X_n : n \in \mathbb{N})$ sei eine konvergente Folge von μ-integrierbaren, komplexwertigen, $\mathfrak{A}$-meßbaren Abbildungen. Für alle $n \in \mathbb{N}$ gelte $|X_n| \leq Y$ mit einer μ-integrierbaren, $\mathfrak{A}$-meßbaren Abbildung $Y : \Omega \to \tilde{\mathbb{R}}_+$. Dann ist $\lim_{n\to\infty} X_n$ μ-integrierbar und es gilt

$$\lim_{n\to\infty} \int_\Omega X_n\, d\mu = \int_\Omega \lim_{n\to\infty} X_n\, d\mu .$$

Beweis: Der Beweis ergibt sich wegen $|\mathrm{Re}\, X_n| \leq |X_n|$ und $|\mathrm{Im}\, X_n| \leq |X_n|$ für alle $n \in \mathbb{N}$ aus Satz 2.18. ┘

Als Beispiel für die komplexe Version einer Aussage über Erwartungswerte geben wir den folgenden

52. Satz: $(\Omega, \mathfrak{A}, P)$ sei ein W-Raum. Für $n \in \mathbb{N}$ seien $X_1, \ldots, X_n$ unabhängige, P-integrierbare, komplexwertige stochastische Variablen. Dann existiert der Erwartungswert von $X_1 \cdots X_n$ und es gilt

$$E[X_1 \cdots X_n] = E[X_1] \cdots E[X_n].$$

Beweis: Daß der Erwartungswert von $X_1 \cdots X_n$ existiert, folgt zunächst wegen der Integrierbarkeit der $|X_m|$ für $m \in \{1, \cdots, n\}$ aus den Sätzen 15. und 50.4.
Die weitere Aussage des Satzes ergibt sich dann nach Aufspaltung in Real- und Imaginärteile ebenfalls aus Satz 15., wenn man beachtet, daß nach Satz 1.63. aus der Unabhängigkeit von X_k und $X_l, k, l \in \{1, \cdots, n\}$, $k \neq l$, die Unabhängigkeit von $\mathrm{Re}\, X_k$ und $\mathrm{Re}\, X_l$, von $\mathrm{Re}\, X_k$ und $\mathrm{Im}\, X_l$, von $\mathrm{Im}\, X_k$ und $\mathrm{Re}\, X_l$ und schließlich von $\mathrm{Im}\, X_k$ und $\mathrm{Im}\, X_l$ folgen. ┘

Wir wenden uns jetzt der komplexwertigen Laplace-Transformation zu.
Wir betrachten im folgenden Maße μ auf $(\mathbb{R}, \mathfrak{B})$ mit $\mu((-\infty, 0)) = 0$. Mit M bezeichnen wir die Menge derjenigen dieser Maße μ, für die es ein $s \in \mathbb{R}$ mit $\int_0^\infty e^{-sx}\, d\mu < +\infty$ gibt. Für $\mu \in M$ sei

$$K_\mu \triangleq \inf \{s \in \mathbb{R} : \int_0^\infty e^{-sx}\, d\mu < +\infty\}.$$

Andererseits betrachten wir Funktionen $f : \mathbb{R} \to \mathbb{R}$ mit $f(x) = 0$ für $x < 0$, die meßbar sind. Mit Φ bezeichnen wir die Menge derjenigen dieser Funktionen f, für die es ein $s \in \mathbb{R}$ mit $\int_0^\infty |e^{-sx} f(x)|\, dx < +\infty$ gibt. Für $f \in \Phi$ sei

$$K_f \triangleq \inf \{s \in \mathbb{R} : \int_0^\infty |e^{-sx} f(x)|\, dx < +\infty\}$$

53. Definition: M, K_μ für $\mu \in M$, Φ und K_f für $f \in \Phi$ seien wie oben definiert.

53.1. Für $\mu \in M$ heißt $\lambda(s) \triangleq \int_0^\infty e^{-sx}\, d\mu$ für $s \in \mathbb{C}$ mit $\mathrm{Re}\, s > K_\mu$ die (komplexwertige) Laplace-Transformierte von μ.

53.2. Für $f \in \Phi$ heißt $\lambda(s) \triangleq \int_0^\infty e^{-sx} f(x)dx$ für $s \in \mathbb{C}$ mit $\mathrm{Re}\, s > K_f$ die (komplexwertige) Laplace-Transformierte von f. ⌋

In beiden Fällen ist durch 53. die Laplace-Transformierte als komplexwertige Funktion wohldefiniert. Ist nämlich für ein $\mu \in M$ $s \in \mathbb{C}$ mit $\mathrm{Re}\, s > K_\mu$, so ist e^{-sx} μ-integrierbar wegen

$$|e^{-sx}| = e^{-x\mathrm{Re}s}|e^{-ix\mathrm{Im}s}| = e^{-x\mathrm{Re}s}$$

Entsprechendes gilt für $f \in \Phi$.
Ist in Definition 53.1. $\mu \in M$ ein W-Maß und X eine stochastische Variable mit der Verteilung μ, so heißt die Laplace-Transformierte von μ auch Laplace-Transformierte von X; mit Definition 49.3. haben wir dann

$$\lambda(s) = E[e^{-sX}] = \int_0^\infty e^{-sx}\, d\mu \, .$$

In diesem Fall gilt $K_\mu \leq 0$ und der Zusammenhang zwischen der reellwertigen und der komplexwertigen Laplace-Transformierten von X wird durch die bekannten Aussagen der Funktionentheorie über die Ergänzung reeller Funktionen zu holomorphen geklärt. Ist $\lambda(s)$ die Laplace-Transformierte von X gemäß 53.1., so erhalten wir in der Einschränkung von s auf $s \in \mathbb{R}$ mit $s > 0$ die Laplace-Transformierte von X gemäß 42. Ist $\lambda(s)$ die Laplace-Transformierte eines $\mu \in M$, so erhalten wir in der Einschränkung von $\lambda(s)$ auf $s \in \mathbb{R}$ mit $s > K_\mu$ die Verallgemeinerung von Definition 42. auf Maße aus M.

In Definition 53.2. ist das Lebesgue-Integral benutzt; die untere Integrationsgrenze ist 0 + 0. Wir weisen darauf hin, daß die Laplace-Transformierte einer Funktion f aus einer geeigneten Funktionenklasse häufig durch

$$\lim_{R \to +\infty} \int_0^R e^{-sx} f(x)dx$$

definiert wird. Darauf gehen wir hier nicht ein; wir verweisen lediglich auf unsere Ausführungen über Integralbegriffe in Kapitel 2.3.
Ist in Definition 53.2. $f \in \Phi$ Dichte bzgl. des Lebesgue-Borelschen Maßes eines Maßes $\mu \in M$, so fallen die Definitionen 53.1. für μ und 53.2. für f zusammen.

Im folgenden Satz geben wir die wichtigsten Eigenschaften von Laplace-Transformierten gemäß Definition 53.2. ohne Beweis an. Für $f \in \Phi$ bezeichnen wir dabei die Laplace-Transformierte mit $L[f]$.

54. <u>Satz:</u> Φ und K_f mit $f \in \Phi$ seien wie oben definiert.

54.1. Für alle $f \in \Phi$ ist $L[f]$ beliebig oft differenzierbar. Für $k \in \mathbb{N}$ und für $s \in \mathbb{C}$ mit $\operatorname{Re} s > K_f$ gilt

$$L^{(k)}[f] = (-1)^k \int_0^\infty x^k e^{-sx} f(x)dx .$$

54.2. Seien $f \in \Phi$ und $\tilde{K}_f \triangleq \sup(0,K_f)$. Für $x \in \mathbb{R}_+$ sei

$$g(x) \triangleq \int_0^x f(t)dt.$$

Dann ist $g \in \Phi$ und für $s \in \mathbb{C}$ mit $\operatorname{Re} s > \tilde{K}_f$ gilt

$$L[g] = \frac{1}{s} L[f].$$

54.3. Seien $k \in \mathbb{N}$ und $f : \mathbb{R} \to \mathbb{R}$ mit $f(x) = 0$ für $x < 0$. f sei k-mal differenzierbar für $x > 0$ und für die k-te Ableitung gelte $f^{(k)} \in \Phi$. Mit $\tilde{K}_f \triangleq \sup(0,K_{f^{(k)}})$ ist dann $L[f]$ definiert für $s \in \mathbb{C}$ mit $\operatorname{Re} s > \tilde{K}_f$ und dort gilt

$$L[f^{(k)}]=s^k L[f]-s^{k-1} f(0+0)- s^{k-2} f'(0+0)-\cdots-f^{(k-1)}(0+0).$$

54.4. Seien $f,g \in \Phi$. $L[f]$ und $L[g]$ seien definiert für $s_0 \in \mathbb{C}$. Für $x \in \mathbb{R}_+$ sei

$$h(x) \triangleq \int_0^x f(x-t)g(t)dt .$$

Dann ist $L[h]$ für $s \in \mathbb{C}$ mit $\operatorname{Re} s \geq \operatorname{Re} s_0$ definiert und dort gilt

$$L[h] = L[f]L[g] .$$ ┘

Die Aussagen 54.1. und 54.4. entsprechen denen, die wir schon in 45.1. und 47.2. kennengelernt haben. Die Abbildungseigenschaften der Laplace-Transformation für die Integration, die Differentiation und die Faltung, die in den Aussagen 54.2. bis 54.4. formuliert sind, sind die Grundlage für die Verwendung der Transformation bei der Lösung von zahlreichen Problemen auch außerhalb des Bereichs stochastischer Modelle, insbesondere bei der Lösung von Differentialgleichungen.

Aus 54.2. wollen wir noch eine einfache Folgerung für stochastische Variablen angeben. X sei eine stochastische Variable mit Werten aus $\mathbb{R}_+$; F sei ihre Verteilungsfunktion und $f(x)$ für $x > 0$

sei ihre Dichte. Dann ist $\int_0^x f(t)dt = F(x) - F(0)$ und 54.2. liefert

(55.) $L[F] = \frac{L[f]+F(0)}{s}$ für $s \in \mathbb{C}$ mit $\operatorname{Re} s > 0$

für die Laplace Transformierten von F bzw. f. Dieses Ergebnis erhält man freilich auch einfach, wenn man von Definition 42. ausgeht.

Zum Abschluß der Ausführungen über die Laplace-Transformation weisen wir noch auf ihre Abbildungseigenschaften bzgl. des asymptotischen Verhaltens hin. Wir gehen von Definition 53. aus, beschränken uns aber auf reellwertige Laplace-Transformierte. Geht man von Definition 53.2. aus, so kann man bei $f \in \Phi$ aus dem Verhalten von f bei $x \downarrow 0$ bzw. bei $x \uparrow \infty$ auf das Verhalten von $L[f]$ bei $s \uparrow \infty$ bzw. bei $s \downarrow 0$ schließen. Aussagen dieser Art nennt man Abelsche Theoreme. Aussagen in der umgekehrten Richtung nennt man Taubersche Theoreme.

In den im folgenden angegebenen asymptotischen Aussagen werden Vergleichsfunktionen benutzt. Sind f und g Funktionen, die in einer Umgebung von $x \in \mathbb{R}$ definiert sind, und ist $A \in \mathbb{R}$, so bedeutet

$$f(x) \sim A\, g(x) \quad \text{für } x \to x_0$$

$$\lim_{x \to x_0} \frac{f(x)}{g(x)} = A \, .$$

Äquivalent hiermit ist

$$\lim_{x \to x_0} \frac{f(x) - Ag(x)}{g(x)} = 0$$

oder

$$f(x) = A\, g(x) + o(g(x)) \quad \text{für } x \to x_0 \, .$$

Wir zitieren nun einen Satz, in dem der Zusammenhang zwischen dem asymptotischen Verhalten maßdefinierender Funktionen und dem asymptotischen Verhalten der Laplace-Transformierten der entsprechenden Maße hergestellt wird.

56. <u>Satz:</u> M und K_μ für $\mu \in M$ seien wie oben definiert. F sei maßdefinierende Funktion für $\mu \in M$ mit $K_\mu = 0$. $\lambda(s)$ sei die Laplace-Transformierte von μ mit $s \in \mathbb{R}$ und $s > 0$.
Gilt dann mit $A \in \mathbb{R}$ und $a \in \mathbb{R}_+$

$$F(x) \sim \frac{A\, x^a}{\Gamma(a+1)} \quad \text{für } x \uparrow \infty \text{ bzw. } x \downarrow 0,$$

so gilt

$$\lambda(s) \sim \frac{A}{s^a} \quad \text{für } s \downarrow 0 \text{ bzw. } s \uparrow \infty$$

und umgekehrt. ┘

Wenn man von Definition 53.2. ausgehend versucht, die Laplace-Transformierte für eine meßbare Funktion $f : \mathbb{R} \to \mathbb{R}$ zu definieren, so folgt aus $\int_{-\infty}^{+\infty} |e^{-s_0 x} f(x)| dx < +\infty$ für $s_0 \in \mathbb{C}$, daß $e^{-sx} f(x)$ für alle $s \in \mathbb{C}$ mit Re s = Re s_0 Lebesgue-integrierbar ist. Man benutzt für solche f deshalb zweckmäßiger die Fourier-Transformierte

$$\int_{-\infty}^{+\infty} e^{isx} f(x) dx \quad \text{mit } s \in \mathbb{R},$$

die, wenn f Lebesgue-integrierbar ist, für jedes $s \in \mathbb{R}$ definiert ist. Mit dieser Transformation für stochastische Variablen beschäftigen wir uns im folgenden.

3. Fourier-Transformation

Die Fourier-Transformation ist ein nützliches Hilfsmittel für das Studium von Verteilungen auf $(\mathbb{R}^r, \mathfrak{B}^r)$ und von endlichen Maßen auf diesen Meßräumen. Wir beschränken uns hier auf die Besprechung einiger ihrer Eigenschaften für W-Maße.

$(\Omega, \mathfrak{A}, P)$ sei der W-Raum, auf den wir uns immer beziehen. Die stochastischen Variablen sind zunächst $\mathfrak{A}$-meßbare Abbildungen von Ω in $\mathbb{R}$.

57. Definition: X sei eine stochastische Variable. Dann heißt

$$\varphi(s) \triangleq E[e^{isX}] = \int_{\mathbb{R}} e^{isx} \, dP_X \quad \text{für } s \in \mathbb{R}$$

die Fourier-Transformierte oder charakteristische Funktion von X bzw. von P_X. ┘

In 57. ist i wieder die imaginäre Einheit. Wegen $|e^{isx}| = 1$ für alle $s \in \mathbb{R}$ und $x \in \mathbb{R}$ ist die Fourier-Transformierte für jede stochastische Variable durch 57. für $s \in \mathbb{R}$ als komplexwertige Funktion wohldefiniert. Man sieht leicht, daß dies auch dann gilt, wenn man die Fourier-Transformierte entsprechend für ein endliches Maß auf $(\mathbb{R}, \mathfrak{B})$ definiert.

Ist X eine stochastische Variable mit $P\{X \in \mathbb{N}_0\} = 1$, so ist

$$E[e^{isX}] = \sum_{n \in \mathbb{N}_0} P\{X=n\} e^{isn} \quad .$$

Ist $\eta(t)$ die erzeugende Funktion von X und setzt man η auf $t \in \mathbb{C}$ mit $|t| \leq 1$ fort, so ergibt sich

(58.1.) $E[e^{isX}] = \eta(e^{is})$ für $s \in \mathbb{R}$.

Ist X eine stochastische Variable mit $P\{X \geq 0\} = 1$ und ist $\lambda(t)$ die komplexwertige Laplace-Transformierte von X, so ergibt sich

(58.2.) $E[e^{isX}] = \lambda(-is)$ für $s \in \mathbb{R}$,

wenn man beachtet, daß das definierende Integral in 53.1. auch für $t \in \mathbb{C}$ mit $\mathrm{Re}\, t = 0$ existiert.

Wenn man sich für Verteilungen speziell aus diesen Klassen interessiert, benutzt man zweckmäßig deren erzeugenden Funktionen bzw. deren Laplace-Transformierten. Für allgemeine Aussagen über Verteilungen auf $(\mathbb{R},\mathfrak{B})$ benutzt man dagegen zweckmäßig die Fourier-Transformierten.

Die Berechnungen von Fourier-Transformierten sind oft nicht einfach; in den Anwendungen kann man jedoch meist auf bekannte Integrale zurückgreifen.

Wir geben zunächst einige einfache Eigenschaften von Fourier-Transformierten an.

59. Satz: $\varphi(s)$ sei Fourier-Transformierte der stochastischen Variablen X. Dann gelten

59.1. $\varphi(0) = 1$ und $|\varphi(s)| \leq 1$ für alle $s \in \mathbb{R}$

59.2. $\varphi(-s) = \overline{\varphi(s)}$

59.3. $\varphi(s)$ ist gleichmäßig stetig.

Beweis:

1. Aussage 59.1. folgt sofort aus Satz 50.5.

2. Für alle $x,s \in \mathbb{R}$ gilt

$$e^{-isx} = \cos(-sx) + i \sin(-sx) = \cos sx - i \sin sx$$

und daraus folgt 59.2.

3. Zum Beweis von 59.3. folgt zunächst aus 50.5. für alle $s,h \in \mathbb{R}$:

$$|\varphi(s+h) - \varphi(s)|^2 \le \int_{\mathbb{R}} |e^{isx}(e^{ihx}-1)|^2 \, dP_X$$
$$\le \int_{\mathbb{R}} |e^{ihx}-1|^2 \, dP_X$$
$$= \int_{\mathbb{R}} (2-2\cos hx) \, dP_X$$

Mit Satz 2.18. folgt, daß das letzte Integral für $h \to 0$ gegen 0 konvergiert. ┘

60. Beispiele:

60.1. Die stochastische Variable X sei Poisson-verteilt mit dem Parameter μ.
Dann ergibt sich durch Rückgriff auf die in Beispiel 33.3. berechnete erzeugende Funktion mit 58.1.

$$E[e^{isX}] = e^{\lambda(e^{is}-1)} .$$

60.2. Die stochastische Variable X sei Gamma-verteilt mit den Parametern b und p.
Die in Beispiel 43. berechnete Laplace-Transformierte $\eta(t)$ läßt sich auf $t \in \mathbb{C}$ mit $\mathrm{Re}\, t \ge 0$ fortsetzen. Mit 58.2. ergibt sich dann

$$E[e^{isX}] = \left(\frac{b}{b-is}\right)^p .$$

60.3. Die stochastische Variable X sei gleichverteilt über dem Intervall [a,b]. Dann ergibt sich nach Definition 1.49.1.

$$E[e^{isX}] = \frac{1}{b-a} \int_a^b e^{isx} \, dx = \frac{1}{b-a} \int_a^b (\cos sx + i \sin sx) \, dx$$

und daraus erhält man

$$E[e^{isX}] = \frac{e^{ibs}-e^{ias}}{is(b-a)} .$$

Ist insbesondere $b > 0$ und $a = -b$, so ergibt sich

$$E[e^{isX}] = \frac{\sin bs}{bs} .$$

60.4. Die stochastische Variable X sei normal verteilt mit dem Erwartungswert 0 und der Varianz 1.

Dann ergibt sich nach Definition 1.50. mit 12.7.

$$E[e^{isX}] = \frac{1}{\sqrt{2\pi}} \int_{\mathbb{R}} e^{isx}\, e^{-\frac{1}{2}x^2}\, dx$$

$$= \frac{1}{\sqrt{2\pi}} \int_{\mathbb{R}} (\cos sx + i \sin sx) e^{-\frac{1}{2}x^2}\, dx \,.$$

Das Integral für den Imaginärteil ist 0 wegen $\sin(-x) = -\sin x$ für $x \in \mathbb{R}_+$.

Sei nun $f(s,x) \triangleq e^{-\frac{1}{2}x^2} \cos sx$.

$\frac{\partial f}{\partial s} = -x\, e^{\frac{1}{2}x^2} \sin sx$ ist Lebesgue-integrierbar und daraus folgt nach Satz 2.31.

$$\frac{d}{ds} E[e^{isX}] = \frac{1}{\sqrt{2\pi}} \int_{\mathbb{R}} -x\, e^{-\frac{1}{2}x^2} \sin sx\, dx \,.$$

Daraus ergibt sich durch partielle Integration

$$\frac{d}{ds} E[e^{isX}] = -s\, E[e^{isX}]$$

und hieraus folgt mit 59.1.

$$E[e^{isX}] = e^{-\frac{1}{2}s^2} \,.$$ ┘

Analog zu Satz 47. gilt

61. Satz: X und Y seien stochastische Variablen mit den Fourier-Transformierten $\varphi(s)$ und $\psi(s)$. Es gelten:

61.1. $E[e^{is(aX+b)}] = e^{ibs}\, \varphi(as)$ für alle $a,b \in \mathbb{R}$.

61.2. $E[e^{is(X+Y)}] = \varphi(s)\, \psi(s)$, wenn X und Y unabhängig sind.

Beweis: Aussage 61.1. folgt unmittelbar aus 50.2.
Aussage 61.2. folgt mit Satz 1.63. aus Satz 52. ┘

Ist X eine stochastische Variable mit der Fourier-Transformierten $\varphi(s)$, so folgt aus 61.1., daß die Fourier-Transformierte von $-X$ $\varphi(-s)$ ist. Nach 59.2. gilt $\overline{\varphi(-s)} = \varphi(s)$. Haben X und $-X$ die gleichen Verteilungen, so sind ihre Fourier-Transformierten also reell. Man nennt eine stochastische Variable X symmetrisch, wenn X und $-X$ identisch verteilt sind.

Wie die früher besprochenen Transformationen,so ist auch die Fourier-Transformation eineindeutig. Diese Aussage wollen wir hier nicht beweisen. Mit dieser Aussage ergibt sich

(61.3.) Eine stochastische Variable ist genau dann symmetrisch, wenn ihre Fourier-Transformierte reell ist.

Ist die stochastische Variable X normalverteilt und standardisiert, so ist $Y \triangleq \sigma X + \mu$ mit $\sigma,\mu \in \mathbb{R}$ und $\sigma > 0$ nach Satz 2.42. normal verteilt mit den Parametern μ und σ. Mit Beispiel 60.4. und mit 61.1. ergibt sich

(61.4.) $\quad E[e^{isY}] = \exp(i\mu s - \frac{1}{2}\sigma^2 s^2)$.

Wir kommen jetzt zu den Differenzierbarkeitseigenschaften der Fourier-Transformierten.

62. Satz: X sei eine stochastische Variable mit der Fourier-Transformierten $\varphi(s)$. Für $k \in \mathbb{N}$ sei $E[|X|^k] < +\infty$. Dann gelten

62.1. $\varphi^{(k)}(s) = i^k \int_{\mathbb{R}} x^k e^{isx}\, dP_X \quad$ für $s \in \mathbb{R}$

62.2. $\varphi^{(k)}(0) = i^k E[X^k]$

Beweis: Zum Beweis von 62.1. sei $k = 1$.

Für $s,h \in \mathbb{R}$ mit $h \neq 0$ gilt dann

$$\frac{\varphi(s+h)-\varphi(s)}{h} = \int_{\mathbb{R}} e^{isx}\, \frac{e^{ihx}-1}{h}\, dP\,.$$

Nun gilt für $x \in \mathbb{R}$ $\quad |e^{ihx}-1| \le |hx|$, so daß $|x|$ Majorante für $|e^{isx}\frac{e^{ihx}-1}{h}|$ ist.

Nach Voraussetzung ist $|x|$ P_X-integrierbar, so daß Satz 51. anwendbar ist für $h \to 0$. Für $h \to 0$ erhält man für das Integral oben $i\int_{\mathbb{R}} x\, e^{isx}\, dP_X$ und damit ist die Aussage für $k = 1$ bewiesen. Der Rest ergibt sich durch Induktion.
Aussage 62.2. folgt sofort aus 62.1. ┘

Für eine stochastische Variable X mit der Fourier-Transformierten $\varphi(s)$ liefert 16.2. also insbesondere

(62.3.) $\quad E[X] = -\varphi'(0) \quad$ falls $E[|X|] < +\infty$

und mit 9.3.

(62.4.) $\quad VAR[X] = -\varphi''(0) + (\varphi'(0))^2$ falls $E[|X|^2] < +\infty$.

Die Abschätzung, die wir im Beweis von 62.1. für die Herleitung der Majorante benutzt haben, erhält man leicht aus der Reihenentwicklung der Exponentialfunktion. Allgemeiner gilt für $s,x \in \mathbb{R}$ und $k \in \mathbb{N}$

(62.5.) $\quad \left|e^{isx} - 1 - \frac{isx}{1!} - \dots - \frac{(isx)^{k-1}}{(k-1)!}\right| \le \frac{|sx|^k}{k!}$.

Ist nun X eine stochastische Variable mit der Fourier-Transformierten $\varphi(s)$ und ist $E[|X|^k] < +\infty$, so erhält man aus 62.5. durch Integration nach P_X

(62.6.) $$|\varphi(s) - \sum_{m=0}^{k-1} \frac{(is)^m}{m!} E[X^m]| \leq \frac{|s|^k}{k!} E[|X|^k]$$

und daraus insbesondere die asymptotische Aussage

(62.7.) $$\varphi(s) = \sum_{m=0}^{k} \frac{(is)^m}{m!} E[X^m] + o(s^k) \quad \text{für } s \to 0.$$

Wir wollen nun noch die Definition 57. auf stochastische Vektoren erweitern. Die stochastischen Vektoren seien $\mathfrak{A}$-meßbare Abbildungen von Ω in $\mathbb{R}^r$ mit $r \in \mathbb{N}$. Für die vektorielle Notation verweisen wir auf Kapitel 3.1.

63. Definition: X sei ein stochastischer Vektor. Dann heißt

$$\varphi(s) \triangleq E[e^{i(s^t X)}] = \int_{\mathbb{R}^r} e^{i(s^t x)} dP_X \quad \text{für } s \in \mathbb{R}^r$$

die Fourier-Transformierte oder charakteristische Funktion von X bzw. von P_X. ⌋

In 63. tritt als Exponent das Skalarprodukt $(s^t X)$ bzw. $(s^t x)$ mit $s \in \mathbb{R}^r$ und dem Vektor X bzw. $x \in \mathbb{R}^r$ auf. Mit den früher vorgetragenen Gründen ist $\varphi(s)$ durch 63. als komplexwertige Funktion auf $\mathbb{R}^r$ wohldefiniert.

Die Aussagen 59.1. bis 59.3. und 61.2. lassen sich einfach auf stochastische Vektoren übertragen. Analog zu 61.1. gilt

(64.1.) $$E[e^{i(s^t(AX+b))}] = e^{i(s^t b)} \varphi(A^t s)$$

für $s,b \in \mathbb{R}^r$ eine reellwertige $r \times r$-Matrix A und den stochastischen Vektor X mit der Fourier-Transformierten $\varphi(s)$.

Ist schließlich X ein stochastischer Vektor mit der Fourier-Transformierten $\varphi(s)$ und I eine nichtleere Teilmenge von $\{1,\dots,r\}$, so erhält man die Fourier-Transformierten der Projektion von X auf den durch I festgelegten Teilraum, indem man in φ die $\{1,\dots,r\}-I$ entsprechenden Komponenten von s O setzt.

Damit schließen wir die Ausführungen über Transformationen ab; weitere Eigenschaften der Fourier-Transformation werden wir in Kapitel 5. behandeln.

3.3 Beispiele für Familien von Verteilungen

Wir besprechen im folgenden einige Beispiele für Familien von Verteilungen, welche in Anwendungen häufig auftreten.

1. Die Multinomial-Verteilung

Als Vorbereitung für die Besprechung der Familie der Multinomial-Verteilungen geben wir zunächst eine 2-dimensionale Interpretation der Binomialverteilung an.
Über dem W-Raum $(\Omega,\mathfrak{A},P)$ seien $n \in \mathbb{N}$ unabhängige und identisch verteilte stochastische Variablen $X_1,\ldots,X_n$ definiert. Für $i \in \{1,\ldots,n\}$ sei $X_i : \Omega \to \{0,1\}$ mit $p_1 \triangleq P\{X_i=1\}$ und $p_2 \triangleq P\{X_i=0\}$.
Nun seien $N_1,N_2 : \Omega \to \{0,\ldots,n\}$ definiert durch

$$N_1(\omega) \triangleq \sum_{i=1}^{n} X_i(\omega) \qquad \text{und}$$

$$N_2(\omega) \triangleq n - \sum_{i=1}^{n} X_i(\omega)$$

für alle $\omega \in \Omega$. Dann ist N_1 bzw. N_2 nach Definition 1.30. binomial verteilt mit den Parametern p_1 und n bzw. p_2 und n.
Für $n_1 \in \{0,\ldots,n\}$ gilt

$$P\{N_1=n_1\} = \binom{n}{n_1} p_1^{n_1} p_2^{n-n_1} = \frac{n!}{n_1!(n-n_1)!} p_1^{n_1} p_2^{n-n_1}$$

$$= P\{N_1=n_1, N_2=n-n_1\}.$$

Es gilt also für $n_1,n_2 \in \{0,\ldots,n\}$

$$(65.1.) \quad P\{N_1=n_1,N_2=n_2\} = \begin{cases} \frac{n!}{n_1!n_2!} p_1^{n_1} p_2^{n_2}, & \text{falls } n_1+n_2=n \\ 0 & \text{sonst}. \end{cases}$$

N sei der stochastische Vektor mit den Komponenten N_1 und N_2.
Mit Beispiel 3.12.2. gilt dann für den Erwartungswert

$$(E[N])^t = (np_1, np_2).$$

Für N geben wir noch die Kovarianzmatrix an; dazu berechnen wir $E[N_1N_2]$ mit 65.1.

$$E[N_1N_2] = \sum_{\substack{n_1,n_2=0\\n_1+n_2=n}}^{n} n_1n_2 \frac{n!}{n_1!n_2!} p_1^{n_1} p_2^{n_2}$$

$$= np_1 \sum_{\substack{n_1,n_2=0\\n_1+n_2=n-1}}^{n-1} n_2 \frac{(n-1)!}{n_1!n_2!} p_1^{n_1} p_2^{n_2}$$

$$= np_1(n-1)p_2 \sum_{\substack{n_1,n_2=0\\n_1+n_2=n-2}}^{n-2} \frac{(n-2)!}{n_1!n_2!} p_1^{n_1} p_2^{n_2},$$

also

(65.2.) $E[N_1N_2] = n(n-1)p_1p_2$.

Unter Verwendung der Ergebnisse von Beispiel 12.2., mit 9.3., 18.1. und 65.2. ergibt sich nun

(65.3.) $COV[N] = \begin{pmatrix} np_1p_2 & -np_1p_2 \\ -np_1p_2 & np_1p_2 \end{pmatrix}$;

diese Matrix ist trivialerweise singulär.

Wir wollen jetzt eine zu der von N analoge Verteilung für stochastische Vektoren mit $r \in \mathbb{N}$, $r \geq 2$, Komponenten herleiten. Wir gehen dabei von numerischen stochastischen Variablen und einer Zerlegung von $\mathbb{R}$ aus.

$\{R_1,..,R_r\}$ sei eine Zerlegung von $\mathbb{R}$; R_l mit $l \in\{1,...,r\}$ sei Element von $\mathfrak{B}$.
Über dem W-Raum $(\Omega, \mathfrak{A}, P)$ seien $n \in \mathbb{N}$ unabhängige und identisch verteilte stochastische Variablen $X_1,...,X_n$ definiert. Für $i \in\{1,...,n\}$ sei $X_i : \Omega \to \mathbb{R}$; für $l \in\{1,...,r\}$ sei $p_l \triangleq P\{X_i \in R_l\}$.
Zudem sei $Z_{i,l} : \Omega \to \{0,1\}$ definiert durch $Z_{i,l} \triangleq 1_{R_l} \circ X_i$ mit der Indikatorfunktion $1_{R_l} : \mathbb{R} \to \{0,1\}$.
Nun sei $N_l : \Omega \to \{0,...,n\}$ definiert durch

(66.1.) $N_l(\omega) \triangleq \sum_{i=1}^{n} Z_{i,l}(\omega)$

für alle $\omega \in \Omega$. N_l ist binomial verteilt mit den Parametern p_1 und n; dies gilt, weil aus der Unabhängigkeit der $X_1,...,X_n$ die Unabhängigkeit der $Z_{1,l},...,Z_{n,l}$ nach Satz 1.63. folgt.

Für die Berechnung der gemeinsamen Verteilung der $N_1,...,N_l$ seien $n_1,...,n_l \in \{0,...,n\}$ mit $\sum_{l=1}^{r} n_l = n$; dann folgt

$$P\{N_1=n_1,...,N_r=n_r\} = \binom{n}{n_1}\binom{n-n_1}{n_2}\cdots\binom{n-n_1-\cdots n_{r-1}}{n_r} p_1^{n_1}\cdots p_r^{n_r}$$

$$= \frac{n!}{n_1!\cdots n_r!} p_1^{n_1}\cdots p_r^{n_r} .$$

Damit gilt also

(66.2.) $$P\{N_1=n_1,\dots,N_r=n_r\} = \begin{cases} \frac{n!}{n_1!\dots n_r!}\, p_1^{n_1}\cdots p_r^{n_r}, & \text{falls } \sum\limits_{l=1}^{r} n_l=n \\ 0 & \text{sonst} \end{cases}$$

für $n_1,\dots,n_r\in\{0,\dots,n\}$. Diese Verteilung ist die angekündigte Verallgemeinerung der Binomialverteilung.

67. Definition: Seien $r,n \in \mathbb{N}$, $r \geq 2$ und $p_1,\dots,p_r$ nichtnegative reelle Zahlen mit $\sum\limits_{i=1}^{r} p_i = 1$. N sei ein stochastischer Vektor mit den Komponenten $N_1,\dots,N_r$. N heißt multinomial oder polynomial verteilt mit den Parametern n und $p_1,\dots,p_r$ $:\Leftrightarrow$ für $n_1,\dots,n_r\in\{0,\dots,n\}$ ist die Verteilung von N durch 66.2 definiert. ⌟

Wir wollen nun unter Verwendung der Bezeichnungen von Definition 67. einige Kenngrößen der Multinomialverteilung berechnen.

Wir berechnen zunächst für $l \in\{1,\dots,r\}$ und $n_l\in\{0,\dots,n\}$ die Verteilung von N_l aus 66.2. Dazu ergibt sich

$$P\{N_l=n_l\} = \sum \frac{n!}{n_1!\cdots n_r!}\, p_1^{n_1}\cdots p_r^{n_r},$$

wobei zu summieren ist über $n_1,\dots,n_{l-1},n_{l+1},\dots,n_r\in\{0,\dots,n-n_l\}$ mit $\sum\limits_{\substack{i=1\\i\neq l}}^{r} n_i = n - n_l$. Mit $\frac{n!}{n_l!} = \binom{n}{n_l}(n-n_l)!$ folgt

$$P\{N_l=n_l\}=\binom{n}{n_l}p_l^{n_l} \sum \frac{(n-n_l)!}{n_1!\dots n_{l-1}!\,n_{l+1}!\dots n_r!}\, p_1^{n_1}\cdots p_{l-1}^{n_{l-1}}p_{l+1}^{n_{l+1}}\cdots p_r^{n_r}.$$

Die auftretende Summe ist $(p_1+\dots+p_{l-1}+p_{l+1}+\dots+p_r)^{n-n_l}$ und mit $\sum\limits_{i=1}^{r} p_i = 1$ ergibt sich daraus

(68.1.) $$P\{N_l=n_l\} = \binom{n}{n_l}p_1^{n_l}(1-p_1)^{n-n_l};$$

wie oben bei der Herleitung der Multinomialverteilung schon angegeben ist also N_l binomial verteilt mit den Parametern p_1 und n.

Wir berechnen nun $E[N_k N_l]$ für $k,l \in \{1,\dots,r\}$ mit $k \neq l$

$$E[N_k N_l] = \sum n_k n_l \frac{n!}{n_1!\dots n_r!} p_1^{n_1}\cdots p_r^{n_r};$$

dabei ist zu summieren über $n_1,\dots,n_r \in \{0,\dots,n\}$ mit $\sum_{i=1}^{r} n_i = n$.
Daraus folgt

$$E[N_k N_l] = np_k \sum n_l \frac{(n-1)!}{n_1!\dots n_r!} p_1^{n_1}\cdots p_r^{n_r};$$

dabei ist zu summieren über $n_1,\dots,n_r \in \{0,\dots,n-1\}$ mit $\sum_{i=1}^{r} n_i = n-1$.
Daraus folgt

$$E[N_k N_l] = np_k (n-1) p_l \sum \frac{(n-2)!}{n_1!\dots n_r!} p_1^{n_1}\cdots p_r^{n_r};$$

dabei ist zu summieren über $n_1,\dots,n_r \in \{0,\dots,n-2\}$ mit $\sum_{i=1}^{r} n_i = n-2$.
Diese Summe ist nach dem binomischen Lehrsatz 1 und damit ergibt sich

(68.2.) $E[N_k N_l] = n(n-1)p_k p_l$.

Nun sind $E[N_l] = np_l$ und $VAR[N_l] = np_l(1-p_l)$.
Mit 18.1. und 68.2. erhalten wir für die Kovarianzmatrix von N

$$(68.3.)\quad COV[N] = \begin{pmatrix} np_1(1-p_1) & -np_1p_2 & \cdots & -np_1p_r \\ -np_1p_2 & & & \vdots \\ \vdots & & & \vdots \\ -np_1p_r & \cdots & \cdots & np_r(1-p_r) \end{pmatrix}.$$

Addiert man die Elemente der l-ten Zeile von 68.3., so ergibt sich $np_l - np_l \sum_{i=1}^{r} p_i = 0$ wegen $\sum_{i=1}^{r} p_i = 1$. Nach Satz 30.2. besagt dies, daß die $N_1,\dots,N_r$ fast sicher linear abhängig sind; das ist in diesem Fall wegen $P\{N_1+\dots+N_r=n\} = 1$ trivial.

2. Die n-dimensionale Normalverteilung

Sei X zunächst eine stochastische Variable mit Werten aus $\mathbb{R}$. Nach Definition 1.50. ist X normal verteilt mit den Parametern μ und σ, wenn

$$f(x) = k \exp\{-\tfrac{1}{2}(x-\mu)\tfrac{1}{\sigma^2}(x-\mu)\} \qquad \text{für } x \in \mathbb{R}$$

die Dichte von X ist. Hierbei sind $\mu \in \mathbb{R}$, σ und k positive reelle Zahlen und k ist durch die Forderung $\int_{\mathbb{R}} f(x)dx = 1$ zu $(\sigma\sqrt{2\pi})^{-1}$ festgelegt.

Wir definieren nun die n-dimensionale Normalverteilung mit einer Dichte, die dem oben angegebenen f formal entspricht.

Für $n \in \mathbb{N}$ sei X ein stochastischer Vektor mit Werten aus $\mathbb{R}^n$. Seien $\mu \in \mathbb{R}^n$ und A eine positiv definite n×n-Matrix mit reellen Komponenten. Die Dichte von X sei

(69.1.) $f(x) \triangleq k \exp\{-\frac{1}{2}(x-\mu)^t A(x-\mu)\}$ für $x \in \mathbb{R}^n$.

(69.1.) ist eine W-Dichte, wenn k als positive reelle Zahl so gewählt wird, daß $\int_{\mathbb{R}^n} f(x)dx = 1$ gilt.

Für die Berechnung von k gemäß dieser Forderung benutzen wir die folgende Aussage der linearen Algebra:

(69.2.) Zu der positiv definiten Matrix A gibt es eine nichtsinguläre Matrix C mit $C^tAC = I$; dabei ist I die n-dimensionale Einheitsmatrix.

Sei nun C die nach 69.2. existierende n×n-Matrix mit $C^tAC = I$. Der stochastische Vektor Y mit Werten aus $\mathbb{R}^n$ sei definiert durch

(69.3.) $CY \triangleq X - \mu$.

Mit Satz 2.37. ergibt sich aus 69.1. und 69.3. für die Dichte von Y:

(69.4.) $g(y) = k \exp\{-\frac{1}{2} y^tC^tACy\}|\det(C)|$ für $y \in \mathbb{R}^n$.

Nun gelten $\det(C^tAC) = \det(C^t)\det(A)\det(C)$ und $\det(C^t) = \det(C)$; daraus und aus $C^tAC = I$ folgt $|\det(C)| = (\det(A))^{-\frac{1}{2}}$. Für die Dichte von Y ergibt sich damit

(69.5.) $g(y) = \frac{k}{\sqrt{\det(A)}} \exp\{-\frac{1}{2} y^ty\}$ für $y \in \mathbb{R}^n$.

Aus 69.5. läßt sich k einfach wie folgt berechnen:

$$\int_{\mathbb{R}^n} g(y)dy = \frac{k}{\sqrt{\det(A)}} \int_{\mathbb{R}^n} \exp\{-\frac{1}{2} y^ty\}dy$$

$$= \frac{k}{\sqrt{\det(A)}} \prod_{i=1}^{n} \int_{\mathbb{R}} \exp\{-\frac{1}{2} y_i^2\}dy_i$$

$$= \frac{k}{\sqrt{\det(A)}} (\sqrt{2\pi})^n = 1 \text{ , also}$$

(69.6.) $$k = \frac{\sqrt{\det(A)}}{(\sqrt{2\pi})^n} .$$

Damit erhalten wir also für die Dichte von X

(69.7.) $f(x) = \frac{\sqrt{\det(A)}}{(\sqrt{2\pi})^n} \exp\{-\frac{1}{2}(x-\mu)^t A(x-\mu)\}$ für $x \in \mathbb{R}^n$.

Wir berechnen nun den Erwartungswert und die Kovarianzmatrix von X.
Ist zunächst Y der oben definierte stochastische Vektor mit den Komponenten $Y_1,\dots,Y_n$, so ergibt sich aus 69.5. für $i \in \{1,\dots,n\}$

$$E[Y_i] = \int_{\mathbb{R}^n} y_i g(y)dy$$

$$= \frac{1}{(\sqrt{2\pi})^n} \int_{\mathbb{R}} y_i \exp\{-\frac{1}{2} y_i^2\}dy_i \prod_{\substack{j=1 \\ j\neq i}}^{n} \int_{\mathbb{R}} \exp\{-\frac{1}{2} y_j^2\}dy_j$$

und daraus folgt wegen $\int_{\mathbb{R}} y_i \exp\{-\frac{1}{2} y_i^2\}dy_i = 0$

(70.1.) $E[Y_i] = 0.$

Daraus ergibt sich mit Satz 22.3. wegen $CY = X - \mu$

(70.2.) $E[X] = \mu.$

Mit 70.2. gilt nun $CY = X - E[X]$. Daraus erhalten wir für die Kovarianzmatrix von X:

$$COV[X] = E[(X-E[X])(X-E[X])^t]$$
$$= E[CYY^tC^t],$$

also mit Satz 27.2.

(70.3.) $COV[X] = CE[YY^t]C^t.$

Für die Komponenten von $E[YY^t]$ folgen nun: für $i \in \{1,\dots,n\}$ gilt

$$E[Y_i^2] = \frac{1}{(\sqrt{2\pi})^n} \int_{\mathbb{R}} y_i^2 \exp\{-\frac{1}{2} y_i^2\}dy_i \prod_{\substack{j=1 \\ j\neq i}}^{n} \exp\{-\frac{1}{2} y_j^2\}dy_j$$

$$= \frac{1}{\sqrt{2\pi}} \int_{\mathbb{R}} y_i^2 \exp\{-\frac{1}{2} y_i^2\}dy_i, \text{ also}$$

(70.4.) $E[Y_i^2] = 1$;

für $i,j,\in\{1,\dots,n\}, i \neq j$, entsprechend:

$$E[Y_iY_j] = \frac{1}{2\pi} \int_{\mathbb{R}} y_i \exp\{-\frac{1}{2} y_i^2\}dy_i \int_{\mathbb{R}} y_j \exp\{-\frac{1}{2} y_j^2\}dy_j,$$

also wegen $\int_{\mathbb{R}} y_i \exp\{-\frac{1}{2} y_i^2\}dy_i = 0$

(70.5.) $E[Y_iY_j] = 0$.

Mit 70.4. und 70.5. ist $E[YY^t] = I$ und daraus folgt mit 70.3. $COV[X] = CC^t$.
Nun gilt $C^tAC = I$ und C ist nichtsingulär; daraus folgt $(C^t)^{-1}C^tACC^{-1} = A = (C^t)^{-1}C^{-1}$, also

$$(70.6.) \qquad A^{-1} = CC^t;$$

damit erhalten wir also

$$(70.7.) \qquad COV[X] = A^{-1}.$$

Mit 69.6., 70.2. und 70.7. ist die Bedeutung der in 69.1. auftretenden Parameter erklärt. Wir fassen die Ergebnisse zusammen in

71. Definition: X sei ein stochastischer Vektor mit Werten aus $\mathbb{R}^n$. Seien $\mu \in \mathbb{R}^n$ und Σ eine positiv definite $n\times n$-Matrix mit reellen Komponenten. X heißt normal verteilt mit den Parametern μ und Σ $:\Leftrightarrow$ die Dichte von X ist

$$f(x) = \frac{1}{\sqrt{\det(\Sigma)}(\sqrt{2\pi})^n} \exp\{-\tfrac{1}{2}(x-\mu)^t\Sigma^{-1}(x-\mu)\}$$

für $x \in \mathbb{R}^n$. ┘

Für $n = 2$ und normal verteiltes X mit den Komponenten X_1 und X_2 wollen wir die Dichte als Funktion der Erwartungswerte, der Varianzen und des Korrelationskoeffizienten von X_1 und X_2 angeben.

Seien also $\mu_i :\triangleq E[X_i]$ und $\sigma_i^2 :\triangleq VAR[X_i]$ für $i \in \{1,2\}$; zudem sei $\rho :\triangleq COR[X_1,X_2]$. Dann gilt nach 16.3.
$COV[X_1,X_2] = COR[X_1,X_2]\sqrt{VAR[X_1]VAR[X_2]} = \rho\sigma_1\sigma_2$ und für die Kovarianzmatrix Σ von X erhält man

$$(72.1.) \qquad \Sigma = \begin{pmatrix} \sigma_1^2 & \rho\sigma_1\sigma_2 \\ \rho\sigma_1\sigma_2 & \sigma_2^2 \end{pmatrix}.$$

Aus 72.1. ergibt sich $\det(\Sigma) = \sigma_1^2\sigma_2^2(1-\rho^2)$ und Σ ist positiv definit für $\sigma_1,\sigma_2 \neq 0$ und $-1 < \rho < +1$. Unter dieser Voraussetzung erhält man

$$(72.2.) \qquad \Sigma^{-1} = \frac{1}{1-\rho^2} \begin{pmatrix} \frac{1}{\sigma_1^2} & -\frac{\rho}{\sigma_1\sigma_2} \\ -\frac{\rho}{\sigma_1\sigma_2} & \frac{1}{\sigma_2^2} \end{pmatrix}.$$

Damit und mit 71. ergibt sich für die Dichte von X

$$(72.3.)\quad f(x) = \frac{1}{2\pi\sigma_1\sigma_2\sqrt{1-\rho^2}} \exp\left\{-\frac{1}{2(1-\rho^2)}\left(\left(\frac{x_1-\mu_1}{\sigma_1}\right)^2 - 2\rho\frac{(x_1-\mu_1)(x_2-\mu_2)}{\sigma_1\sigma_2} + \left(\frac{x_2-\mu_2}{\sigma_2}\right)^2\right)\right\}$$

für $x \in \mathbb{R}^2$ mit $x^t = (x_1,x_2)$.

Wir besprechen jetzt einige Eigenschaften der n-dimensionalen Normalverteilung.

73. Satz: Der stochastische Vektor X mit Werten aus $\mathbb{R}^n$ sei normal verteilt mit den Parametern μ und Σ. A sei eine nichtsinguläre $n\times n$-Matrix mit reellen Komponenten. Dann ist $Y \triangleq AX$ normal verteilt mit den Parametern $A\mu$ und $A\Sigma A^t$.

Beweis: Ist f(x) die Dichte von X gemäß 71., so erhalten wir nach Satz 2.37. die Dichte g(y) von Y, indem wir in f x durch $A^{-1}y$ ersetzen und das Ergebnis mit $|\det(A^{-1})|$ multiplizieren.

Nun gilt

$$|\det(A^{-1})| = \frac{1}{\sqrt{\det^2(A)}} = \frac{\sqrt{\det(\Sigma)}}{\sqrt{\det(A)\det(\Sigma)\det(A)}}$$

$$= \frac{\sqrt{\det(\Sigma)}}{\sqrt{\det(A)\det(\Sigma)\det(A^t)}} = \frac{\det(\Sigma)}{\sqrt{\det(A\Sigma A^t)}},$$

so daß wir als Faktor der Exponentialfunktion in g(y)

$$\frac{1}{\sqrt{\det(A\Sigma A^t)}(\sqrt{2\pi})^n} \text{ erhalten.}$$

Für den Term $(x-\mu)^t\Sigma^{-1}(x-\mu)$ der Exponentialfunktion ergibt sich mit $x \triangleq A^{-1}y$

$(A^{-1}y-\mu)^t\,\Sigma^{-1}(A^{-1}y-\mu) = (A^{-1}y-A^{-1}A\mu)^t\,\Sigma^{-1}(A^{-1}y-A^{-1}A\mu) =$

$(y-A\mu)^t(A^{-1})^t\,\Sigma^{-1}A^{-1}(y-A\mu) = (y-A\mu)^t(A\Sigma A^t)^{-1}(y-A\mu)$

Damit erhalten wir für die Dichte von Y

$$g(y) = \frac{1}{\sqrt{\det(A\Sigma A^t)}(\sqrt{2\pi})^n} \exp\{-\tfrac{1}{2}(y-A\mu)^t(A\Sigma A^t)^{-1}(y-A\mu)\}$$

mit $y \in \mathbb{R}^n$. ┘

Im folgenden benötigen wir zweielementige Zerlegungen der Menge der Komponenten eines stochastischen Vektors. Sei X ein stochastischer Vektor mit den Komponenten $X_1,\ldots,X_n$ und $\{A,B\}$ eine solche Zerlegung mit $|A| = m$, $1 \le m < n$, so wollen wir o.B.d.A.

annehmen, daß A jeweils die ersten m Komponenten enthält. Dann seien X' der Vektor mit den Komponenten $X_1,\ldots,X_m$ und X" der Vektor mit den Komponenten $X_{m+1},\ldots,X_n$. Für $\mu \in \mathbb{R}^n$ seien μ' und μ'' entsprechend definiert.

74. Satz: Der stochastische Vektor X mit Werten aus $\mathbb{R}^n$ sei normal verteilt mit den Parametern μ und Σ. {A,B} sei eine Zerlegung der Menge der Komponenten von X. Die Komponenten von A sind unabhängig von den Komponenten von B genau dann, wenn $\mathrm{COV}[X_i,X_j] = 0$ für alle $X_i \in A$ und alle $X_j \in B$ gibt.

Beweis: X', X", μ' und μ'' seien der Bemerkung oben entsprechend für {A,B} definiert.
Sind die Komponenten von A von denen von B unabhängig, so sind sie nach Satz 18.6. unkorreliert; es gilt also $\mathrm{COV}[X_i,X_j] = 0$ für alle $X_i \in A$ und alle $X_j \in B$.
Seien jetzt $\mathrm{COV}[X_i,X_j] = 0$ für alle $X_i \in A$ und alle $X_j \in B$.
Seien $\Sigma' \triangleq \mathrm{COV}[X']$ und $\Sigma'' \triangleq \mathrm{COV}[X'']$. Dann gilt für die Kovarianzmatrix Σ von X

$$\Sigma = \begin{pmatrix} \Sigma' & 0 \\ 0 & \Sigma'' \end{pmatrix} .$$

Daraus folgen $\det(\Sigma) = \det(\Sigma')\cdot\det(\Sigma'')$ und

$$\Sigma^{-1} = \begin{pmatrix} \Sigma'^{-1} & 0 \\ 0 & \Sigma''^{-1} \end{pmatrix}.$$

Ist $|A| = m$, so ergibt sich in der Dichte von X für den Faktor der Exponentialfunktion

$$\frac{1}{\sqrt{\det(\Sigma)}(\sqrt{2\pi})^n} = \frac{1}{\sqrt{\det(\Sigma')}(\sqrt{2\pi})^m} \cdot \frac{1}{\sqrt{\det(\Sigma'')}(\sqrt{2\pi})^{n-m}} .$$

Der Term $(x-\mu)^t\,\Sigma^{-1}(x-\mu)$ liefert

$$\left((x'-\mu')^t, (x''-\mu'')^t\right) \begin{pmatrix} \Sigma'^{-1} & 0 \\ 0 & \Sigma''^{-1} \end{pmatrix} \begin{pmatrix} x'-\mu' \\ x''-\mu'' \end{pmatrix} =$$

$$\left((x'-\mu')^t\,\Sigma'^{-1}, (x''-\mu'')^t\,\Sigma''^{-1}\right) \begin{pmatrix} x'-\mu' \\ x''-\mu'' \end{pmatrix} =$$

$$\left((x'-\mu')^t\,\Sigma'^{-1}(x'-\mu') + (x''-\mu'')^t\,\Sigma''^{-1}(x''-\mu'')\right).$$

Sind nun f(x) die Dichte von X für $x \in \mathbb{R}^n$,

$$f_A(x') = \frac{1}{\sqrt{\det(\Sigma')}(\sqrt{2\pi})^m} \exp\{-\tfrac{1}{2}(x'-\mu')^t\Sigma'^{-1}(x'-\mu')\}$$

für $x' \in \mathbb{R}^m$ und

$$f_B(x'') = \frac{1}{\sqrt{\det(\Sigma'')}(\sqrt{2\pi})^{n-m}} \exp\{-\tfrac{1}{2}(x''-\mu'')^t\Sigma''^{-1}(x''-\mu'')\}$$

für $x'' \in \mathbb{R}^{n-m}$,

so sind f_A die Dichte von X', f_B die Dichte von X" und es gilt $f(x) = f_A(x')f_B(x'')$; damit sind die Komponenten von A unabhängig von den Komponenten von B nach Satz 2.40.3. ┘

Mit den Bezeichnungen von Satz 74. liefert der Beweis noch folgende Aussage: die stochastischen Vektoren X' und X" sind normal verteilt und die Parameter ihrer Verteilungen sind die Restriktionen des Erwartungswertvektors und der Kovarianzmatrix von X auf die durch A und B ausgewählten Komponenten. Nach Satz 74. gilt dies zunächst unter der Voraussetzung, daß X' und X" unabhängig sind. Der folgende Satz lehrt, daß die Randverteilungen eines normal verteilten stochastischen Vektors immer Normalverteilungen sind.

75. Satz: Der stochastische Vektor X mit Werten aus $\mathbb{R}^n$ sei normal verteilt mit den Parametern μ und Σ. B sei eine nichtleere Teilmenge der Komponenten von X. Dann ist der durch B definierte stochastische Vektor normal verteilt; die Parameter der Verteilung sind die Restriktionen von μ und Σ auf die durch B definierten Komponenten.

Beweis: Bei gegebenem B sei {A,B} die entsprechende Zerlegung der Menge der Komponenten von X. X',X",μ' und μ" seien der Bemerkung vor Satz 74. entsprechend definiert.
C sei als nichtsinguläre Matrix mit reellen Komponenten so gewählt, daß die stochastischen Vektoren Y' und Y" durch

$$Y' \triangleq X' + CX'' \quad \text{und}$$
$$Y'' \triangleq X''$$

definiert und die Komponenten von Y' und Y" paarweise unkorreliert sind.
Aus der Forderung an C, daß die Komponenten von Y' und Y" paarweise unkorreliert sind, ergibt sich für C:

$$E[(Y'-E[Y'])(Y''-E[Y''])^t] =$$
$$E[(X'+CX''-E[X'+CX''])(X''-E[X''])^t] =$$
$$E[(X'-E[X']+C(X''-E[X'']))(X''-E[X''])^t] =$$
$$E[(X'-E[X'])(X''-E[X''])^t]+CE[(X''-E[X''])(X''-E[X''])^t] = 0$$

Die erste dieser Kovarianzmatrizen wollen wir mit $\tilde{\Sigma}$ bezeichnen. Mit $\Sigma'' \triangleq \mathrm{COV}[X'']$ erhalten wir

$$\tilde{\Sigma} + C\Sigma'' = O \text{ , also}$$
$$C = -\tilde{\Sigma}\Sigma''^{-1} \text{ .}$$

Sei nun $Y \triangleq \begin{pmatrix} Y' \\ Y'' \end{pmatrix}$; dann gilt $Y = \begin{pmatrix} I' & -\tilde{\Sigma}\Sigma''^{-1} \\ O & I'' \end{pmatrix} X$

mit den Einheitsmatrizen I' und I". Die Matrix dieser linearen Abbildung ist nichtsingulär. Nach Satz 73. ist Y normal verteilt und für die Parameter der Verteilung von Y ergeben sich mit $\Sigma' \triangleq \mathrm{COV}[X']$

$$E[Y] = \begin{pmatrix} I' & -\tilde{\Sigma}\Sigma''^{-1} \\ O & I'' \end{pmatrix} \begin{pmatrix} \mu' \\ \mu'' \end{pmatrix} = \begin{pmatrix} \mu' - \tilde{\Sigma}\Sigma''^{-1}\mu'' \\ \mu'' \end{pmatrix} \quad \text{und}$$

$$\begin{aligned}
\mathrm{COV}[Y] &= \begin{pmatrix} I' & -\tilde{\Sigma}\Sigma''^{-1} \\ O & I'' \end{pmatrix} \begin{pmatrix} \Sigma' & \tilde{\Sigma} \\ \tilde{\Sigma} & \Sigma'' \end{pmatrix} \begin{pmatrix} I' & O \\ (-\tilde{\Sigma}\Sigma''^{-1})^t & I'' \end{pmatrix} \\
&= \begin{pmatrix} \Sigma' - \tilde{\Sigma}\Sigma''^{-1}\tilde{\Sigma}^t & \tilde{\Sigma} - \tilde{\Sigma}\Sigma''^{-1}\Sigma'' \\ \tilde{\Sigma} & \Sigma'' \end{pmatrix} \begin{pmatrix} I' & O \\ -(\Sigma''^{-1})^t\tilde{\Sigma}^t & I'' \end{pmatrix} \\
&= \begin{pmatrix} \Sigma' - \tilde{\Sigma}\Sigma''^{-1}\tilde{\Sigma}^t & O \\ \tilde{\Sigma}^t & \Sigma'' \end{pmatrix} \begin{pmatrix} I' & O \\ -(\Sigma''^{-1})^t\tilde{\Sigma}^t & I'' \end{pmatrix} \\
&= \begin{pmatrix} \Sigma' - \tilde{\Sigma}\Sigma''^{-1}\tilde{\Sigma}^t & O \\ O & \Sigma'' \end{pmatrix} .
\end{aligned}$$

Damit ist Y" als normal verteilt mit den Parametern μ'' und Σ'' nachgewiesen; Y" ist aber der durch B definierte stochastische Vektor. ┘

Der folgende Satz ist eine Verallgemeinerung von Satz 73.

76. Satz: Der stochastische Vektor X mit Werten aus $\mathbb{R}^n$ sei normal verteilt mit den Parametern μ und Σ. A sei eine $m \times n$-Matrix mit reellen Komponenten und dem Rang $m \leq n$. Dann ist $Y \triangleq AX$ normal verteilt mit den Parametern $A\mu$ und $A\Sigma A^t$.

Beweis: Sei $m < n$.
Zu der Matrix A gibt es eine $n-m \times n$-Matrix B mit reellen Komponenten, so daß die $n \times n$-Matrix $\binom{A}{B}$ nichtsingulär ist. Nun sei $\tilde{Y} = \binom{Y}{Y'} \triangleq \binom{A}{B} X$.

Nach Satz 73. ist $\tilde{Y}$ normal verteilt mit den Parametern $\binom{A}{B}\mu$ und $\binom{A}{B}\Sigma\binom{A}{B}^t$. Nach Satz 75. ist damit Y normal verteilt mit den Parametern $A\mu$ und $A\Sigma A^t$. ┘

Sei X ein stochastischer Vektor mit den Komponenten $X_1,\dots,X_n$ und Werten aus $\mathbb{R}^n$; zudem seien $E[X] = \mu$ und $COV[X] = \Sigma$.

Nach Definition 71. ist dafür, daß X normal verteilt ist, insbesondere vorausgesetzt, daß Σ nichtsingulär ist. Nun ist es zweckmäßig, auch für den Fall einer singulären Kovarianzmatrix Σ X als normal verteilt definieren zu können. Nach Satz 30.2. ist Σ genau dann singulär, wenn die Komponenten von X linear abhängig sind; X nimmt also Werte aus $\mathbb{R}^m$ mit $m < n$ an. In diesem Fall kann aber X nicht absolutstetig bzgl. des Lebesgue-Borelschen Maßes λ^n über $\mathbb{R}^n$ sein, da $\lambda^n(A) = 0$ für alle $A \subset \mathfrak{B}^m$ gilt. Um in diesem Fall zu einer Definition der Normalverteilung zu kommen, die 71. entspricht, haben wir X zunächst auf $\mathbb{R}^m$ abzubilden.
Für die Durchführung der entsprechenden Konstruktion benutzen wir die beiden folgenden Aussagen der linearen Algebra.
Dabei sind $n,m \in \mathbb{N}$ mit $m \leq n$.

(77.1.) Für $x \in \mathbb{R}^n$ und $y \in \mathbb{R}^m$ ist $x = Ay + a$ eine parametrische Darstellung des $\mathbb{R}^m$. Dabei sind $a \in \mathbb{R}^n$ und A eine $n\times m$-Matrix mit reellen Komponenten und dem Rang m. ⌟

(77.2.) Ist A eine positiv semidefinite $n\times n$-Matrix mit reellen Komponenten und dem Rang m, so gibt es eine nichtsinguläre $n\times n$-Matrix B mit reellen Komponenten und $BAB^t = \begin{pmatrix} I & 0 \\ 0 & 0 \end{pmatrix}$; dabei ist I die m-dimensionale Einheitsmatrix. ⌟

Wir besprechen jetzt die Konstruktion, die zur allgemeinen Definition der Normalverteilung führt.
Sei X ein stochastischer Vektor mit Werten aus $\mathbb{R}^n$ und beliebiger Verteilung; $\mu \triangleq E[X]$ und $\Sigma \triangleq COV[X]$ seien definiert und endlich; der Rang von Σ sei m.
Die $n\times n$-Matrix A mit reellen Komponenten sei gemäß 77.2. nichtsingulär und so gewählt, daß
$A\Sigma A^t = \begin{pmatrix} I & 0 \\ 0 & 0 \end{pmatrix}$ gilt mit der m-dimensionalen Einheitsmatrix I.
Der stochastische Vektor Y sei durch $Y \triangleq AX$ definiert; Y sei so in Y' und Y" zerlegt, daß $Y'^t = (Y_1,\dots,Y_m)$ und $Y''^t = (Y_{m+1},\dots,Y_n)$ gelten.

Dann ergeben sich

$$E[Y] = \begin{pmatrix} E[Y'] \\ E[Y''] \end{pmatrix} = A\mu \qquad \text{und}$$

$$\begin{aligned} COV[Y] &= E[(Y-E[Y])(Y-E[Y])^t] \\ &= E[A(X-E[X])(X-E[X])^t A^t] \\ &= A\ COV[X]A^t = \begin{pmatrix} I & O \\ O & O \end{pmatrix}. \end{aligned}$$

Daraus folgt mit Satz 30.2. $P\{Y'' = E[Y'']\} = 1$, wenn P das zugrunde liegende W-Maß ist.
Für die nichtsinguläre Matrix A ist A^{-1} definiert.
A^{-1} sei so zerlegt, daß $A^{-1} = (B,C)$ gilt, wobei B m Spalten hat.
Dann folgt

$$\begin{aligned} X = A^{-1}Y = (B,C)\begin{pmatrix} Y' \\ Y'' \end{pmatrix} &= BY' + CY'' \\ &= BY' + CE[Y''] \end{aligned}$$

Der Rang von B ist m; durch $x = By + a$ mit $x \in \mathbb{R}^n$, $y \in \mathbb{R}^m$ und $a \triangleq CE[Y'']$ ist eine parametrische Darstellung von $\mathbb{R}^m$ gemäß 77.1. konstruiert.
Nun sei der stochastische Vektor Z mit $Z^t = (Z_1,\dots,Z_m)$ definiert durch $X \triangleq BZ + a$. Dann folgen

$$\mu = BE[Z] + a \qquad \text{und}$$

$$\Sigma = B\ COV[Z]B^t .$$

Nach diesen Vorbereitungen können wir nun die Normalverteilung für den allgemeinen Fall definieren.

71. a. <u>Definition:</u> X sei ein stochastischer Vektor mit den reellwertigen Komponenten $X_1,\dots,X_n$; $\mu = E[X]$ und $\Sigma = COV[X]$ seien definiert und endlich; der Rang von Σ sei m. X heißt <u>normal verteilt mit den Parametern μ und Σ</u> $\overset{\triangle}{\Leftrightarrow}$ es gibt eine Abbildung $X \triangleq AY + a$ mit einer reellwertigen n×m-Matrix A vom Rang m und $a \in \mathbb{R}^n$ so daß die Dichte von Y durch

$$f(y) = \frac{1}{\sqrt{\det(\tilde{\Sigma})}(\sqrt{2\pi})^m} \exp\{-\tfrac{1}{2}(y-\tilde{\mu})^t\tilde{\Sigma}^{-1}(y-\mu)\} \quad \text{für } y \in \mathbb{R}^m$$

mit $\tilde{\mu} \in \mathbb{R}^m$ und einer positiv definiten m×m-Matrix $\tilde{\Sigma}$ gegeben ist. ┘

Definition 71. ist offenbar ein spezieller Fall von Definition 71.a., in dem A als n-dimensionale Einheitsmatrix und a = O gewählt werden können. Für m < n ist die Verteilung von X singulär

gemäß Definition 2.39.3. bzgl. des Lebesgue-Borelschen Maßes λ^n über $\mathbb{R}^n$.
Mit Definition 71.a. kann nun die Aussage des Satzes 76. wie folgt verallgemeinert werden.

76.a. <u>Satz:</u> Der stochastische Vektor X mit den Komponenten $X_1,\dots,X_n$ sei normal verteilt mit den Parametern μ und Σ. A sei eine $m\times n$-Matrix mit reellen Komponenten und $m \leq n$. Dann ist $Y \triangleq AX$ normal verteilt mit den Parametern $A\mu$ und $A\Sigma A^t$. ┘

Wir geben jetzt noch einen Satz für orthogonale Abbildungen normal verteilter stochastischer Vektoren an.

78. <u>Satz:</u> Der stochastische Vektor X mit den Komponenten $X_1,\dots,X_n$ sei normal verteilt mit den Parametern μ und I. A sei die Matrix einer orthogonalen Abbildung $\mathbb{R}^n \to \mathbb{R}^n$ und der stochastische Vektor Y sei durch $Y \triangleq AX$ definiert. Dann gelten:

78.1. Y ist normal verteilt mit den Parametern $A\mu$ und I.

78.2. $X^tX = Y^tY$.

<u>Beweis:</u> Wir erinnern zunächst daran, daß eine reelle $n\times n$-Matrix A die Matrix einer orthogonalen (linearen) Abbildung ist, wenn $A^tA = I$ gilt. Gilt $A^tA = I$, so gilt offenbar auch $AA^t = I$.

Sei nun A die Matrix einer orthogonalen Abbildung.
Für $Y = AX$ gilt dann nach Satz 76.: Y ist normal verteilt mit den Parametern $A\mu$ und AIA^t. Nach Voraussetzung gilt aber $AIA^t = AA^t = I$ und damit ist 78.1. bewiesen.
Nach Definition von Y gilt $Y^tY = X^tA^tAX$, also $Y^tY = X^tX$ und damit ist 78.2. bewiesen. ┘

Zum Abschluß wollen wir noch unter Verwendung von Definition 63. die Fourier-Transformierte für normal verteilte stochastische Vektoren angeben.
Der stochastische Vektor X mit den Komponenten $X_1,\dots,X_n$ sei normal verteilt mit den Parametern μ und Σ; Σ sei positiv definit.

Dann gibt es nach 69.2. eine nichtsinguläre, reelle $n\times n$-Matrix A mit $A^t\Sigma^{-1}A = I$. Für das so gewählte A gilt gemäß 70.7.

(79.1.) $\Sigma = AA^t$.

Nun sei der stochastische Vektor Y definiert durch

(79.2.) $X \triangleq AY + \mu$.

Nach Satz 73. ist dann Y normal verteilt mit den Parametern O und I; die Komponenten $Y_1,...,Y_n$ sind unabhängig und identisch normal verteilt mit den Parametern O und 1. Daraus ergibt sich mit Satz 61.2. unter Verwendung des Ergebnisses von Beispiel 60.4. für die Fourier-Transformierte von Y

(79.3.) $\varphi(s) = \exp\{-\frac{1}{2} s^t s\}$ für $s \in \mathbb{R}^n$.

Daraus erhält man nun mit 64.1. für die Fourier-Transformierte von X

$$\psi(s) = \exp\{is^t\mu\} \exp\{-\frac{1}{2} s^t AA^t s\}$$

und daraus mit 79.1. als Fourier-Transformierte einer mit den Parametern μ und Σ normal verteilten X

(79.4.) $\psi(s) = \exp\{is^t\mu - \frac{1}{2} s^t\Sigma s\}$ für $s \in \mathbb{R}^n$.

3. Die allgemeine χ^2-Verteilung

In Beispiel 2.49. haben wir die zentrale χ^2-Verteilung kennengelernt. Dort ergab sich: Sind die stochastischen Variablen $X_1,...,X_n$ mit Werten aus $\mathbb{R}$ unabhängig und identisch normal verteilt mit den Parametern O und 1, so ist $S_n \triangleq \sum_{i=1}^{n} X^2$ zentral χ^2-verteilt mit dem Parameter n. Wir wollen jetzt die Verteilung von S_n berechnen unter der Voraussetzung, daß die $X_1,...,X_n$ unabhängig sind und X_i für $i \in \{1,...,n\}$ normal verteilt ist mit den Parametern μ_i und 1.

Dazu benötigen wir zwei Hilfssätze, die wir zunächst beweisen wollen.

80. Hilfssatz: Sei $x \in \mathbb{R}^n$ mit $x \neq 0$. Dann gibt es eine orthogonale n×n-Matrix A, so daß für $y \triangleq Ax$ $y^t = (\sqrt{x^t x}, 0,...,0)$ gilt.

Beweis: Für eine orthogonale n×n-Matrix mit reellen Komponenten gilt $A^t A = I$.
Mit $A = (a_{ij})$ ergeben sich daraus für die Komponenten:

$$\sum_{j=1}^{n} a_{ij}^2 = 1 \quad \text{für alle } i \in \{1,...,n\} \quad \text{und}$$

$$\sum_{j=1}^{n} a_{ij}a_{kj} = 0 \quad \text{für alle } i,k \in \{1,...,n\} \text{ mit } i \neq k.$$

Sei nun $x \in \mathbb{R}^n$ mit $x^t = (x_1,\ldots,x_n) \neq 0$.
Dann sei $A = (a_{ij})$ definiert durch:

$a_{1j} \triangleq \frac{x_j}{\sqrt{x^t x}}$ für $j \in \{1,\ldots,n\}$;

die übrigen Zeilen seien so gewählt, daß A orthogonal ist.

Sei nun $y \triangleq Ax$ mit der so definierten Matrix A.
Dann folgen für $y^t = (y_1,\ldots,y_n)$:

$$y_1 = \sum_{j=1}^{n} a_{1j}x_j = \frac{1}{\sqrt{x^t x}} \sum_{j=1}^{n} x_j^2 = \sqrt{x^t x}$$

und für $i \in \{2,\ldots,n\}$

$$y_i = \sum_{j=1}^{n} a_{ij}x_j = \sum_{j=1}^{n} a_{ij}a_{1j} \sqrt{x^t x} = 0$$

wegen der Orthogonalitätsbedingung. ┘

81. Hilfssatz: Für $n \in \mathbb{N}_0$ gilt $\sqrt{\pi}(2n)! = \Gamma(n+\frac{1}{2})\Gamma(n+1)2^{2n}$.

Beweis: Wir führen den Beweis durch vollständige Induktion.

Für $n = 0$ gilt $\sqrt{\pi}\,0! = \sqrt{\pi} = \Gamma(\frac{1}{2})\Gamma(1)$ wegen $\Gamma(\frac{1}{2}) = \sqrt{\pi}$ und $\Gamma(1) = 1$.

Die Aussage gelte für n; dann folgt:

$\sqrt{\pi}(2n+2)! = \sqrt{\pi}(2n)!(2n+1)(2n+2)$

$= \Gamma(n+\frac{1}{2})\Gamma(n+1)2^{2n}(2n+1)(2n+2)$ nach Induktionsvoraussetzung

$= \Gamma(n+\frac{1}{2})\Gamma(n+1)2^{2n+2}(n+\frac{1}{2})(n+1)$.

Nun gilt für $p \in \mathbb{R}$ mit $p > 0$ für die Gamma-Funktion die Funktionalgleichung $\Gamma(p+1) = p\Gamma(p)$ und daraus folgt

$\sqrt{\pi}(2n+2)! = \Gamma(n+\frac{3}{2})\Gamma(n+2)2^{2n+2}$.

Damit ist die Aussage bewiesen. ┘

Wir kommen jetzt zu der angekündigten Berechnung. Der stochastische Vektor X mit den Komponenten $X_1,\ldots,X_n$ sei normal verteilt mit den Parametern μ und I. Für $\mu^t = (\mu_1,\ldots,\mu_n) \neq 0$ sei A die nach Hilfssatz 80. konstruierte orthogonale $n\times n$-Matrix mit $A = (a_{ij})$ und

(82.1.) $a_{1j} = \frac{\mu_j}{\sqrt{\mu^t\mu}}$ für $j \in \{1,\ldots,n\}$.

Der stochastische Vektor Y sei definiert durch

(82.2.) $Y \triangleq AX$.

Nach Hilfssatz 80. gelten für $Y^t = (Y_1,\ldots,Y_n)$

$$(82.3.)\quad \begin{cases} E[Y_1] = \sqrt{\mu^t\mu} & \text{und} \\ E[Y_i] = 0 & \text{für } i \in\{2,\ldots,n\}. \end{cases}$$

Zudem ist nach Satz 78.1. Y normal verteilt mit den Parametern E[Y] gemäß 82.3. und I.

Die Komponenten von Y sind nach Satz 74. unabhängig und nach Satz 78.2. gilt

$$(82.4.)\quad X^tX = Y^tY\ .$$

Die stochastische Variable U sei definiert durch

$$(82.5.)\quad U \triangleq \sum_{i=2}^{n} Y_i^2 \quad \text{und}$$

die stochastische Variable V sei definiert durch

$$(82.6.)\quad V \triangleq X^tX\ .$$

Wir interessieren uns für die Verteilung von V. Wegen 82.4. gilt $V \doteq Y^tY$. Wir unterscheiden zwei Fälle, nämlich

$n = 1$: dann gilt $V = Y_1^2$;

$n > 1$: dann ist $V = Y_1^2 + U$.

Dabei ist Y_1 normal verteilt mit den Parametern $\lambda \triangleq \sqrt{\mu^t\mu}$ und 1. Für $n > 1$ ist zu beachten, daß U nach Beispiel 2.49. zentral χ^2-verteilt ist mit dem Parameter $n - 1$; zudem sind Y_1^2 und U unabhängig.

Sei zunächst $n = 1$.

Für die Dichte von Y^1 gilt nach Definition 1.50. mit $y_1 \in \mathbb{R}$

$$\begin{aligned} f(y_1) &= (\sqrt{2\pi})^{-1} \exp\{-\tfrac{1}{2}(y_1-\lambda)^2\} \\ &= (\sqrt{2\pi})^{-1} \exp\{-\tfrac{1}{2}(y_1^2+\lambda^2)\}\exp\{y_1\lambda\} \\ &= (\sqrt{2\pi})^{-1} \exp\{-\tfrac{1}{2}(y_1^2+\lambda^2)\}\sum_{k=0}^{\infty}\frac{(y_1\lambda)^k}{k!}\ . \end{aligned}$$

Für die Dichte $g(v)$ von $V = Y_1^2$ ergibt sich daraus mit Satz 2.48. $g(v) = 0$ für $v < 0$ und für $0 \leq v$:

$$\begin{aligned} g(v) &= \frac{f(\sqrt{v})+f(-\sqrt{v})}{2\sqrt{v}} \\ &\doteq \frac{\exp\{-\frac{1}{2}(v+\lambda^2)\}}{2\sqrt{2\pi}\,\sqrt{v}}\sum_{k=0}^{\infty}\frac{\lambda^k}{k!}\,v^{\frac{k}{2}}(1+(-1)^k) \\ &= \frac{\exp\{-\frac{1}{2}(v+\lambda^2)\}}{\sqrt{2\pi}\,\sqrt{v}}\sum_{k=0}^{\infty}\frac{\lambda^{2k}}{(2k)!}\,v^k \end{aligned}$$

Nach Hilfssatz 81. gilt $\sqrt{\pi}(2k)! = 2^{2k}k!\Gamma(k+\frac{1}{2})$ und daraus ergibt sich

$$(83.1.)\qquad g(v) = \exp\{-\tfrac{1}{2}(v+\lambda^2)\}\sum_{k=0}^{\infty}\frac{\lambda^{2k}v^{k-\frac{1}{2}}}{k!\,2^{2k+\frac{1}{2}}\Gamma(k+\frac{1}{2})}$$

für $v \in \mathbb{R}_+$.

Sei jetzt $n > 1$.
Für V gilt nun $V = Y_1^2 + U$. Die Dichte von Y_1^2 sei $f(y)$; sie ist durch 83.1. gegeben. Für U sei die Dichte $g(u)$; für sie gilt nach Beispiel 2.49. $g(u) = 0$ für $u < 0$ und für $u \in \mathbb{R}_+$

$$(83.2.)\qquad g(u) = \frac{u^{\frac{n-3}{2}}\exp\{-\frac{u}{2}\}}{\frac{n-1}{2}\;\Gamma(\frac{n-1}{2})}\quad .$$

Wegen der Unabhängigkeit von Y_1^2 und U folgt daraus für die Dichte $h(v)$ aus Satz 2.43.2. $h(v) = 0$ für $v < 0$ und für $v \in \mathbb{R}_+$

$$h(v) = \int_0^v f(t)g(v-t)dt$$

$$= \int_0^v \exp\{-\tfrac{1}{2}(t+\lambda^2+v-t)\}\sum_{k=0}^{\infty}\frac{\lambda^{2k}t^{k-\frac{1}{2}}(v-t)^{\frac{n-3}{2}}}{k!\,2^{2k+\frac{n}{2}}\Gamma(k+\frac{1}{2})\Gamma(\frac{n-1}{2})}\,dt$$

$$= \exp\{-\tfrac{1}{2}(v+\lambda^2)\}\sum_{k=0}^{\infty}\frac{\lambda^{2k}}{k!\,2^{2k+\frac{n}{2}}\Gamma(k+\frac{1}{2})\Gamma(\frac{n-1}{2})}\int_0^v t^{k-\frac{1}{2}}(v-t)^{\frac{n-3}{2}}\,dt\,.$$

In dem Integral rechts sei $s \triangleq \frac{t}{v}$; damit folgt

$$\int_0^v (v-t)^{\frac{n-3}{2}}t^{k-\frac{1}{2}}\,dt = \int_0^1 (v-vs)^{\frac{n-3}{2}}(sv)^{k-\frac{1}{2}}\,v\,ds$$

$$= v^{k+\frac{n}{2}-1}\int_0^1 (1-s)^{\frac{n-3}{2}}s^{k-\frac{1}{2}}\,ds\,.$$

Das verbleibende Integral ist $B(k+\frac{1}{2}, \frac{n-1}{2})$ mit der in 2.51.6. angegebenen Beta-Funktion.
Beachtet man nun noch den Zusammenhang zwischen der Beta- und der Gamma-Funktion, so erhält man

$$v^{k+\frac{n}{2}-1}\,\frac{\Gamma(k+\frac{1}{2})\Gamma(\frac{n-1}{2})}{\Gamma(k+\frac{n}{2})}\quad .$$

Damit ergibt sich für $v \in \mathbb{R}_+$

$$(83.3.)\quad g(v) = \exp\{-\tfrac{1}{2}(v+\lambda^2)\}\sum_{k=0}^{\infty}\frac{\lambda^{2k}v^{k+\frac{n}{2}-1}}{k!\,2^{2k+\frac{n}{2}}\Gamma(k+\frac{n}{2})}$$

Die beiden Ergebnisse 83.1. und 83.3. lassen sich nun wieder zusammenfassen; sie liefern die Dichte der allgemeinen χ^2-Verteilung.

84. Definition: X sei eine stochastische Variable mit Werten aus $\mathbb{R}_+$. Seien $\lambda \in \mathbb{R}_+$ und $n \in \mathbb{N}$. X heißt χ^2-verteilt mit n Freiheitsgraden und dem Nichtzentralitätsparameter λ $\Leftrightarrow$ für die Dichte g(x) von X gilt $g(x) = 0$ für $x < 0$ und

$$g(x) = \exp\{-\tfrac{1}{2}(x+\lambda)\}\sum_{k=0}^{\infty} \frac{\lambda^{2k} v^{k+\frac{n}{2}-1}}{k!\,2^{2k+\frac{n}{2}}\Gamma(k+\frac{n}{2})} \quad \text{für } x \in \mathbb{R}_+.$$

Die in Beispiel 2.49. angegebene zentrale χ^2-Verteilung ist offenbar der spezielle Fall mit $\lambda = 0$ von Definition 84.

Die Berechnungen, die wir bei der Herleitung oben benutzt haben, wollen wir zusammenfassen.

85. Satz: Der stochastische Vektor X mit Werten aus $\mathbb{R}^n$ sei normal verteilt mit den Parametern μ und I. Dann ist die stochastische Variable $Y \triangleq X^tX$ χ^2-verteilt mit n Freiheitsgraden und dem Nichtzentralitätsparameter $\mu^t\mu$.

86. Satz: Die stochastische Variable X sei χ^2-verteilt mit n Freiheitsgraden und dem Nichtzentralitätsparameter λ. Dann ist X für $n > 1$ die Summe von zwei unabhängigen stochastischen Variablen Y und Z, $X = Y + Z$, für die gelten: Y ist χ^2-verteilt mit einem Freiheitsgrad und dem Nichtzentralitätsparameter λ; Z ist zentral χ^2-verteilt mit $n - 1$ Freiheitsgraden.

Wir berechnen jetzt die Fourier-Transformierte einer stochastischen Variablen X, die χ^2-verteilt ist mit n Freiheitsgraden und dem Nichtzentralitätsparameter λ.
Mit den Definitionen 57. und 84. gilt:

$$E[e^{isX}] = \int_0^\infty \exp\{isx - \tfrac{x+\lambda}{2}\}\sum_{k=0}^{\infty} \frac{\lambda^k x^{k+\frac{n}{2}-1}}{k!\,2^{2k+\frac{n}{2}}\Gamma(k+\frac{n}{2})}\,dx$$

$$= \exp\{-\tfrac{\lambda}{2}\}\sum_{k=0}^{\infty} \frac{\lambda^k}{k!\,2^{2k+\frac{n}{2}}\Gamma(k+\frac{n}{2})}\int_0^\infty x^{k+\frac{n}{2}-1}\exp\{-\tfrac{x}{2}(1-2is)\}dx$$

Das Integral rechts läßt sich auf die Integraldarstellung der Gamma-Funktion zurückführen. Schließlich ergibt sich

(87.1.) $E[e^{isX}] = (1-2is)^{-\frac{n}{2}} \exp\{\frac{i\lambda s}{1-2is}\}$ für $s \in \mathbb{R}$.

Aus 87.1. lassen sich unter Verwendung von Satz 62.2. die Momente von X berechnen; insbesondere ergeben sich

(87.2.) $E[X] = \lambda + n$ und

(87.3.) $VAR[X] = 2(2\lambda + n)$.

Zudem folgt aus 87.1. mit Satz 61.2. sofort

88. Satz: Die stochastischen Variablen $X_1,\ldots,X_m$ seien unabhängig und χ^2-verteilt. Für $i \in \{1,\ldots,m\}$ seien n_i die Anzahl der Freiheitsgrade und λ_i der Nichtzentralitätsparameter von X_i. Dann ist $Y \triangleq \sum_{i=1}^{m} X_i$ χ^2-verteilt mit $\sum_{i=1}^{m} n_i$ Freiheitsgraden und dem Nichtzentralitätsparameter $\sum_{i=1}^{m} \lambda_i$. ⌟

4. Die nichtzentrale F-Verteilung

In Beispiel 2.51.3. haben wir die zentrale F-Verteilung kennengelernt. Dort ergab sich: Die stochastischen Variablen $X_1,\ldots,X_m$ und $Y_1,\ldots,Y_n$ mit $m,n \in \mathbb{N}$ seien unabhängig und identisch normal verteilt mit den Parametern 0 und σ. Sind $X \triangleq \sum_{i=1}^{m} X_i^2$ und $Y \triangleq \sum_{i=1}^{n} Y_i^2$, so ist $\frac{n}{m}\frac{X}{Y}$ zentral F-verteilt mit (m,n) Freiheitsgraden.

Wir geben jetzt eine Verallgemeinerung dieser Verteilungsfamilie an.

Dazu seien X χ^2-verteilt mit m Freiheitsgraden und dem Nichtzentralitätsparameter λ; Y sei zentral χ^2-verteilt mit n Freiheitsgraden. X und Y seien unabhängig. Die stochastische Variable Z sei definiert durch

(89.1.) $Z \triangleq \frac{X}{m} \Big/ \frac{Y}{n}$.

Wir berechnen die Dichte von Z.

Zunächst gilt nach Definition 84. für die Dichte $f_1(x)$ von X:

$$f_1(x) = \exp\{-\tfrac{1}{2}(x+\lambda)\} \sum_{k=0}^{\infty} \frac{\lambda^k x^{k+\frac{m}{2}-1}}{k!\,2^{2k+\frac{m}{2}}\Gamma(k+\frac{m}{2})} \quad \text{für } x \in \mathbb{R}_+ .$$

Daraus ergibt sich für die Dichte f(x) von $\frac{X}{m}$ gemäß Satz 2.42. $f(x) = mf_1(mx)$, also

$$(89.2.)\qquad f(x) = \exp\{-\tfrac{1}{2}(mx+\lambda)\}\sum_{k=0}^{\infty}\frac{\lambda^k m^{k+\frac{m}{2}} x^{k+\frac{m}{2}-1}}{k!\,2^{2k+\frac{m}{2}}\Gamma(k+\frac{m}{2})}\qquad \text{für } x \in \mathbb{R}_+ .$$

Nach Definition 84. gilt für die Dichte $g_1(y)$ von Y:

$$g_1(y) = \frac{\exp\{-\frac{y}{2}\}y^{\frac{n}{2}-1}}{2^{\frac{n}{2}}\Gamma(\frac{m}{2})}\qquad \text{für } y \in \mathbb{R}_+ .$$

Daraus ergibt sich für die Dichte g(y) von $\frac{Y}{n}$ gemäß Satz 2.42. $g(y) = ng_1(ny)$, also

$$(89.3.)\qquad g(y) = \frac{n^{\frac{n}{2}}y^{\frac{n}{2}-1}\exp\{-\frac{ny}{2}\}}{2^{\frac{n}{2}}\Gamma(\frac{n}{2})}\qquad \text{für } y \in \mathbb{R}_+ .$$

Aus 89.2. und 89.3. **ergibt sich** mit Satz 2.52.2. für die Dichte h(z) von Z für $z \in \mathbb{R}_+$:

$$h(z) = \int_0^{\infty} tg(t)f(zt)dt$$

$$= \int_0^{\infty} t\frac{n^{\frac{n}{2}}t^{\frac{n}{2}-1}\exp\{-\frac{nt}{2}\}}{2^{\frac{n}{2}}\Gamma(\frac{n}{2})}\exp\{-\tfrac{1}{2}(mzt+\lambda)\}\cdot\sum_{k=0}^{\infty}\frac{\lambda^k m^{k+\frac{m}{2}} z^{k+\frac{m}{2}-1} t^{k+\frac{m}{2}-1}}{k!\,2^{2k+\frac{m}{2}}\Gamma(k+\frac{m}{2})}dt$$

$$= \frac{n^{\frac{n}{2}}\exp\{-\frac{\lambda}{2}\}}{\Gamma(\frac{n}{2})}\sum_{k=0}^{\infty}\frac{\lambda^k m^{k+\frac{m}{2}} z^{k+\frac{m}{2}-1}}{k!\,2^{2k+\frac{m}{2}+\frac{n}{2}}\Gamma(k+\frac{m}{2})}\cdot\int_0^{\infty} t^{k+\frac{m}{2}+\frac{n}{2}-1}\exp\{-\tfrac{1}{2}(mz+n)t\}dt$$

Das Integral rechts ist die Integraldarstellung der Gamma-Funktion und ergibt $\Gamma(k+\frac{m}{2}+\frac{n}{2})(\frac{mz+n}{2})^{-k-\frac{m}{2}-\frac{n}{2}}$

Damit erhält man nach einigen Umformungen

$$(89.4.)\qquad h(z) = \frac{m\,\exp\{-\frac{\lambda}{2}\}}{n\Gamma(\frac{n}{2})}\sum_{k=0}^{\infty}\frac{(\frac{\lambda}{2})^k(\frac{mz}{n})^{k+\frac{m}{2}-1}\Gamma(k+\frac{m}{2}+\frac{n}{2})}{k!\,\Gamma(k+\frac{m}{2})(1+\frac{mz}{n})^{k+\frac{m}{2}+\frac{n}{2}}}\quad \text{für } z \in \mathbb{R}_+ .$$

Dies ist die Dichte der gesuchten Verteilung.

90. Definition: Die stochastische Variable X nehme Werte aus $\mathbb{R}_+$ an. Seien $\lambda \in \mathbb{R}_+$ und $m,n \in \mathbb{N}$. X heißt F-verteilt mit (m,n) Freiheitsgraden und dem Nichtzentralitätsparameter λ $\Leftrightarrow$ für die Dichte h(x) gilt $h(x) = 0$ für $x < 0$ und 89.4. für $x \in \mathbb{R}_+$. ⌟

Ist speziell $\lambda = 0$, so erhält man aus 89.4.

(90.1.) $$h(z) = \frac{\Gamma(\frac{m+n}{2})}{\Gamma(\frac{m}{2})\Gamma(\frac{n}{2})} \frac{\frac{m}{n}(\frac{mz}{n})^{\frac{m}{2}-1}}{(1+\frac{mz}{n})^{\frac{m+n}{2}}} \quad \text{für } z \in \mathbb{R}_+$$

und dies ist wieder die zentrale F-Verteilung mit (m,n) Freiheitsgraden.

Die Berechnung, die wir bei der Herleitung durchgeführt haben, fassen wir zusammen in

91. Satz: Die stochastischen Variablen X und Y mit Werten aus $\mathbb{R}_+$ seien unabhängig. X sei χ^2-verteilt mit m Freiheitsgraden und dem Nichtzentralitätsparameter λ; Y sei zentral χ^2-verteilt mit n Freiheitsgraden. Dann ist die stochastische Variable $Z \triangleq \frac{n}{m} \cdot \frac{X}{Y}$ F-verteilt mit (m,n) Freiheitsgraden und dem Nichtzentralitätsparameter λ. ┘

4 Bedingte Erwartungen

In Kapitel 1.2. haben wir den Begriff der bedingten Wahrscheinlichkeit eingeführt. Sind $(\Omega,\mathfrak{A},P)$ ein W-Raum und $A \in \mathfrak{A}$ mit $P(A) > 0$, so ist die bedingte Wahrscheinlichkeit des Ereignisses $B \in \mathfrak{A}$ unter der Hypothese A gemäß 1.32. durch

(1.) $$P(B|A) = \frac{P(A\cap B)}{P(A)}$$

definiert. Die durch 1. definierte Abbildung $P(\cdot|A): \mathfrak{A} \to \mathbb{R}$ ist nach 1.33. ein W-Maß.
Ist nun X eine auf Ω definierte stochastische Variable mit Werten aus $\tilde{\mathbb{R}}$, so ist der Erwartungswert von X bzgl. $(\Omega,\mathfrak{A},P(\cdot|A))$ gemäß 3.1. wie üblich definiert; existiert dieser Erwartungswert und bezeichnen wir ihn mit $E_A[X]$, so ist $E_A[X]$ der bedingte Erwartungswert von X unter der Hypothese des Ereignisses A.

In diesem Kapitel behandeln wir Verallgemeinerungen dieser Begriffe. Zunächst beschäftigen wir uns mit dem Begriff der bedingten Erwartung einer stochastischen Variablen unter der Hypothese einer σ-Algebra $\mathfrak{C} \subset \mathfrak{A}$; die bedingte Wahrscheinlichkeit eines Ereignisses unter der Hypothese $\mathfrak{C}$ ergibt sich daraus als Spezialfall. Anschließend besprechen wir den Begriff des Erwartungswertes einer stochastischen Variablen unter der Hypothese, daß eine weitere stochastische Variable einen bestimmten Wert annimmt; die bedingte Wahrscheinlichkeit eines Ereignisses unter dieser Hypothese ist dann wieder ein spezieller Fall. Der Begriff des bedingten Erwartungswertes erfaßt insbesondere auch Hypothesen mit Wahrscheinlichkeit 0, die in 1. ausgeschlossen sind.
Nach der Behandlung dieser grundlegenden Begriffe werden wir im zweiten Teil des Kapitels eine Reihe von Anwendungsbeispielen besprechen.

4.1 Bedingte Erwartungen und bedingte Wahrscheinlichkeiten

Über dem W-Raum $(\Omega,\mathfrak{A},P)$ sei eine stochastische Variable X mit Werten aus $\tilde{\mathbb{R}}$ definiert, deren Erwartungswert existiert. Sei nun $\mathfrak{C}$ eine σ-Algebra über Ω mit $\mathfrak{C} \subset \mathfrak{A}$. Dann wird im allgemeinen X nicht $\mathfrak{C}$-meßbar sein. Man kann nun versuchen, eine stochastische Variable auf Ω mit Werten aus $\tilde{\mathbb{R}}$ zu konstruieren, die $\mathfrak{C}$-meßbar ist und unter dieser Voraussetzung X möglichst "gut" approximiert. Diese Konstruktion führt zum Begriff der bedingten Erwartung unter der Hypothese $\mathfrak{C}$, den wir im folgenden besprechen wollen.

1. Bedingte Erwartung bzgl. einer σ-Algebra

In diesem ganzen Abschnitt sei $(\Omega, \mathfrak{A}, P)$ ein beliebiger, vorgegebener W-Raum, auf den wir uns immer beziehen.

Zur Vorbereitung auf die Einführung des allgemeinen Begriffs der bedingten Erwartung unter der Hypothese einer σ-Algebra führen wir die erforderlichen Konstruktionen unter vereinfachenden Annahmen durch.
Dazu sei X eine auf Ω definierte stochastische Variable mit Werten aus $\mathbb{R}$ und endlichem $E[X]$.
$Y : \Omega \to \mathbb{R}$ sei definiert durch $Y(\omega) \triangleq E[X]$ für alle $\omega \in \Omega$. Die von Y und $\mathfrak{B}$ erzeugte σ-Algebra über Ω ist $\{\emptyset, \Omega\}$. Y ist also meßbar bzgl. jeder σ-Algebra über Ω. Zudem gilt nach Definition von Y

$$\int_\Omega Y dP = E[X] = \int_\Omega X dP .$$

Seien nun I eine höchstens abzählbare Indexmenge und $\{A_i : i \in I\}$ eine Zerlegung von Ω mit $A_i \in \mathfrak{A}$ und $P(A_i) > 0$ für alle $i \in I$.

Für $i \in I$ ist dann der W-Raum $(\Omega, \mathfrak{A}, P(\cdot | A_i))$ mit $P(\cdot | A_i)$ gemäß 1. definiert. Bzgl. dieses W-Raums ist der Erwartungswert von X

(2.1.) $$E_{A_i}[X] \triangleq \int_\Omega X dP(\cdot | A_i) .$$

Nun gilt für jedes $B \in \mathfrak{A}$

$$P(B|A_i) = \frac{P(B \cap A_i)}{P(A_i)} = \frac{1}{P(A_i)} \int_\Omega 1_{B \cap A_i} dP = \frac{1}{P(A_i)} \int_\Omega 1_B \, 1_{A_i} dP, \text{ also}$$

(2.2.) $$P(\cdot | A_i) = \frac{1}{P(A_i)} 1_{A_i} P.$$

Unter Verwendung von 2.2. ergibt sich aus 2.1.

(2.3.) $$E_{A_i}[X] = \frac{1}{P(A_i)} \int_\Omega X 1_{A_i} dP = \frac{1}{P(A_i)} \int_{A_i} X dP.$$

$Y : \Omega \to \mathbb{R}$ sei definiert durch $Y \triangleq \sum_{i \in I} E_{A_i}[X] 1_{A_i}$.

Y ist meßbar bzgl. der durch $\{A_i\}$ erzeugten σ-Algebra über Ω; wir bezeichnen sie mit $\mathfrak{C}$.

Nach Konstruktion von Y gilt für jedes A_i mit $i \in I$

$$\int_{A_i} YdP = E_{A_i}[X]P(A_i) = \int_{A_i} XdP$$

wegen 2.3. $\mathfrak{C}$ besteht aus den Mengen $\bigcup_{j \in J} A_j$ mit $J \subset I$ und daraus folgt, daß

(2.4.) $$\int_C YdP = \int_C XdP \qquad \text{für alle } C \in \mathfrak{C}$$

gilt. Die stochastische Variable Y ist die bedingte Erwartung von X unter der Hypothese $\mathfrak{C}$.

Sei nun Z eine auf Ω definierte stochastische Variable mit Werten aus $\mathbb{R}$ und folgenden Eigenschaften:

für die von Z und $\mathfrak{B}$ erzeugte σ-Algebra $\sigma(Z)$ gilt $\sigma(Z) = \mathfrak{C}$ und für alle $C \in \mathfrak{C}$ gilt $\int_C ZdP = \int_C XdP$.

Wegen $\sigma(Z) = \mathfrak{C}$ gilt dann $Z = \sum_{i \in I} \alpha_i 1_{A_i}$ mit $\alpha_i \in \mathbb{R}$. Für alle $i \in I$ gilt

$$\int_{A_i} ZdP = \alpha_i P(A_i) = \int_{A_i} XdP = E_{A_i}[X]P(A_i),$$

also $\alpha_i = E_{A_i}[X]$. Damit gilt $Y = Z$. Die bedingte Erwartung Y von X unter der Hypothese $\mathfrak{C}$ ist, wie wir bald auch allgemein sehen werden, durch die Forderungen der Meßbarkeit bzgl. $\mathfrak{C}$ und 2.4. im wesentlichen eindeutig bestimmt.

Nach diesen Vorbereitungen kommen wir jetzt zur bedingten Erwartung im allgemeinen Fall; der folgende Satz stellt die Existenz und die Eindeutigkeit der bedingten Erwartung sicher.

3. Satz: X sei eine auf Ω definierte stochastische Variable mit Werten aus $\bar{\mathbb{R}}$, deren Erwartungswert existiert. $\mathfrak{C}$ sei eine σ-Algebra über Ω mit $\mathfrak{C} \subset \mathfrak{A}$. Dann existiert eine und P-fast-sicher genau eine auf Ω definierte Funktion Y mit Werten aus $\bar{\mathbb{R}}$, die $\mathfrak{C}$-meßbar ist und für die

$$\int_C YdP = \int_C XdP \qquad \text{für alle } C \in \mathfrak{C}$$

gilt.

Beweis:

1. Sei zunächst $X \geq 0$.

$\tilde{P}$ sei die Restriktion von P auf $\mathfrak{C}$.

$Q : \mathfrak{C} \to \bar{\mathbb{R}}_+$ sei definiert durch $Q(C) \triangleq \int_C XdP$ für $C \in \mathfrak{C}$; nach Satz 2.20. ist Q ein Maß.

Sei $C \in \mathfrak{C}$ mit $\tilde{P}(C) = 0$; dann ist $Q(C) = 0$.

Nach Definition 2.23.1. ist also Q absolutstetig bzgl. $\tilde{P}$. Nach Satz 2.25. besitzt dann Q eine Dichte bzgl. $\tilde{P}$; es gibt also eine auf Ω definierte Funktion Y mit Werten aus $\bar{\mathbb{R}}_+$, die $\mathfrak{C}$-meßbar ist und für die $Q = Y\tilde{P}$, also $\int_C Yd\tilde{P} = \int_C XdP$ für alle $C \in \mathfrak{C}$ gilt.
Wegen $\tilde{P}(C) = P(C)$ für alle $C \in \mathfrak{C}$ gilt $\int_C YdP = \int_C XdP$ für alle $C \in \mathfrak{C}$; Y besitzt also die geforderten Eigenschaften.

2. Sei nun X von beliebigem Vorzeichen.
X^+ bzw. X^- sei der Positiv- bzw. Negativteil von X.
Nach 1. existieren dann auf Ω definierte Funktionen Y' und Y" mit Werten aus $\bar{\mathbb{R}}_+$, die $\mathfrak{C}$-meßbar sind und für die

$$\int_C Y'dP = \int_C X^+dP \quad \text{und} \quad \int_C Y''dP = \int_C X^-dP$$

für alle $C \in \mathfrak{C}$ gelten.
Wegen der vorausgesetzten Integrierbarkeit von X sind Y' und Y" fast sicher endlich nach Satz 2.17.; evtl. nach Umdefinition auf Nullmengen haben Y' und Y" Werte aus $\mathbb{R}_+$.
Zudem ist Y'-Y" integrierbar und es gilt

$$\int_C (Y'-Y'')dP = \int_C XdP \quad \text{für alle } C \in \mathfrak{C}.$$

$Y \triangleq Y'-Y''$ besitzt also die geforderten Eigenschaften.

3. Seien jetzt Y und Z auf Ω definierte, $\mathfrak{C}$-meßbare Funktionen mit Werten aus $\bar{\mathbb{R}}$ sowie

$$\int_C YdP = \int_C XdP \quad \text{und} \quad \int_C ZdP = \int_C XdP$$

für alle $C \in \mathfrak{C}$. Dann gilt

$$\int_C YdP = \int_C ZdP \quad \text{für alle } C \in \mathfrak{C}$$

und daraus folgt Y = Z P-fast-überall nach Satz 2.19. ┘

Auf der Grundlage dieses Satzes können wir jetzt die bedingte Erwartung definieren.

4. <u>Definition:</u> $\mathfrak{C}$ sei eine σ-Algebra über Ω mit $\mathfrak{C} \subset \mathfrak{A}$.

4.1. X sei eine auf Ω definierte stochastische Variable mit Werten aus $\bar{\mathbb{R}}$, deren Erwartungswert existiert. Eine auf Ω definierte Funktion Y mit Werten aus $\tilde{\mathbb{R}}$, die $\mathfrak{C}$-meßbar ist und für die

$$\int_C Y dP = \int_C X dP \qquad \text{für alle } C \in \mathfrak{C} \text{ gilt,}$$

heißt bedingte Erwartung von X bzgl. $\mathfrak{C}$ oder bedingte Erwartung von X unter der Hypothese $\mathfrak{C}$; in Zeichen:

$$Y = E[X \mid \mathfrak{C}].$$

4.2. X sei eine auf Ω definierte stochastische Variable mit Werten aus $\tilde{\mathbb{R}}$, deren Erwartungswert existiert. $(Z_i : i \in I)$ sei eine Familie von auf Ω definierten stochastischen Variablen und $\mathfrak{C}$ sei die von (Z_i) erzeugte σ-Algebra über Ω. Dann heißt die bedingte Erwartung von X bzgl. $\mathfrak{C}$ bedingte Erwartung von X bzgl. $(Z_i : i \in I)$; in Zeichen:

$$E[X \mid \mathfrak{C}] = E[X \mid Z_i : i \in I].$$

4.3. Sei $A \in \mathfrak{A}$. Dann heißt die bedingte Erwartung der Indikatorfunktion von A bzgl. $\mathfrak{C}$ bedingte Wahrscheinlichkeit von A bzgl. $\mathfrak{C}$; in Zeichen:

$$P(A \mid \mathfrak{C}) = E[1_A \mid \mathfrak{C}].$$ ┘

Nach Satz 3. sind bedingte Erwartungen gemäß Definition 4. bis auf P-Nullmengen eindeutig. Entsprechend gelten Aussagen über bedingte Erwartungen im allgemeinen P-fast-sicher.

Im folgenden Satz sind einige einfache Aussagen über bedingte Erwartungen zusammengestellt.

5. Satz: X und Y seien auf Ω definierte stochastische Variablen mit Werten aus $\tilde{\mathbb{R}}$, deren Erwartungswerte existieren. $\mathfrak{C}$ sei eine σ-Algebra über Ω mit $\mathfrak{C} \subset \mathfrak{A}$.

5.1. Aus $X = a$ mit $a \in \mathbb{R}$ folgt

$$E[X \mid \mathfrak{C}] = a \qquad \text{P-fast-sicher.}$$

5.2. Aus $X \leq Y$ P-fast-sicher folgt

$$E[X \mid \mathfrak{C}] \leq E[Y \mid \mathfrak{C}] \qquad \text{P-fast-sicher.}$$

5.3. $$|E[X \mid \mathfrak{C}]| \leq E[|X| \mid \mathfrak{C}] \quad \text{P-fast-sicher.}$$

5.4. Ist für $a, b \in \mathbb{R}$ $aE[X] + bE[Y]$ definiert, so gilt P-fast-sicher

$$E[aX+bY \mid \mathfrak{C}] = aE[X \mid \mathfrak{C}] + bE[Y \mid \mathfrak{C}].$$

5.5. Ist X $\mathfrak{C}$-meßbar, so gilt

$$E[X|\mathfrak{C}] = X \qquad \text{P-fast-sicher.}$$

5.6. $$E[E[X|\mathfrak{C}]] = E[X].$$

<u>Beweis:</u>

1. Der Beweis von 5.1. folgt unmittelbar aus der $\mathfrak{C}$-Meßbarkeit der konstanten Funktion X.
2. Aus $X \le Y$ folgt $\int_C XdP \le \int_C YdP$ und daraus $\int_C E[X|\mathfrak{C}]dP \le \int_C E[Y|\mathfrak{C}]dP$ für jedes $C \in \mathfrak{C}$; daraus ergibt sich 5.2. mit Satz 2.19.
3. Aussage 5.3. folgt aus 5.2. mit $-|X| \le X \le |X|$.
4. Zum Beweis von 5.4. gelten für $C \in \mathfrak{C}$:

$$\int_C (aX+bY)dP = a\int_C XdP + b\int_C YdP \qquad \text{nach Satz 2.14.}$$
$$= a\int_C E[X|\mathfrak{C}]dP + b\int_C E[Y|\mathfrak{C}]dP \qquad \text{nach Definition 4.1.}$$
$$= \int_C (aE[X|\mathfrak{C}] + bE[Y|\mathfrak{C}])dP \qquad \text{nach Satz 2.14.;}$$

also gilt 5.4.

5. Aussage 5.5. folgt unmittelbar aus Satz 2.19.
6. Zum Beweis von 5.6. gilt zunächst

$$E[E[X|\mathfrak{C}]] = \int_\Omega E[X|\mathfrak{C}]dP \qquad \text{nach Definition 3.1.}$$

Wegen $\Omega \in \mathfrak{C}$ gilt

$$\int_\Omega E[X|\mathfrak{C}]dP = \int_\Omega XdP \qquad \text{nach Definition 4.1.;}$$

also gilt

$$E[E[X|\mathfrak{C}]] = E[X].$$ ┘

Die früher für Integrale angegebenen Sätze von der monotonen Konvergenz, Satz 2.9., von der gliedweisen Integrierbarkeit von Reihen mit nichtnegativen Gliedern, Satz 2.10., und von der majorisierten Konvergenz, Satz 2.18., gelten entsprechend für bedingte Erwartungen. Im folgenden Satz sind diese Aussagen zusammengestellt.

6. <u>Satz:</u> $\mathfrak{C}$ sei eine σ-Algebra über Ω mit $\mathfrak{C} \subset \mathfrak{A}$. $(X_n : n \in \mathbb{N})$ sei eine Folge von auf Ω definierten stochastischen Variablen mit Werten aus $\bar{\mathbb{R}}$. Die folgenden Aussagen gelten P-fast-sicher.

6.1. Sind (X_n) monoton wachsend und $X_n \geq 0$ für alle $n \in \mathbb{N}$, so gilt

$$\sup_{n\in\mathbb{N}} E[X_n \mid \mathfrak{C}] = E[\sup_{n\in\mathbb{N}} X_n \mid \mathfrak{C}].$$

6.2. Sind die $X_n \geq 0$ für alle $n \in \mathbb{N}$, so gilt

$$E[\sum_{n\in\mathbb{N}} X_n \mid \mathfrak{C}] = \sum_{n\in\mathbb{N}} E[X_n \mid \mathfrak{C}].$$

6.3. Sind Y eine auf Ω definierte P-integrierbare stochastische Variable, $|X_n| \leq Y$ für alle $n \in \mathbb{N}$ und konvergiert (X_n) P-fast-sicher gegen X, so gilt

$$\lim_{n\to\infty} E[X_n \mid \mathfrak{C}] = E[X \mid \mathfrak{C}].$$

Beweis:

1. Zum Beweis von 6.1. folgt zunächst aus Satz 5.2., daß die Folge $(E[X_n \mid \mathfrak{C}])$ monoton wachsend mit $E[X_n \mid \mathfrak{C}] \geq 0$ für alle $n \in \mathbb{N}$ ist.

   Daraus folgt mit Satz 2.9., daß $\sup_{n\in\mathbb{N}} E[X_n \mid \mathfrak{C}]$ $\mathfrak{C}$-meßbar ist.

   Nach Definition 4.1. gilt für alle $C \in \mathfrak{C}$

$$\int_C E[X_n \mid \mathfrak{C}]dP = \int_C X_n dP \text{ für alle } n \in \mathbb{N}$$

   und daraus folgt

$$\sup_{n\in\mathbb{N}} \int_C E[X_n \mid \mathfrak{C}]dP = \sup_{n\in\mathbb{N}} \int_C X_n dP .$$

   Nun gilt nach Satz 2.9.

$$\sup_{n\in\mathbb{N}} \int_C X_n dP = \int_C \sup_{n\in\mathbb{N}} X_n dP$$

   und nach Definition 4.1. gilt

$$\int_C \sup_{n\in\mathbb{N}} X_n dP = \int_C E[\sup_{n\in\mathbb{N}} X_n \mid \mathfrak{C}]dP;$$

   also gilt 6.1.

2. Die Aussage 6.2. folgt aus 6.1. angewandt auf die Folge

$$(\sum_{i=1}^{n} X_i : n \in \mathbb{N}).$$

3. Zum Beweis von 6.3. seien für $n \in \mathbb{N}$

$$X_n' \triangleq \inf_{i\geq n} X_i \quad \text{und} \quad X_n'' \triangleq \sup_{i\geq n} X_i ;$$

   dann gilt nach Voraussetzung $-Y \leq X_n' \leq X_n \leq X_n'' \leq Y$ für alle $n \in \mathbb{N}$.

Die beiden Folgen $(Y+X_n')$ und $(Y-X_n'')$ erfüllen die Voraussetzungen von 6.1.; es gelten also

$$\sup_{n\in\mathbb{N}} E[Y+X_n' \mid \mathfrak{C}] = E[\sup_{n\in\mathbb{N}}(Y+X_n') \mid \mathfrak{C}] \text{ und}$$

$$\sup_{n\in\mathbb{N}} E[Y-X_n'' \mid \mathfrak{C}] = E[\sup_{n\in\mathbb{N}}(Y-X_n'') \mid \mathfrak{C}] .$$

Nun sind nach Definition von X_n' und X_n''

$$\sup_{n\in\mathbb{N}}(Y+X_n') = Y + \liminf_{n\to\infty} X_n \text{ und } \sup_{n\in\mathbb{N}}(Y-X_n'') = Y - \limsup_{n\to\infty} X_n;$$

wegen der vorausgesetzten Konvergenz von (X_n) ist dies aber gleichbedeutend mit

$$\sup_{n\in\mathbb{N}}(Y+X_n') = Y + X \quad \text{und} \quad \sup_{n\in\mathbb{N}}(Y-X_n'') = Y - X.$$

Daraus folgt unter Verwendung von Satz 5.4.

$$\lim_{n\to\infty} E[X_n' \mid \mathfrak{C}] = \lim_{n\to\infty} E[X_n'' \mid \mathfrak{C}] = E[X \mid \mathfrak{C}].$$

Nun gilt $X_n' \leq X_n \leq X_n''$ für alle $n \in \mathbb{N}$ und daraus folgt mit Satz 5.2.

$$\lim_{n\to\infty} E[X_n \mid \mathfrak{C}] = E[X \mid \mathfrak{C}].$$

┘

Der folgende Satz liefert eine Aussage über die bedingte Erwartung einer stochastischen Variablen X bzgl. einer σ-Algebra, die von X unabhängig ist.

7. Satz: X sei eine auf Ω definierte stochastische Variable mit Werten aus $\bar{\mathbb{R}}$, deren Erwartungswert existiert. $\mathfrak{C}$ sei eine σ-Algebra über Ω mit $\mathfrak{C} \subset \mathfrak{A}$. Sind dann $\mathfrak{C}$ und die von X erzeugte σ-Algebra unabhängig, so gilt

$$E[X \mid \mathfrak{C}] = E[X]$$

P-fast-sicher.

Beweis: Die Abbildung $Y : \Omega \to \bar{\mathbb{R}}$ sei definiert durch $Y(\omega) \triangleq E[X]$ für alle $\omega \in \Omega$; dann ist Y $\mathfrak{C}$-meßbar. Für alle $C \in \mathfrak{C}$ gilt $\int_C Y dP = E[X]P(C)$.

Andererseits gilt für alle $C \in \mathfrak{C}$

$$\int_C E[X \mid \mathfrak{C}]dP = \int_C X dP = \int_\Omega X 1_C dP = E[X 1_C].$$

Nach Satz 3.15. gilt wegen der vorausgesetzten Unabhängigkeit

$$E[X1_C] = E[X]E[1_C] = E[X]P(C).$$

Folglich gilt für alle $C \in \mathfrak{C}$ $\int_C E[X|\mathfrak{C}]dP = \int_C YdP$

und damit gilt P-fast-sicher $E[X|\mathfrak{C}] = E[X]$. ┘

Wenn man die bedingte Erwartung des Produktes zweier stochastischer Variablen bzgl. einer σ-Algebra berechnet, bzgl. der eine der stochastischen Variablen meßbar ist, so kann man diese bei der Berechnung wie eine Konstante behandeln.

8. Satz: X und Y seien auf Ω definierte stochastische Variable mit Werten aus $\tilde{\mathbb{R}}$. $\mathfrak{C}$ sei eine σ-Algebra über Ω mit $\mathfrak{C} \subset \mathfrak{A}$. Weiter seien $X,Y \geq 0$ oder X P-fast-sicher endlich und Y P-integrierbar. Dann gelten

8.1. Ist X $\mathfrak{C}$-meßbar, so gilt P-fast-sicher

$$E[XY|\mathfrak{C}] = XE[Y|\mathfrak{C}].$$

8.2. $$E[E[X|\mathfrak{C}]Y|\mathfrak{C}] = E[X|\mathfrak{C}]E[Y|\mathfrak{C}].$$

Beweis:

1. Wir führen den Beweis von 8.1. schrittweise im wesentlichen für die Funktionenklassen, die bei der Einführung der Integrale benutzt wurden.

   1. Sei $X = 1_{C'}$ mit $C' \in \mathfrak{C}$. Dann gilt für alle $C \in \mathfrak{C}$:

      $$\int_C XYdP = \int_C 1_{C'}YdP = \int_{C\cap C'} YdP = \int_{C\cap C'} E[Y|\mathfrak{C}]dP$$

      $$= \int_C 1_{C'}E[Y|\mathfrak{C}]dP = \int_C XE[Y|\mathfrak{C}]dP;$$

      also gilt $E[XY|\mathfrak{C}] = XE[Y|\mathfrak{C}]$ nach Definition 4.1.

   2. Sei $X = \sum_{i=1}^{n} a_i 1_{C_i}$ mit $n \in \mathbb{N}$, $a_i \in \mathbb{R}$ und $C_i \in \mathfrak{C}$ für alle $i \in \{1,...,n\}$.

      Dann folgt $E[XY|\mathfrak{C}] = XE[Y|\mathfrak{C}]$ aus 1. und aus Satz 5.4.

   3. Seien $Y \geq 0$ und $(X_n : n \in \mathbb{N})$ eine monoton wachsende Folge von $\mathfrak{C}$-Elementarfunktionen mit $\sup_{n\in\mathbb{N}} X_n = X$.

      Dann gilt $E[X_nY|\mathfrak{C}] = X_nE[Y|\mathfrak{C}]$ nach 2. für alle $n \in \mathbb{N}$.

Weiter gelten

$XE[Y|\mathfrak{C}] = \sup_{n\in\mathbb{N}} X_nE[Y|\mathfrak{C}] = \sup_{n\in\mathbb{N}} E[X_nY|\mathfrak{C}]$

$= E[\sup_{n\in\mathbb{N}} X_nY|\mathfrak{C}]$ nach Satz 6.1.

$= E[XY|\mathfrak{C}]$.

Damit ist der Beweis für $X,Y \geq 0$ geführt.

4. Seien jetzt X endlich und Y P-integrierbar.
Dann ist XY und damit $|XY|$ P-integrierbar.
$(X_n|n\in\mathbb{N})$ sei eine Folge von Funktionen der in Schritt 2. benutzten Art (d.s. nicht notwendig Elementarfunktionen) mit $\lim_{n\to\infty} X_n = X$ und $|X_n| \leq X$ für alle $n \in \mathbb{N}$.
Dann gilt $|X_nY| \leq |XY|$ für alle $n \in \mathbb{N}$ und nach Satz 6.3. gilt

$$\lim_{n\to\infty} E[X_nY|\mathfrak{C}] = E[XY|\mathfrak{C}].$$

Andererseits gilt für alle $n \in \mathbb{N}$ nach 2.
$E[X_nY|\mathfrak{C}] = X_nE[Y|\mathfrak{C}]$ und daraus folgt, da mit $E[Y]$ auch $E[Y|\mathfrak{C}]$ P-fast-sicher endlich ist

$$\lim_{n\to\infty} E[X_nY|\mathfrak{C}] = XE[Y|\mathfrak{C}].$$

Damit gilt $E[XY|\mathfrak{C}] = XE[Y|\mathfrak{C}]$ für endliches X und P-integrierbares Y. Ist X nicht endlich, aber P-fast-sicher endlich, so folgt die Aussage entsprechend.

2. Aussage 8.2. folgt sofort aus 8.1. wegen der $\mathfrak{C}$-Meßbarkeit von $E[X|\mathfrak{C}]$.

In der Einleitung haben wir die Konstruktion der bedingten Erwartung einer stochastischen Variablen X bzgl. einer σ-Algebra $\mathfrak{C}$ mit der Forderung, X mit einer $\mathfrak{C}$-meßbaren stochastischen Variablen möglichst "gut" zu approximieren, motiviert. Im folgenden Satz wird die bedingte Erwartung unter diesem Aspekt eingeordnet.

9. <u>Satz:</u> X sei eine auf Ω definierte stochastische Variable mit Werten aus $\tilde{\mathbb{R}}$; X^2 sei P-integrierbar. $\mathfrak{C}$ sei eine σ-Algebra über Ω mit $\mathfrak{C} \subset \mathfrak{A}$. $\mathfrak{Z}$ sei die Menge der auf Ω definierten, $\mathfrak{C}$-meßbaren stochastischen Variablen mit Werten aus $\tilde{\mathbb{R}}$; für alle $Z \in \mathfrak{Z}$ sei Z^2 P-integrierbar. Dann gilt

$$E[(X-E[X|\mathfrak{C}])^2] \leq E[(X-Z)^2]$$

für alle $Z \in \mathfrak{Z}$.

Beweis: Zunächst folgt aus Satz 3.14. und Definition 4.1.,daß unter den angegebenen Voraussetzungen die zweikomponentigen Produkte von $X, E[X|\mathfrak{C}]$ und Z für alle $Z \in \mathfrak{Z}$ P-integrierbar sind.

Nun gilt für $Z \in \mathfrak{Z}$:

$$E[(X-Z)^2] = E[(X-E[X|\mathfrak{C}] + E[X|\mathfrak{C}]- Z)^2]$$
$$= E[(X-E[X|\mathfrak{C}])^2]+ E[(E[X|\mathfrak{C}]- Z)^2]+ 2E[(X-E[X|\mathfrak{C}])(E[X|\mathfrak{C}]- Z)] .$$

Sei $Y \triangleq E[X|\mathfrak{C}]- Z$; Y ist $\mathfrak{C}$-meßbar und P-fast-sicher endlich. Damit folgen

$$E[(X-E[X|\mathfrak{C}])Y] = E[XY] - E[E[X|\mathfrak{C}]Y]$$
$$= E[E[XY|\mathfrak{C}]] - E[E[X|\mathfrak{C}]Y] \qquad \text{nach Satz 5.6.}$$
$$= E[E[X|\mathfrak{C}]Y] - E[E[X|\mathfrak{C}]Y] \qquad \text{nach Satz 8.1.}$$

wegen der $\mathfrak{C}$-Meßbarkeit von Y.

Damit haben wir

$$E[(X-Z)^2] = E[(X-E[X|\mathfrak{C}])^2] + E[(E[X|\mathfrak{C}] - Z)^2]$$

und daraus folgt die Behauptung wegen

$$E[(E[X|\mathfrak{C}] - Z)^2] \geq 0 .$$ ┘

Wenn man die bedingten Erwartungen einer stochastischen Variablen bzgl. mehrerer σ-Algebren sukzessive berechnet, so erhält man unabhängig von der Reihenfolge dieser Schritte die bedingte Erwartung bzgl. der gröbsten der benutzten σ-Algebren. Diese Aussage ist im folgenden Satz formuliert.

10. Satz: X sei eine auf Ω definierte stochastische Variable mit Werten aus $\tilde{\mathbb{R}}$, deren Erwartungswert existiert. $\mathfrak{C}_1$ und $\mathfrak{C}_2$ seien σ-Algebren über Ω mit $\mathfrak{C}_1 \subset \mathfrak{C}_2 \subset \mathfrak{A}$. Dann gilt P-fast-sicher

$$E[E[X|\mathfrak{C}_1]|\mathfrak{C}_2] = E[E[X|\mathfrak{C}_2]|\mathfrak{C}_1] = E[X|\mathfrak{C}_1]$$

Beweis: Seien $Y_1 \triangleq E[X|\mathfrak{C}_1]$ und $Y_2 \triangleq E[X|\mathfrak{C}_2]$.
Y_1 ist $\mathfrak{C}_1$-meßbar und damit wegen $\mathfrak{C}_1 \subset \mathfrak{C}_2$ auch $\mathfrak{C}_2$-meßbar; daraus folgt mit Satz 5.5. $E[Y_1|\mathfrak{C}_2] = Y_1$.
Für Y_2 gilt nach Definition 4.1.

$$\int_C Y_2 dP = \int_C X dP \qquad \text{für alle } C \in \mathfrak{C}_2.$$

Wegen $\mathfrak{C}_1 \subset \mathfrak{C}_2$ gilt dies insbesondere für alle $C \in \mathfrak{C}_1$.

Andererseits gilt nach Definition 4.1.

$$\int_C E[Y_2 | \mathfrak{C}_1] dP = \int_C Y_2 dP \qquad \text{für alle } C \in \mathfrak{C}_1.$$

Folglich gilt $\int_C E[Y_2 | \mathfrak{C}_1] dP = \int_C X dP$ für alle $C \in \mathfrak{C}_1$

und das ist nach Definition 4.1. und Satz 3. äquivalent mit

$$E[Y_2 | \mathfrak{C}_1] = Y_1 \qquad \text{P-fast-sicher.}$$ ┘

Wir wollen nun noch einige Eigenschaften bedingter Wahrscheinlichkeiten bzgl. einer σ-Algebra angeben.

Durch Definition 4.3. ist für eine σ-Algebra $\mathfrak{C}$ über Ω mit $\mathfrak{C} \subset \mathfrak{A}$ $P(A | \mathfrak{C}) : \Omega \to \mathbb{R}$ für alle $A \in \mathfrak{A}$ definiert. Unmittelbar aus der Definition ergeben sich folgende Eigenschaften:

(11.1.) $P(\emptyset | \mathfrak{C}) = 0$

(11.2.) $P(\Omega | \mathfrak{C}) = 1$

(11.3.) $0 \leq P(A | \mathfrak{C}) \leq 1$ für alle $A \in \mathfrak{A}$

jeweils P-fast-sicher.

Weiter folgt aus Satz 5.2. für $A_1, A_2 \in \mathfrak{A}$ mit $A_1 \subset A_2$

(11.4.) $P(A_1 | \mathfrak{C}) \leq P(A_2 | \mathfrak{C})$ P-fast-sicher.

Ist $(A_n : n \in \mathbb{N})$ eine p.d. Folge mit Elementen aus $\mathfrak{A}$, so gilt nach Satz 6.2.

(11.5.) $P(\bigcup_{n \in \mathbb{N}} A_n | \mathfrak{C}) = \sum_{n \in \mathbb{N}} P(A_n | \mathfrak{C})$ P-fast-sicher.

Trotz dieser Eigenschaften ist die durch $Q(A)(\omega) \triangleq P(A | \mathfrak{C})(\omega)$ definierte Abbildung $Q : \mathfrak{A} \times \Omega \to \mathbb{R}$ im allgemeinen kein W-Maß. Auf die Gründe hierfür wollen wir jedoch nicht weiter eingehen.

2. Bedingte Erwartungswerte

Zur Motivation für die als nächstes zu behandelnde Fragestellung betrachten wir folgende Situation:

$(\Omega, \mathfrak{A}, P)$ sei ein W-Raum und X eine auf Ω definierte stochastische Variable mit Werten aus $\bar{\mathbb{R}}$, deren Erwartungswert existiert.

$(\Omega', \mathfrak{A}')$ sei ein Meßraum und $Y : \Omega \to \Omega'$. Im vorangehenden Abschnitt haben wir uns mit der bedingten Erwartung $E[X|Y]$, die durch 4.2. definiert ist, beschäftigt.

Sei nun $\omega' \in Y(\Omega)$. Dann liegt es nahe, nach dem bedingten Erwartungswert von X unter der Hypothese $Y = \omega'$, $E[X|Y = \omega']$, zu fragen. $E[X|Y = \omega']$ soll eine reelle Zahl sein und das gewichtete Mittel von X unter der Bedingung $Y = \omega'$ angeben.
Bei der Durchführung der Konstruktion von $E[X|Y = \omega']$ tritt, wie wir schon eingangs erwähnt haben, die Schwierigkeit auf, daß $P\{Y=\omega'\} = 0$ sein kann. Dieser Fall tritt in Anwendungen häufig auf; man denke etwa an $\Omega' = \mathbb{R}$ und eine bzgl. des Lebesgue-Borelschen Maßes absolutstetige stochastische Variable Y.
Im folgenden werden wir den bedingten Erwartungswert $E[X|Y = \omega']$ für beliebige $\omega' \in \Omega$ erklären und den Zusammenhang mit $E[X|Y]$ herstellen.
Der folgende Satz bildet die Grundlage für die durchzuführende Konstruktion.

12. Satz: Seien Ω eine nichtleere Menge, $(\Omega', \mathfrak{A}')$ ein Meßraum und X,Y Abbildungen mit $X : \Omega \to \bar{\mathbb{R}}$ und $Y : \Omega \to \Omega'$. $\sigma(Y)$ sei die von Y und $\mathfrak{A}'$ erzeugte σ-Algebra über Ω. Dann gilt: X ist genau dann $\sigma(Y)$-meßbar, wenn es eine auf Ω' definierte Abbildung f mit Werten aus $\bar{\mathbb{R}}$ gibt, die $\mathfrak{A}'$-meßbar ist und für die $X = f \circ Y$ gilt.

Beweis: Zunächst gilt nach Satz 1.21.: Wenn es eine Abbildung f mit den angegebenen Eigenschaften gibt, so ist X wegen der $(\sigma(Y), \mathfrak{A}')$-Meßbarkeit von Y $\sigma(Y)$-meßbar.
Die Umkehrung hiervon beweisen wir, indem wir X als Element der Funktionenklassen annehmen, die bei der Einführung der Integrale benutzt wurden.
Im folgenden ist X als $\sigma(Y)$-meßbar vorausgesetzt.

1. Sei $X = 1_A$ mit $A \in \sigma(Y)$.
   Für $A' \in \mathfrak{A}'$ mit $A = Y^{-1}(A')$ sei $f : \Omega' \to \bar{\mathbb{R}}$ definiert durch $f \triangleq 1_{A'}$.
   f ist trivialerweise $\mathfrak{A}'$-meßbar und es gelten:
   $X(\omega) = 1 = f(Y(\omega))$ für $\omega \in A$ und
   $X(\omega) = 0 = f(Y(\omega))$ für $\omega \in \bar{A}$,
   also $X = f \circ Y$.

2. Sei $X = \sum_{i=1}^{n} a_i 1_{A_i}$ mit $n \in \mathbb{N}$, $a_i \in \mathbb{R}_+$ und $A_i \in \sigma(Y)$ für alle $i \in \{1,...,n\}$.
Für $i \in \{1,...,n\}$ sei $A_i \triangleq Y^{-1}(A_i')$. Dann hat $f : \Omega' \to \tilde{\mathbb{R}}$, definiert durch $f \triangleq \sum_{i=1}^{n} a_i 1_{A_i'}$ die geforderte Eigenschaft.

3. Sei $X \geq 0$.
$(X_n : n \in \mathbb{N})$ sei eine monoton wachsende Folge von $\sigma(Y)$-Elementarfunktionen mit $X = \sup_{n\in\mathbb{N}} X_n$.
Nach 2. existiert für jedes $n \in \mathbb{N}$ ein $\mathfrak{A}'$-meßbares $f_n : \Omega' \to \tilde{\mathbb{R}}$ mit $X_n = f_n \circ Y$. Dann ist $f \triangleq \sup_{n\in\mathbb{N}} f_n$ $\mathfrak{A}'$-meßbar und es gilt $X = f \circ Y$.

4. Sei nun X von beliebigem Vorzeichen.
X^+ und X^- seien der Positiv- und der Negativteil von X.
Nach 3. existieren $\mathfrak{A}'$-meßbare Abbildungen f' und f'' mit $X^+ = f' \circ Y$ und $X^- = f'' \circ Y$.
Seien nun

$$A' \triangleq \{\omega' \in \Omega' : f'(\omega') = +\infty\},$$
$$A'' \triangleq \{\omega' \in \Omega' : f''(\omega') = +\infty\} \text{ und}$$
$$A \triangleq A' \cap A''.$$

Dann ist $f' - f''$ für $\omega' \in A$ nicht definiert. Da $X^+ - X^- = f' \circ Y - f'' \circ Y$ für alle $\omega \in \Omega$ definiert ist, gilt $Y(\Omega) \cap A = \emptyset$.
Sei $f \triangleq 1_{\bar{A}} f' - 1_{\bar{A}} f''$. Dann ist f für alle $\omega' \in \Omega'$ definiert und es gilt $X = f \circ Y$. ┘

Mit den Bezeichnungen von Satz 12. ist die Abbildung f auf $Y(\Omega)$ eindeutig definiert, denn für $\omega \in \Omega$ und $\omega' \in \Omega'$ mit $\omega' = Y(\omega)$ gilt $f(\omega') = X(\omega)$. Ist $Y(\Omega) \in \mathfrak{A}'$, so kann man f konstruieren, indem man die auf $Y(\Omega)$, wie oben angegeben, eindeutig definierte Abbildung beliebig auf $\Omega' - Y(\Omega)$ festsetzt, z.B. durch $f(\omega') \triangleq 0$ für alle $\omega' \in \Omega' - Y(\Omega)$.

Der folgende Satz stellt den Zusammenhang zwischen f mit $X = f \circ Y$ und $E[X|Y]$ her.

13. <u>Satz:</u> Seien $(\Omega, \mathfrak{A}, P)$ ein W-Raum und $(\Omega', \mathfrak{A}')$ ein Meßraum. X sei eine auf Ω definierte stochastische Variable mit Werten aus $\tilde{\mathbb{R}}$, deren Erwartungswert existiert. Die Abbildung $Y : \Omega \to \Omega'$ sei $(\mathfrak{A}, \mathfrak{A}')$-meßbar. Dann gibt es eine auf Ω' definierte Ab-

bildung f mit Werten aus $\bar{\mathbb{R}}$, die $\mathfrak{A}'$-meßbar ist und für die gelten:

1. $E[X|Y] = f \circ Y$

2. $\int_{A'} f dY(P) = \int_{\{Y \in A'\}} X dP$ für alle $A' \in \mathfrak{A}'$.

f ist Y(P)-fast-sicher eindeutig.

<u>Beweis:</u> $\sigma(Y)$ sei die von Y und $\mathfrak{A}'$ erzeugte σ-Algebra über Ω. $E[X|Y]$ ist nach Definition 4.2. $\sigma(Y)$-meßbar und damit folgt die 1. der Aussagen dieses Satzes aus Satz 12.
Nach Definition 4.1. gilt

$$\int_{\{Y \in A'\}} E[X|Y] dP = \int_{\{Y \in A'\}} X dP \quad \text{für alle } A' \in \mathfrak{A}'.$$

Also gilt nach 1.

$$\int_{\{Y \in A'\}} (f \circ Y) dP = \int_{\{Y \in A'\}} X dP \quad \text{für alle } A' \in \mathfrak{A}'.$$

Daraus folgt mit Satz 2.26.

$$\int_{A'} f d\,Y(P) = \int_{\{Y \in A'\}} X dP \quad \text{für alle } A' \in \mathfrak{A}'.$$

Die Y(P)-fast-sichere Eindeutigkeit von f ergibt sich aus Satz 2.19. ┘

Nach diesen Vorbereitungen können wir jetzt den bedingten Erwartungswert von X unter der Bedingung $Y = \omega'$ definieren.

14. <u>Definition:</u> Seien $(\Omega, \mathfrak{A}, P)$ ein W-Raum und $(\Omega', \mathfrak{A}')$ ein Meßraum. X sei eine auf Ω definierte stochastische Variable mit Werten aus $\bar{\mathbb{R}}$, deren Erwartungswert existiert. Die Abbildung $Y : \Omega \to \Omega'$ sei $(\mathfrak{A}, \mathfrak{A}')$-meßbar. $f : \Omega' \to \bar{\mathbb{R}}$ sei $\mathfrak{A}'$-meßbar und für f sollen

$$E[X|Y] = f \circ Y \quad \text{und}$$

$$\int_{A'} f dY(P) = \int_{\{Y \in A'\}} X dP \quad \text{für alle } A' \in \mathfrak{A}'$$

gelten.

14.1. Dann heißt

$$E[X|Y = \omega'] \triangleq f(\omega') \quad \text{für } \omega' \in \Omega'$$

<u>bedingter Erwartungswert von X bzgl. $Y = \omega'$</u> oder bedingte Erwartung von X unter der Hypothese $Y = \omega'$.

14.2. Ist $A \in \mathfrak{A}$, so heißt

$$P(A|Y = \omega') \triangleq E[1_A|Y = \omega'] \quad \text{für } \omega' \in \Omega'$$

<u>bedingte Wahrscheinlichkeit von A bzgl. $Y = \omega'$.</u> ┘

Mit den Bezeichnungen von Definition 14. veranschaulicht das folgende Diagramm den Zusammenhang zwischen $E[X|Y]$, Y und f.

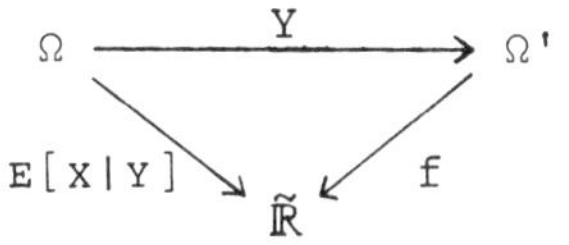

Wir verwenden weiter die Bezeichnungen von Definition 14.

Sei $\omega' \in \Omega'$ mit $\{\omega'\} \in \mathfrak{A}'$.

Dann folgt aus $\int_{A'} f dY(P) = \int_{\{Y \in A'\}} X dP$ mit $A' = \{\omega'\}$

$$f(\omega')P\{Y=\omega'\} = \int_{\{Y \in A'\}} X dP, \quad \text{also}$$

(15.1.) $$E[X|Y = \omega']P\{Y = \omega'\} = \int_{\{Y=\omega'\}} X dP.$$

Ist nun $P\{Y = \omega'\} > 0$, so ergibt sich daraus

(15.2.) $$E[X|Y = \omega'] = \frac{1}{P\{Y=\omega'\}} \int_{\{Y=\omega'\}} X dP.$$

Das besagt aber, daß die Abbildung $E[X|Y] : \Omega \to \tilde{\mathbb{R}}$ für $\omega \in \{Y = \omega'\}$ konstant ist mit

(15.3.) $$E[X|Y](\omega) = E[X|Y = \omega']$$
$$\text{für alle } \omega \in \{Y = \omega'\} \quad \text{und } P\{Y = \omega'\} > 0.$$

Wählt man nun $Y = 1_A$ mit $A \in \mathfrak{A}$, so ergibt sich aus 15.2.

(15.4.) $$E[X|A] \triangleq E[X|Y = 1] = \frac{E[1_A X]}{P(A)} \qquad \text{für } P(A) > 0.$$

Daraus ergibt sich für $X = 1_B$ mit $B \in \mathfrak{A}$

(15.5.) $$P(B|A) \triangleq P(B|Y = 1) = \frac{P(A \cap B)}{P(A)} \qquad \text{für } P(A) > 0$$

in Übereinstimmung mit dem früher eingeführten Begriff der bedingten Wahrscheinlichkeit bzgl. eines Ereignisses mit positiver Wahrscheinlichkeit.

Die Eigenschaften der $\mathfrak{A}'$-meßbaren Abbildung $f : \Omega' \to \tilde{\mathbb{R}}$ entsprechen denen der bedingten Erwartung bzgl. einer σ-Algebra, die wir im 1. Teil angegeben haben; wir stellen sie in den beiden folgenden Sätzen zusammen.

$(\Omega, \mathfrak{A}, P)$ sei im folgenden ein beliebiger, vorgegebener W-Raum, auf den wir uns beziehen.

16. Satz: X und Y seien auf Ω definierte stochastische Variablen mit Werten aus $\tilde{\mathbb{R}}$, deren Erwartungswerte existieren. $(\Omega', \mathfrak{A}')$ sei ein Meßraum und $Z : \Omega \to \Omega'$ sei $(\mathfrak{A}, \mathfrak{A}')$-meßbar.

16.1. Aus $X = a$ mit $a \in \mathbb{R}$ folgt $E[X|Z=\omega'] = a$ $Z(P)$-fast-sicher.

16.2. Aus $X \leq Y$ P-fast-sicher folgt
$E[X|Z = \omega'] \leq E[Y|Z = \omega']$ $Z(P)$-fast-sicher.

16.3. $|E[X|Z = \omega']| \leq E[|X| | Z = \omega']$ $Z(P)$-fast-sicher.

16.4. Ist für $a,b \in \mathbb{R}$ $aE[X] + bE[Y]$ definiert, so gilt
$E[aX + bY|Z=\omega'] = aE[X|Z=\omega'] + bE[Y|Z=\omega']$ $Z(P)$-fast-sicher.

16.5. $\int_{\Omega'} E[X|Z = \omega']dZ(P) = E[X]$.

16.6. Ist Z P-fast-sicher konstant, so gilt
$E[X|Z = \omega'] = E[X]$ $Z(P)$-fast-sicher.

16.7. Sind $\Omega = \Omega'$, $\mathfrak{A} = \mathfrak{A}'$ und $Z = id$, so gilt
$E[X|Z = \omega'] = X$ $Z(P)$-fast-sicher.

16.8. Sind X und Z unabhängig, so gilt
$E[X|Z = \omega'] = E[X]$ $Z(P)$-fast-sicher.

Beweis:

1. Die Aussagen 16.1. bis 16.4. entsprechen den Aussagen 5.1. bis 5.4.; die Beweise ergeben sich entsprechend.
2. Der Beweis von 16.5. ergibt sich aus
$$\int_{A'} E[X|Z=\omega']dZ(P) = \int_{\{Z\in A'\}} XdP \qquad \text{für alle } A' \in \mathfrak{A}',$$
wenn $A' = \Omega'$ gewählt wird.
3. Zum Beweis von 16.6. sei $Z = \tilde{\omega}$ P-fast-sicher.
Dann gilt für $A' \in \mathfrak{A}'$ mit $\tilde{\omega} \in A'$
$$\int_{A'} E[X|Z=\omega']dZ(P) = \int_{\{Z\in A'\}} XdP = E[X] = \int_{A'} E[X]dZ(P);$$
für $A' \in \mathfrak{A}'$ mit $\tilde{\omega} \notin A'$ gilt
$$\int_{A'} E[X|Z=\omega']dZ(P) = \int_{\{Z\in A'\}} XdP = 0 = \int_{A'} E[X]dZ(P).$$

4. Der Beweis von 16.7. folgt aus der $\mathfrak{A}$-Meßbarkeit von X und wegen $\int_{A'} XdP = \int_{A'} XdZ(P) = \int_{\{Z\in A'\}} XdP$ für $A'\in \mathfrak{A}' = \mathfrak{A}$ aus Satz 13.

5. Zum Beweis von 16.8. sei $A'\in \mathfrak{A}'$. Dann gilt

$\int_{A'} E[X]dZ(P) = E[X]P\{Z\in A'\}$

$= E[X1_{\{Z\in A'\}}]$ wegen der Unabhängigkeit von X und Z

$= \int_{\{Z\in A'\}} XdP$.

Daraus folgt die Aussage mit Satz 13. ┘

17. <u>Satz:</u> $(X_n : n\in\mathbb{N})$ sei eine Folge von auf Ω definierten stochastischen Variablen mit Werten aus $\tilde{\mathbb{R}}$. $(\Omega', \mathfrak{A}')$ sei ein Meßraum und $Z : \Omega \to \Omega'$ sei $(\mathfrak{A}, \mathfrak{A}')$-meßbar. Die folgenden Aussagen gelten Z(P)-fast-sicher.

17.1. Sind (X_n) monoton wachsend und $X_n \geq 0$ für alle $n \in \mathbb{N}$, so gilt

$$\sup_{n\in\mathbb{N}} E[X_n | Z=\omega'] = E[\sup_{n\in\mathbb{N}} X_n | Z=\omega'] .$$

17.2. Sind die $X_n \geq 0$ für alle $n \in \mathbb{N}$, so gilt

$$E[\sum_{n\in\mathbb{N}} X_n | Z=\omega'] = \sum_{n\in\mathbb{N}} E[X_n | Z=\omega'] .$$

17.3. Sind Y eine auf Ω definierte, P-integrierbare stochastische Variable, $|X_n| \leq Y$ für alle $n \in \mathbb{N}$ und konvergiert (X_n) P-fast-sicher gegen X, so gilt

$$\lim_{n\to\infty} E[X_n | Z=\omega'] = E[X | Z=\omega']$$

Die Aussagen dieses Satzes entsprechen denen von Satz 6; die Beweise ergeben sich entsprechend. ┘

Zum Abschluß betrachten wir noch eine Situation, in der man die bedingte Erwartung $E[X|Y]$ praktisch berechnen kann.

Dazu seien über dem W-Raum $(\mathbb{R}^2, \mathfrak{B}^2, P)$ die stochastischen Variablen X und Y mit

(18.1.) $X(x,y) \triangleq x$ und $Y(x,y) \triangleq y$ für alle $(x,y)\in \mathbb{R}^2$

definiert. X und Y sollen eine gemeinsame Dichte g bzgl. des Lebesgue-Borelschen Maßes auf $\mathfrak{B}^2$ besitzen, so daß also

(18.2.) $P(A) = \iint_A g(x,y)\,dxdy$ für alle $A \in \mathfrak{B}^2$

gilt. Die Dichten von X und Y seien

(18.3.) $g_X(x) \triangleq \int_{\mathbb{R}} g(x,y)\,dy$ bzw. $g_Y(y) \triangleq \int_{\mathbb{R}} g(x,y)\,dx$

und die Erwartungswerte $E[X]$ und $E[Y]$ sollen existieren.
Wir definieren nun zwei Abbildungen $h,k : \mathbb{R}^2 \to \mathbb{R}_+$ durch

(18.4.) $h(y|x) \triangleq \frac{g(x,y)}{g_X(x)}$ und

(18.5.) $k(x|y) \triangleq \frac{g(x,y)}{g_Y(y)}$ für $(x,y) \in \mathbb{R}^2$.

Die Abbildung h (bzw. k) ist zunächst nur für $x \in \mathbb{R}$ mit $g_X(x) \neq 0$ (bzw. $y \in \mathbb{R}$ mit $g_Y(y) \neq 0$) definiert. Dies ist jedoch keine wesentliche Einschränkung, da die Ausnahmemenge P-Nullmenge ist. Das sieht man wie folgt:
Sei $A \triangleq \{(x,y) \in \mathbb{R}^2 : g_X(x) = 0\}$. Dann gilt

$$P(A) = \iint_A g(x,y)\,dxdy = \int_{x:g_X(x)=0} \left(\int_{\mathbb{R}} g(x,y)\,dy\right)dx \quad \text{nach Satz 2.36.}$$
$$= \int_{x:g_X(x)=0} g_X(x)\,dx = 0$$

Auf den Ausnahmemengen können also h und k beliebig definiert werden.

Wir behaupten nun folgendes:

(18.6.) $E[X|Y=y] = \int_{\mathbb{R}} xk(x|y)\,dx$ Y(P)-fast-sicher

(18.7.) $E[Y|X=x] = \int_{\mathbb{R}} yh(y|x)\,dx$ X(P)-fast-sicher.

Zum Beweis von 18.6. sei $A \in \mathfrak{B}$.
Dann gilt $Y^{-1}(A) = \mathbb{R} \times A$ und daraus folgen

$$\int_{\{Y \in A\}} X\,dP = \iint_{(x,y):y \in A} xg(x,y)\,dxdy$$
$$= \iint_{(x,y):y \in A} xg_Y(y)k(x|y)\,dxdy \quad \text{mit 18.5.}$$
$$= \int_{y \in A} g_Y(y)\left(\int_{\mathbb{R}} xk(x|y)\,dx\right)dy \quad \text{nach Satz 2.36.}$$
$$= \int_A \left(\int_{\mathbb{R}} xk(x|y)\,dx\right)dY(P)$$

Damit ist 18.6. bewiesen; 18.7. folgt entsprechend.

Sei nun $a \triangleq E[X|Y] : \mathbb{R}^2 \to \mathbb{R}$ und $b \triangleq E[X|Y=y] : \mathbb{R} \to \mathbb{R}$.
Dann gilt nach Definition 14.

(18.8.) $a(x,y) = b(Y(x,y)) = b(y)$ für $(x,y) \in \mathbb{R}^2$,

was besagt, daß $E[X|Y]$ auf Parallelen zur x-Achse in der x-y-Ebene konstant ist. Entsprechendes gilt für $E[Y|X]$.

Analog zu 18.6. ergibt sich für $A \in \mathfrak{B}$ und $y \in \mathbb{R}$

(18.9.) $P\{X \in A | Y=y\} = \int_A k(x|y)dx$ Y(P)-fast-sicher.

Entsprechend heißen die Abbildungen 18.4. bzw. 18.5. bedingte Dichte von Y bzgl. X = x bzw. bedingte Dichte von X bzgl. Y = y.

4.2 Anwendungsbeispiele

Wir besprechen jetzt eine Reihe von Beispielen, in denen die in 4.1. eingeführten Grundlagen Verwendung finden.

1. Bedingte Dichten bei Normalverteilungen

Zunächst sei (X,Y) ein stochastischer Vektor mit Werten aus $\mathbb{R}^2$ und der Dichte

(19.1.) $$f(x,y) = \frac{1}{2\pi} \exp\{- \tfrac{1}{2}(x^2-2xy+2y^2)\}$$

für $(x,y) \in \mathbb{R}^2$. Diese Verteilung haben wir schon in Beispiel 1.55. benutzt. In Beispiel 1.65. sind die Randverteilungen berechnet. Dort ergaben sich für X die Dichte

(19.2.) $$f_X(x) = \frac{1}{\sqrt{2}\sqrt{2\pi}} \exp\{- \tfrac{1}{2} \tfrac{x^2}{2}\} \quad \text{für } x \in \mathbb{R}$$

und für Y die Dichte

(19.3.) $$f_Y(y) = \frac{1}{\sqrt{2\pi}} \exp\{- \tfrac{1}{2} y^2\} \quad \text{für } y \in \mathbb{R}.$$

Unter Verwendung der Ergebnisse von Beispiel 3.17.2. ergibt sich gemäß 3.72.3.: (X,Y) ist normal verteilt mit dem Erwartungswert (0,0) und der Kovarianzmatrix $\begin{pmatrix} 2 & 1 \\ 1 & 1 \end{pmatrix}$.

Für $y \in \mathbb{R}$ ergibt sich für die bedingte Dichte $f_X(x|Y=y)$ von X bzgl. Y = y gemäß 18.5. $f_X(x|Y=y) = \frac{f(x,y)}{f_Y(y)}$, also

(19.4.) $$f_X(x|Y=y) = \frac{1}{\sqrt{2\pi}} \exp\{- \tfrac{1}{2}(x-y)^2\} \quad \text{für } x \in \mathbb{R}.$$

Entsprechend ergibt sich für $x \in \mathbb{R}$ die bedingte Dichte $f_Y(y|X=x)$ von Y bzgl. X = x gemäß 18.4.

$$f_Y(y|X=x) = \frac{f(x,y)}{f_X(x)}, \text{ also}$$

(19.5.) $$f_Y(y|X=x) = \frac{\sqrt{2}}{\sqrt{2\pi}} \exp\{- \tfrac{1}{2}(\sqrt{2}(y - \tfrac{x}{2}))^2\} \quad \text{für } y \in \mathbb{R}.$$

In beiden Fällen ergeben sich also als bedingte Dichten die von Normalverteilungen. Die entsprechenden Erwartungswerte lassen sich aus 19.4. und 19.5. ablesen, nämlich

(19.6.) $E[X|Y = y] = y$ und

(19.7.) $E[Y|X = x] = \frac{x}{2}$.

Wir wollen nun zeigen, daß sich auch im allgemeinen Fall für Normalverteilungen als bedingte Dichten die von Normalverteilungen ergeben.

Sei also X ein stochastischer Vektor mit den Komponenten $X_1,\ldots,X_n$. X sei n-dimensional normal verteilt mit den Parametern μ und Σ; Σ sei nichtsingulär.
Für $m \in \mathbb{N}$ mit $m < n$ sei X' der Vektor mit den Komponenten $X_1,\ldots,X_m$; X" sei der Vektor mit den Komponenten $X_{m+1},\ldots,X_n$.
Für $x'' \in \mathbb{R}^{n-m}$ wollen wir die bedingte Dichte $f_{X'}(x' \mid X'' = x'')$ von X' bzgl. X" = x" berechnen.
Wir gehen dabei so vor wie im Beweis von Satz 3.75.
Seien zunächst

$$\mu' \triangleq E[X'], \quad \Sigma' \triangleq COV[X'],$$

$$\mu'' \triangleq E[X''], \quad \Sigma'' \triangleq COV[X''] \text{ und}$$

$$\tilde{\Sigma} \triangleq E[(X'-\mu')(X''-\mu'')^t].$$

Wenn wir nun die in Satz 3.75. angegebene Transformation

$$(20.1.)\quad \begin{aligned} Y' &\triangleq X' - \tilde{\Sigma}\,\Sigma''^{-1}\,X'', \\ Y'' &\triangleq X'' \end{aligned}$$

anwenden, so ergeben sich für $Y \triangleq \begin{pmatrix} Y' \\ Y'' \end{pmatrix}$:

$$(20.2.)\quad E[Y] = \begin{pmatrix} \nu' \\ \mu'' \end{pmatrix} \quad \text{mit}$$

$$(20.3.)\quad \nu' \triangleq \mu' - \Sigma\,\Sigma''^{-1}\,\mu'' \quad \text{und}$$

$$(20.4.)\quad COV[Y] = \begin{pmatrix} \Phi' & 0 \\ 0 & \Sigma'' \end{pmatrix} \quad \text{mit}$$

$$(20.5.)\quad \Phi' \triangleq \Sigma' - \tilde{\Sigma}\,\Sigma''^{-1}\,\tilde{\Sigma}^t .$$

Daraus ergibt sich für die Dichte von Y:

$$(21.1.)\quad f(y) = \frac{1}{(\sqrt{2\pi})^m\sqrt{\det(\Phi')}} \exp\{-\tfrac{1}{2}(y'-\nu')^t\,\Phi'^{-1}\,(y'-\nu')\}$$

$$\cdot \frac{1}{(\sqrt{2\pi})^{n-m}\sqrt{\det(\Sigma'')}} \exp\{-\tfrac{1}{2}(y''-\mu'')^t\,\Sigma''^{-1}\,(y''-\mu'')\}$$

$$\text{für } y \in \mathbb{R}^n \text{ mit } y = \begin{pmatrix} y' \\ y'' \end{pmatrix}.$$

Unter Verwendung von Satz 2.37. erhält man aus 21.1. durch Rücktransformation gemäß 20.1. die Dichte von X in einer Produktform, aus der die bedingte Dichte leicht zu berechnen ist.

Beachtet man, daß die Funktionaldeterminante von 20.1. den Wert 1 hat, so ergibt sich für die Dichte g von X:

$$(21.2.)\quad g(x) = \frac{1}{(\sqrt{2\pi})^m\sqrt{\det(\Phi')}} \exp\{-\tfrac{1}{2}(x'-\tilde{\mu}')^t\, \Phi'^{-1}\, (x'-\tilde{\mu}')\}$$

$$\frac{1}{(\sqrt{2\pi})^{n-m}\sqrt{\det(\Sigma'')}} \exp\{-\tfrac{1}{2}(x''-\mu'')^t\, \Sigma''^{-1}\, (x''-\mu'')\}$$

für $x \in \mathbb{R}^n$ mit $x = \begin{pmatrix} x' \\ x'' \end{pmatrix}$.

Dabei ist $\tilde{\mu}' \triangleq \tilde{\Sigma}\Sigma''^{-1}x'' + \nu'$, also mit 20.3.

$$(21.3.)\quad \tilde{\mu}' = \mu' + \tilde{\Sigma}\Sigma''^{-1}(x''-\mu'').$$

Beachtet man nun, daß das Produkt aus dem 3. und 4. Term in 21.2. die Dichte von X" ist, so ergibt sich für $x''\in \mathbb{R}^{n-m}$ die bedingte Dichte von X' bzgl. X" = x" zu

$$(21.4.)\quad g_{X'}(x'\,|\,X''=x'') = \frac{1}{(\sqrt{2\pi})^m\sqrt{\det(\Phi')}} \exp\{-\tfrac{1}{2}(x'-\tilde{\mu}')^t\, \Phi'^{-1}\, (x'-\tilde{\mu}')\}$$

für $x'\in \mathbb{R}^m$.

2. <u>Summen mit stochastischer Summanden-Anzahl</u>

Alle stochastischen Variablen, die wir im folgenden betrachten, seien über dem W-Raum $(\Omega, \mathfrak{A}, P)$ definiert. N sei eine stochastische Variable mit Werten aus $\mathbb{N}$. $(X_n : n\in\mathbb{N})$ sei eine unabhängige Folge von identisch verteilten stochastischen Variablen mit Werten aus $\bar{\mathbb{R}}$; sie seien von N unabhängig; der Erwartungswert der X_n, E[X], soll existieren.

Die stochastische Variable S sei definiert durch

$$(22.1.)\quad S \triangleq \sum_{n=1}^{N} X_n\ ;$$

wir wollen E[S] berechnen.

Nach Satz 5.6. gilt zunächst

$$(22.2.)\quad E[S] = E[E[S\,|\,N]].$$

Nun gilt nach Definition von S

$$E[S\,|\,N = n] = E[\sum_{i=1}^{n} X_i] = nE[X]$$

für alle $n \in \mathbb{N}$ und daraus folgt mit Definition 14.

$$(22.3.)\quad E[S\,|\,N] = NE[X]\ .$$

Daraus und aus 22.2. folgt

(22.4.) $E[S] = E[N]E[X]$.

Wir wollen nun annehmen, daß die Elemente der Folge (X_n) Werte aus $\mathbb{R}_+$ annehmen; die übrigen Voraussetzungen sollen weiter gelten. Die Laplace-Transformierte der Folgen-Elemente sei $\lambda(s)$; zudem sei $\eta(z)$ die erzeugende Funktion von N. Wir wollen die Laplace-Transformierte von S berechnen.
Dazu ergibt sich zunächst mit Satz 3.47.

(23.1.) $E[e^{-sS} \mid N=n] = E[e^{-s(X_1+\cdots+X_n)}] = \lambda^n(s)$

für alle $n \in \mathbb{N}$. Daraus folgt mit Satz 16.5.

$$E[e^{-sS}] = \sum_{n\in\mathbb{N}} \lambda^n(s)P\{N=n\}, \text{ also}$$

(23.2.) $E[e^{-sS}] = \eta(\lambda(s))$.

Aus 23.2. kann E[S] gemäß Satz 3.45.2. berechnet werden zu

$$E[S] = \lim_{s\downarrow 0} \left(- \frac{d\eta(\lambda(s))}{d\lambda(s)} \frac{d\lambda(s)}{ds}\right).$$

Sei nun speziell $\lambda(s)$ die Laplace-Transformierte einer Exponentialverteilung mit dem Parameter μ, also $\lambda(s) = \frac{\mu}{s+\mu}$. Zudem gelte für N $P\{N=n\} = (1-q)q^{n-1}$ für $n \in \mathbb{N}$ und $q \in \mathbb{R}$ mit $0 < q < 1$.
Dann gilt also $\eta(z) = \frac{(1-q)z}{1-qz}$. Unter diesen speziellen Annahmen ergibt sich für S aus 23.2.

(23.3.) $E[e^{-sS}] = \frac{(1-q)\mu}{s+(1-q)\mu}$;

das besagt aber, daß S exponentiell verteilt ist mit dem Parameter $(1-q)\mu$.

3. <u>Eigenschaften der Exponential- und der Poisson-Verteilung.</u>

Alle stochastischen Variablen, die wir im folgenden betrachten, seien über dem W-Raum $(\Omega, \mathfrak{A}, P)$ definiert.
Die stochastische Variable X sei exponentiell verteilt mit dem Parameter μ.
Sei $x_0 \in \mathbb{R}_+$. Wir berechnen $P\{X \leq x_0+x \mid X > x_0\}$ für $x \in \mathbb{R}_+$.

Aus 15.5. ergibt sich

$$P\{X \leq x_o + x \mid X > x_o\} = \frac{P\{x_o < X \leq x_o + x\}}{P\{X > x_o\}} .$$

Daraus folgt unter Verwendung von 1.49.2.

$$P\{X \leq x_o + x \mid X > x_o\} = \frac{1 - e^{-\mu(x_o + x)} - 1 + e^{-\mu x_o}}{e^{-\mu x_o}} ,$$

also

(24.) $$P\{X \leq x_o + x \mid X > x_o\} = 1 - e^{-\mu x}.$$

Die Eigenschaft 24. nennt man die Gedächtnislosigkeit der Exponentialverteilung.

Sei nun $(X_n : n \in \mathbb{N})$ eine Folge von unabhängigen und identisch verteilten stochastischen Variablen; die X_n seien exponentiell verteilt mit dem Parameter μ.
Für $n \in \mathbb{N}$ sei

(25.1.) $$S_n \triangleq \sum_{k=1}^{n} X_k .$$

Gemäß Definition 1.51. und nach Beispiel 2.44.1. ist S_n Erlang-verteilt mit den Parametern μ und n; es gilt also

(25.2.) $$P\{S_n \leq x\} = 1 - e^{-\mu x} \sum_{k=o}^{n-1} \frac{(\mu x)^k}{k!} \quad \text{für } x \in \mathbb{R}_+ .$$

Sei nun $t \in \mathbb{R}_+$. N(t) sei eine stochastische Variable mit Werten aus $\mathbb{N}_o$; sie sei definiert durch

(25.3.) $$N(t) = 0 \overset{\Delta}{\Longleftrightarrow} S_1 > t \quad \text{bzw.}$$
$$N(t) = n \overset{\Delta}{\Longleftrightarrow} S_n \leq t \quad \text{und} \quad t < S_{n+1} \quad \text{für } n \in \mathbb{N}.$$

Wir wollen die Verteilung von N(t) berechnen.
Dazu ergibt sich zunächst $P\{N(t) = 0\} = P\{X_1 > t\} = e^{-\mu t}$.
Für $n \in \mathbb{N}$ ergibt sich
$P\{N(t)= n\} = P\{S_n \leq t, t < S_{n+1}\} = 1 - P\{S_n > t\} - P\{S_{n+1} \leq t\}$
und daraus folgt mit 25.2.

$$P\{N(t)= n\} = e^{-\mu t} \frac{(\mu t)^n}{n!} .$$

Insgesamt ergibt sich also

(25.4.) $$P\{N(t)= n\} = e^{-\mu t} \frac{(\mu t)^n}{n!} \quad \text{für } n \in \mathbb{N}_o;$$

N(t) ist also Poisson-verteilt mit dem Parameter μt.
Diesen Zusammenhang zwischen der Exponentialverteilung und der Poisson-Verteilung kann man wie folgt formulieren:

Eine Folge von Ereignissen trete in $\mathbb{R}_+$ ein; zur Zeit t = 0 sei kein Ereignis eingetreten. Sind dann die Längen der Zeiten zwischen zwei aufeinanderfolgenden Ereignissen (und die Zeit von t = 0 bis zum ersten Ereignis) unabhängig und identisch exponentiell verteilt mit dem Parameter μ, so ist die Anzahl der Ereignisse, die im Zeitintervall $[0,t]$ mit $t \in \mathbb{R}_+$ eintreten, Poissonverteilt mit dem Parameter μt.
Interpretiert man andererseits für eine Familie von stochastischen Variablen $(N(t): t\in\mathbb{R}_+)$ mit

$$P\{N(t+s)-N(s)=n\} = e^{-\mu t}\frac{(\mu t)^n}{n!} \quad \text{für } n \in \mathbb{N}_0$$

und $s,t \in \mathbb{R}_+$ (das bedeutet, daß N(t) ein Poisson-Prozeß ist) N(t) als die Anzahl der Ereignisse, die in einem Zeitintervall der Länge t eintreten, so sind die Längen der Zeitintervalle zwischen zwei aufeinanderfolgenden Ereignissen unabhängig und identisch exponentiell mit dem Parameter μ verteilt.

Dieser Zusammenhang ist die Grundlage für die Analyse Markoffscher Bedienungssysteme; sie bestehen (im einfachsten Fall) aus einem Bediener, der Aufträge ausführt. Aufträge kommen in einer Folge mit unabhängigen und identisch exponentiell verteilten Zwischenankunftszeiten im System an; sie werden vom Bediener in einer festzulegenden Reihenfolge ausgeführt, wobei vorausgesetzt wird, daß ihre Bedienzeiten untereinander und von den Zwischenankunftszeiten unabhängig und identisch exponentiell verteilt sind.

Wir wollen eine einfache Fragestellung besprechen, die in Bedienungssystemen auftritt. Dazu gehen wir von folgendem aus:
Ein Auftrag, der im System ankommt, findet dort M Aufträge vor; M sei geometrisch verteilt mit dem Parameter q. Die Bedienzeiten der Aufträge seien untereinander und von M unabhängig; sie seien identisch exponentiell verteilt mit dem Parameter μ. Die Aufträge sollen von einem Bediener in der Reihenfolge ihrer Ankünfte ausgeführt werden.
Wir wollen die Verweilzeit V eines Auftrags im System berechnen.

Wenn ein Auftrag im Zustand M = 0 im System ankommt, so ist seine Verweilzeit gleich seiner Bedienzeit.

Wenn ein Auftrag im Zustand $M = m$ mit $m \in \mathbb{N}$ im System ankommt, so ist seine Verweilzeit

$$B_1 + \cdots + B_m + B_{m+1},$$

wobei B_1 die Restbedienzeit des ersten und gerade bedienten Auftrags, $B_2, \ldots, B_m$ die Bedienzeiten der übrigen anstehenden Aufträge und B_{m+1} die Bedienzeit des betrachteten Auftrags sind.
Wegen 24. ist auch B_1 exponentiell verteilt mit dem Parameter μ. Damit ergibt sich für die Laplace-Transformierte von V

(26.1.) $$E[e^{-sV} | M=m] = \left(\frac{\mu}{s+\mu}\right)^{m+1} \quad \text{für } m \in \mathbb{N}_0.$$

Das ist aber die Situation, die wir schon in 23.3. kennengelernt haben; wir erhalten also

(26.2.) $$P\{V \le v\} = 1 - e^{-(1-q)\mu v} \quad \text{für } v \in \mathbb{R}_+.$$

4. Verzweigungsprozesse

Wir gehen wieder davon aus, daß alle stochastischen Variablen über dem W-Raum $(\Omega, \mathfrak{A}, P)$ definiert sind.
Wir betrachten eine Familie, die aus Mitgliedern und Generationen besteht. Die Familie entwickelt sich dadurch, daß die Mitglieder einer Generation Nachkommen erzeugen.
A sei eine stochastische Variable mit Werten aus $\mathbb{N}_0$. Sei

(27.1.) $$a_n \triangleq P\{A=n\} \quad \text{für } n \in \mathbb{N}_0.$$

Die erzeugende Funktion von A sei

(27.2.) $$\alpha(z) \triangleq E[z^A].$$

Die Verteilung von A wird dazu benutzt, die Erzeugung von Nachkommen zu beschreiben. Wir geben nun an, wie sich die Familie entwickelt.
Dazu sei $g \in \mathbb{N} \cup \{+\infty\}$; C_g sei die Anzahl der Mitglieder der g-ten Generation. Für die Folge der C_g sollen gelten:
Die 1. Generation soll aus genau einem Mitglied bestehen, also

$$P\{C_1=1\} = 1.$$

Die 2. Generation besteht aus den Nachkommen des Mitglieds der 1. Generation; die Anzahl der Nachkommen sei wie A verteilt. Demnach gilt

(27.3.) $$P\{C_2=n\} = a_n \quad \text{für } n \in \mathbb{N}_0.$$

Ist $C_2 = 0$, so stirbt die Familie mit der 1. Generation aus. Ist $C_2 = n$ mit $n \in \mathbb{N}$, so erzeugt jedes der n Mitglieder der 2. Generation Nachkommen. Die Anzahlen der Nachkommen jedes Mitglieds der 2. Generation sind unabhängig und identisch wie A verteilt; die Summe der Nachkommen der Mitglieder der 2. Generation bildet die 3. Generation der Familie. Für $n \in \mathbb{N}$ und $m \in \mathbb{N}_0$ gilt also

$$P\{C_3=m|C_2=n\} = P\{A_1+\cdots+A_n=m\},$$

wobei die $A_1,\ldots,A_n$ unabhängig und wie A verteilt sind.
Sei nun für $g \geq 2$ C_g definiert. Gilt dann $C_g = 0$, so stirbt die Familie mit der g-ten Generation aus. Ist $C_g = n$ mit $n \in \mathbb{N}$, so erzeugt jedes Mitglied der g-ten Generation Nachkommen, wobei das für $g = 2$ Gesagte gilt. Die Summe der Nachkommen der g-ten Generation bildet die $g + 1$-te Generation.
Mit der angegebenen Definition können die erzeugenden Funktionen der C_g rekursiv so berechnet werden, wie wir es im Abschnitt "Summen mit stochastischer Summanden-Anzahl" besprochen haben.

Sei nun M die Gesamtzahl der Mitglieder der Familie. Nach dem Gesagten kann die Familie mit endlich vielen Mitgliedern aussterben oder beliebig viele Mitglieder haben. M ist also eine stochastische Variable mit Werten aus $\mathbb{N} \cup \{+\infty\}$. Wir interessieren uns für Bedingungen, unter denen $P\{M<+\infty\} = 1$ gilt.
Dazu sei $p_e \triangleq P\{M<+\infty\}$.
Sei nun $C_2 = m$ mit $m \in \mathbb{N}$; für $k \in\{1,\ldots,m\}$ sei M_k die Gesamtzahl der Mitglieder der Teilfamilie, für die das k-te Mitglied der 2. Generation die 1. Generation ist. Dann sind nach der angegebenen Definition die M_k unabhängig und identisch wie M verteilt. Daraus ergibt sich

(27.4.) $\quad P\{M<+\infty|C_2=m\} = P\{1+M_1+\cdots+M_m<+\infty\} \quad$ für $m \in \mathbb{N}_0$.

Beachtet man nun, daß $P\{1+M_1+\cdots+M_m<+\infty\} = p_e^m$ gilt, so erhält man mit 16.5. aus 27.4. wegen 27.3.

(27.5.) $\quad p_e = \alpha(p_e)$.

$p_e = 1$ erfüllt 27.5. Gesucht sind nun Bedingungen für $\alpha(z)$, unter denen $p_e = 1$ die einzige Lösung von 27.5. ist.
Zunächst können wir Verteilungen mit $a_0 = 1$ oder $a_0 = 0$ ausschließen, da für sie die Endlichkeit bzw. Unendlichkeit von M klar ist.

Sei nun $\alpha(z) = a_0 + a_1 z$ mit $0 < a_0 < 1$. Dann hat 27.5. genau eine Lösung, nämlich $p_e = 1$. Im Hinblick auf das Folgende halten wir fest, daß hier

(27.6.) $\quad a_1 < 1$

gefordert ist.
Für $\alpha(z)$ gelte nun $0 < a_0 + a_1 < 1$. In diesem Fall ist $\alpha(z)$ nach Satz 3.37.3. konvex von unten. Beachtet man, daß $\alpha'(z)$ für $z \in [0,1]$ monoton wachsend ist, so ergibt sich in diesem Fall

(27.7.) $\quad \alpha'(1) \leq 1$

als notwendige und hinreichende Bedingung dafür, daß $p_e = 1$ die einzige Lösung von 27.5. ist. Mit $\alpha'(1) = E[A]$ ergibt sich:

(27.8.) $\quad E[A] \leq 1$ und $a_1 \neq 1$ ist notwendige und hinreichende Bedingung für $P\{M<+\infty\} = 1$.

Wir wollen nun annehmen, daß die Bedingung 27.8. erfüllt ist. Wir berechnen noch die erzeugende Funktion von M.
Zunächst ergibt sich

(28.1.) $$E[z^M] = \sum_{m \in \mathbb{N}_0} E[z^M \mid C_2=m]P\{C_2=m\}$$

Mit $E[z^M \mid C_2=0] = z$ und $E[z^M \mid C_2=m] = z\, E^m[z^M]$ für $m \in \mathbb{N}$ ergibt sich daraus

(28.2.) $$E[z^M] = z\, \alpha(E[z^M]).$$

Aus 28.2. läßt sich mit Satz 3.35. der Erwartungswert von M berechnen; es ergibt sich

(28.3.) $$E[M] = \frac{1}{1-E[A]} \qquad \text{für } E[A] < 1$$

bzw.

(28.4.) $$E[M] = +\infty \qquad \text{für } E[A] = 1\,.$$

5. Die Arbeitsphase eines Bedienungssystems

Wir setzen wieder voraus, daß alle im folgenden benutzten stochastischen Variablen über dem W-Raum $(\Omega,\mathfrak{A},P)$ definiert sind.

Wir betrachten ein Bedienungssystem mit einem Bediener. Die Zwischenankunftszeiten der Aufträge seien unabhängig und identisch exponentiell verteilt mit dem Parameter λ. Die Bedienzeiten der Aufträge seien untereinander und von den Zwischenankunftszeiten unabhängig und identisch verteilt wie B. B sei eine stochastische Variable mit Werten aus $\mathbb{R}_+$ und es gelte $E[B]<+\infty$.

Zunächst berechnen wir die Anzahl A der Aufträge, die während einer Bedienzeit im System ankommen. A ist eine stochastische Variable mit Werten aus $\mathbb{N}_0$. Für $b \in \mathbb{R}_+$ ist nach der angegebenen Voraussetzung über die Zwischenankunftszeiten die Anzahl der Aufträge, die in einem Zeitintervall der Länge b ankommen, Poisson-verteilt mit dem Parameter λb. Daraus ergibt sich

(29.1.) $$P\{A=n \mid B=b\} = e^{-\lambda b} \frac{(\lambda b)^n}{n!} \qquad \text{für } n \in \mathbb{N}_0.$$

Daraus folgt mit Satz 16.5.

(29.2.) $$P\{A=n\} = \frac{\lambda^n}{n!} \int_0^\infty b^n e^{-\lambda b}\, dP_B(b) \qquad \text{für } n \in \mathbb{N}_0.$$

Wir wollen noch den Erwartungswert und die erzeugende Funktion von A berechnen. Für den Erwartungswert von A ergibt sich zunächst

$$E[A \mid B=b] = \lambda\, b$$

und daraus nach Definition 14.

$$E[A \mid B] = \lambda\, B\,.$$

Daraus und aus $E[A] = E[E[A \mid B]]$ folgt

(29.3.) $$E[A] = \lambda\, E[B].$$

Für die erzeugende Funktion $\alpha(z)$ von A ergibt sich zunächst aus 29.2.

$$\alpha(z) = \int_0^\infty e^{-\lambda(1-z)b}\, dP_B(b)\,.$$

Ist nun $\beta(s)$ die Laplace-Transformierte von B, so folgt daraus

(29.4.) $$\alpha(z) = \beta(\lambda(1-z))\,.$$

Eine Arbeitsphase des Bediensystems beginnt, wenn ein Auftrag im System eintrifft und das System leer, d.h. ohne anstehende Aufträge vorfindet. Sie endet, wenn mit dem Abschluß der Ausführung eines nachfolgenden Auftrags das System erstmals wieder leer wird.
Die Anzahl der Aufträge, die während einer Arbeitsphase ausgeführt werden, ist definiert als eine Familie von Aufträgen mit

den Eigenschaften, die wir im vorangehenden Abschnitt besprochen haben; die Erzeugung von Aufträgen erfolgt gemäß der oben berechneten Verteilung von A. Sei nun $E[A]< 1$, also $\lambda E[B]< 1$ vorausgesetzt. Dann ist die Länge einer Arbeitsphase und ihr Erwartungswert endlich.

Unter der Voraussetzung $\lambda E[B]< 1$ sei nun C die Länge einer Arbeitsphase; $\gamma(s)$ sei die Laplace-Transformierte von C.

Für die Berechnung von γ sei B_1 die Bedienzeit des Auftrags mit dem die Arbeitsphase beginnt; N_1 sei die Anzahl der Aufträge, die während der Ausführung des 1. Auftrags im System eintreffen.

Ist $N_1 = n$ mit $n \in \mathbb{N}$, so liefert jeder dieser Aufträge einen Beitrag $C_k, k \in\{1,\dots,n\}$, zur Arbeitsphase. Analog zu den Ausführungen im vorangehenden Abschnitt sind die C_k unabhängig und identisch wie C verteilt. Hiervon ausgehend berechnen wir nun $\gamma(s)$.
Für $b \in \mathbb{R}_+$ und $n \in \mathbb{N}_0$ ergibt sich nun

$$E[e^{-sC}|B_1=b,\ N_1=n] = e^{-sb}\ \gamma^n(s).$$

Daraus folgt unter Verwendung der Voraussetzung, daß die Anzahl der in einem Zeitintervall der Länge b ankommenden Aufträge mit λb Poisson-verteilt ist

$$\begin{aligned} E[e^{-sC}|B_1=b] &= e^{-sb}\ e^{-\lambda b} \sum_{n\in\mathbb{N}_0} \frac{(\lambda b)^n}{n!}\ \gamma^n(s) \\ &= \exp\{-(s+\lambda-\lambda\ \gamma(s))b\}. \end{aligned}$$

Daraus ergibt sich nach 16.5. mit der Laplace-Transformierten $\beta(s)$ von B

(30.1.) $\quad \gamma(s) = \beta(s+\lambda-\lambda\ \gamma(s)).$

Aus 30.1. läßt sich leicht der Erwartungswert von C gemäß 3.45.3. berechnen; man erhält

(30.2.) $\quad E[C] = \dfrac{E[B]}{1-E[A]}\ .$

5 Konvergenzaussagen

In diesem Kapitel besprechen wir zunächst die Konstruktion von Produkten unendlich vieler W-Räume. Im Anschluß daran behandeln wir die wichtigsten Konvergenzbegriffe für stochastische Variablen und ihre Verteilungen. Mit diesen Begriffen geben wir dann Gesetze großer Zahlen und Grenzwertsätze an.

5.1 Unendliche Produkte von W-Räumen

In den vorangehenden Kapiteln haben wir wiederholt nichtendliche Mengen von stochastischen Variablen betrachtet, ohne einen W-Raum angeben zu können, durch den deren gemeinsame Verteilung definiert ist. Wir wollen jetzt die entsprechende Konstruktion skizzieren.

Wir knüpfen dabei an die Ausführungen in Kapitel 1.4. an. Dort haben wir die Konstruktion von Produkten endlich vieler W-Räume behandelt; diese Produkträume gaben die Möglichkeit, die gemeinsame Verteilung endlich vieler stochastischer Variablen zu definieren. Im folgenden besprechen wir die Verallgemeinerung dieser Konstruktion auf den Fall unendlich vieler Faktoren.

Dazu seien I eine nichtleere Indexmenge und $((\Omega_i, \mathfrak{A}_i, P_i): i \in I)$ eine Familie von W-Räumen.

Wir benutzen folgende Bezeichnungen: für eine nichtleere Teilmenge J von I sei

(1.1.) $\Omega_J \triangleq \underset{j \in J}{\times} \Omega_j;$

für nichtleeres J mit $J \subset K \subset I$ sei

(1.2.) $\pi_J^K : \Omega_K \to \Omega_J$ die Projektion von Ω_K auf Ω_J; ist $J = \{j\}$, so schreiben wir π_j^K statt $\pi_{\{j\}}^K$; sei weiter

(1.3.) $\mathfrak{E}(I) \triangleq \{J \subset I : J \neq \emptyset \text{ und } |J| < \infty\}$.

Für $J \in \mathfrak{E}(I)$ ist die von den Projektionen π_j^J und $\mathfrak{A}_j$ mit $j \in J$ erzeugte σ-Algebra über Ω_J durch Definition 1.57.1. erklärt; sie sei bezeichnet mit

(1.4.) $\mathfrak{A}_J \triangleq \bigotimes_{j \in J} \mathfrak{A}_j$.

Ebenso ist für $J \in \mathfrak{E}(I)$ das Produkt-W-Maß der P_j mit $j \in J$ durch Definition 1.57.2. erklärt;

es sei bezeichnet mit

(1.5.) $P_J \triangleq \bigotimes_{j\in J} P_j$.

P_J ist eindeutig bestimmt durch die Forderung

(1.6.) $P_J(\underset{j\in J}{\times} A_j) = \prod_{j\in J} P_j(A_j)$ für $A_j \in \mathfrak{A}_j$.

Für alle $J,K \in \mathfrak{E}(I)$ mit $J \subset K$ ist π_J^K $(\mathfrak{A}_K, \mathfrak{A}_J)$-meßbar und es gilt

(1.7.) $\pi_J^K(p_K) = P_J$.

Sind nämlich die $A_j \in \mathfrak{A}_j$ für $j \in J$, so ist $(\pi_J^K)^{-1}(\underset{j\in J}{\times} A_j) = \underset{k\in K}{\times} B_K$

mit $B_k = A_k$ für $k \in J$ und $B_k = \Omega_k$ für $k \in K - J$. Nun gilt nach

Definition 1.57.2. $P_K((\pi_J^K)^{-1}(\underset{j\in J}{\times} A_j)) = P_K(\underset{k\in K}{\times} B_k) = \prod_{k\in K} P_k(B_k)$

$= \prod_{k\in J} P_k(A_k) = P_J(\underset{j\in J}{\times} A_j)$, also gilt 1.7.

Für unendliches I stellt sich nun die Aufgabe der Konstruktion eines Produkt-W-Raumes von $((\Omega_i, \mathfrak{A}_i, P_i): i\in I)$ wie folgt: Gesucht sind eine σ-Algebra $\mathfrak{A}$ über Ω_I, mit der alle π_J^I für $J \in \mathfrak{E}(I)$ $(\mathfrak{A}, \mathfrak{A}_J)$-meßbar sind, und ein W-Maß P auf $\mathfrak{A}$, für das $\pi_J^I(P) = P_J$ für alle $J \in \mathfrak{E}(I)$ gilt.

Wir skizzieren im folgenden die Konstruktion von $\mathfrak{A}$ und P.

Für $J \in \mathfrak{E}(I)$ sei

(2.1.) $\mathfrak{Z}_J \triangleq (\pi_J^I)^{-1}(\mathfrak{A}_J)$,

also die von π_J^I und $\mathfrak{A}_J$ erzeugte σ-Algebra über Ω_I; $\mathfrak{Z}_J$ nennt man die σ-Algebra der J-Zylinder.

Für diese σ-Algebren gilt: Sind $J,K \in \mathfrak{E}(I)$, so ist

(2.2.) $\mathfrak{Z}_J \subset \mathfrak{Z}_K$ für $J \subset K$.

π_J^K ist nämlich $(\mathfrak{A}_K, \mathfrak{A}_J)$-meßbar, also gilt $(\pi_J^K)^{-1}(\mathfrak{A}_J) \subset \mathfrak{A}_K$.

Aus $\pi_J^I = \pi_J^K \circ \pi_K^I$ folgt $(\pi_J^I)^{-1}(\mathfrak{A}_J) = (\pi_K^I)^{-1}((\pi_J^K)^{-1}(\mathfrak{A}_J))$, also

$(\pi_J^I)^{-1}(\mathfrak{A}_J) \subset (\pi_K^I)^{-1}(\mathfrak{A}_K)$.

Sei nun

(2.3.) $\mathfrak{Z} \triangleq \bigcup_{J\in\mathfrak{E}(I)} \mathfrak{Z}_J$;

man nennt $\mathfrak{Z}$ die Menge der Zylinder; $\mathfrak{Z}$ ist eine Algebra über Ω_I, i.a. jedoch keine σ-Algebra.

Für $Z \in \mathfrak{Z}$ gelte $Z = (\pi_J^I)^{-1}(A) = (\pi_K^I)^{-1}(B)$ mit $J,K \in \mathfrak{E}(I)$, $A \in \mathfrak{A}_J$ und $B \in \mathfrak{A}_K$; dann gilt

(2.4.) $\quad P_J(A) = P_K(B)$.

Das sieht man wie folgt:
Sei zunächst $J \subset K$. Dann gilt wegen $\pi_J^I = \pi_J^K \circ \pi_K^I$
$(\pi_J^I)^{-1}(A) = (\pi_K^I)^{-1}((\pi_J^K)^{-1}(A)) = Z$, also $(\pi_J^K)^{-1}(A) = B$. Nun ist aber gemäß 1.7. $P_J = \pi_J^K(P_K)$ und daraus folgt $P_J(A) = P_K(B)$.
Seien nun J und K beliebige Elemente von $\mathfrak{E}(I)$. Dann sei $L \triangleq J \cup K$. Nach 2.2. sind nun $\mathfrak{Z}_J \subset \mathfrak{Z}_L$ und $\mathfrak{Z}_K \subset \mathfrak{Z}_L$ und deshalb gibt es ein $C \in \mathfrak{A}_L$ mit $(\pi_J^I)^{-1}(A) = (\pi_L^I)^{-1}(C) = (\pi_K^I)^{-1}(B)$. Wegen $J \subset L$ folgt $P_J(A) = P_L(C)$; wegen $K \subset L$ folgt $P_K(B) = P_L(C)$ nach dem oben Bewiesenen; damit gilt 2.4.

Die Abbildung $P_0 : \mathfrak{Z} \to \mathbb{R}$ sei nun definiert durch

(2.5.) $\quad P_0(Z) \triangleq P_J(A)$ für $Z = (\pi_J^I)^{-1}(A)$ mit $J \in \mathfrak{E}(I)$ und $A \in \mathfrak{A}_J$.

Wegen 2.4. ist P_0 durch 2.5. wohldefiniert.

Man kann nun leicht nachweisen, daß P_0 ein Inhalt auf $\mathfrak{Z}$ ist, für den $P_0(\Omega) = P_J(\Omega_J)$ für jedes $J \in \mathfrak{E}(I)$, also $P_0(\Omega) = 1$ gilt. Man kann zudem zeigen, daß P_0 σ-additiv ist.
Mit diesen Voraussetzungen folgt nun nach Satz 1.45., daß P_0 eindeutig zu einem W-Maß auf die von $\mathfrak{Z}$ erzeugte σ-Algebra fortgesetzt werden kann. Ω_I zusammen mit dieser σ-Algebra und der Fortsetzung von P_0 auf diese sind der zu konstruierende Produktraum. Wir fassen die Ergebnisse der skizzierten Konstruktion zusammen in der folgenden

3. <u>Definition:</u> Seien I eine nichtleere Indexmenge und $((\Omega_i, \mathfrak{A}_i, P_i): i \in I)$ eine Familie von W-Räumen.

3.1. Die von den Projektionen π_J^I und $\mathfrak{A}_J$ mit $J \in \mathfrak{E}(I)$ erzeugte σ-Algebra $\bigotimes_{i \in I} \mathfrak{A}_i$ über $\times_{i \in I} \Omega_i$ heißt das <u>Produkt der σ-Algebren $(\mathfrak{A}_i : i \in I)$</u>

3.2. Die eindeutige Fortsetzung der Abbildung P_0 gemäß 2.5. zu dem W-Maß $\bigotimes_{i \in I} P_i$ auf $\bigotimes_{i \in I} \mathfrak{A}_i$ heißt <u>Produkt der W-Maße $(P_i : i \in I)$.</u>

3.3. Der W-Raum $\left(\times_{i\in I} \Omega_i, \ \bigotimes_{i\in I} \mathfrak{A}_i, \ \bigotimes_{i\in I} P_i \right)$ heißt

<u>Produkt der W-Räume $((\Omega_i, \mathfrak{A}_i, P_i) : i\in I)$.</u> ⌟

Mit Definition 3. steht ein geeignetes W-Modell für die Beschreibung von Folgen von Experimenten oder auch von überabzählbaren Familien von Experimenten zur Verfügung. Wir besprechen nun die Übertragung des Begriffs der gemeinsamen Verteilung von stochastischen Variablen auf unendliche Familien.

Seien $(\Omega, \mathfrak{A}, P)$ ein W-Raum und I eine nichtleere Indexmenge. $((\Omega_i, \mathfrak{A}_i) : i\in I)$ sei eine Familie von Meßräumen. Für $i \in I$ sei $X_i : \Omega \to \Omega_i$ $(\mathfrak{A}, \mathfrak{A}_i)$-meßbar.
Sei die Abbildung $Y : \Omega \to \times_{i\in I} \Omega_i$ definiert durch

(4.1.) $$Y(\omega) = \times_{i\in I} X_i(\omega) \qquad \text{für alle } \omega \in \Omega.$$

Dann gilt für alle $i \in I$ $X_i = \pi_i^I \circ Y$ und damit ist Y $(\mathfrak{A}, \bigotimes_{i\in I} \mathfrak{A}_i)$-meßbar; die Verteilung von Y ist also wohldefiniert. Bezeichnen wir die Produktabbildung 4.1. analog zum endlichen Fall mit $\bigotimes_{i\in I} X_i$, so heißt

(4.2.) $P_{\bigotimes_{i\in I} X_i} \triangleq Y(P)$ die <u>gemeinsame Verteilung der Familie $(X_i : i\in I)$.</u>

Wir können jetzt Satz 1.62. wie folgt verallgemeinern zu

5. <u>Satz:</u> $(\Omega, \mathfrak{A}, P)$ sei ein W-Raum und I sei eine nichtleere Indexmenge. Für $i \in I$ seien $(\Omega_i, \mathfrak{A}_i)$ ein Meßraum und $X_i : \Omega \to \Omega_i$ $(\mathfrak{A}, \mathfrak{A}_i)$-meßbar. $(X_i : i\in I)$ ist genau dann unabhängig, wenn die gemeinsame Verteilung $P_{\bigotimes_{i\in I} X_i}$ der X_i das Produkt der Verteilungen P_{X_i} ist, also

$$P_{\bigotimes_{i\in I} X_i} = \bigotimes_{i\in I} P_{X_i} .$$

<u>Beweis:</u> Für nichtleeres $J \subset I$ sei $Y_J : \Omega \to \times_{j\in J} \Omega_j$ definiert durch $Y_J(\omega) \triangleq \times_{j\in J} X_j(\omega)$ für alle $\omega \in \Omega$.
Die Verteilung von Y_J bezeichnen wir mit P_J; P_I ist dann die gemeinsame Verteilung von $(X_i : i\in I)$.

Für jedes nichtleere, endliche $J \subset I$ gilt dann $Y_J = \pi_J^I \circ Y_I$ und daraus folgt $P_J = \pi_J^I(P_I)$, wenn π_J^I wie in 1.2. als Projektionsabbildung definiert ist.
Nach Definition 1.60.2. ist $(X_i : i \in I)$ unabhängig, wenn $(X_j : j \in J)$ für alle nichtleeren, endlichen $J \subset I$ unabhängig sind.
Für ein solches J ist die Unabhängigkeit von $(X_j : j \in J)$ nach Satz 1.62. äquivalent mit der Gültigkeit von

$$P_{\underset{j\in J}{\otimes} X_j} = \underset{j\in J}{\otimes} P_{X_j} .$$

Definitionsgemäß gilt $P_J = P_{\underset{j\in J}{\otimes} X_j}$ und damit ist die Unabhängigkeit von $(X_i : i \in I)$ äquivalent mit der Gültigkeit von

$$\underset{j\in J}{\otimes} P_{X_j} = P_{\underset{j\in J}{\otimes} X_j} = \pi_J^I(P_I) = \pi_J^I(P_{\underset{i\in I}{\otimes} X_i})$$

für alle nichtleeren, endlichen $J \subset I$. Diese Bedingung ist aber nach Definition 3.2. des Produktmaßes äquivalent mit

$$\underset{i\in I}{\otimes} P_{X_i} = P_{\underset{i\in I}{\otimes} X_i} .$$

┘

Schließlich lehrt der folgende Satz, wie man mittels des Produktraumes unabhängige Familien von stochastischen Variablen mit vorgegebenen Verteilungen konstruiert.

6. <u>Satz:</u> Seien I eine nichtleere Indexmenge und $((\Omega_i, \mathfrak{A}_i, P_i) : i \in I)$ eine Familie von W-Räumen. Dann gibt es einen W-Raum $(\Omega, \mathfrak{A}, P)$ und eine unabhängige Familie $(X_i : i \in I)$ von stochastischen Variablen, so daß $X_i : \Omega \to \Omega_i$ $(\mathfrak{A}, \mathfrak{A}_i)$-meßbar und $P_i = X_i(P)$ sind für jedes $i \in I$.

   <u>Beweis:</u> Sei $(\Omega, \mathfrak{A}, P)$ das Produkt der W-Räume $((\Omega_i, \mathfrak{A}_i, P_i) : i \in I)$.
   Für jedes $i \in I$ sei X_i die Projektion $\pi_i^I : \underset{j\in I}{\times} \Omega_j \to \Omega_i$.
   Nach Definition des Produktmaßes ist dann P_i die Verteilung von X_i für jedes $i \in I$.
   Die Unabhängigkeit von $(X_i : i \in I)$ folgt unmittelbar aus Satz 5.

┘

5.2 Konvergenzbegriffe für stochastische Variablen

In diesem Abschnitt stellen wir zunächst einige Hilfsmittel für die weiteren Ausführungen dieses Kapitels bereit. Dann diskutieren wir verschiedene Konvergenzbegriffe für stochastische Variablen.

Wir zeigen zunächst zwei Konvergenzaussagen für Zahlenfolgen.

7. Hilfssatz: $(a_n : n\in\mathbb{N})$ sei eine Folge positiver Zahlen aus $\mathbb{R}_+$ mit $a_n \uparrow +\infty$.

7.1. Ist $(b_n : n\in\mathbb{N})$ eine Folge reeller Zahlen mit $\lim\limits_{n\to\infty} b_n = b \in \mathbb{R}$, so gilt

$$\lim_{n\to\infty} \frac{1}{a_n} \sum_{i=1}^{n-1} (a_{i+1}-a_i)b_i = b.$$

7.2. Ist $(c_n : n\in\mathbb{N})$ eine Folge reeller Zahlen mit der $\sum\limits_{i=1}^{\infty} \frac{c_i}{a_i}$ in $\mathbb{R}$ konvergiert, so gilt

$$\lim_{n\to\infty} \frac{1}{a_n} \sum_{i=1}^{n} c_i = 0.$$

Beweis:

1. Zum Beweis von 7.1. sei

$$S_n \triangleq \frac{1}{a_n} \sum_{i=1}^{n-1} (a_{i+1}-a_i)b_i - b \qquad \text{für } n \in \mathbb{N}.$$

Dann gilt

$$S_n = \frac{1}{a_n} \sum_{i=1}^{n-1} (a_{i+1}-a_i)(b_i-b) - \frac{a_1}{a_n} b.$$

Sei $\varepsilon \in \mathbb{R}$ mit $\varepsilon > 0$.
Wegen der Konvergenz von (b_n) gibt es $n_0(\varepsilon) \in \mathbb{N}$, so daß $|b_n-b| \le \frac{\varepsilon}{2}$ für $n \ge n_0(\varepsilon)$ gilt.

Nun gilt für $n \ge n_0$

$$S_n = \sum_{i=1}^{n_0-1} \frac{a_{i+1}-a_i}{a_n}(b_i-b) + \sum_{i=n_0}^{n-1} \frac{a_{i+1}-a_i}{a_n}(b_i-b) - \frac{a_1}{a_n} b$$

und daraus folgt

$$|S_n| \le \sum_{i=1}^{n_0-1} \frac{a_{i+1}-a_i}{a_n}|b_i-b| + \frac{\varepsilon}{2}\,\frac{a_n-a_{n_0}}{a_n} + \frac{a_1}{a_n}|b|$$
$$\le \frac{\varepsilon}{2} + \sum_{i=1}^{n_0-1} \frac{a_{i+1}-a_i}{a_n}|b_i-b| + \frac{a_1}{a_n}|b| .$$

Wegen $a_n \uparrow \infty$ kann nun n_0 so gewählt werden, daß für $n \ge n_0$ $|S_n| \le \varepsilon$ gilt. Dies gilt für beliebige ε und damit ist 7.1. gezeigt.

2. Zum Beweis von 7.2. seien $b_0 \triangleq 0$ und $b_n \triangleq \sum_{i=1}^{n} \frac{c_i}{a_i}$ für $n \in \mathbb{N}$.

   Nach Voraussetzung konvergiert (b_n) und es gelte $\lim_{n\to\infty} b_n = b \in \mathbb{R}$.

   Nun gilt für $n \in \mathbb{N}$ $b_n - b_{n-1} = \frac{c_n}{a_n}$, also $c_n = a_n(b_n - b_{n-1})$.

   Weiter gilt für $n \in \mathbb{N}$

   $$\sum_{i=1}^{n} c_i = a_n b_n + \sum_{i=1}^{n-1} b_i(a_i - a_{i+1}) \text{ und}$$

   daraus folgt

   $$\frac{1}{a_n} \sum_{i=1}^{n} c_i = b_n - \frac{1}{a_n} \sum_{i=1}^{n-1} (a_{i+1} - a_i) b_i .$$

   (b_n) erfüllt die Voraussetzungen von 7.1. und daraus folgt

   $$\lim_{n\to\infty} \frac{1}{a_n} \sum_{i=1}^{n} c_i = 0.$$ ┘

Zu 7.1. ist anzumerken, daß man mit $a_n \triangleq n$ für $n \in \mathbb{N}$

$$\lim_{n\to\infty} \frac{1}{n} \sum_{i=1}^{n-1} b_i = b \quad \text{oder}$$

(7.3.) $$\lim_{n\to\infty} \frac{1}{n} \sum_{i=1}^{n} b_i = b \text{ aus } \lim_{n\to\infty} b_n = b \quad \text{erhält.}$$

Als nächstes geben wir eine Verallgemeinerung von Satz 3.13., nämlich die Kolmogoroffsche Ungleichung an.

8. Satz: Über dem W-Raum $(\Omega, \mathfrak{A}, P)$ seien die reellwertigen stochastischen Variablen $X_1, \ldots, X_n$ definiert; sie seien unabhängig und ihre Erwartungswerte seien endlich. Für $m \in \{1, \ldots, n\}$ sei $S_m \triangleq \sum_{i=1}^{m} X_i$. Dann gilt für jedes $\varepsilon \in \mathbb{R}$ mit $\varepsilon > 0$

   $$P\{\max_{1\le m\le n} |S_m - E[S_m]| \ge \varepsilon\} \le \frac{VAR[S_n]}{\varepsilon^2} .$$

   Beweis: Wir können annehmen, daß $E[X_m] = 0$ für alle $m \in \{1, .., n\}$ gilt.

   Sei $\varepsilon > 0$.

   Für $m \in \{1, \ldots, n\}$ sei

   $$A_m \triangleq \{\omega \in \Omega : |S_1| < \varepsilon, \ldots, |S_{m-1}| < \varepsilon, |S_m| \ge \varepsilon\}.$$

   Dann gilt $A_i \cap A_j = \emptyset$ für $i, j \in \{1, \ldots, n\}$ mit $i \neq j$;

   zudem ist $A \triangleq \{\omega \in \Omega : \max_{1\le m\le n} |S_m| \ge \varepsilon\} = \bigcup_{m=1}^{n} A_m$.

   Aus $S_n = S_k + S_n - S_k$ für $k \in \{1, \ldots, n\}$ folgt

   $$S_n^2 = S_k^2 + 2(S_n - S_k)S_k + (S_n - S_k)^2 .$$

Damit ergeben sich nun

$$VAR[S_n] = E[S_n^2] = \int_\Omega S_n^2 \, dP$$

$$\geq \int_A S_n^2 \, dP = \sum_{k=1}^{n} \int_{A_k} S_n^2 \, dP$$

$$= \sum_{k=1}^{n} \int_{A_k} (S_k^2 + 2(S_n-S_k)S_k + (S_n-S_k)^2) dP.$$

Für den 2. Term des Integrals folgt

$$\int_{A_k} (S_n-S_k)S_k \, dP = E[(S_n-S_k)1_{A_k}S_k]$$

$= E[S_n-S_k]E[1_{A_k}S_k]$ nach Satz 3.15. wegen der Unabhängigkeit von (S_n-S_k) und $1_{A_k}S_k$

$= 0$ wegen $E[S_n-S_k] = 0$.

Damit folgen nun

$$VAR[S_n] \geq \sum_{k=1}^{n} \int_{A_k} S_k^2 \, dP + \sum_{k=1}^{n} \int_{A_k} (S_n-S_k)^2 dP$$

$$\geq \sum_{k=1}^{n} \int_{A_k} S_k^2 \, dP$$

$\geq \sum_{k=1}^{n} \varepsilon^2 P(A_k)$ nach Definition von A_k

$= \varepsilon^2 P(A)$, also

$$P\{\max_{1 \leq m \leq n} |S_m| \geq \varepsilon\} \leq \frac{VAR[S_n]}{\varepsilon^2}.$$

┘

Für $n = 1$ ergibt sich $P\{|X| \geq \varepsilon\} \leq \frac{VAR[X]}{\varepsilon^2}$, also die Aussage der Tschebyscheff-Markoffschen Ungleichung von Satz 3.13. mit p=2.

Nach diesen Vorbereitungen kommen wir jetzt zu den angekündigten Konvergenzbegriffen. Für das Folgende gehen wir davon aus, daß $(\Omega, \mathfrak{A}, P)$ ein vorgegebener W-Raum ist; alle stochastischen Variablen, die wir betrachten, sollen über diesem Raum definiert und reellwertig sein.

X und $(X_n : n \in \mathbb{N})$ seien stochastische Variablen.

Der schärfste Konvergenzbegriff, den wir bisher benutzt haben, ist der der punktweisen Konvergenz:

(9.1.) (X_n) <u>konvergiert punktweise</u> gegen X, in Zeichen, $X_n \xrightarrow[n\to\infty]{} X$, $\Leftrightarrow$ für alle $\omega \in \Omega$ gilt $\lim_{n\to\infty} X_n(\omega) = X(\omega)$.

Für viele Fragestellungen ist, wie wir gesehen haben, diese Konvergenz zu eng; dort erwies sich die Konvergenz außerhalb einer P-Nullmenge als angemessen. Die Konvergenz P-fast-überall wollen wir im weiteren als Konvergenz mit Wahrscheinlichkeit 1 bezeichnen:

(9.2.) (X_n) <u>konvergiert mit Wahrscheinlichkeit 1</u> gegen X, in Zeichen, $X_n \xrightarrow[n\to\infty]{} X(P)$, $\overset{\Delta}{\Leftrightarrow}$ es gibt ein $N \in \mathfrak{A}$ mit $P(N) = 0$ und

$\lim\limits_{n\to\infty} X_n(\omega) = X(\omega)$ für alle $\omega \in \overline{N}$.

Wir verweisen hierzu auch auf Definition 2.15.

In dem folgenden Satz ist ein notwendiges und hinreichendes Kriterium für die Konvergenz mit Wahrscheinlichkeit 1 angegeben.

10. <u>Satz:</u> Es gilt $X_n \xrightarrow[n\to\infty]{} X(P)$ genau dann, wenn für jedes $\varepsilon \in \mathbb{R}$ mit $\varepsilon > 0$

$$\lim_{n\to\infty} P\Big(\bigcup_{k=n}^{\infty} \{\omega\in\Omega : |X_k(\omega)-X(\omega)| \geq \varepsilon\}\Big) = 0 .$$

<u>Beweis:</u> Sei $\varepsilon > 0$.

Für $n \in \mathbb{N}$ sei $A_n(\varepsilon) \overset{\Delta}{=} \{\omega\in\Omega : |X_n(\omega)-X(\omega)| \geq \varepsilon\}$;

sei weiter $A(\varepsilon) \overset{\Delta}{=} \limsup\limits_{n\to\infty} A_n(\varepsilon)$.

Für $A(\varepsilon)$ gilt nach Definition $A(\varepsilon) = \bigcap\limits_{n\in\mathbb{N}} \bigcup\limits_{m\geq n} A_m(\varepsilon)$;

die Folge $(\bigcup\limits_{m\geq n} A_m(\varepsilon) : n\in\mathbb{N})$ ist monoton fallend: $\bigcup\limits_{m\geq n} A_m(\varepsilon) \downarrow A(\varepsilon)$;

daraus folgt nach Satz 1.16.2. $\lim\limits_{n\to\infty} P(\bigcup\limits_{m\geq n} A_m(\varepsilon)) = P(A(\varepsilon))$.

Nun gilt $\{\omega\in\Omega : X_n(\omega) \not\to X(\omega)\} = \bigcup\limits_{\varepsilon>0} A(\varepsilon)$.

Für $\varepsilon < \varepsilon'$ gilt $A(\varepsilon') \subset A(\varepsilon)$; daher gilt

$\{\omega\in\Omega : X_n(\omega) \not\to X(\omega)\} = \bigcup\limits_{k\in\mathbb{N}} A(\frac{1}{k})$.

Für jedes $k \in \mathbb{N}$ ist $A(\frac{1}{k}) \in \mathfrak{A}$ und damit ist $\bigcup\limits_{k\in\mathbb{N}} A(\frac{1}{k}) \in \mathfrak{A}$.

(X_n) konvergiert mit Wahrscheinlichkeit 1 gegen X genau dann, wenn $P(A(\varepsilon)) = 0$ für alle $\varepsilon > 0$; das ist aber wegen

$\lim\limits_{n\to\infty} P(\bigcup\limits_{m\geq n} A_m(\varepsilon)) = P(A(\varepsilon))$ genau dann der Fall, wenn für alle

$\varepsilon > 0$ $\lim\limits_{n\to\infty} P(\bigcup\limits_{m\geq n} A_m(\varepsilon)) = 0$ gilt.

┘

Wenn man statt des in Satz 10. angegebenen Kriteriums lediglich fordert, daß $\lim_{n\to\infty} P\{|X_n-X|\geq\varepsilon\}= 0$ gilt für alle $\varepsilon > 0$, so kommt man zu einem weiteren Konvergenzbegriff, den wir jetzt einführen.

11. Definition: (X_n) konvergiert P-stochastisch gegen X, in Zeichen $X_n \xrightarrow[n\to\infty]{P} X$, $:\Leftrightarrow$ für jedes $\varepsilon \in \mathbb{R}$ mit $\varepsilon > 0$ gilt

$$\lim_{n\to\infty} P(\{\omega\in\Omega : |X_n(\omega)-X(\omega)|\geq \varepsilon\}) = 0.$$

┘

Wir zeigen zu diesem Konvergenzbegriff zunächst, daß der Grenzwert einer P-stochastisch konvergenten Folge P-fast-sicher eindeutig ist.

12. Satz: Aus $X_n \xrightarrow[n\to\infty]{P} X$ und $X_n \xrightarrow[n\to\infty]{P} Y$ folgt $X = Y$ P-fast-überall.

Beweis: Sei $\varepsilon \in \mathbb{R}$ mit $\varepsilon > 0$.
Dann gilt

$$\{|X-Y|\geq \varepsilon\} \subset \{|X_n-X|\geq \tfrac{\varepsilon}{2}\} \cup \{|X_n-Y|\geq \tfrac{\varepsilon}{2}\}$$

und daraus folgt

$$P\{|X-Y|\geq \varepsilon\} \leq P\{|X_n-X|\geq \tfrac{\varepsilon}{2}\} + P\{|X_n-Y|\geq \tfrac{\varepsilon}{2}\}$$

Für $n\to\infty$ folgt daraus $P\{|X-Y|\geq \varepsilon\} = 0$
Damit gilt aber $X = Y$ P-fast-überall. ┘

Der folgende Satz zeigt, daß P-stochastische Konvergenz schwächer ist als Konvergenz mit Wahrscheinlichkeit 1.

13. Satz: Aus $X_n \xrightarrow[n\to\infty]{} X(P)$ folgt $X_n \xrightarrow[n\to\infty]{P} X$

Beweis: Nach Satz 10. ist $X_n \to X(P)$ äquivalent mit
$\lim_{n\to\infty} P(\bigcup_{k\geq n} \{|X_k-X|\geq \varepsilon\}) = 0$ für jedes $\varepsilon \in \mathbb{R}$ mit $\varepsilon > 0$.
Sei $\varepsilon > 0$.
Dann gilt für alle $n \in \mathbb{N}$

$$\{|X_n-X|\geq \varepsilon\} \subset \bigcup_{k\geq n} \{|X_k-X|\geq \varepsilon\}$$ und daraus folgt

$$P\{|X_n-X|\geq \varepsilon\} \leq P(\bigcup_{k\geq n} \{|X_k-X|\geq \varepsilon\}).$$

Für $n\to\infty$ ergibt sich nach Voraussetzung 0 für die Folge rechts, so daß $X_n \xrightarrow{P} X$ folgt. ┘

Das folgende Beispiel zeigt, daß P-stochastische Konvergenz echt schwächer ist als Konvergenz mit Wahrscheinlichkeit 1.

14. Beispiel: Seien $\Omega \triangleq [0,1) \subset \mathbb{R}, \mathfrak{A} \triangleq \Omega \cap \mathfrak{B}$ und P das Lebesguesche Maß auf $\mathfrak{B}$ eingeschränkt auf $\mathfrak{A}$.
Für jedes $n \in \mathbb{N}$ gibt es ein eindeutig bestimmtes Paar $(r,s) \in \mathbb{N}_0^2$ mit $n = 2^r + s$ und $0 \leq s < 2^r$.
Sei nun für $n \in \mathbb{N}$ (r,s) wie angegeben definiert; dann sei A_n das Intervall

$$A_n \triangleq [s2^{-r}, (s+1)2^{-r}).$$

Dann gilt $P(A_n) = 2^{-r} < \frac{2}{n}$.

Für jedes $n_0 \in \mathbb{N}$ mit $n_0 = 2^{r_0}$ ist $\{A_n : n \in \{n_0, \ldots, n + 2^{r_0} - 1\}\}$ eine Zerlegung von Ω.

Sei nun $X_n \triangleq 1_{A_n}$ für $n \in \mathbb{N}$.

Dann gilt für jedes $\varepsilon \in \mathbb{R}$ mit $\varepsilon > 0$ $P\{X_n \geq \varepsilon\} < \frac{2}{n}$ und daraus folgt, daß (X_n) P-stochastisch gegen 0 konvergiert.

Wählt man nun ein $\omega \in \Omega$ und ein $r \in \mathbb{N}_0$, so gibt es genau ein $s \in \{0, \ldots, 2^r - 1\}$ mit $\omega \in A_{2^r+s}$; dann ist aber $\omega \notin A_{2^r+s+1}$ für $s < 2^r - 1$ bzw. $\omega \notin A_{2^{r+1}}$ für $s = 2^r - 1$.

Folglich konvergiert (X_n) für kein $\omega \in \Omega$. ┘

Wir führen nun noch den Begriff der Konvergenz im α-ten Mittel ein. Dazu sei $L_\alpha(P)$ die Menge der über $(\Omega, \mathfrak{A}, P)$ definierten, reellwertigen, α-fach P-integrierbaren stochastischen Variablen, also

(15.) $$L_\alpha(P) \triangleq \{X : E[|X|^\alpha] < +\infty\} \text{ für } \alpha \in \mathbb{R} \text{ mit } 1 \leq \alpha.$$

16. Definition: Seien X und die Elemente von (X_n) aus $L_\alpha(P)$.
(X_n) konvergiert im α-ten Mittel gegen X, in Zeichen $X_n \xrightarrow[n\to\infty]{\alpha} X$,
$:\Leftrightarrow \lim_{n\to\infty} (E[|X_n - X|^\alpha])^{\frac{1}{\alpha}} = 0$. ┘

Die am häufigsten benutzten Fälle der Konvergenz im α-ten Mittel sind die für $\alpha = 1$, Konvergenz im Mittel, und für $\alpha = 2$, Konvergenz im quadratischen Mittel.
Aus Satz 2.16. folgt für $\alpha = 1$, daß auch der Grenzwert einer im Mittel konvergenten Folge P-fast-sicher eindeutig ist; dies gilt generell für die Konvergenz im α-ten Mittel.

Der folgende Satz zeigt, daß P-stochastische Konvergenz schwächer ist als Konvergenz im α-ten Mittel.

17. Satz: X und die Elemente der Folge (X_n) seien aus $L_\alpha(P)$.

Aus $X_n \xrightarrow[n\to\infty]{\alpha} X$ folgt $X_n \xrightarrow[n\to\infty]{P} X$.

Beweis: Nach Satz 3.13. gilt für jedes $\varepsilon \in \mathbb{R}$ mit $\varepsilon > 0$

$$P\{|X_n - X| \geq \varepsilon\} \leq \frac{1}{\varepsilon^\alpha} E[|X_n - X|^\alpha].$$

Nach Voraussetzung gilt $\lim\limits_{n\to\infty} E[|X_n - X|^\alpha] = 0$ und daraus folgt $X_n \xrightarrow[n\to\infty]{P} X$. ⌟

Auch hier kann man wieder Beispiele angeben, die zeigen, daß die Aussage von Satz 17. nicht umkehrbar ist.

Wir schließen die Ausführungen dieses Abschnitts ab mit einer Bemerkung über Cauchy-Folgen.
$(a_n : n \in \mathbb{N})$ sei eine Folge reeller Zahlen. Dann heißt (a_n) eine Cauchy-Folge genau dann, wenn es zu jedem $\varepsilon \in \mathbb{R}$ mit $\varepsilon > 0$ ein $n_0(\varepsilon) \in \mathbb{N}$ so gibt, daß für alle $n,m \geq n_0(\varepsilon)$ $|a_m - a_n| \leq \varepsilon$ gilt.
(a_n) konvergiert in $\mathbb{R}$ genau dann, wenn (a_n) Cauchy-Folge ist.
Für jeden der hier besprochenen Konvergenzbegriffe kann man nun Cauchy-Folgen definieren und es gilt

(18.) Die Folge (X_n) konvergiert genau dann gemäß K, wenn (X_n) K-Cauchy-Folge ist.

Dabei ist K einer der in 9.1., 9.2., 11. bzw. 16. eingeführten Konvergenzbegriffe.

Die Beweise für 18. wollen wir nicht angeben; es sei nur noch angemerkt, daß im Falle der Konvergenz im α-ten Mittel der Grenzwert aus $L_\alpha(P)$ ist.

5.3 Null-Eins-Gesetze und Gesetze der großen Zahlen

In diesem ganzen Abschnitt sei wieder $(\Omega, \mathfrak{A}, P)$ ein vorgegebener W-Raum, auf den wir uns immer beziehen.

Die erste Fragestellung, die wir behandeln, betrifft Folgen von Ereignissen (A_n) und Bedingungen, unter denen unendlich viele dieser mit Wahrscheinlichkeit 0 oder mit Wahrscheinlichkeit 1 auftreten.

19. Satz: $(A_n : n \in \mathbb{N})$ sei eine Folge mit Elementen aus $\mathfrak{A}$.

19.1. Aus $\sum_{n\in\mathbb{N}} P(A_n) < +\infty$ folgt $P(\limsup_{n\to\infty} A_n) = 0$.

19.2. Ist (A_n) unabhängig, so folgt

$$P(\limsup_{n\to\infty} A_n) = 1 \quad \text{aus} \quad \sum_{n\in\mathbb{N}} P(A_n) = +\infty .$$

Beweis:

1. Die Aussage von 19.1. ergibt sich wie folgt:

$$P(\limsup_{n\to\infty} A_n) = P(\bigcap_{n\in\mathbb{N}} \bigcup_{m\geq n} A_m)$$

$$\leq P(\bigcup_{m\geq n} A_m) \leq \sum_{m\geq n} P(A_m) \quad \text{für alle } n \in \mathbb{N}.$$

Wegen $\sum_{n\in\mathbb{N}} P(A_n) < +\infty$ folgt $\sum_{m\geq n} P(A_m) \xrightarrow[n\to\infty]{} 0$

und damit gilt $P(\limsup_{n\to\infty} A_n) = 0$.

2. Zum Beweis von 19.2. gilt zunächst

$$P(\limsup_{n\to\infty} A_n) = P(\bigcap_{n\in\mathbb{N}} \bigcup_{m\geq n} A_m)$$

$$= \lim_{n\to\infty} P(\bigcup_{m\geq n} A_m) = \lim_{n\to\infty} \lim_{k\to\infty} P(\bigcup_{m=n}^{n+k} A_m)$$

$$= \lim_{n\to\infty} \lim_{k\to\infty} (1 - P(\overline{\bigcup_{m=n}^{n+k} A_m}))$$

$$= 1 - \lim_{n\to\infty} \lim_{k\to\infty} P(\bigcap_{m=n}^{n+k} \bar{A}_m)$$

$$= 1 - \lim_{n\to\infty} \lim_{k\to\infty} \prod_{m=n}^{n+k} (1 - P(A_m))$$

wegen der vorausgesetzten Unabhängigkeit von (A_n).

Nun ist für $\alpha \in \mathbb{R}_+$ $\quad 1 - \alpha \leq \exp(-\alpha)$ und daraus folgt

$$0 \leq \prod_{m=n}^{n+k} (1 - P(A_m)) \leq \exp\{-\sum_{m=n}^{n+k} P(A_m)\} .$$

Wegen $\sum_{n\in\mathbb{N}} P(A_n) = +\infty$ konvergiert der Ausdruck rechts für $k\to\infty$ gegen 0 und daraus folgt die Aussage von 19.2. ┘

Die Aussage von Satz 19. ist als Lemma von Borel-Cantelli bekannt.

Eine einfache Anwendung von 19.2. ist die folgende: Wir betrachten eine unendliche Folge von Münzwürfen; A_n sei das Ereignis, daß im n-ten Wurf "Zahl" erreicht wird; $(A_n : n\in\mathbb{N})$ sei unabhängig und für alle n sei $P(A_n) = \frac{1}{2}$. Dann wird nach 19.2. mit Wahrscheinlichkeit 1 unendlich oft "Zahl" erreicht.
Interessiert man sich für Zusammenfassungen von Ereignissen in einer Folge, etwa "zweimal hintereinander Zahl", so ist die folgende Verallgemeinerung von 19.2. nützlich:

(19.3.) Ist $(A_n : n\in\mathbb{N})$ eine Folge mit Elementen aus $\mathfrak{A}$ und enthält diese eine unabhängige Teilfolge $(A'_m : m\in\mathbb{N})$, für die $\sum_{m\in\mathbb{N}} P(A'_m) = +\infty$ gilt, so ist $P(\limsup_{n\to\infty} A_n) = 1$.

Dies folgt sofort aus $\limsup_{m\to\infty} A'_m \subset \limsup_{n\to\infty} A_n$.

Wir kommen jetzt zu den Gesetzen der großen Zahlen; wir beginnen mit einem einfachen

20. <u>Beispiel:</u>

$(X_n : n\in\mathbb{N})$ sei eine unabhängige Folge von stochastischen Variablen; ihre Elemente seien identisch Bernoulli-verteilt mit $P\{X_n=1\} = p$ für alle $n \in \mathbb{N}$.

Für $n \in \mathbb{N}$ sei $S_n \triangleq \sum_{i=1}^{n} X_i$.

S_n ist binomial verteilt mit den Parametern p und n; daraus ergeben sich

$$E[\tfrac{1}{n} S_n] = p \quad \text{und} \quad VAR[\tfrac{1}{n} S_n] = \frac{p(1-p)}{n}.$$

Die Tschebyscheff-Markoffsche Ungleichung 3.13.2. angewandt auf $\frac{1}{n} S_n$ liefert

$$P\{|\tfrac{1}{n} S_n - p| \geq \varepsilon\} \leq \frac{1}{n}\,\frac{p(1-p)}{\varepsilon^2}$$

für jedes $\varepsilon \in \mathbb{R}$ mit $\varepsilon > 0$. Daraus folgt $\lim_{n\to\infty} P\{|\frac{1}{n} S_n - p| \geq \varepsilon\} = 0$ und das ist nach Definition 11. äquivalent mit

$$\tfrac{1}{n} S_n \xrightarrow[n\to\infty]{P} p .$$

Interpretiert man nun $X_n = 1$ als "Erfolg bei der n-ten Ausführung" eines Bernoulli-Experiments, so haben wir die Aussage, daß die Wahrscheinlichkeit für eine vorgegebene Abweichung der relativen Häufigkeit von "Erfolg" - das ist $\frac{1}{n} S_n$ - vom Parameter der X_n-Verteilung - also von $p = E[X_n]$ - für genügend großes n beliebig klein wird. ┘

Mit Fragestellungen, die der in Beispiel 20. ähnlich sind, befassen wir uns im folgenden. Die Gesetze der großen Zahlen sind Aussagen über die Konvergenz von Folgen arithmetischer Mittel von Folgen stochastischer Variablen. Den beiden Konvergenzbegriffen "mit Wahrscheinlichkeit 1" und "P-stochastisch" entsprechend unterscheidet man "starke" und "schwache" Gesetze großer Zahlen.

21. Definition: $(X_n : n \in \mathbb{N})$ sei eine Folge von stochastischen Variablen mit Elementen aus $L_1(P)$.

21.1. (X_n) genügt dem schwachen Gesetz der großen Zahlen

$$\overset{\triangle}{\Longleftrightarrow} \frac{1}{n} \sum_{i=1}^{n} (X_i - E[X_i]) \xrightarrow[n\to\infty]{P} 0 .$$

21.2. (X_n) genügt dem starken Gesetz der großen Zahlen

$$\overset{\triangle}{\Longleftrightarrow} \frac{1}{n} \sum_{i=1}^{n} (X_i - E[X_i]) \xrightarrow[n\to\infty]{} 0(P) .$$

┘

Wir beginnen mit einem Kriterium für die Gültigkeit des schwachen Gesetzes der großen Zahlen.

22. Satz: $(X_n : N \in \mathbb{N})$ sei eine Folge von paarweise unkorrelierten stochastischen Variablen aus $L_2(P)$. Gilt

$$\lim_{n\to\infty} \frac{1}{n^2} \sum_{i=1}^{n} VAR[X_i] = 0,$$

so genügt (X_n) dem schwachen Gesetz der großen Zahlen.

Beweis: Für $n \in \mathbb{N}$ sei $S_n \overset{\triangle}{=} \sum_{i=1}^{n} (X_i - E[X_i])$.

Wegen der paarweisen Unkorreliertheit von (X_i) gilt nach 3.19.1.

$$VAR[S_n] = \sum_{i=1}^{n} VAR[X_i] \text{ und daraus folgt}$$

$$VAR[\tfrac{1}{n} S_n] = \frac{1}{n^2} VAR[S_n].$$

Nach Voraussetzung konvergiert $\frac{1}{n} S_n$ im quadratischen Mittel gegen 0 und daraus folgt mit Satz 17., daß $\frac{1}{n} S_n$ P-stochastisch gegen 0 konvergiert. ┘

Aus Satz 22. folgt insbesondere, daß jede Folge (X_n) von identisch verteilten unabhängigen stochastischen Variablen aus $L_2(P)$ dem schwachen Gesetz der großen Zahlen genügt.

Wir wenden uns jetzt den starken Gesetzen der großen Zahlen zu. Der folgende Satz dient zur Vorbereitung für die zu besprechenden Kriterien.

23. Satz: $(X_n : n\in\mathbb{N})$ sei eine unabhängige Folge von stochastischen Variablen aus $L_2(P)$. Gilt $\sum_{n\in\mathbb{N}} VAR[X_n]<+\infty$, so konvergiert $\sum_{n\in\mathbb{N}}(X_n-E[X_n])$ mit Wahrscheinlichkeit 1.

Beweis: Wir können $E[X_n] = 0$ für alle $n \in \mathbb{N}$ annehmen.

Für $n \in \mathbb{N}$ sei $S_n \triangleq \sum_{i=1}^{n} X_i$.

Zum Beweis dafür, daß (S_n) mit Wahrscheinlichkeit 1 konvergiert, haben wir nach Satz 10. und der Bemerkung 18. für jedes $\varepsilon \in \mathbb{R}$ mit $\varepsilon > 0$

$$\lim_{n\to\infty} P(\bigcup_{k\in\mathbb{N}}\{|S_{n+k}-S_n|\geq \varepsilon\}) = 0$$

nachzuweisen.

Sei $\varepsilon > 0$.

Dann gilt für $n \in \mathbb{N}$

$$P(\bigcup_{k\in\mathbb{N}}\{|S_{n+k}-S_n|\geq \varepsilon\}) = \lim_{m\to\infty} P(\bigcup_{k=1}^{m}\{|S_{n+k}-S_n|\geq \varepsilon\})$$

$$= \lim_{m\to\infty} P\{\max_{1\leq k\leq m} |S_{n+k}-S_n|\geq \varepsilon\}.$$

Nach Satz 8. gilt nun

$$P\{\max_{1\leq k\leq m} |S_{n+k}-S_n|\geq \varepsilon\} \leq \frac{VAR[S_{n+m}-S_n]}{\varepsilon^2}$$

$$= \frac{1}{\varepsilon^2} \sum_{k=1}^{m} VAR[S_{n+k}]$$ wegen der Unabhängigkeit von (X_i).

Damit ergibt sich

$$P(\bigcup_{k\in\mathbb{N}}\{|S_{n+k}-S_n|\geq \varepsilon\}) \leq \frac{1}{\varepsilon^2} \sum_{k\in\mathbb{N}} VAR[S_{n+k}] .$$

Daraus und aus der vorausgesetzten Konvergenz von $\sum_{n\in\mathbb{N}} VAR[X_n]$ folgt

$$\lim_{n\to\infty} P(\bigcup_{k\in\mathbb{N}}\{|S_{n+k}-S_n|\geq \varepsilon\}) = 0 .$$

┘

Nach diesen Vorbereitungen können wir nun das folgende Kriterium für die Gültigkeit des starken Gesetzes der großen Zahlen nachweisen.

24. Satz: $(X_n : n \in \mathbb{N})$ sei eine unabhängige Folge von stochastischen Variablen aus $L_2(P)$. Gilt

$$\sum_{n \in \mathbb{N}} \frac{VAR[X_n]}{n^2} < +\infty,$$

so genügt (X_n) dem starken Gesetz der großen Zahlen.

Beweis: Für $n \in \mathbb{N}$ sei $Y_n \triangleq \frac{1}{n}(X_n - E[X_n])$.
Dann ist die Folge (Y_n) unabhängig und es gilt

$$VAR[Y_n] = \frac{1}{n^2} VAR[X_n].$$

Nach Voraussetzung konvergiert $\sum_{n \in \mathbb{N}} VAR[Y_n]$ und daraus folgt mit Satz 23., daß $\sum_{n \in \mathbb{N}} Y_n$ mit Wahrscheinlichkeit 1 konvergiert.
Es gibt also eine P-Nullmenge $N \in \mathfrak{A}$, so daß die Zahlenfolge $\sum_{n \in \mathbb{N}} Y_n(\omega)$ für alle $\omega \in \overline{N}$ konvergiert.
Für diese Zahlenfolgen sind die Voraussetzungen von Hilfssatz 7.2. erfüllt, so daß also

$$\lim_{n \to \infty} \frac{1}{n} \sum_{i=1}^{n} (X_i(\omega) - E[X_i]) = 0$$

für alle $\omega \in \overline{N}$ gilt. Das ist aber äquivalent mit der Aussage dieses Satzes. ┘

Die Voraussetzung von Satz 24. ist insbesondere erfüllt, wenn $(X_n : n \in \mathbb{N})$ eine unabhängige Folge von stochastischen Variablen mit

(24.1.) $\quad VAR[X_n] \leq \sigma^2 < +\infty \quad$ für alle $n \in \mathbb{N}$

gilt.

Für identisch verteilte, unabhängige Folgen von stochastischen Variablen kann man zeigen, daß das starke Gesetz der großen Zahlen auch dann noch gilt, wenn man die Voraussetzung über die Varianz fallen läßt. Dies besagt der folgende

25. Satz: $(X_n : n \in \mathbb{N})$ sei eine unabhängige Folge von identisch verteilten stochastischen Variablen aus $L_1(P)$. (X_n) genügt dem starken Gesetz der großen Zahlen.

Beweis: Seien $X \triangleq X_1$ und $Q \triangleq X(P)$; Q ist nach Voraussetzung die Verteilung der X_n für alle $n \in \mathbb{N}$.
Für $n \in \mathbb{N}$ sei $R_n \triangleq \{x \in \mathbb{R} : n-1 \le |x| < n\}$.
Wir führen den Beweis in mehreren Schritten.

1. Für $n \in \mathbb{N}$ sei $Y_n \triangleq \begin{cases} X_n, & \text{falls } |X_n|<n \\ 0 & \text{sonst}. \end{cases}$

   (Y_n) ist eine unabhängige Folge; für alle $n \in \mathbb{N}$ ist $Y_n \in L_2(P)$.
   Wir zeigen, daß für (Y_n) das starke Gesetz der großen Zahlen gilt. Dazu wollen wir Satz 24. heranziehen.
   Aus 3.9.3. folgt $VAR[Y_n] \le E[Y_n^2]$ für alle $n \in \mathbb{N}$; damit ergeben sich

$$\sum_{n\in\mathbb{N}} \frac{VAR[Y_n]}{n^2} \le \sum_{n\in\mathbb{N}} \frac{E[Y_n^2]}{n^2}$$

$$= \sum_{n\in\mathbb{N}} \frac{1}{n^2} E[X^2 1_{\{|X|<n\}}] \quad \text{wegen der identischen Verteilung aller } X_n$$

$$= \sum_{n\in\mathbb{N}} \frac{1}{n^2} \sum_{k=1}^{n} E[X^2 1_{\{X\in R_k\}}]$$

$$= \sum_{k\in\mathbb{N}} E[X^2 1_{\{X\in R_k\}}] \sum_{n=k}^{\infty} \frac{1}{n^2}.$$

   Nun gilt

$$\sum_{n=k}^{\infty} \frac{1}{n^2} < \frac{1}{k^2} + \frac{1}{k(k+1)} + \frac{1}{(k+1)(k+2)} + \dots$$

$$= \frac{1}{k^2} + \frac{1}{k} - \frac{1}{k+1} + \frac{1}{k+1} - \frac{1}{k+2} + \dots$$

$$= \frac{1}{k^2} + \frac{1}{k} \le \frac{2}{k}.$$

   Daraus folgen

$$\sum_{n\in\mathbb{N}} \frac{VAR[Y_n]}{n^2} < 2 \sum_{k\in\mathbb{N}} \frac{1}{k} E[X^2 1_{\{X\in R_k\}}]$$

$$= 2 \sum_{k\in\mathbb{N}} \int_{R_k} |x| \frac{|x|}{k}\, dQ$$

$$\le 2 \sum_{k\in\mathbb{N}} \int_{R_k} |x|\, dQ = 2\int_{\mathbb{R}} |x|\, dQ = 2E[|X|].$$

   Wegen $X \in L_1(P)$ ist damit die Konvergenz von $\sum_{n\in\mathbb{N}} \frac{VAR[Y_n]}{n^2}$ nachgewiesen.
   Mit Satz 24. folgt daraus $\frac{1}{n} \sum_{i=1}^{n} (Y_i - E[Y_i]) \xrightarrow[n\to\infty]{} 0\ (P)$.
   Wir möchten nun aus diesem Zwischenergebnis auf die Gül-

tigkeit des starken Gesetzes der großen Zahlen für (X_n) schließen. Dazu zeigen wir zunächst, daß die Menge aller $\omega \in \Omega$ mit $Y_n(\omega) \neq X_n(\omega)$ für unendlich viele n eine P-Nullmenge ist.

2. Wir beweisen, daß $\sum_{n\in\mathbb{N}} P\{|X_n| \geq n\}$ konvergiert.

   Aus $P\{|X_n| \geq n\} = \sum_{k=n+1}^{\infty} P\{X \in R_k\}$ für alle $n \in \mathbb{N}$ folgen

   $$\sum_{n\in\mathbb{N}} P\{|X_n| \geq n\} = \sum_{n\in\mathbb{N}} \sum_{k=n+1}^{\infty} P\{X \in R_k\}$$
   $$= \sum_{k=2}^{\infty} (k-1) P\{X \in R_k\}$$
   $$\leq \sum_{k=2}^{\infty} \int_{R_k} |x| dQ \leq \int_{\mathbb{R}} |x| dQ = E[|X|].$$

   Daraus folgt die Konvergenz von $\sum_{n\in\mathbb{N}} P\{|X_n| \geq n\}$ aus $X \in L_1(P)$.

   Nach Definition von Y_n ist $\{|X_n| \geq n\} = \{X_n \neq Y_n\}$ für alle $n \in \mathbb{N}$. Aus Satz 19.1. folgt damit

   $$P(\limsup_{n\to\infty} \{X_n \neq Y_n\}) = 0 .$$

3. Nun gibt es nach 1. ein $A \in \mathfrak{A}$ mit $P(A) = 1$, so daß für alle $\omega \in A$

   $$\lim_{n\to\infty} \frac{1}{n} \sum_{i=1}^{n} (Y_i(\omega) - E[Y_i]) = 0$$

   gilt.

   Nach Definition von Y_n gilt $|Y_n| \leq |X_n|$ für alle $n \in \mathbb{N}$; daraus folgt mit Satz 3.18. $\lim_{n\to\infty} E[Y_n] = E[X]$. Damit gilt für alle $\omega \in A$ auch

   $$\lim_{n\to\infty} \frac{1}{n} \sum_{i=1}^{n} (Y_i(\omega) - E[X_i]) = 0.$$

   Andererseits gibt es nach 2. ein $B \in \mathfrak{A}$ mit $P(B) = 1$, so daß $Y_i(\omega) \neq X_i(\omega)$ für alle $\omega \in B$ für höchstens endlich viele $i \in \mathbb{N}$ gilt.

   Daraus folgt

   $$\lim_{n\to\infty} \frac{1}{n} \sum_{i=1}^{n} (X_i(\omega) - E[X_i]) = 0$$

   für alle $\omega \in A \cap B$.

   Nun gilt aber $P(A \cap B) = 1$ und damit ist der Satz vollständig bewiesen. ┘

Die Gesetze der großen Zahlen sind von grundlegender Bedeutung für die Auswertung statistischer Experimente. Eine Fragestellung, die in diesem Zusammenhang auftritt, wollen wir im folgenden besprechen.

26. Beispiel:

Wir bemerken zunächst, daß wir das Ergebnis von Beispiel 20. mit Satz 24. wie folgt verschärfen können:
$(X_n : n \in \mathbb{N})$ sei eine unabhängige Folge von identisch mit dem Parameter p Bernoulli-verteilten stochastischen Variablen; dann gilt

(26.1.) $$\frac{1}{n} \sum_{i=1}^{n} X_i \xrightarrow[n\to\infty]{} p \; (P).$$

Sei jetzt $(X_n : n \in \mathbb{N})$ eine unabhängige Folge von identisch verteilten stochastischen Variablen mit Werten aus $\mathbb{R}$ und der Verteilungsfunktion F.
Für $n \in \mathbb{N}$ und $\alpha \in \mathbb{R}$ sei

(26.2.) $$Y_n(\alpha) \triangleq \begin{cases} 1 & \text{falls } X_n \le \alpha \\ 0 & \text{sonst} . \end{cases}$$

Mit (X_n) ist $(Y_n(\alpha))$ eine unabhängige Folge; für alle $n \in \mathbb{N}$ und $\alpha \in \mathbb{R}$ ist $Y_n(\alpha)$ Bernoulli-verteilt mit $P\{Y_n(\alpha) = 1\} = P\{X_n \le \alpha\}$ und folglich gilt

(26.3.) $$\frac{1}{n} \sum_{i=1}^{n} Y_i(\alpha) \xrightarrow[n\to\infty]{} F(\alpha) \; (P) \qquad \text{für alle } \alpha \in \mathbb{R}.$$

Die Abbildung $F_n : \mathbb{R} \to \mathbb{R}$ mit

(26.4.) $$F_n(\alpha) \triangleq \frac{1}{n} \sum_{i=1}^{n} Y_i(\alpha) \qquad \text{für } \alpha \in \mathbb{R} \text{ und } n \in \mathbb{N}$$

hat offenbar die Eigenschaften einer Verteilungsfunktion gemäß Satz 1.47. F heißt empirische Verteilungsfunktion von $X_1, \ldots, X_n$.

Für ein statistisches Experiment wollen wir nun annehmen, daß ihm ein (reales) System zugrunde liegt, das durch die stochastische Variable X mit Werten aus $\mathbb{R}$ und der Verteilungsfunktion F beschrieben wird. F sei unbekannt. Zur Verbesserung unserer Kenntnis des Systems können wir Beobachtungen durchführen. Die Beobachtungen sind ihrerseits stochastische Variablen $X_1, \ldots, X_n$, deren Verteilungen i.a. von dem zugrun-

de liegenden System und von der Art der Durchführung der Beobachtungen abhängig sind.
Wenn wir nun sicherstellen, daß die Beobachtungen unabhängig und wie X verteilt sind, so ist $X_1,\dots,X_n$ eine <u>einfache Stichprobe</u> vom Umfang n bzgl. X. Dann liegt aber die oben angenommene Situation vor. Man kann die empirische Verteilungsfunktion der Stichprobe $X_1,\dots,X_n$ gemäß 26.4. zum Schätzen der Verteilungsfunktion F von X benutzen, indem man F_n mit den Meßwerten - das sind Realisierungen der $X_1,\dots,X_n$ - berechnet. 26.3. stellt sicher, daß F_n mit Wahrscheinlichkeit 1 gegen F konvergiert.

Für die eben skizzierte Anwendung ist es wichtig zu wissen, daß die Konvergenz in 26.3. eine in $\mathbb{R}$ gleichmäßige ist, daß also mit

(26.5.) $$D_n \triangleq \sup_{-\infty<\alpha<+\infty} |F_n(\alpha) - F(\alpha)|$$

(26.6.) $$D_n \xrightarrow[n\to\infty]{} 0(P)$$

gilt. Daß dies der Fall ist, sieht man wie folgt:

Sei $m \in \mathbb{N}$. Für die Zahlen $(x_k : k\in\{0,\dots,r\})$ sollen
$-\infty = x_0 < x \quad <\cdots< x_{r-1} < x_r = +\infty$
und $0 \le F(x_{k+1}-0) - F(x_k) \le \frac{1}{m}$ für $k \in\{0,\dots,r-1\}$ gelten.

Dann gelten für $k \in\{0,\dots,r-1\}$ und $\alpha \in[x_k, x_{k+1})$

$$F(x_k) \le F(\alpha) \le F(x_{k+1}-0) \qquad \text{und}$$

$$F_n(x_k) \le F_n(\alpha) \le F_n(x_{k+1}-0) \qquad \text{für alle } n \in \mathbb{N}.$$

Daraus folgen

$$F_n(\alpha) - F(\alpha) \le F_n(x_{k+1}-0) - F(x_k)$$

$$= F_n(x_{k+1}-0) - F(x_{k+1}-0) + F(x_{k+1}-0) - F(x_k), \text{ also}$$

$$|F_n(\alpha) - F(\alpha)| \le |F_n(x_{k+1}-0) - F(x_{k+1}-0)| + \frac{1}{m} \quad \text{und}$$

$$F(\alpha) - F_n(\alpha) \le F(x_{k+1}-0) - F_n(x_k)$$

$$= F(x_{k+1}-0) - F(x_k) + F(x_k) - F_n(x_k), \text{ also}$$

$$|F_n(\alpha) - F(\alpha)| \le \frac{1}{m} + |F_n(x_k) - F(x_k)| .$$

Aus beiden Ungleichungen ergibt sich

$$|F_n(\alpha) - F(\alpha)| \leq \frac{1}{m} + \max\{|F_n(x_k) - F(x_k)|,$$

$$|F_n(x_{k+1}-0) - F(x_{k+1}-0)|\} \text{ für } n \in \mathbb{N} \text{ und } \alpha \in [x_k, x_{k+1}).$$

Daraus folgt für D_n gemäß 26.5.

$$D_n \leq \frac{1}{m} + \max_{0 \leq k \leq r-1} \{|F_n(x_k) - F(x_k)|, |F_n(x_{k+1}-0) - F(x_{k+1}-0)|\}$$

Nun sind nach 26.3.

$$F_n(\alpha) \xrightarrow[n\to\infty]{} F(\alpha) \ (P) \quad \text{und} \quad F_n(\alpha-0) \xrightarrow[n\to\infty]{} F(\alpha-0) \ (P)$$

für jedes $\alpha \in \mathbb{R}$ und damit folgt

$$P(\limsup_{n\to\infty} \{D_n > \frac{1}{m}\}) = 0$$

Dies gilt für jedes $m \in \mathbb{N}$ und damit folgt 26.6.

Die 26.6. entsprechende Aussage gilt auch für Verteilungsfunktionen auf $\mathbb{R}^r$ mit $r > 1$; sie ist als Satz von Glivenko-Cantelli bekannt. ┘

5.4 Schwache Konvergenz von W-Maßen

In Kapitel 1.2. haben wir folgende Aussage hergeleitet: $(X_n: n\in\mathbb{N})$ sei eine Folge von stochastischen Variablen, die mit den Parametern p_n und n binomial verteilt sind. Sei $np_n \triangleq \mu$ für alle $n \in \mathbb{N}$ mit $\mu \in \mathbb{R}$ und $\mu > 0$. Dann gilt für $k \in \mathbb{N}_0$ $\lim\limits_{n\to\infty} P\{X_n=k\}= e^{-\mu} \frac{\mu^k}{k!}$, wenn P das Maß des zugrunde liegenden W-Raumes ist. Diese Aussage ist ein Beispiel für die Konvergenz einer Folge von W-Maßen.

In diesem Abschnitt besprechen wir einen Konvergenzbegriff für W-Maße. Er ist die Grundlage für den zentralen Grenzwertsatz, auf den wir dann kurz eingehen.

Die W-Maße, für welche wir die Konvergenzaussagen formulieren, sollen zunächst auf $(\mathbb{R},\mathfrak{B})$ definiert sein. Wenn wir stochastische Variablen benutzen, so sollen diese auf dem vorgegebenen W-Raum $(\Omega,\mathfrak{A},P)$ definiert sein mit Werten aus $\mathbb{R}$.

Für die Präzisierung des Konvergenzbegriffs benötigen wir

(27.) $C^b(\mathbb{R}) \triangleq$ die Menge der stetigen und beschränkten Abbildungen $f : \mathbb{R} \to \mathbb{R}$.

28. <u>Definition:</u> Q und die Elemente der Folge $(Q_n : n\in\mathbb{N})$ seien W-Maße auf $(\mathbb{R},\mathfrak{B})$. (Q_n) <u>konvergiert schwach</u> gegen Q, in Zeichen $Q_n \xrightarrow[n\to\infty]{w} Q$, $:\stackrel{\triangle}{\Longleftrightarrow}$

$$\lim_{n\to\infty} \int_{\mathbb{R}} f dQ_n = \int_{\mathbb{R}} f dQ \quad \text{für alle } f \in C^b(\mathbb{R}).$$

┘

Mit den Bezeichnungen von Definition 28. induziert $Q_n \xrightarrow[n\to\infty]{w} Q$ einen Konvergenzbegriff für stochastische Variablen:

Sind X und die Elemente der Folge $(X_n : n\in\mathbb{N})$ stochastische Variablen mit Werten aus $\mathbb{R}$, für die $X(P)= Q$ und $X_n(P)= Q_n$ für $n \in \mathbb{N}$ gelten, so sei

(28.1.) $$X_n \xrightarrow[n\to\infty]{w} X \;:\stackrel{\triangle}{\Longleftrightarrow}\; Q_n \xrightarrow[n\to\infty]{w} Q.$$

In dieser Situation heißt (X_n) schwach (oder in Verteilung) konvergent gegen X. Diese Definition hat zur Folge, daß

(28.2.) $$X_n \xrightarrow[n\to\infty]{w} X \;:\stackrel{\triangle}{\Longleftrightarrow}\; E[f(X_n)] \xrightarrow[n\to\infty]{} E[f(x)] \text{ für alle } f \in C^b(\mathbb{R})$$

gilt. Zudem ergibt sich, daß

(28.3.) aus $X_n \xrightarrow[n\to\infty]{w} X$ auch $f(X_n) \xrightarrow[n\to\infty]{w} f(X)$ für alle $f \in C^b(\mathbb{R})$

folgt.

Der nächste Satz ordnet den Begriff der schwachen Konvergenz für stochastische Variablen in die Konvergenzbegriffe ein, die wir in Abschnitt 5.2. besprochen haben.

29. Satz: X und die Elemente der Folge $(X_n : n \in \mathbb{N})$ seien stochastische Variablen mit Werten aus $\mathbb{R}$. Dann gelten:

29.1. Aus $X_n \xrightarrow[n\to\infty]{P} X$ folgt $X_n \xrightarrow[n\to\infty]{w} X$.

29.2. Ist X P-fast-sicher konstant, so folgt

$$X_n \xrightarrow[n\to\infty]{P} X \quad \text{aus} \quad X_n \xrightarrow[n\to\infty]{w} X .$$

Beweis:

1. Zum Beweis von 29.1. sei $f \in C^b(\mathbb{R})$ mit $|f| \leq K$. Da f stetig ist, kann zu jedem $\varepsilon \in \mathbb{R}$ mit $\varepsilon > 0$ ein $\delta \in \mathbb{R}$ mit $\delta > 0$ so gewählt werden, daß für $x, x' \in \mathbb{R}$ aus $|x - x'| < \delta$ $|f(x) - f(x')| < \varepsilon$ folgt.
   Seien ε und δ entsprechend gewählt.
   Für $n \in \mathbb{N}$ sei $A_n \triangleq \{\omega \in \Omega : |X_n(\omega) - X(\omega)| \geq \delta\}$.
   Dann folgen für $n \in \mathbb{N}$
   $$|\int f dX_n(P) - \int_{\mathbb{R}} f dX(P)| = |\int_{\Omega} f \circ X_n dP - \int_{\Omega} f \circ X dP|$$
   $$\leq \int_{A_n} |f \circ X_n - f \circ X| dP + \int_{\overline{A}_n} |f \circ X_n - f \circ X| dP$$
   $$\leq 2KP(A_n) + \varepsilon\, P(\overline{A}_n) \leq 2KP(A_n) + \varepsilon .$$
   Nach Voraussetzung gilt $P(A_n) \xrightarrow[n\to\infty]{} 0$ und daraus folgt $E[f(X_n)] \xrightarrow[n\to\infty]{} E[f(X)]$, also mit 28.2. $X_n \xrightarrow[n\to\infty]{w} X$.

2. Zum Beweis von 29.2. gelte P-fast-sicher $X = \alpha$ mit $\alpha \in \mathbb{R}$. Dann ist X(P) die Dirac-Verteilung in α.

   Sei nun $\varepsilon \in \mathbb{R}$ mit $\varepsilon > 0$.
   $f \in C^b(\mathbb{R})$ sei so gewählt, daß $f \geq 0$, $f(\alpha) = 0$ und $f(x) = 1$ für $x \in \mathbb{R}$ mit $|x - \alpha| \geq \varepsilon$ gelten.

   Dann folgen für $n \in \mathbb{N}$
   $$P\{|X_n - X| \geq \varepsilon\} = P\{|X_n - \alpha| \geq \varepsilon\} = P\{X_n \leq \alpha - \varepsilon\} + P\{X_n \geq \alpha + \varepsilon\} \leq \int_{\mathbb{R}} f dX_n(P).$$
   Nun gilt nach Voraussetzung $\int_{\mathbb{R}} f dX_n(P) \xrightarrow[n\to\infty]{} \int_{\mathbb{R}} f dX(P)$ mit $\int_{\mathbb{R}} f dX(P) = f(\alpha) = 0$ und daraus folgt 29.2.

┘

Der folgende Satz stellt den Zusammenhang zwischen der schwachen Konvergenz von W-Maßen und der Konvergenz der entsprechenden Verteilungsfunktionen her. Dabei wird als Bedingung die Konvergenz der Folge der Verteilungsfunktionen in allen Stetigkeitspunkten auftreten. Ist F eine Verteilungsfunktion $F : \tilde{\mathbb{R}} \to \mathbb{R}$, so sei

(30.) $S(F) \triangleq \{-\infty, +\infty\} \cup \{x \in \mathbb{R} : F \text{ ist stetig in } x\}$.

31. <u>Satz:</u> Q und die Elemente der Folge $(Q_n : n \in \mathbb{N})$ seien W-Maße auf $(\mathbb{R}, \mathfrak{B})$; F und die Elemente der Folge $(F_n : n \in \mathbb{N})$ seien die Q und (Q_n) entsprechenden Verteilungsfunktionen. Dann gilt

$$Q_n \underset{n\to\infty}{\longrightarrow} Q \iff F_n(x) \underset{n\to\infty}{\longrightarrow} F(x) \quad \text{für alle } x \in S(F).$$

<u>Beweis:</u>

1. Es gelte zunächst $Q_n \underset{n\to\infty}{\longrightarrow} Q$.

Definitionsgemäß gilt für alle Verteilungsfunktionen $F_n(-\infty) = F(-\infty) = 0$.

Wählt man für $f \in C^b(\mathbb{R})$ die konstante Abbildung $f = 1$, so folgt aus $\int_{\mathbb{R}} dQ_n \to \int_{\mathbb{R}} dQ$ auch $F_n(+\infty) \to 1 = F(+\infty)$.

Wir haben also noch zu zeigen, daß $F_n(x) \to F(x)$ für alle $x \in \mathbb{R} \cap S(F)$ gilt.

Sei nun $x_0 \in \mathbb{R} \cap S(F)$.

Wegen der Stetigkeit von F in x_0 kann man für jedes $\varepsilon \in \mathbb{R}$ mit $\varepsilon > 0$ ein $\delta \in \mathbb{R}$ mit $\delta > 0$ so wählen, daß für $x \in \mathbb{R}$ aus $|x - x_0| \leq \delta$ $\quad |F(x) - F(x_0)| \leq \varepsilon$ folgt.

Seien ε und δ entsprechend gewählt.

Wir benutzen nun spezielle Funktionen aus $C^b(\mathbb{R})$; sie seien für $x, \alpha \in \mathbb{R}$ wie folgt definiert:

$$f(x;\alpha) \triangleq \begin{cases} 1 & \text{für } x \leq \alpha - \delta \\ \frac{1}{\delta}(\alpha - x) & \text{für } \alpha - \delta \leq x \leq \alpha \\ 0 & \text{für } \alpha \leq x \end{cases}$$

Dann folgen

(a) $F(x_0) - \varepsilon \leq F(x_0 - \delta) = \int_{-\infty}^{x_0-\delta} dF \leq \int_{\mathbb{R}} f(x;x_0)\,dF(x)$,

(b) $\int_{\mathbb{R}} f(x;x_0+\delta)\,dF(x) \leq \int_{-\infty}^{x_0+\delta} dF = F(x_0+\delta) \leq F(x_0) + \varepsilon$ und

(c) $\int_{\mathbb{R}} f(x;x_0)\,dF_n(x) \leq F_n(x_0) \leq \int_{\mathbb{R}} f(x;x_0+\delta)\,dF_n(x)$ für alle $n \in \mathbb{N}$.

Aus (a) und (c) folgt

$F(x_o) - \varepsilon \le |\int_{\mathbb{R}} f(x;x_o)dF_n(x) - \int_{\mathbb{R}} f(x;x_o)dF(x)| + F_n(x_o)$;

aus (b) und (c) folgt

$F_n(x_o) \le |\int_{\mathbb{R}} f(x;x_o+\delta)dF_n(x) - \int_{\mathbb{R}} f(x;x_o+\delta)dF(x)| + F(x_o) + \varepsilon$

Wegen $Q_n \xrightarrow[n\to\infty]{w} Q$ kann n_o so gewählt werden, daß

$|\int_{\mathbb{R}} f(x;x_o)dF_n(x) - \int_{\mathbb{R}} f(x;x_o)dF(x)| \le \varepsilon$ und

$|\int_{\mathbb{R}} f(x;x_o+\delta)dF_n(x) - \int_{\mathbb{R}} f(x;x_o+\delta)dF(x)| \le \varepsilon$

für $n \ge n_o$ gelten.

Daraus folgt für $n \ge n_o$ $F(x_o) - 2\varepsilon \le F_n(x_o) \le F(x_o) + 2\varepsilon$

und damit $F_n(x_o) \xrightarrow[n\to\infty]{} F(x_o)$.

2. Nun gelte $F_n(x) \xrightarrow[n\to\infty]{} F(x)$ für alle $x \in S(F)$.
Wir bemerken zunächst folgendes: Ist I ein Intervall in $\mathbb{R}$, $I \triangleq (\alpha,\beta]$, mit $\alpha,\beta \in \mathbb{R} \cap S(F)$, so folgt aus der Voraussetzung

(a) $Q_n(I) \xrightarrow[n\to\infty]{} Q(I)$.

Sei nun $\varepsilon \in \mathbb{R}$ mit $\varepsilon > 0$.
$\alpha,\beta \in \mathbb{R} \cap S(F)$ seien so gewählt, daß $\alpha < \beta$,

(b) $Q(I_o) \le \varepsilon$ mit $I_o \triangleq \{x \in \mathbb{R} : x \le \alpha\}$ und

(c) $Q(I_1) \le \varepsilon$ mit $I_1 \triangleq \{x \in \mathbb{R} : x > \beta\}$

sind; sei $I \triangleq (\alpha,\beta]$.
Sei $f \in C^b(\mathbb{R})$ mit $|f| \le K$.
$\delta \in \mathbb{R}$ mit $\delta > 0$ sei so gewählt, daß für $x,x' \in \mathbb{R}$ aus $|x-x'| \le \delta$ $|f(x)-f(x')| \le \varepsilon$ folgt.
Mit dem jetzt festgelegten δ seien $x_o,\dots,x_m \in S(F)$ so gewählt, daß $\alpha = x_o < x_1 < \dots < x_{m-1} < x_m = \beta$ und $x_{k+1} \le x_k + \delta$ für $k \in \{0,\dots,m-1\}$ gelten.
Mit $J_k \triangleq (x_k,x_{k+1}]$ für $k \in \{0,\dots,m-1\}$ ergibt sich nun

$$|\int_I f dQ_n - \int_I f dQ| = |\sum_{k=o}^{m-1} (\int_{J_k} f dQ_n - \int_{J_k} f dQ)|$$

$$= |\sum_{k=o}^{m-1} (\int_{J_k} (f(x)-f(x_k))dQ_n(x) - \int_{J_k} (f(x)-f(x_k))dQ(x)$$

$$+ \int_{J_k} f(x_k)dQ_n(x) - \int_{J_k} f(x_k)dQ(x))|$$

$$\le \sum_{k=o}^{m-1} \int_{J_k} |f(x) - f(x_k)|dQ_n(x) + \sum_{k=o}^{m-1} \int_{J_k} |f(x) - f(x_k)|dQ(x)$$

$$+ |\sum_{k=o}^{m-1} (\int_{J_k} f(x_k)dQ_n(x) - \int_{J_k} f(x_k)dQ(x))|$$

(d) $\leq \varepsilon\, Q_n(I) + \varepsilon\, Q(I) + K \sum_{k=o}^{m-1} |Q_n(J_k) - Q(J_k)|.$

Weiter folgt

$$|\int_{\mathbb{R}} f dQ_n - \int_{\mathbb{R}} f dQ|$$

$$\leq \int_{I_o} |f| dQ_n + \int_{I_o} |f| dQ + |\int_I f dQ_n - \int_I f dQ| + \int_{I_1} |f| dQ_n + \int_{I_1} |f| dQ$$

$$\leq 2\varepsilon + 2K\varepsilon + KQ_n(I_o) + KQ_n(I_1) + K \sum_{k=o}^{m-1} |Q_n(J_k) - Q(J_k)|$$

unter Ausnutzung von $|f| \leq K$, (b), (c) und (d).

Nun gelten nach Voraussetzung $Q_n(I_o) \longrightarrow Q(I_o)$, $Q_n(I_1) \longrightarrow Q(I_1)$ und $Q_n(J_k) \longrightarrow Q(J_k)$ für $k \in \{0, \ldots, m-1\}$ und damit kann $n_o \in \mathbb{N}$ so gewählt werden, daß für $n \geq n_o$ $Q_n(I_o) \leq 2\varepsilon$, $Q_n(I_1) \leq 2\varepsilon$ und $|Q_n(J_k) - Q(J_k)| \leq \varepsilon$ für $k \in \{0, \ldots, m-1\}$ gelten.

Damit gilt für $n \geq n_o$

$$|\int_{\mathbb{R}} f dQ_n - \int_{\mathbb{R}} f dQ| \leq 2\varepsilon + 6K\varepsilon + mK\varepsilon$$

und daraus folgt $\int_{\mathbb{R}} f dQ_n \xrightarrow[n\to\infty]{} \int_{\mathbb{R}} f dQ$. ┘

Auf der Grundlage von Satz 31. können wir nun definieren:

(31.1.) Sind F und die Elemente der Folge $(F_n : n \in \mathbb{N})$ Verteilungsfunktionen von W-Maßen auf $(\mathbb{R}, \mathfrak{B})$, so sei

$$F_n \xrightarrow[n\to\infty]{w} F \;:\Leftrightarrow\; F_n(x) \xrightarrow[n\to\infty]{} F(x) \qquad \text{für alle } x \in S(F).$$

Sind X und die Elemente der Folge $(X_n : n \in \mathbb{N})$ stochastische Variablen mit Werten aus $\mathbb{R}$, so sind $X_n \xrightarrow[n\to\infty]{w} X$, $X_n(P) \xrightarrow[n\to\infty]{w} X(P)$ und $F_n \xrightarrow[n\to\infty]{w} F$ äquivalente Aussagen, wenn F die Verteilungsfunktion von X(P) und F_n die Verteilungsfunktion von $X_n(P)$ für $n \in \mathbb{N}$ sind.

Zudem ergibt sich, daß für stochastische Variablen X,Y und (X_n) gilt:

(31.2.) Aus $X_n \xrightarrow[n\to\infty]{w} X$ und $X_n \xrightarrow[n\to\infty]{w} Y$ folgt $X(P) = Y(P)$.

Diese Aussage legt es nahe, die schwache Konvergenz von (X_n) - wie oben bereits erwähnt - als "Konvergenz in Verteilung" zu bezeichnen.

Für die Anwendungen ist mit den Bezeichnungen von Satz 31. noch die folgende Ergänzung der Aussagen dieses Satzes wichtig:

(31.3.) Ist F stetig auf $\mathbb{R}$, so folgt aus $Q_n \xrightarrow[n\to\infty]{w} Q$ $\lim\limits_{n\to\infty} F_n(x) = F(x)$ für alle $x \in \mathbb{R}$ und (F_n) konvergiert auf $\mathbb{R}$ gleichmäßig gegen F.

Für stetiges F folgt aus Satz 31.

$$\lim_{n\to\infty} F_n(x) = F(x) \text{ für alle } x \in \tilde{\mathbb{R}}.$$

Daß (F_n) für stetiges F auf $\mathbb{R}$ gleichmäßig gegen F konvergiert, sieht man wie folgt:
Sei $\varepsilon \in \mathbb{R}$ mit $\varepsilon > 0$.
Dann kann man zunächst $a,b \in \mathbb{R}$ mit $a < b$ so wählen, daß $F(a) \le \varepsilon$ und $1 - F(b) \le \varepsilon$ gelten. Wegen der Stetigkeit von F kann man dann $m \in \mathbb{N}$ und $x_0,\dots,x_m \in \mathbb{R}$ so wählen, daß $a = x_0 < x_1 < \dots < x_m = b$ und $F(x_i) - F(x_{i-1}) \le \varepsilon$ für alle $i \in \{1,\dots,m\}$ gilt.
Wegen $F_n(x) \xrightarrow[n\to\infty]{} F(x)$ für alle $x \in \mathbb{R}$ kann man $n_0(\varepsilon)$ so wählen, daß $|F_n(x_i) - F(x_i)| \le \varepsilon$ für alle $n \ge n_0$ und alle $i \in \{0,\dots,m\}$ gilt.

Ist nun $x < x_0$, so gelten $0 \le F_n(x) \le F_n(x_0) \le F(x_0) + \varepsilon$ und $0 \le F(x) \le F(x_0) + \varepsilon$;

für $x_{i-1} \le x < x_i$ mit $i \in \{1,\dots,m\}$ gelten
$F_n(x_{i-1}) \le F_n(x) \le F_n(x_i) \le F_n(x_{i-1}) + \varepsilon$ und
$F(x_{i-1}) \le F(x) \le F(x_i) \le F(x_{i-1}) + \varepsilon$;

für $x_m \le x$ gelten schließlich $F(x_m) - \varepsilon \le F_n(x_m) \le F_n(x) \le 1$ und $F(x_m) \le F(x) \le 1$.

Daraus folgt, daß $|F_n(x) - F(x)| \le 2\varepsilon$ für alle $x \in \mathbb{R}$ und $n \ge n_0$ gilt und damit ist die Gleichmäßigkeit der Konvergenz von (F_n) gegen F auf $\mathbb{R}$ nachgewiesen.

Für die Herleitung von Aussagen über die schwache Konvergenz von W-Maßen ist es oft nützlich, die Fourier-Transformation heranzuziehen. Wir wollen deshalb die entsprechenden Eigenschaften der Fourier-Transformation an dieser Stelle einschieben.

Zunächst holen wir den Beweis der Eineindeutigkeit der Fourier-Transformation nach, den wir in Kapitel 3.2. ausgespart haben.

Dazu seien X und Y unabhängige stochastische Variablen mit Werten aus $\mathbb{R}$.
Die Verteilung von X sei Q; φ sei die Fourier-Transformierte von Q.
Y sei normal verteilt mit den Parametern 0 und σ. Ist ψ die Fourier-Transformierte von Y, so gilt nach 3.61.4.

$$(32.1.)\quad \psi(s) = \frac{1}{\sigma\sqrt{2\pi}} \int_{\mathbb{R}} \exp\{isy - \tfrac{1}{2}(\tfrac{y}{\sigma})^2\}dy$$

$$= \exp\{-\tfrac{1}{2}\sigma^2 s^2\} \qquad \text{für } s \in \mathbb{R}.$$

Sei $Z \triangleq X + Y$; wegen der Unabhängigkeit von X und Y ergibt sich für die Dichte h von Z nach Satz 2.43.2.

$$(32.2.)\quad h(z) = \frac{1}{\sigma\sqrt{2\pi}} \int_{\mathbb{R}} \exp\{-\tfrac{1}{2}(\tfrac{z-x}{\sigma})^2\}dQ(x) \quad \text{für } z \in \mathbb{R}.$$

Wir zeigen nun, daß

$$(32.3.)\quad \frac{1}{2\pi} \int_{\mathbb{R}} \exp\{-izt\}\varphi(t)\exp\{-\tfrac{1}{2}\sigma^2 t^2\}dt = h(z) \quad \text{für alle}$$

$z \in \mathbb{R}$ gilt.

Zum Beweis von 32.3. gehen wir von der Definition der Fourier-Transformierten φ aus. Nach 3.57. gilt

$$\varphi(t) = \int_{\mathbb{R}} \exp\{itx\}dQ(x) \qquad \text{für } t \in \mathbb{R}\,.$$

Daraus ergibt sich für $z \in \mathbb{R}$

$$\exp\{-izt\}\varphi(t) = \int_{\mathbb{R}} \exp\{it(x-z)\}dQ(x)\,.$$

Durch Integration beider Seiten dieser Gleichung bzgl. der Normalverteilung mit den Parametern 0 und σ^{-1} ergibt sich

$$\frac{\sigma}{\sqrt{2\pi}} \int_{\mathbb{R}} \exp\{-izt\}\varphi(t)\exp\{-\tfrac{1}{2}\sigma^2 t^2\}dt$$

$$= \frac{\sigma}{\sqrt{2\pi}} \int_{\mathbb{R}}\int_{\mathbb{R}} \exp\{it(x-z)\}dQ(x)\exp\{-\tfrac{1}{2}\sigma^2 t^2\}dt$$

$$= \int_{\mathbb{R}} \frac{\sigma}{\sqrt{2\pi}} \int_{\mathbb{R}} \exp\{i(x-z)t - \tfrac{1}{2}\sigma^2 t^2\}dt\, dQ(x)$$

Das innere Integral im letzten Term liefert nach 32.1.

$\exp\{-\frac{1}{2}(\frac{z-x}{\sigma})^2\}$, so daß folgt

$$\frac{\sigma}{\sqrt{2\pi}} \int_{\mathbb{R}} \exp\{-izt\}\varphi(t)\exp\{-\tfrac{1}{2}\sigma^2 t^2\}dt = \int_{\mathbb{R}} \exp\{-\tfrac{1}{2}(\tfrac{z-x}{\sigma})^2\}dQ(x)$$

Multipliziert man diese Gleichung mit $(\sigma\sqrt{2\pi})^{-1}$, so ergibt sich 32.3.

Mit 32.3. läßt sich die Eineindeutigkeit der Fourier-Transformation leicht nachweisen.

33. Satz: Q und R seien W-Maße auf $(\mathbb{R},\mathfrak{B})$; ihre Fourier-Transformierten seien φ bzw. ψ. Dann gilt

$$\varphi = \psi \iff Q = R$$

Beweis: Zu zeigen ist, daß $Q = R$ aus $\varphi = \psi$ folgt.
Dazu seien X und X' stochastische Variablen mit den Verteilungen Q bzw. R.
Für $n \in \mathbb{N}$ sei Y_n eine stochastische Variable mit Werten aus $\mathbb{R}$; Y_n sei normal verteilt mit den Parametern 0 und n^{-1}. Die Verteilung von Y_n bezeichnen wir mit N_n. Für alle $n \in \mathbb{N}$ sei Y_n unabhängig von X und X'.
Sei nun $\varphi = \psi$.
Dann folgt daraus unter Verwendung von 32.3., daß die Verteilungen von $X + Y_n$ und $X' + Y_n$ für alle $n \in \mathbb{N}$ gleich sind, also

$$Q * N_n = R * N_n \qquad \text{für alle } n \in \mathbb{N},$$

wenn $*$ der Faltungsoperator für W-Maße ist.
Für $n \in \mathbb{N}$ sei nun Z_n eine stochastische Variable mit Werten aus $\mathbb{R}$ und der Verteilung $Q * N_n$.
Aus Satz 22. folgt $Y_n \xrightarrow[n\to\infty]{P} 0$. Daraus und aus der Definition von Z_n folgt mit Satz 29.1., daß

$$Z_n \xrightarrow[n\to\infty]{W} X \quad \text{und} \quad Z_n \xrightarrow[n\to\infty]{W} X'$$

gelten. Daraus folgt aber $Q = R$ nach 31.2. ┘

Die Nützlichkeit der Fourier-Transformation im Zusammenhang mit der schwachen Konvergenz von W-Maßen ergibt sich daraus, daß man aus der schwachen Konvergenz einer Folge von Verteilungsfunktionen gegen eine Verteilungsfunktion auf die Konvergenz der entsprechenden Folge von Fourier-Transformierten schließen kann und umgekehrt.
Wegen der Stetigkeit von $\exp\{itx\}$ und wegen $|\exp\{itx\}| \leq 1$ für $t,x \in \mathbb{R}$ gilt wegen 28.3. und 31.1.:
Sind F und $(F_n : n \in \mathbb{N})$ Verteilungsfunktionen sowie φ und (φ_n) die entsprechenden Fourier-Transformierten, so folgt aus $F_n \xrightarrow[n\to\infty]{W} F$

$$\varphi_n(t) \xrightarrow[n\to\infty]{} \varphi(t) \qquad \text{für alle } t \in \mathbb{R}.$$

Für die Umkehrung zitieren wir ohne Beweis den folgenden

34. Satz: (F_n : $n \in \mathbb{N}$) sei eine Folge von Verteilungsfunktionen und (φ_n) sei die Folge ihrer Fourier-Transformierten. Gilt dann $\varphi_n(t) \xrightarrow[n\to\infty]{} \varphi(t)$ für alle $t \in \mathbb{R}$ und ist φ in einer Umgebung von $t = 0$ stetig, so gibt es eine Verteilungsfunktion F mit $F_n \xrightarrow[n\to\infty]{w} F$ und φ ist die Fourier-Transformierte von F. ┘

Wir setzen nun unsere Ausführungen zur schwachen Konvergenz von W-Maßen fort.
Zunächst ist anzumerken, daß aus den Gesetzen der großen Zahlen, die wir angegeben haben, entsprechende Aussagen über die Konvergenz von W-Maßen aus den Sätzen 13. und 29.1. folgen. So ergibt sich aus Satz 25.:
(X_n : $n \in \mathbb{N}$) sei eine unabhängige Folge von identisch verteilten stochastischen Variablen aus $L_1(P)$. Für $n \in \mathbb{N}$ sei $S_n \triangleq \frac{1}{n} \sum_{i=1}^{n} X_i$. Dann konvergiert die Folge der Verteilungen von S_n schwach gegen die Dirac-Verteilung in $E[X_n]$.
Von besonderer Bedeutung ist die Konvergenz einer Folge von W-Maßen gegen die Normalverteilung. Wir besprechen hierzu zunächst das folgende

35. Beispiel: (X_n : $n \in \mathbb{N}$) sei eine unabhängige Folge von identisch verteilten stochastischen Variablen; ihre Verteilung sei gegeben durch die Verteilungsfunktion $F(x)$ für $x \in \mathbb{R}$ mit:

$$F(x) \triangleq \begin{cases} 0 & \text{für } 0 < x \\ x & \text{für } 0 \leq x < 1 \\ 1 & \text{für } 1 \leq x \end{cases}$$

Dann sind $E[X_n] = \frac{1}{2}$ und $VAR[X_n] = \frac{1}{12}$ für alle $n \in \mathbb{N}$.

Für $n \in \mathbb{N}$ sei $Y_n \triangleq \sum_{i=1}^{n} X_i$ und $Z_n \triangleq \frac{Y_n - E[Y_n]}{\sqrt{VAR[Y_n]}}$.

Mit $E[Y_n] = \frac{n}{2}$ und $VAR[Y_n] = \frac{n}{12}$ ergibt sich $Z_n = \sqrt{\frac{12}{n}}\, Y_n - \sqrt{3n}$.

Wir interessieren uns für das Konvergenzverhalten der Verteilungen von (Z_n).

Nach Beispiel 3.60.3. ist die Fourier-Transformierte von F $(it)^{-1}(\exp\{it\} - 1)$.

Ist φ_n die Fourier-Transformierte von Z_n, so ergibt sich mit den Sätzen 3.61.1. und 3.61.2. unter Beachtung der Unabhängigkeit von (X_n) für $t \in \mathbb{R}$:

$$\varphi_n(t) = \exp\{-\,i\sqrt{3n}t\}\left(\frac{\exp\{i\sqrt{\frac{12}{n}}\,t\}-1}{i\sqrt{\frac{12}{n}}\,t}\right)^n$$

Nach Umformungen und Entwicklung der Exponentialfunktion in eine Taylor-Reihe ergibt sich daraus

$$\varphi_n(t) = \left(1 - \frac{t^2}{2n} + \sum_{k=2}^{\infty} \frac{1}{(k+1)!}\,(i\sqrt{\tfrac{3}{n}}\,t)^{2k}\right)^n$$

wegen $\sum_{k=2}^{\infty} \frac{1}{(k+1)!}\,(i\sqrt{\frac{3}{n}}\,t)^{2k} = o(\frac{t^2}{n})$ für $n\to\infty$

und $\lim_{n\to\infty} (1 - \frac{t^2}{2n})^n = \exp\{-\,\frac{t^2}{2}\}$

folgt $\varphi_n(t) \xrightarrow[n\to\infty]{} \exp\{-\,\frac{t^2}{2}\}$.

Die Funktion rechts erfüllt die Voraussetzungen von Satz 34.; daraus und aus Beispiel 3.60.4. folgt: Die Folge der Verteilungen von Z_n konvergiert schwach gegen die Normalverteilung mit den Parametern 0 und 1. ┘

Aussagen von der eben in Beispiel 35. hergeleiteten Art besagen, daß für die Folge (X_n) der zentrale Grenzwertsatz gilt.

36. Definition: $(X_n : n\in\mathbb{N})$ sei eine unabhängige Folge von stochastischen Variablen aus $L_2(P)$ mit $VAR[X_n] \neq 0$ für alle $n\in\mathbb{N}$. Für $n \in \mathbb{N}$ sei

$$S_n \triangleq \frac{\sum_{i=1}^{n} (X_i - E[X_i])}{\sqrt{\sum_{i=1}^{n} VAR[X_i]}}\,.$$

Konvergiert die Folge der Verteilungen der S_n schwach gegen die Normalverteilung mit dem Erwartungswert 0 und der Varianz 1, so gilt für (X_n) der zentrale Grenzwertsatz. ┘

Mit den Bezeichnungen von Definition 36. ergibt sich, falls für (X_n) der zentrale Grenzwertsatz gilt, für $a,b \in \mathbb{R}$ mit $a < b$:

(36.1.) $$\lim_{n\to\infty} P\{a \le S_n \le b\} = \frac{1}{\sqrt{2\pi}} \int_a^b \exp\{-\,\tfrac{1}{2}\,t^2\}dt.$$

Sind die Elemente von (X_n) insbesondere identisch verteilt mit $\mu \triangleq E[X_n]$ und $\sigma^2 \triangleq VAR[X_n]$, so ergibt sich

$$\lim_{n\to\infty} P\{a \le \frac{1}{\sigma\sqrt{n}} \sum_{i=1}^{n} (X_i-\mu) \le b\} = \frac{1}{\sqrt{2\pi}} \int_a^b \exp\{-\tfrac{1}{2} t^2\} dt$$

oder mit $\alpha \triangleq \frac{\sigma}{\sqrt{n}}\, a$ und $\beta \triangleq \frac{\sigma}{\sqrt{n}}\, b$

$$\text{(36.2.)} \qquad \lim_{n\to\infty} P\{\alpha \le \frac{1}{n} \sum_{i=1}^{n} X_i - \mu \le \beta\} = \frac{1}{\sqrt{2\pi}} \int_{\sqrt{n}\frac{\alpha}{\sigma}}^{\sqrt{n}\frac{\beta}{\sigma}} \exp\{-\tfrac{1}{2} t^2\} dt$$

und damit läßt sich die links angegebene Wahrscheinlichkeit approximativ berechnen.

Wir zeigen nun, daß der zentrale Grenzwertsatz für identisch verteilte (X_n) gilt.

37. Satz: $(X_n : n\in\mathbb{N})$ sei eine unabhängige Folge von identisch verteilten stochastischen Variablen aus $L_2(P)$ mit $VAR[X_n] \neq 0$. Dann gilt für (X_n) der zentrale Grenzwertsatz.

Beweis: Wir können annehmen, daß die X_n standardisiert sind. Dann gilt nach 3.62.7. für die Fourier-Transformierte φ von X_n

$$\varphi(t) = 1 - \frac{t^2}{2} + o(t^2) \qquad \text{für } t \longrightarrow 0 .$$

Daraus ergibt sich mit 3.61.1. für die Fourier-Transformierte φ_n von $S_n \triangleq \frac{1}{\sqrt{n}} \sum_{i=1}^{n} X_i$

$$\varphi_n(t) = \left(1 - \frac{t^2}{2n} + o\left(\frac{t^2}{n}\right)\right)^n$$

und daraus folgt

$$\lim_{n\to\infty} \varphi_n(t) = \exp\{-\tfrac{1}{2} t^2\} .$$

Das ist aber nach Satz 34. und nach 3.60.4. die Aussage, die zu beweisen ist. ┘

Für Anwendungen im Zusammenhang mit statistischen Fragestellungen ist die Aussage von Satz 37. mit ihrer Beschränkung auf identisch verteilte stochastische Variablen in der Regel angemessen.

Für Folgen (X_n) mit nicht identisch verteilten stochastischen Variablen sind die Bedingungen dafür, daß der zentrale Grenzwertsatz gilt, wohlbekannt. Sie besagen, daß keine der stochastischen Variablen X_n einen dominierenden Einfluß auf die in

Definition 36. angegebenen S_n haben darf. Eine präzise Formulierung dieser Bedingungen und der entsprechenden Aussagen (Lindeberg, Feller) wollen wir hier nicht mehr angeben.
Die folgenden Beispiele beschäftigen sich mit dem statistischen Problem der Schätzung von Verteilungs-Parametern.

38. Beispiele:

Wir gehen davon aus, daß ein (reales) System durch eine stochastische Variable X mit Werten aus $\mathbb{R}$ beschrieben wird. Zunächst sei bekannt, daß X aus $L_1(P)$ ist.
Wir interessieren uns für den Erwartungswert von X. Zur Verbesserung unserer Kenntnis des (realen) Systems führen wir an diesem Beobachtungen durch. Die Beobachtungen $X_1,\ldots,X_n$ seien - wie in Beispiel 26. - eine einfache Stichprobe vom Umfang n bzgl. X.
Für die Schätzung des Erwartungswertes von X aus der einfachen Stichprobe $X_1,\ldots,X_n$ benutzen wir die Schätzfunktion

$$S_n \triangleq \frac{1}{n} \sum_{i=1}^{n} X_i \,.$$

Unter den angegebenen Voraussetzungen gilt

$$E[S_n] = E[X] \quad \text{für alle } n \in \mathbb{N};$$

die stochastische Variable S_n ist eine erwartungstreue Schätzfunktion für $E[X]$.
Auf dieser Grundlage kann man Schätzwerte für $E[X]$ dadurch erhalten, daß man den Wert der Schätzfunktion S_n für Meßwerte, genauer für Realisierungen von $X_1,\ldots,X_n$, berechnet.

38.1. Wir setzen jetzt als bekannt voraus, daß X normal verteilt ist mit der Varianz 1.
Der Erwartungswert von X sei weiterhin unbekannt.
Wie oben ausgeführt, können unter Verwendung von S_n Schätzwerte für $E[X]$ berechnet werden. Sei $x_1,\ldots,x_n$ eine Realisierung der einfachen Stichprobe $X_1,\ldots,X_n$ bzgl. X;
sei $s_n \triangleq \frac{1}{n} \sum_{i=1}^{n} x_i$.
Unter den angegebenen Voraussetzungen ist die Verteilung von X vollständig bekannt, wenn $E[X]$ bekannt ist. Wir stellen nun die Hypothese $E[X] = \mu$ mit einem $\mu \in \mathbb{R}$ auf.

Wenn diese Annahme richtig ist, ist mit μ die Verteilung von X vollständig bekannt. Wir wollen nachprüfen, ob der oben angegebene Wert s_n die Hypothese $E[X] = \mu$ bestätigt oder nicht bestätigt.
Wenn die Hypothese richtig ist, ist die Verteilung von S_n vollständig bekannt; S_n ist dann normal verteilt mit dem Erwartungswert μ und der Varianz $\frac{1}{n}$.
Diese Kenntnis kann man in einem Signifikanztest für die angegebene Hypothese ausnutzen, indem man wie folgt schließt: Entspricht s_n einem "seltenen" Ereignis, so bestätigen die s_n zugrunde liegenden Beobachtungen die Hypothese nicht.
In unserer Situation bedeutet das folgendes: Sei $\alpha \in (0,1)$ die Sicherheitswahrscheinlichkeit für den Signifikanztest, z.B. $\alpha = 0{,}05$. $s_n(\alpha) \in \mathbb{R}_+$ sei so gewählt, daß

$$P\{|S_n| \geq s_n(\alpha)\} \leq \alpha$$

gilt; $s_n(\alpha)$ wird aus der Normalverteilung mit den Parametern μ und $\frac{1}{\sqrt{n}}$ berechnet. Die Testentscheidung ist nun die folgende:

für $s_n < s_n(\alpha)$ bestätigen die s_n zugrunde liegenden Beobachtungen die Hypothese;

für $s_n \geq s_n(\alpha)$ bestätigen die s_n zugrunde liegenden Beobachtungen die Hypothese nicht.

Es ist klar, daß im ersten Fall nicht folgt, daß $E[X] = \mu$ gilt; ebenso folgt im zweiten Fall nicht, daß $E[X] = \mu$ falsch ist.

38.2. Wir setzen jetzt als bekannt voraus, daß X aus $L_2(P)$ mit $VAR[X] = 1$ ist.
Wir interessieren uns weiter für den Erwartungswert von X. S_n ist weiter erwartungstreue Schätzfunktion für $E[X]$; s_n sei wie in 38.1. definiert.
Wir stellen wieder die Hypothese $E[X] = \mu$ mit einem $\mu \in \mathbb{R}$ auf.
Aus den eingangs angegebenen a priori Kenntnissen über X folgt, daß für eine unabhängige Folge $(X_i : i \in \mathbb{N})$ von Beobachtungen bzgl. X nach Satz 37. der zentrale Grenzwertsatz gilt.

Mit der Hypothese ergibt sich, daß die Folge der Verteilungen von S_n für $n \to \infty$ schwach gegen die Normalverteilung mit den Parametern μ und $\frac{1}{\sqrt{n}}$ konvergiert, falls die Hypothese richtig ist.
Auf die Grundlage dieser asymptotischen Aussage kann man nun für große n den Signifikanztest für die Hypothese analog zu 38.1. vorbereiten und durchführen. ┘

Zum Abschluß wollen wir auf die Verallgemeinerungen der wichtigsten Aussagen dieses Abschnitts für stochastische Vektoren und Maße auf $(\mathbb{R}^r, \mathfrak{B}^r)$ mit $r \in \mathbb{N}$ hinweisen.
Zunächst ist Definition 28. wie folgt zu verallgemeinern:

(39.1.) Q und die Elemente der Folge $(Q_n : n \in \mathbb{N})$ seien W-Maße auf $(\mathbb{R}^r, \mathfrak{B}^r)$. (Q_n) konvergiert schwach gegen Q,

$Q_n \xrightarrow[n\to\infty]{w} Q \stackrel{\Delta}{\Leftrightarrow} \lim\limits_{n\to\infty} \int_{\mathbb{R}^r} f dQ_n = \int_{\mathbb{R}^r} f dQ$ für alle stetigen und beschränkten $f : \mathbb{R}^r \to \mathbb{R}$.

Analog zu Satz 34. gilt:

(39.2.) $(Q_n : n \in \mathbb{N})$ sei eine Folge von W-Maßen auf $(\mathbb{R}^r, \mathfrak{B}^r)$ und (φ_n) sei die Folge der entsprechenden Fourier-Transformierten. Gilt dann $\lim\limits_{n\to\infty} \varphi_n(t) = \varphi(t)$ für alle $t \in \mathbb{R}^r$ und ist φ stetig in einer Umgebung von $t = 0$, so gilt

$Q_n \xrightarrow[n\to\infty]{w} Q$ und φ ist die Fourier-Transformierte des W-Maßes Q auf $(\mathbb{R}^r, \mathfrak{B}^r)$.

Schließlich gilt in Verallgemeinerung von Satz 37.:

(39.3.) $(X_n : n \in \mathbb{N})$ sei eine unabhängige Folge von identisch verteilten stochastischen Vektoren mit Werten aus $\mathbb{R}^r$, dem Erwartungswert $\mu \in \mathbb{R}^r$ und der positiv definiten Kovarianzmatrix Φ. Dann konvergiert die Folge der Verteilungen der stochastischen Vektoren

$$S_n \stackrel{\Delta}{=} \frac{1}{\sqrt{n}} \sum_{i=1}^{n} (X_i - \mu)$$

schwach gegen die r-dimensionale Normalverteilung mit den Parametern 0 und Φ.

Literatur

Anderson, T.W., An Introduction to Multivariate Statistical Analysis, John Wiley & Sons, Inc.,New York,London, Sidney, 1958

Anger, B., Bauer, H., Mehrdimensionale Integration, Walter de Gruyter, Berlin, New York, 1976

Ash, R.A., Real Analysis und Probability, Academic Press, New York, London, 1972

Bauer, H., Wahrscheinlichkeitstheorie und Grundzüge der Maßtheorie, Walter de Gruyter, Berlin, New York, 1974

Bury, K.V., Statistical Models in Applied Science, John Wiley & Sons, New York, London, Sydney, Toronto,1975

Chung, K.L., A Course in Probability Theory, Academic Press, New York, London, 1974

Chung, K.L., Markov Chains, Springer-Verlag, Berlin, Heidelberg, New York, 1967

Çinlar, E., Introduction to Stochastic Processes, Prentice-Hall, Inc., Englewood Cliffs, New Jersey, 1975

Cramér, H., Mathematical Methods of Statistics, Princeton University Press, Princeton, 1974

Doetsch, G., Einführung in Theorie und Anwendung der Laplace-Transformation, Birkhäuser-Verlag, Basel, Stuttgart, 1970

Feller, W., An Introduction to Probability Theory and Its Application, Vol.I,John Wiley & Sons, Inc., New York, London, Sydney, 1968

Feller, W., An Introduction to Probability Theory and Its Application, Vol.II, John Wiley & Sons, Inc., New York, London, Sidney, Toronto, 1971

Fisz, M., Wahrscheinlichkeitsrechnung und Mathematische Statistik, VEB Deutscher Verlag der Wissenschaften, Berlin, 1965

Franz, W., Topologie, Walter de Gruyter,Berlin, 1965

Gänssler, P., Stute, W., Wahrscheinlichkeitstheorie, Springer-Verlag, Berlin, Heidelberg, New York, 1977

Gredenko, B.W., Lehrbuch der Wahrscheinlichkeitsrechnung, Akademie-Verlag, Berlin, 1958

Hinderer, K., Grundbegriffe der Wahrscheinlichkeitstheorie, Springer-Verlag, Berlin, Heidelberg, New York, 1980

Kendall, M.G., Stuart, A., The Advanced Theory of Statistics, Vol.I, Charles Griffin & Company Limited, London, 1969

Kendall, M.G., Stuart, A., The Advanced Theory of Statistics, Vol.II, Charles Griffin & Company Limited, London, 1973

Kendall, M.G., Stuart, A., The Advanced Theory of Statistics, Vol.III, Charles Griffin & Company Limited, London, 1968

Krickeberg, K., Ziezold, H., Stochastische Methoden, Springer-Verlag, Berlin, Heidelberg, New York, 1977

L o è v e , M., Probability Theory I, Springer-Verlag, Berlin, Heidelberg, New York, 1977

L o è v e , M., Probability Theory II, Springer-Verlag, Berlin Heidelberg, New York, 1978

R é n y i , A., Wahrscheinlichkeitsrechnung, VEB Deutscher Verlag der Wissenschaften, Berlin, 1973

V o g e l , W., Wahrscheinlichkeitstheorie, Vandenhoeck & Ruprecht, Göttingen, 1976

W i d d e r , D.V., The Laplace Transform, Princeton University Press, Princeton, 1972

Register